기독교 **세계관**과
삶의 리포지셔닝

기독교 세계관과
삶의 리포지셔닝

양창삼 지음

KSI 한국학술정보(주)

카오스시대를 맞아 우리는 깊은 혼돈 속에 빠져들고 있다. 정치도, 경제도 옛날 같지 않고 사고의 변화도 빠르다. 무엇을 따라가야 할지 막막할 때가 있다. 우리 주변이 아무리 혼란스러워도 그리스도인은 달라야 한다. 예수 그리스도를 우리 안에 모시고 살고 있기 때문이다. 주님은 갈릴리의 풍랑에도 주무셨을 만큼 평안하셨고, 겁이 난 제자들 앞에서 풍랑을 꾸짖고 그들의 믿음 없음을 책하셨다. 아무리 시대가 변했다 해도 이 시대에 우리가 믿고 따라야 할 분은 오직 주님이다.

이 책은 기독교 세계관을 통해 우리의 삶을 재정립(repositioning)하고자 하는 데 목적을 두었다. '기독교 세계관' 하면 어려운 철학이나 사상을 떠올린다. 그래서 우리 삶과는 아주 먼 곳에 자리 잡고 있고, 우리와 상관이 없는 것처럼 느껴지기도 한다. 이것은 지금까지의 기독교 세계관이 얼마나 사변적이었는가를 보여준다. 이 책은 먼 데 그리고 높게 자리 잡은 사변적 기독교 세계관을 현실로 끌어들여 우리 삶에 적용함으로써 기독교 세계관을 가깝고 친근한 지표로 만들고자 하였다.

우리는 흔히 생각이 다르면 사물이나 인간에 대한 태도는 물론 행동도 달라진다고 말한다. 이것은 학문에서보다 생활에서 더 실감나는 말이다. 기독교 세계관은 바로 우리의 생각을 우리 자신의 생각이 아니라 하나님의 생각과 시각에 맞추어 나가는 것을 말한다. 더 이상 내가 기준이 되는 것이 아니라 주님이 기준이 된다. 주님의 생각이 삶 속에서 온전히 나를 지배하도록 만드는 것이다.

현대 교회는 많은 비판에 직면해 있다. 특히 말과 행동이 일치되지 않는다는 평가를 받고 있다. 이것은 생각과 행동이 다르다는 것을 의미한다. 사회인들은 이런 모습을 보면서 교회에 대한 기대를 접는다. 더 이상 목회자를 신뢰하지 않는다. 이것은 교회에 대한 반감으로 번지기도 하고, 심지어 교회의 정체를 가져오기도 한다. 이는 기독교 세계관을 바르게 가지고, 행실을 참되게 한다는 것은 얼마나 중요한 것인가를 보여준다. 이 책은 바로 위기에 처한 한국교회의 문제를 기독교 세계관의 정립을 통해 새롭게 세우고자 한 것이다.

이 책은 6부로 구성되어 있다. 기독교 세계관이 어렵다는 생각을 버리도록 하는 장에서부터 그 세계관이 우리의 삶 구석구석에 반영되도록 하는 데까지 폭넓게 다루었다. 그리스도인은 언제나 시대를 변화시킬 창조적 사명을 받고 태어났다. 신학마저 아무리 혼돈스럽다 해도 주님에 대한 우리의 신념은 변함이 없어야 하며, 과학과 문명이 아무리 발전해도 그리스도를 떠난 삶은 허무할 뿐이다. 그리스도인 각자가 신앙생활을 바르게 하고, 교회가 날마다 새로워지도록 하는 일은 매우 중요하다. 우리가 어떤 세계관을 가지고 행동하느냐에 따라 주님께 돌려지는 영광도 달라질 것이다.

우리는 마땅히 예수 그리스도의 생각을 닮고, 그분을 따라 살아야 하는 주님의 사람들이다. 주님의 말씀을 배우고 순종하며, 주님의 안목에 따라 세상을 사는 존재들이다. 이 작은 책이 그 일에 도움을 줄 수 있기를 기도한다. 주님의 나라가 이 땅에 풍성히 임할 때까지.

2007년 양창삼

제 2 부
이데올로기, 과학, 문화 그리고 기독교__77

제 6 부
인간관계와 삶의 문제__399

제 1 부

혼돈의 세계와
기독교의 창조적 사명

제1장 기독교 세계관

1. 세계관 하면 어렵다는 생각을 버려

세계관 하면 우선 무거운 주제라거나 어렵다는 생각이 든다. 그런 선입견 때문인지 세계관에 이야기는 잘 하지 않는다. 그것은 학자들이나 하는 것으로 따로 떼어 놓는다. 하지만 누구든 오늘도 자신의 세계관에 따라 행동한다는 사실을 깨닫게 되면 스스로 놀랄 것이다. 세계관이 그처럼 가깝게 자리하고 있었다는 사실이 믿어지지 않을 정도로. 그래서 먼저 이런 말을 던지고 싶다. "세계관 하면 어렵다는 생각을 버려."

세계관이란 도대체 무엇인가? 먼저 사이어(J. Sire)의 말을 들어보자. "세계관이란 이 세계의 근본적 구성에 대해 의식적 또는 무의식적으로 견지하고 있는 일련의 생각들이다." 쉽게 말하면 우리가 관심을 가지고 있는 세상사에 대해 자신이 가지고 있는 비교적 뚜렷한 생각들이라 할 수 있다. 그 세상사 가운데는 우주에 대한 큰 생각에서부터 나 자신에 이르기까지 모든 일이 망라되어 있다. 기독교인이라면 신관, 인간관, 교회관, 믿음관 모두 세계관에 속한다. "당신 이것에 대해 어떻게 생각해?" 이런 질문을 받으면 나름대로 그에 대한 견해를 가지고 일관성 있게 말하고, 그에 기준하여 행동한다. 그것이 바로 세계관이다.

세계관과 다소 구분되어야 할 것은 가치관과 학문과의 차이다. 세계관이 의식과 무의식 모두를 포함하는 것이라면 가치관은 의식에 관계된다. 또한 세계관이 전과학적(prescientific)이라면 가치관은 과학적이라는 특성이 있다. 세계관은 보이는 것만 이야기하는 것이 아니라 우리 무의식, 잠재의식 속에 있는 모든 것까지 망라한다. 가치관은 과학적 사고와 추리를 거치지만 세계관은 그렇지 않을 수도 있다. 세계관은 이만큼 넓고 크다.

그럼에도 불구하고 세계관은 보이지 않게 그 사람의 모든 생각과 태도를 장악한다는 점에서 독특하다. 어떤 세계관을 갖느냐 하는 것은 "내가 어떤 사람인가?"를 말할 수 있을 만큼 중요하다. 특히 그가 어떤 대상에 대해 어떤 생각을 가지고 있느냐에 따라 행동이 달라질 수 있기 때문이다. 세계관은 이처럼 그 사람의 됨됨이까지 장악하고 있다.

세계관은 각자에게 새겨진 일종의 사고의 틀로서 틀을 바꾸기 매우 어렵다는 특성을 가지고 있다. 제록스사가 컴퓨터를 만들다 실패했다. 사람들의 생각에 제록스는 복사기라는 인식의 틀을 바꿀 수 없었기 때문이었다. 일단 구성된 생각의 틀을 바꾸기는 이처럼 어렵다. 따라서 처음 어떤 생각을 갖느냐 하는 것이 매우 중요하다.

세계관이 이렇게 중요함에도 불구하고 그것은 결코 하나로 설명할 수 없다. 우리의 세계관은 각 영역에 걸쳐 있을 만큼 폭이 넓기 때문이다. 그리스도인의 관점에서 세계관을 말하는 것은 그 넓고 큰 세계관을 보다 좁혀 생각하는 것이다. 그리스도인이라면 어떤 생각과 태도를 가져야 하는가를 한정적으로 설명하고 싶어 하기 때문이다. 그러나 크리스천이 기독교 세계관을 확립하는 것은 매우 중요하다. 그리스도인의 삶의 형성뿐 아니라 삶의 양식을 어떻게 새롭게 자리잡아야 할까를 고민하는 사람에게 바른 세계관을 제시해주는 것은 길을 잃은 사람에게 로드맵을 주는 것과 같다. 그리고 왜곡된 세계관을 가진 사람들에게 삶을 재정립(repositioning)하고 재생(regeneration)하는 기회를 주게 될 것이다.

예수 그리스도가 우리 삶에 있어서 길이요, 진리요 생명임을 믿는 것은 그리스도에 대한 세계관이다. 이 확신을 통해 우리는 신앙생활에서 순간마다 주님의 길을 따라가고 주님을 닮고자 한다. 그것이 중요하다고 생각하기 때문이다. 기독교 세계관은 바로 당신과 함께 이런 길을 걷고 싶어 한다.

2. 플라톤과 롬바흐는 무엇을 보았는가?

세계관은 누구나 나름대로 독특하게 가질 수 있는 생각이다. 철학자만 세계관을 가지는 것이 아니라 바로 당신도 세계관을 가진다. 세계관에서 철학자나 신학자의 말이 자주 등장하는 것은 학문에서 그들의 비중이 크기 때문이다.

플라톤은 「티마이오스」를 통해 자신의 우주관·자연관·인간관 등 세계관을 펴보였다. 그는 우주적 질서를 닮은 인간의 삶의 방식을 제시했다. 그는 「국가론」에서 법률제정이 어떠해야 하는가를 다루었고, 「티마이오스」에서는 우주적 질서가 무엇이며 인간은 자연적 질서에 맞는 법을 만들어야 한다고 주장하였다(플라톤, 1999). 「티마이오스」는 플라톤의 27개 대화편 가운데 중후기에 속하는 것으로 중세에는 신의 창조론과 연결되어 부각되었고, 현대에는 생태학으로 맥락이 이어진다. 우주(코스모스)는 희랍어로 가장 아름다운 질서체계를 뜻한다. 최선의 상태이고 완벽함 그 자체인 우주론을 바탕으로 플라톤은 자연세계나 인간세계에서도 모자람도 지나침도 없는 최적의 상태를 실현해야 한다고 말한다. 인간뿐 아니라 해충까지도 자연 속에서 아름답고 좋은 우주적 실천을 하고 있다는 것이 플라톤의 생각이다. 우주, 인간, 자연이 선(좋음)을 구현해야 한다는 것이다. 그러나 이러한 플

라톤의 철학이 아리스토텔레스에 이르면 자연히 떨어져 나간다. 따라
서 탐욕으로 인해 사회가 어지러워지고 분배적 정의나 법으로 해결이
안 되자 중용이라는 개념을 도입할 수밖에 없었다.

롬바흐는 무엇으로 자신의 세계관을 펼까? 롬바흐는 그리스 신화에
입각해 세계를 아폴론적 세계와 헤르메스적 세계로 구분한다. 그가 철
학으로 사유하는 대상은 이성(logos)이 아니라 그리스 신화에 대한 독
해이다. 그리스 신화에서도 이성을 대표하는 아폴론, 즉 서양적 정신
과 죽은 사람을 지하세계에 가도록 돕는 영혼의 안내자 헤르메스, 즉
동양적 정신이라는 두 신 그리고 그들이 표상하는 인류의 두 세계를
분석하고 있다. 그가 쓴 책의 원제가 '세계와 반대세계'인 것도 이런
그의 시도에 기인한다. 그는 신화가 미천한 옛날이야기 신분에서 오늘
날 인류의 삶과 문화를 이해하는 주요한 도구로 격상되었듯이 헤르메
스적 세계가 지금껏 세계를 지배해온 아폴론적 세계에 대한 대안이
될 수 있다고 보았다. 그는 헤르메스적 세계가 제대로 전개되면 더 이
상 반대세계가 아니게 된다며 신학에 표현된 헤르메스적 특징을 철학
적으로 재구성함으로써 다양성이 존중되는 평화로운 세계 공동체, 다
양한 종교와 문화의 향연이 벌어지는 새로운 사회의 도래를 그리고
있다(롬바흐, 2001).

3. 기독교 세계관의 기준은 하나님의 눈이다

그리스도인은 하나님의 입장에서 세상의 모든 흐름을 보려는 기독
교적 세계관을 가지고 있다. 기독교적 세계관이란 모든 것을 하나님의
관점에서 생각하는 것을 말한다. '여호와 보시기에' 어떤지, '주님이라
면 어떻게 하실까'를 우선적으로 생각한다. 만일 하나님의 시각이 아

닌 다른 시각으로 보려 한다면, 기독교와 하등 상관이 없는 관점이라면 그것은 기독교적 세계관이 아니다.

기독교 세계관은 구속사적 관점에서 역사를 본다. 기독교적 세계관의 근본은 창조-타락-구원이라는 패러다임을 가지고 있다. 하나님이 우주와 인간을 창조하셨고, 이간은 죄로 인해 타락했으며, 하나님은 인간을 구원하기 위해 예수님을 이 땅에 보내 십자가에 달리게 하심으로 그 뜻을 '다 이루셨다'는 것이다. 예수 그리스도를 통해 타락한 삶에서 구원의 삶으로의 변환된 삶을 사는 것이다.

기독교 세계관은 삶의 변화를 위해 존재한다. 그리스도인에게 세계관 확립이 중요한 것은 의식적이든 무의식적이든 그리스도인다운 모습을 나타내야 하기 때문이다. 몸의 어느 부분을 찔러도 피가 나오듯 그리스도인이라면 모든 삶에서 그리스도를 나타내고, 그리스도의 사랑이 넘쳐나야 한다. 그리스도인은 파트타임 그리스도인이 아니다. 풀타임 그리스도인, 전임 그리스도인이다. 전임 그리스도인은 삶의 모든 영역에서, 각 부분에서 그리스도를 드러내야 한다. 따라서 그리스도인에게는 기독교적 세계관이 중요하다.

예를 들어 윤리적 상대주의를 기독교 세계관을 통해 살펴보자. 윤리적 상대주의는 옳고 그름에 대한 차이와 선악에 대한 차이에 확신을 갖지 못한 데 따른 결과이다. 성문화의 혁명적 변화는 대표적인 현상이다. 1960년대부터 시작된 이 혁명은 오늘까지 계속되고 있다. 결혼이 이성 간의 단 한 번뿐인 일임을 이해해야 하지만 대학에서조차 성의 자유가 대중화되고 있다. 심지어 동성애까지 관용하는 형편이다. 기독교는 이에 대해 분명히 수용불가의 입장을 밝힌다. 우리는 예수님께 복종하도록 부름받았다. 남자와 여자를 창조하신 하나님은 이성이 하나님의 창조물이라고 선언한다. 둘이 하나 되고 하나님이 합한 것을 나눌 수 없다는 것이 하나님의 뜻이다. 평생 사랑의 교제를 갖도록 창조하신 것이다. 우리는 두 가지 패턴에 직면해 있다. 세상의 패턴을 따를 것인가, 주님의 가르침을 따를 것인가. 우리는 복종받도록 부름받았음을 잊지 말아야 한다. 믿고 따르는 것이 우리의 책임이다.

기독교 세계관을 소유한 자라면 JOY원칙을 따른다. 예수 먼저(Jesus first), 다른 사람은 그다음(Others second) 그리고 당신은 맨 나중(You last)이다. 이기주의나 개인주의를 넘어 이타주의를 지향하는 것은 기본이다. 이기주의(egoism)는 나의 유익을 위해서는 남에게 피해를 주는 것도 사양하지 않는다. 그래서 이기주의는 '무원칙한 자기중심주의'라 부른다. 인종차별주의, 민족주의가 여기에 속한다. 개인주의(individualism)는 자기의 유익을 추구하기는 하지만 남에게 피해를 주지 않는다는 점에서 이기주의와 다르다. '원칙이 있는 자기중심주의'이다. 그러나 이타주의(altruism)는 자신의 이익보다 남의 이익을 먼저 생각하며 모두의 이익을 추구하는 것을 말한다. 남의 행복을 통해 자기의 행복을 찾는다.

자본주의 사회에서 물질주의의 도전은 아직도 거세다. 대부분의 사람들은 돈 버는 것에 관심이 있다. 기독교인이라고 예외는 아니다. 산상수훈에서 예수님은 보물을 이 땅에 쌓아두기보다 하늘에 쌓아두기를 당부하셨다. 그렇다고 이 땅의 삶을 무시하는 것은 아니다. 이 땅의 것에만 소망을 두고 사는 그리스도인들에게 하늘의 것에 보다 집중하도록 하고 있다. 나아가 예수님은 단순한 삶과 관용을 가르친다. 그럼에도 불구하고 물질주의가 기독교사회에까지 깊숙이 침투해 있다. 모두들 물질에 대한 만족에 빠져 있다. 이것은 우리가 기독교 세계관에 보다 철저해야 할 필요성을 제시해준다.

4. 영적 자아를 찾아서

때로 우리는 "나는 누구인가?"라는 질문을 던질 때가 있다. 심지어 나도 나를 모르겠다는 말까지 한다. 인간은 그만큼 알기 어려운 존재이다. 그러나 우리의 자아인식은 대부분 내가 지니고 있는 외모·능력·환경·개성에 대해 다른 사람들이 어떻게 생각하느냐에 따라 결정되는 것이 보통이다. 사람들은 나에 대한 타인의 평가를 받아들여 고민하기도 하고 기뻐하기도 한다. 그러나 성경은 이러한 태도를 벗어나라고 말한다. 그러한 평가를 상대화시키고 하나님의 가치관을 바탕으로 올바른 자아관을 형성하도록 요구하고 있다.

자아형성에는 영적 자아형성과 육적 자아형성이 있다. 영적 자아형성은 나의 외모·능력·부모·환경 속에서 하나님의 목적과 계획을 이해하고 받아들여 자기의 자아를 긍정적으로 형성하는 것을 말하고, 육적 자아형성은 나의 외모·능력·부모·환경에 대한 나의 주위 사람들의 평가와 가치판단을 받아들여 자기의 자아를 그릇되게 형성하는 것을 말한다.

영적 자아형성은 창조적인 자아인식이다. 나의 이미지를 성경 속에서 발견하고 자신에 대한 하나님의 계획을 믿고 나아감으로써 하나님을 신뢰하고 나아가 자신을 신뢰하게 된다. 하나님 속에서 나 자신을 발견할 때 우리는 긍정적 가치관을 가지며 아울러 자신을 올바르게 이해하고 발전시켜 나갈 수 있다.

그러나 육적 자아형성은 자기와 다른 사람을 비교하게 만들고 그 비교를 통해 열등의식 또는 우월의식을 갖게 만든다. 열등의식을 자기멸절·자기증오·자기체념·불안에 빠뜨려 결국 세상을 체념하게 하거나 반항하는 인물로 만든다. 우월의식은 자기도취·자기고집·자기

교만·자기방어적인 인물을 만든다. 열등의식이나 우월의식 모두는 세상의 가치관에 의해 형성된 것이다. 육적인 자아형성은 자기의 이미지를 그릇되게 형성시켜 나가므로 결국 부정적 성격을 띨 수밖에 없다.

그리스도인은 육적인 자아형성의 태도를 버리고 영적인 자아형성의 태도를 회복해야 한다. 왜냐하면 이것이 우리가 가져야 할 창조적인 의식이기 때문이다. 육적 자아형성은 비교의식·열등의식·피해의식 등 부정적 사고방식의 지배를 받고 있기 때문에 이러한 의식의 지배를 받고 있을 경우 다음과 같은 결과를 얻을 수밖에 없다.

육적 자아에 몰입하면 첫째 믿음형성이 어려워진다. 부정적 자아인식에 빠져 있는 사람들의 공통되는 불평 가운데 하나는 "하나님은 왜 나에게 이러한 외모를 주어 고민하게 하는가?", "하나님은 왜 나에게 이 같은 환경을 주셨는가?", 즉 '왜?'라는 것을 강조한다. 이 '왜' 속에는 회의와 불평, 원망과 증오가 자리를 잡고 있다. 이것은 근본적으로 하나님을 향한 원망과 불신이기 때문에 하나님에 대한 순수한 신뢰가 이루어지지 못한다. 이 때문에 그들에 대한 전도도 어렵고 그 자신이 하나님에 대한 믿음을 갖는 일조차 힘이 든다.

둘째, 충돌한다. 부정적 자기의식에 사로잡힌 사람들은 현재 그렇게 된 환경의 책임을 다른 사람에게, 특히 자기를 다스리는 권위자들에게 돌려 그들과 충돌함으로써 문제를 일으킨다. 권위자들 속에는 국가지도자·상사·부모 등이 포함되어 있다. 모든 권위들은 하나님께서 정하신 것(롬 13:1)으로 하나님께서는 그들을 통하여 자기를 훈련하도록 바라신다. 그런 부정적 자아관을 가진 사람들은 오히려 이들에 대해 도전하고 반항함으로써 자기의 갈등을 해소하고자 한다.

셋째, 인간관계를 해친다. 자기부정과 자기불신에 빠진 사람들은 남들을 부정하고 불신하기 쉽다. "무엇을 도와드릴까요?"라며 우정의 태도로 접근해도 불신의 눈초리를 보낸다. 또 스스로 우정을 표현하고 싶다 해도 "그가 나를 어떻게 생각할까?"라는 생각에 사로잡혀 순수한 우정표시를 할 수 없게 된다. 자기 자신을 사랑하지 못하기 때문에 이웃조차 마음대로 사랑할 수 없게 되는 것이다. 부정적 자아관은 부정적 우정을 낳는데 그들의 대화가 좌절·실패·원망·증오·시기로 차 있기 때문이다. 이것이 인간관계를 해치는 원인이 되고 있다.

넷째, 남의 인정을 받기 위해 행동한다. 우리가 이 세상을 살아갈 때 하나님이 나에게 주신 부르심(calling) 앞에 최선을 다하며 사는 것이 가장 바람직하다. 그러나 육적 자아인식에 빠진 사람들은 항상 남으로부터 인정을 받기 위해 행동한다. 남이 인정해주면 기쁘고 인정을 받지 못하면 슬픈 기색을 띠고 삶의 의욕을 잃는다. 스타를 가리켜 '스스로 타락한 자'라고 비견하는 데 육적 자아관을 가진 사람들은 오늘도 스타가 되기 위해 타락의 길을 마다하지 않는다. 하나님은 말씀하신다. "나의 보는 것은 사람과 같이 아니하니 사람은 외모를 보거니와 나 여호와는 중심을 보느니라."(삼상 16:7).

다섯째, 물질을 지나치게 추종한다. 자기 자신에 대한 불만을 해소하고 남으로부터 인정을 받기 위해서 자연히 물질에 관심을 쏟도록 만든다. 좋은 집·좋은 차·좋은 옷·좋은 안경·좋은 시계 등 겉치장을 위해 우리의 에너지를 소모하도록 만든다. 가짜 박사를 돈 주고 사는 것도 이에 해당한다. 삶의 불안을 비생산적인 헛수고로 해결하려고 하는 것이다. 유행이나 물질에의 맹종은 우리가 내적인 불만을 가지고 있다는 사회적 표현이다. 주님은 지금도 우리를 향하여 "너희 중에 누가 염려함으로 그 키를 한 자나 더 할 수 잇느냐"(마 6:27)고 물으신다. "마음의 즐거움은 얼굴빛을 빛나게 하여도 마음의 근심은 심령을 상하게 하느니라."(잠 15:13).

끝으로, 질병의 포로가 된다. 부정적 사고방식들은 고혈압·독성 갑상선종·두통·관절염·졸도·심장질환·위궤양·여러 정신질환 등의 발병원인이 되고 있다. 부정적 사고방식의 현상들인 긴장·불평·원망·증오 등은 오늘날 정신분석이나 정신·육체의학에서 건강을 파괴하는 가장 무서운 적들로 규정하고 있다.

기독교인이라 할지라도 이 세상 속에 살고 있기 때문에 세상의 가치관에 크게 물들어 있다. 우리가 이 세상에서 살고 있는 한 이러한 가치관의 영향을 벗어날 수 없다. 그러나 우리는 하나님을 최우선으로 하며 살아가는 그리스도인이라는 것을 잊어서는 안 된다. 그리스도인은 누구보다, 세상적인 입장이 아니라 하나님의 견지에서 우리 자신을 바라볼 필요가 있다.

우리는 하나님께서 왜 나를 만들고 사랑하는가를 알아야 한다. 하나님은 우리를 향한 목적이 있다. 하나님 나라의 백성이 되어 그 나라의 삶을 살라는 것이다. 이 삶은 이 세상의 삶의 방식과 근본적으로 다르다. 부정적 인식이 아니라 긍정적 인식을 갖게 하고 주 안에서 서로 존경하고 서로 아끼며 기쁘게 살아가도록 만든다.

우리가 완전해서가 결코 아니다. 우리는 죄인이며 불완전하지만 하나님에 의해서 보다 바르고 완전하게 만들어지고 있는 것이다. 하나님은 그리스도를 이 땅에 보내셔서 우리로 하여금 하나님 나라의 삶을 살도록 가르치셨다. 예수 그리스도는 그 나라 삶의 표본이다. 우리가 그리스도를 알면 알수록 더욱 그를 닮게 되고 하나님의 계획을 우리 안에서 성취할 수 있다. 부정적 자아관은 없어지고 긍정적이며, 영적으로 풍부한 자아관을 형성하게 된다. 히브리서 기자는 말한다. "믿음의 주요 또 온전케 하시는 이인 예수를 바라보자."(히 12:2).

5. 세계화 속에서도 기독교 세계관은 존재한다

세계화에 대해서도 기독교 세계관이 존재할까? 가톨릭 신학자 한스 큉은 세계윤리(global ethic)를 통해 기독교 세계관을 편다. 세계화는 이제 불가피한 흐름이 되었다. 진정한 세계화는 경제, 금융, 기술, 정치적 차원만이 아니라 윤리적 측면을 동시에 지녀야 한다. 더 나은 세계질서는 단순히 외교적 수단이나 군사적 개입, 인도적 원조, 국제법 등에 의해 이루어질 수 없으며 인류가 함께 따를 수 있는 보편적인 윤리의 확립이 필요하다. 이런 점에서 한스 큉은 세계윤리를 주장한다. 세계윤리는 인류공통의 이상과 가치관, 기준, 세계에 대한 강한 책임감에 바탕을 두어야 한다. 그런 면에서 가장 적합한 것이 종교이다. 그는 기독교, 이슬람교, 불교, 힌두교, 유교 등 주요 종교들의 가르침에서 비폭력과 생명에 대한 존중, 관용과 진실성, 연대와 정의로운 경제 질서, 평등과 남녀의 동반관계 등 세계윤리를 만들어낼 수 있다고 주장한다. 세계윤리 속에서도 그는 기독교 윤리관이 어떤 역할을 보다 효과적으로 할 수 있을까를 생각한다.

제2장 기독교의 창조적 사명

1. 창조적 사명을 다짐하며

21세기에 들어서면서 새 밀레니엄에 대한 꿈도 많았다. 새 세기에 대한 기대와 함께 앞으로 새로운 각오로 새 시대를 열고자 했다. 그러나 새롭게 맞은 새해는 전혀 기대에 부응하는 뉴스로 시작하지 않았다. 정치인에 대한 강한 불신을 담은 뉴스를 비롯해서 각종 사건 사고로 얼룩졌다. 기대한 평화의 바람도 불지 않았다. 9·11 사태는 온 세계를 테러의 장으로 바꾸어 놓았으며, 우리는 이미 테러의 시대로 접어들었다. 정치도 기대 이하이고, 경제도 어둡다. 남아시아는 쓰나미(tsunami) 현상만으로 수십만의 인명을 잃었다.

이런 가운데서 그리스도인들은 어떤 삶의 태도를 가지고 살아야 하는가? 한마디로 밤(고난)중에 노래하게 하실 하나님(욥 35:10)을 바라보며 희망을 가지고 살아야 한다. 주님이 세상의 주인이기 때문이다. 주변이 아무리 어둡고, 세상이 혼탁해진다 해도 그리스도인은 그 흐름에 도전하고 변화를 주어야 하는 책임 있는 존재들이다. 그리스도인은 모두 이 세상에 대해 창조적 사명을 가지고 있다. 기독교적 가치 창조를 통해 사회에 공헌해야 한다. 교회든 가정이든 사회든 성경적 가치를 중시하면서 기도하는 교회, 서로 축복하는 가정, 서로 사랑하는 사회가 되도록 해야 한다.

2. 메타교회로의 새로운 진입

한국교회도 달라져야 한다. 특히 교회는 메타교회(meta church)로
나가야 한다. 메타교회는 고정된 형태를 규정하지 않고 변화하는 상황
속에, 진리 안에서 지혜롭게 적응해 가는 교회를 말한다. 교회는 급격
히 변화하는 시대라 할지라도 상황에 적응할 수 있어야 한다. 과거와
는 달라야 한다는 것이다.

메타교회는 특히 정보화와 세계화에 대한 교회의 적절한 대응이 필
요하다. 양적 성장과 독점을 최고 목표로 하던 산업사회에서 교회 역
시 몸집 불리기와 교인 모으기에 치중했다. 그러나 질적 심화와 공유
를 특징으로 하는 정보사회에서는 오히려 몸집을 줄이고 교인을 수준
높게 교육하는 데 힘써야 한다. 지금 세계는 세계화와 함께 반세계화
의 외침도 높다. 세계화로 금융이나 무역(WTO)의 활동이 강화된 반
면 빈부격차가 심해져 부자를 위한 세계화라는 빈축을 사고 있어 그
만큼 반세계화운동도 격화되고 있다. 교회도 이런 논쟁을 피해나갈 수
없다. 따라서 우리의 생각을 곧추 세우고, 주님의 교회로서 이 사회변
화에 어떻게 헌신할 수 있는가를 모색해야 한다.

세상은 생각의 속도로 변하고 있다. 생각의 속도란 가장 빠른 속도
를 말한다. 광속보다 빠르다. 순간적으로 화성도 왔다 갔다 한다. 나이
스비트는 그 속에서 "변화를 즐기라"고 말한다. 변화는 파도타기와 같
다. 파도를 타는 사람은 높을수록 좋아한다. 이 시기에는 카이로스
(kairos)의 변화를 가져오기 때문에 우리의 정신적 자세도 달라야 한다.

자본주의가 심화될수록 물질문명에 대한 환멸은 더 빨리 올 수 있다.
증권은 자본주의의 꽃이다. 그러나 증권은 언제나 요동을 친다. 이것이
사람의 마음까지 요동치게 만든다. 그래서 자본주의 종말은 증권으로

온다고 할 정도이다. 그뿐 아니다. 끝이 오고 있다. 도덕, 경영, 기술, 예술 모두 타락의 길로 가고 있어 그 끝이 보이지 않을 정도이다.

기독교인인 피터 드러커는 이런 때 과거를 벗어나 신령한 것을 추구하라고 말한다. 신령한 것은 정신문화이다. 이 시대는 정신적 균형이 필요하다. 영성을 회복하고 영적으로 건강해지는 것이다. 영의 회복을 위해서는 모든 사람이 복음의 길에 들어설 수밖에 없다. 새로운 종교시대로 들어가는 것이다.

그 시대로 들어가기 위해서는 인도자가 필요하다. 오피니언 리더가 조직을 이끌어 가듯 영적 세계를 이끌어 가는 인물이 필요하다. 과거에는 선지자가 있었다. 선지자는 '앞에서 보는 사람'이라는 뜻이다. 성경 말씀은 언제나 앞서간다. 선지자적 메시지, 왕적 메시지, 제사장적 메시지를 담고 있기 때문이다. 지도자는 먼저 생각하는 사람이다. 뜻이 먼저 나 있는 사람이다. 21세기에서 22세기를 보라. 예수님은 십자가의 고통 가운데서도 십자가 이후에 올 더 큰 영광을 다 보고 계셨다. 주님의 예언은 아직 끝나지 않았다. 오히려 시작이다. 주님은 복음이 땅 끝까지 전파될 것을 말씀하셨고, 그제야 끝이 오리라 하셨다. 우리에게 진정 필요한 영적 지도자는 어떤 개인이 아니라 오직 예수 그리스도다. 우리는 잃어버린 예수부터 찾아야 한다.

성경은 어둠 뒤에 빛이 온다는 것을 말해준다. 빛은 어둠을 통해 점점 더 밝아지고 있다. 밤이 점점 깊어간다는 것은 아침이 온다는 증거이다. 어두운 인터넷 세계에도 하나님 나라의 빛을 투입해야 한다. 안 믿는 사람에게, 온 세계 사람에게 복음을 전한다는 생각으로 접근한다. 하드웨어는 이미 갖춰 있다. 문제는 소프트웨어다. 질이 문제다. 내용이 문제다.

우리의 영적 리더 예수 그리스도를 따르는 사람은 이 시대에서 복음이 진정 무엇이고, 어떤 의미를 갖는가를 생각하고 또 생각해야 한다. 그리하여 복음의 참의미를 깨달아야 한다. 우리의 리더인 예수님은 말보다 행동하신 분이다. 우리도 그분의 말씀을 행동으로 옮길 때 빛이 난다.

자신을 불행하게 생각하는 사람보다 행복한 사람이 결국 승리한다. 그리스도를 따르는 자는 하나님 나라 행복을 전하는 전도자이다. 건강하고 창의적이다. 마음이 밝고 가치가 있다. 당신이 행복해야 남을 행복하게 할 수 있다는 것을 잊지 말자. 그 행복은 나로부터 나오는 것이 아니라 주님으로부터 나온다. 늘 들쭉날쭉한 나의 행복과는 차원이 다르다. 영원하고 변함없는 행복이다. 그 행복을 우리 속에 가져오게 하려면 성령이 충만한 삶을 살 필요가 있다. 성령의 기름부음이 넘칠 때 우리 속에 그리스도의 감격이 있다. 이때 세상의 어떤 변화도 두렵지 않게 된다.

메타교회의 교회지도자도 달라야 한다. 미래 목회는 개교회주의로부터 교회연합운동으로 가고, 중앙집권에서 지방분권으로, 대중목회에서 소그룹목회로, 목회자중심에서 평신도중심으로, 교회성장에서 사회봉사로 간다. 질적인 변화 앞에서 우리는 옷깃을 여미고 생각을 다듬을 필요가 있다. 우리 모두가 주님 앞으로 가기 위해. 한걸음 더 다가서기 위해.

3. 폐쇄성을 넘어

한국교회는 지나치게 폐쇄적이고 권위주의적이다. 이런 상태로 21세기를 리드할 수 없다. 좀더 합리적이고 지성적이 되어야 하며 교회 밖과 호흡을 같이 해야 한다. 예수님이 언제나 사람들이 처해 있는 상태, 바로 그 자리에서 시작하신 것처럼 교회도 폐쇄성을 버리고 앞서 나가야 한다. 지나친 개교회주의는 교회 스스로 폐쇄주의로 묶을 우려 가 높다. 목회자가 하나님의 자리에 앉고, 교인들은 자기들끼리만의 코이노니아로 한정되고 있다. 이러한 풍토는 창조성을 저해한다. 목회 자 스스로 하나님의 뜻보다 자기의 뜻을 앞세우는 목회자가 아닌지 자성해야 하며, 미래에 대한 적극적인 자세와 변혁이 필요하다. 항상 열린 자세를 가지되 성실, 끊임없는 격려와 자신감, 연대의식을 통해 교인들에게 동기를 부여한다. 설교도 긍정적이고 낙관적으로 한다.

4. 형식보다 내용으로

교회가 영광스런 신부가 되기 위해 할 일은 많다. 무엇보다 내용을 충실히 하는 일이다. 형식이 중요하지 않은 것은 아니다. 그러나 실질 적인 내용보다 형식만을 문제 삼을 때 교회는 기운다. 신성로마제국시 절 교회는 마리아상의 눈을 파랗게 할 것인가 검게 할 것인가로 싸웠 다. 파랗게 칠하고자 하는 쪽은 서구지향이고, 검게 칠하고자 하는 쪽 은 동양지향이었다. 또 천사가 남자냐 여자냐를 놓고도 실랑이를 벌였 다. 여성지향인 쪽은 천사를 여자라 주장했고, 남성지향인 쪽은 미카 엘의 용맹을 들며 남성이라 했다. 그리고 성수에 파리가 빠져 죽은 문 제를 놓고 물이 오염되었다느니 파리가 성화되었다느니 하며 논쟁을 벌였다. 그러다가 제국도 망하고 교회도 힘을 잃게 되었다.

제정러시아시대 때 교회도 마찬가지였다. 성직자의 가운 색을 붉은 것으로 할 것인가 아니면 황금색을 할 것인가를 놓고 논쟁했다. 붉은 색을 지지하는 쪽은 주님의 보혈을 상징해서 빨간색으로 해야 한다고 주장했다. 그러나 주님의 왕권을 상징하여 황금색으로 해야 한다는 쪽도 만만했다. 축도를 할 때 손가락 모두를 쭉 펴야 하는가 아니면 엄지를 위로 들고 나머지만 펴야 하는가를 놓고 싸웠다. 손가락 모두를 쭉 펴야 한다는 쪽은 하나님의 은총이 아래로 편만해야 한다고 했고, 엄지를 위로 들어야 한다는 쪽은 하나님으로부터 은총을 받아 아래로 펼쳐야 한다고 했다. 그러다 러시아도 망하고 교회도 힘을 잃었다.

조선시대 때 조정은 왕이 승하하자 몇 번 곡을 해야 하는가 하는 문제로 시끄러웠다. 세 번이다 다섯 번이다 하며 논쟁이 끊이질 않았다. 내용보다 형식을 중시한 것이다. 결국 조선왕조도 망하고 유교도 힘을 잃었다. 한국교회가 진정 회복되기를 원한다면 형식의 회복이 아니라 내용의 회복, 중심의 회복, 실질적 삶의 회복이어야 한다.

5. 다양성 추구

획일성보다 다양성을 추구한다. 다양성 속의 통일성은 4복음서의 특성이다. 다양한 복음제시 속에서 예수는 그리스도임을 한 가지로 증거하고 있다. 진보의 핵심은 방법의 다양성에 있기보다 복음의 순수성을 어떻게 지켜나가느냐에 있다. 마찬가지로 교회가 발전하려면 다양성을 허용할 필요가 있다. 그러나 다양성을 허용하다 예수를 잃어서는 안 된다. 중요한 것은 어떤 방법을 택하든 끝까지 지켜야 할 것은 예수 그리스도이다.

6. 포스트모던의 속성을 이해해야

포스트모던시대는 모던시대와 차이가 있다. 모던시대는 이성이 작용하던 시대라면 포스트모던시대는 감성이 작용하는 시대다. 포스트모던시대는 신세대가 주도권을 잡고 있다. 그들은 구세대와는 달리 모교회의식이 희박하다. 구세대의 눈으로 볼 때 이해하기 어려워 별난 요구를 하는 별난 세대이기도 한다. 교회는 신세대의 새로운 요구에 관심을 기울여 포스트모던시대에서도 살아남을 수 있어야 한다. 그들의 요구가 교회 변혁을 촉진시키는 계기가 될 수 있다. 예배형식, 목회자의 모습, 교회의 구조, 교단개념을 바꿔놓는 것도 그들이다. 포스트모더니즘을 수용하기에 어려운 점이 있을 수 있다. 그러나 신세대를 거부함으로써 청소년문화와 괴리를 야기하고 세대 간의 대화를 단절시키거나 그들 문화와 단절 내지 격차를 벌리는 것은 바람직하지 못하다. 그들도 중요한 교회의 일원이어야 하기 때문이다.

포스트모던사회는 남성사회가 아니라 여성사회이다. 남성다움이 퇴조되고, 소프트화로 나간다. 남성의 경제력이 상실되고 여성의 지위와 권한이 폭넓게 확대된다. 교회는 이러한 현상을 직시하고 여성에 대한 편견을 극복함은 물론 그들로 하여금 교회에서 능력을 발휘할 수 있는 길을 열어줄 필요가 있다.

7. 상업주의 경계하고 영적 비전 키워야

시장은 하늘나라로, 고객은 신으로 바뀌어졌다. 고객은 무절제해지고 충동구매도 난무하다. 감정적 소구에 약해져 있다. 그것을 이용한 상업주의가 범람하고, 퇴폐화되고 있다. 이런 때 우리가 강화해야 할 것은 영적 비전을 키워나가야 한다는 것이다. 이를 위해 외래문화를 무비판적으로 수용해서는 안 된다. 유행을 무시할 수는 없지만 그것에 너무 민감하게 반응하는 것도 문제가 있다. 여러 상업화된 프로그램에 교회가 멍들어가고 있다. 프로그램 진행자는 절대 상업화된 것이 아니

라고 말한다. 그러나 지나보면 그 가면이 벗겨진다. 물론 그 프로그램
이 필요한 곳도 있을 것이다. 그러나 무분별한 도입으로 문제가 발생
한다면 그 책임은 누가 질 것인가? 어떤 것이든 새롭게 시작할 때는
영적으로 깊이 성찰해볼 필요가 있다. 상업화가 된 세상에서는 그것부
터 의심해볼 필요가 있다. 이리가 쓴 양의 탈을 벗겨낼 때 우리는 그
것을 바로 볼 수 있다.

8. 삶과 예배가 회복되어야

가정이 무너지고 기존의 가치관의 상실과 함께 사회악은 그 속도를
더해 가고 있다. 그것은 사회뿐 아니다. 하나님의 부름을 받은 교회의
사람들도 엘리의 아들들처럼 하나님을 바로 섬기지 못하고 참된 예배
와 제사를 경시하고 가증이 여기는 죄를 범하고 있다. 더욱 신령과 진
정으로 예배를 드리자. 그럴 때 우리는 예배를 통해 힘을 얻을 수 있
다. 핑클은 우리가 정서적 안정을 얻기 위해서는 일, 놀이(쉼), 사랑,
예배가 필요하다고 주장한다. 예배는 초월자에게 기대는 것이다. 슐러
이어마커에 따르면 예배는 전적으로 하나님께 의지하는 것이다. 그러
나 우리의 예배는 몇 시간 드리는 것으로 끝나서는 안 된다. 우리 삶
이 달라져야 진정한 예배가 된다.

9. 설교와 설교자의 윤리성 높아야

교인들만 신앙과 생활이 일치되어야 하는 것이 아니다. 설교자는 말
씀과 행실에서 더 큰 일치가 필요하다. 설교자의 윤리성이 높아야 하는
것이다. 스토트(J. Stott)에 따르면 설교는 진보한다. 다음 표처럼 석의

(exegetical)에서 강해(expositional)로, 강해에서 설교(homilctical)로 발전했다. 석의는 성경에 바탕을 두었고, 강해는 신학에 그리고 현대의 설교는 청중에 관심을 두었다. 자유주의자들이나 급진파들의 설교는 현대적이기는 하지만 성경적이지 못한 반면 복음주의자들은 성경적이지만 현대적이지 못한 면이 있다(Stott, 144). 이런 변화 속에서 말씀에 대한 적용이 항상 문제가 되었다.

설교의 발전

성경적 ──────────→ 현대적		
성 경	성 경	설 교
1세기 본문		21세기 청중
석 의	강 해	설 교

성경에 바탕을 둔 설교, 현대적인 설교도 중요하지만 가장 중요한 설교는 인격설교이다. 설교자의 인격적인 삶이 설교요 전도가 된다. 이른바 생활설교, 생활전도이다. 인격적 설교자는 성경이 갖고 있는 주제들을 설교한다. 그러나 화술이나 학문이 아닌, 영감을 불러일으키는 설교, 열정적인 설교, 진실한 설교를 한다. 그것은 무엇보다 생활에서 나타난다. 설교자가 윤리적으로 문제가 있으면서 윤리적인 것을 강조하게 되면 교인들은 절대 그것을 받아들이려 하지 않는다. 설교자는 행동을 통해서도 모두가 긍정할 수 있는 설교를 해야 한다.

예장통합 바른목회실천협의회(바목협)에서 청빈의 삶을 위한 윤리 선언을 했다. 그 선언에서 목회자들은 "거룩한 청빈을 추구하는 하나님의 청지기로서 경건과 절제의 삶을 살며 섬김의 모본인 예수 그리스도를 본받아 동역자와 교우와 민족과 사회를 겸손히 섬기겠다."고

했다. 특히 언행이 일치하는 책임 있는 존재로서 행동할 것을 다짐했다. 주님이 택하신 종이라는 인식 때문에 입을 열어 말을 하지 않을 뿐이다. 교인들이 말하지 않는다고 해서 하나님께서 입을 다물 것으로 생각한다면 크게 잘못된 것이다.

10. 세계선교에 대한 책임 높이고

세계선교에 막중한 책임이 한국교회에 부여되고 있다. 과거에는 세계교회를 지배하는 교회들이 주로 서구교회였다. 그러나 앞으로는 하나님께서 제3세계 교회를 들어 사용하실 것으로 예측되고 있다. 성령의 역사가 제3세계에서 폭발적으로 일어나고 있기 때문이다. 이런 점에서 한국교회의 역할도 커질 것으로 보인다. 현재 4천 명 이상의 한국선교사가 해외에서 활동하고 있다. 2020년까지 그 수가 4만 명에 이를 것으로 추산하고 있다. 하나님께서 한국에 신학생들을 모으신 것은 북한선교뿐 아니라 세계선교를 위한 준비로 해석된다.

현재 북한선교는 주변적으로 이뤄지고 있지만 통일과 함께 북한의 복음화 작업이 세차게 전개될 것으로 예측되고 있다. 북한의 복음화도 중요하지만 이에 앞서 남한 교회들의 통일작업이 필수적으로 이뤄져야 한다. 남한교회의 혼란된 모습 그대로를 북한에 심어서는 안 되기 때문이다. 신학적 이유 이외에 분열을 지양하는 연합운동이 전개되어야 한다.

현재 이슬람의 활동을 보다 심각하게 볼 줄 알아야 한다. 앞으로 세계선교에는 이슬람 종교의 세찬 도전이 예상되기 때문이다. 이집트, 이란 등에서 훈련 중인 모슬렘 선교사의 수는 전 세계에서 사역하고 있는 기독교선교사의 수를 이미 넘어서고 있다. 더 심각한 것은 이슬람이 더 강하고 급속하게 파급되고 있다는 사실이다. 따라서 한국교회는 이슬람권 선교에 대한 비전과 선교관을 강화할 필요가 있다.

이러한 책임이 큰 데 비해 한국교회는 국제교회에 대한 정보나 교류가 원활하지 못하고 국제적 능력을 갖추지 못한 상태이다. 세계만방에 선교하기 위해서는 현지에 대한 정보가 필요하고, 국제교류를 담당할 부서와 국제담당 전문인들의 양성이 필요하다. 국제선교전문인 양성은 한국교회가 시급히 해결해야 할 문제이다. 세계지도자들을 초청해 이 문제를 협의하고 교류하는 일도 중요하다.

선교의 질을 높이기 위해 노력해야 한다. 한국교회의 수적 성장이 정체상태로 들어가기 시작한 20세기 말에 해외선교는 반대로 놀라게 증가했다. 선교사 파송 수는 미국 다음으로 세계 두 번째이다. 그러나 수적 경쟁으로 인해 경쟁과 낭비가 발생하고, 나아가 해외선교의 질적인 문제가 발생했다는 점이다. 질적인 문제 때문에 피선교지 교회로부터 한국선교사 거부 경고까지 받았다. 이제는 과거의 양적 선교정책을 정리하고 보다 효율적이고 차원 높은 선교정책을 마련할 차례이다. 선교프로그램을 다양화하고, 청소년선교도 더욱 강화한다. 대중선교도 방법을 달리하고, 생명운동으로서의 환경선교도 염두에 두어야 한다.

11. 평신도의 역할도 달라져야

교회에도 많은 변화가 올 것이다. 소그룹모임을 지향하는 시대적 흐름 앞에 대형교회는 계속적인 수직성장을 기대하기 어렵다. 대형교회라 할지라도 교회 안의 여러 소그룹 활동이 장려되면서 역할이 다양해진다. 특히 평신도의 참여가 활발하게 전개된다. 21세기에는 목회자 중심에서 평신도 중심으로 변화된다. 과거 수직적 직분형태가 점차 복수리더십으로 바뀌면서 성직자들의 성역개방이 폭넓게 요구되며, 여성들의 역할도 커질 것으로 보인다.

12. 교육정책도 바뀌어야

이런 변화는 교회교육의 변화를 가져온다. 교육정책의 방향은 교육, 선교, 봉사, 연합으로 집약된다. 교육은 교회의 본질과 정통성의 확립, 교회의 성숙과 부흥에 직결된다. 교회지도자는 교육적 사역에 주력해야 한다. 지도자들이 주변사역에 많은 시간을 보내고 교육적 사역에 시간을 충분히 바치지 못하고 있다. 초대교회가 보여준 가장 두드러진 사역은 교육적 사역이었다. 초대교회는 말씀을 통한 교육의 시범장이요 역동적인 교육의 현장이었다. 미래의 교육은 과거의 이론중심에서 현장경험중심으로 발전하고, 사회 및 시민이 교회에 대해 무엇을 원하는가를 읽어내는 교육으로 전환된다. 신앙과 삶이 일치되는 교육도 강조되어야 한다. 선교는 국내외 복음전도와 선교의 내실화를 촉진시키는 방향으로 전개된다. 봉사는 다양화된 선교개념으로 사회복지 사업과 대사회봉사와 연결되어 있다. 주일 이외에는 사회에서 그리스도인을 찾기 힘들다. 우리가 구원받은 것은 섬기기 위함이다. 어떤 사람은 교회는 성경만 가르쳐야 한다고 주장하기도 한다. 그러나 교회학교의 역사적 배경을 보면 교회학교가 소외된 학생들을 가르치는 데 주력했고, 성경뿐 아니라 여러 사회교육과목까지 가르침으로써 공교육을 대신하기도 했다는 것을 인식해야 한다. 연합은 통일시대의 정책을 수립하고 기독교가 주님 안에서 하나 되는 것이다.

13. 교회와 교단이 혁신되어야

교회는 젊은이, 세계교회, 교단을 끌어안는 정책이 개발되어야 한다. 교회의 미래는 청소년에 달려 있다. 총회 안에 어린이 및 청소년국을 신설해 전문적인 연구가 필요하다. 세계화 및 정보화에 대한 노력이 있어야 한다. 교단 안에 새 생활실천부나 도덕성회복을 위한 특별부를 두어야 한다. 교회의 신뢰성을 회복하고 대사회적으로도 칭송을 받는 교회가 되어야 한다. 먼저 자신이 속한 교회와 교단이 새로워지도록 해야 한다.

한국교회와 교단은 학원 선교에 관심을 기울여야 한다. 건전한 크리스천 동아리들이 자리를 잡을 수 있도록 도와주어야 한다. 학원에는 많은 이단 동아리들이 있음에 주목할 필요가 있다. 현재 대학 내 활동하고 있는 여러 동아리들이 이단 동아리로 지목받고 있다. 이들은 선교단체 흉내를 내기도 하지만 어떤 동아리는 종교적 색채를 감추고 봉사와 학술·문화 동아리로 포교활동을 하고 있다.

- IYF(International Youth Followship · 구원파)
- CBA(캠퍼스 베뢰아 아카데미)
- JMS(Jesus Morning Star · 정명석계)
- 댄스 동아리 맥스(JMS계)
- 봉사활동을 위한 아름다운 사람들의 모임(CBA계)
- 파이오니아선교회(베뢰아에서 분리된 단체)
- 스킨스쿠버(통일교)

14. 항상 기본에 충실해야

창의적인 것도 좋지만 기본에 충실하는 것은 언제나 우선되어야 하는 일이다. 무엇보다 성경적이어야 하고, 헌신적이어야 한다. 교회경영이 필요하다 해도 그것은 수단에 불과하다. 경영에 몰두한 나머지 기도·성경공부·말씀전파와 교육·제자훈련 등이 소홀히 되어서는 안 된다. 철저히 헌신하는 그리스도인들이 많아져야 한다. 헌신하는 소수가 다수를 이끈다. 20대 80의 법칙이 그것이다. 깨어 있는 사람 두 사람이 있으면 열 사람을 이끌 수 있고, 스무 사람이 있으면 백 사람을 이끌 수 있다. 나아가 교회가 건강을 유지할 수 있도록 노력해야 한다. 건강한 교회가 되려면 영성이 강화되어야 한다. 경건한 삶은 기본이다. 경건은 기도실에서 시작되어 거리에서 완성되어야 한다. 목회도 하나님의 말씀과 사람들의 삶을 연결시켜줄 수 있어야 한다. 그래야 교회에서 인격을 갖춘 생산적 지도자를 낳을 수 있다. 하이벨스 목사는 젊고 유능한 목회자를 키운다. 이를 위해 다른 젊은 목사들을 여러 예배의 설교자로 세운다. 설교를 내주면 목회의 전체를 내주는 것으로 생각하는 것과는 판이하게 다르다. 중요한 결정은 담임목사나 목사회에서 한다. 사역도 나누지만 지도력도 나눌 수 있어야 한다.

새로운 시대에도 교회는 자라야 한다. 교회 안에 신생아만 넘치면 안 된다. 배우고 확신한 일에 거하며 성장해야 한다. 교회는 진정 믿음의 공동체(koetus fidelium)를 이룰 책임이 있다. 지체가 연합해야 몸을 건강하게 유지할 수 있듯 우리가 믿음 가운데 확고히 서서 나아갈 때 희망이 있다.

제3장 세계 복음화와 새로운 접근

1974년 2월 솔제니친이 고국에서 강제 추방되어 비행기로 서독 프랑크푸르트 공항에 도착해 "소련은 이미 그 자체가 하나의 거대한 감옥이다"고 선언했다. 그때까지 소련에 대한 막연한 동경을 품고 있던 많은 서방 지식인들에게 소련의 최고지성 솔제니친의 이 한마디는 엄청난 영향을 끼쳤다. 당시 소련만 그럴까? 지금 이 세상은 이미 그 자체가 하나의 거대한 감옥이다. 어둠의 감옥, 부패의 감옥, 부정과 부정직의 감옥으로 변질되었다. 이 세상에 참된 복음의 확산 및 신앙의 생활화가 필요하고, 그리스도인이 뭔가 새롭게 움직이지 않으면 안 될 시점에 와 있다.

1. 전도의 사명을 잃어버린 세대

예수님이나 사도들은 교회에 안주하지 않았다. 그들 모두는 방방곳곳을 돌아다니며 하나님의 나라를 소개했다. 그러나 지금 목회자는 하나님 나라의 복음을 전하기 위해 바쁜 것이 아니라 개교회를 관리하는 데 더 신경을 쓰고 있다. 교인 가운데 가장 전도하지 않는 사람은 목회자라는 비난도 받고 있다. 성도들에게 전도할 것을 말하지만 자신은 하지 않는다는 것이다. 목회자 스스로 관리인으로서 자신의 역할을 한정시키고 있는 것이다. 현대의 목회자는 건물교회 안에 안주해 있고, 그 건물을 지키는 수위역할로 만족하고 있다. 그러나 주님이 목회자에게 원하는 것은 주님의 나라를 위해 바삐 움직이는 것이다. 이제 잃어버린 전도의 사명을 목회자부터 회복해야 한다.

교인들도 예외가 아니다. 하나님의 군사가 아니라 예배를 즐기는 청중으로 변모하고 있다. 따라서 전도는 교역자나 중진이 하는 것으로 간주하고 자신은 전도의 문밖에 서 있다. 계속 청중으로 남아 있을 뿐이다. 전도를 남의 일로 미루는 사이에 모두 전도의 사명을 잃어가고 있다. 이것은 복음화를 진척시키지 못하는 중요한 이유가 되고 있다.

한국은 복음에 빚진 민족이다. 한국은 120년의 기독교 역사 속에서 세계가 부러워할 만큼 영적으로 부흥했고, 민족적으로 축복을 받았다. 이제는 그 빚을 갚을 때가 왔다. 현재 세계 각국에 670만 교민들이 살고 있고 한국기독인 디아스포라만도 수백만에 달한다. 그들이 그곳에 세운 교회만도 4천이 넘는다. 하나님이 한국인을 왜 전 세계에 흩으셨는가? 거기에는 분명 구속사적 이유가 있다. 이제 한국인의 복음정신을 되살려 세계를 깨울 때다. 이를 위해 우리의 잠자는 영혼에 일대 변환이 요구된다.

2. 신앙운동의 확장

대각성운동이 거 교회적으로 일어나지 않으면 안 된다. 현재 신앙운동이 잠자고 있는 것은 아니다. 현재 복음적 운동이 세계적으로 확산되고 있다. 영국에서는 최대의 복음주의 잔치라 말할 수 있는 스프링 하비스트(Spring Harvest)가 열렸고, 런던 사람에게 복음을 전하려는 소망으로 시작된 예수대행진(March for Jesus)은 세계적인 복음행진이 되고 있다. 미국의 경우 교회 안의 공백을 메우기 위해 프로미스 키퍼스(Promise Keepers)운동이 개최되고 있다. 이것은 원래 줄어만 가는 남성들을 위해 만들어진 것이다. 어바나대회(Urbana)도 50년의 역사를 가지고 있다. 우리나라의 경우 해외유학생의 복음과 영성을 위한 코스타(KOSTA)가 있고, 초교파적 학생신앙운동인 '선교한국'이 있다. 개교회에서 이러한 국제적 영성잔치를 개최하기는 어렵지만 이런 곳에 사람들을 보냄으로써 세계인들과 함께 일할 수 있게 만들어야 한다. 하기봉사(summer outreach), 현장훈련(field operations), 선교의 비전을 확립하기 위한 비전 트립(vision trip)을 계획하는 것도 매우 바람직하다. 이것은 단지 프로그램의 일환이어서는 안 된다. 대각성이 전제된 운동이어야 한다.

3. 셀 처치운동

복음화는 작은 세포로부터 시작되어야 한다. 싱가포르의 페이스 커뮤니티 교회(Faith Community Baptist Church)는 셀 교회(cell church)를 통한 복음화운동으로 유명하다. 콩 목사는 싱가포르 모든 마을에 적어도 한 개의 기도 셀, 곧 5000개의 셀을 세우는 목표를 가지고 있다. 대만에 이미 국제 셀 훈련센터를 마련해 중국본토의 복음화라는 야망을 가지고 있다. 또한 전 세계 50개국에 셀 교회를 심는다는 꿈도 가지고 있다. 우리나라에서도 셀 처치운동이 확산되고 있다. 이것은 전도의 뿌리를 강화시킨다는 점에서 의의가 있다.

셀(cell)은 감옥이란 뜻도 있지만 생명의 구성단위인 세포라는 뜻도 있다. 셀 교회는 후자의 의미를 택하고 있다. 생명체는 살아 있는 세포로 구성되어 기능을 발휘한다. 세포가 모여 조직이 되고, 조직이 모여 기관이 되며, 기관이 모여 하나의 완전한 유기체인 몸을 이루듯 셀 교회도 이 같은 이치로 주님의 몸 된 교회를 의미한다. 셀을 이렇게 정의하기도 한다.

- C: 이웃에 흩어져서(Community)
- E: 기쁜 소식을 전함으로(Evangelism)
- L: 믿는 자를 날마다 더하고(Life Saving)
- L: 삶의 질적 변화(Life Changing)를 추구한다.

셀은 나눔과 치유와 말씀이 살아 역사하는 믿음, 소망, 사랑의 작은 공동체이다. 셀은 "나를 만나라"는 주님의 명령을 준행하기 위해 나가서, 만나, 나누는 '나만나'사역이다. 그리하여 셀 교회에 늘 하나씩 남겨놓는 빈자리에 불신자를 초청하여 구경꾼에서 일꾼으로, 일꾼에서 추수꾼으로 영적 성장을 도모하는 것이다. 하나의 셀이 자라 12명 이상으로 증식되면 분가를 하게 된다.

셀에서는 전도를 강조한다. 셀 그룹 구성원들을 목회사역자들로 삼고 적극적으로 전도한다. 전도에 활발하지 못한 타성을 극복하기 위해 전도의 계기(momentum)를 적극적으로 개발한다. 먼저 전도를 위한 지도(map)를 만들어 전도를 위한 단계적 준비를 한다. 이 지도는 변화의 과정을 통한 단계적 인도로 사람들을 예수님께 나오도록 하는 데 목적을 두고 있다. 이 단계에서는 인식의 단계, 영접의 단계, 믿음의 단계, 헌신의 단계로 나누어진다.

구체적인 전도를 위해 두 가지 유형의 전도방법을 사용한다. A형전도(type A evangelism)와 B형전도(type B evangelism)가 그것이다. A형은 간증과 요한복음 3장 16절에 근거한 훈련과 전도이다. 그리고 B형은 전도를 위해 걷고, 기도하고 섬기는 것을 말한다.

전도를 위한 전략도 세운다. 전도전략은 크게 공동체전도, 관계 중심적 전도, 섬기는 자세의 전도에 초점을 둔다. 공동체전도(community evangelism)는 셀을 중심으로 지역공동체적 삶을 사는 이웃을 전도대

상으로 삼는 전략이다. 관계 중심적 전도(oikos evangelism)는 혈연이
나 인맥을 중심으로 하는 침투전도이다. 그리고 섬기는 자세의 전도
(servant evangelism)는 봉사를 통해 이웃을 섬기는 자세로 전도의 결
실을 거두도록 노력하는 것이다.

4. 종족단위 선교와 미전도 종족입양

선교는 한 영혼을 향해 하나님 아버지의 마음을 따라가는 것이자
한 민족을 경영하는 것이다. "그러므로 너희는 가서 모든 족속으로 제
자를 삼아 아버지와 아들과 성령의 이름으로 세례를 주고"(마 28:19).
이 말씀 가운데 '족속'(ethne)은 지금까지 국가 단위의 개념으로 이해
해왔다. 하지만 지금은 이 단어를 성경이 본래 의미처럼 종족(people
group) 단위로 이해하는 것이 마땅하다는 견해가 지배적이다. 우리나
라는 단일민족, 단일국가, 단일문화 속에서 살아왔기 때문에[1] 여러
종족이 모여 하나의 나라를 이루고 있다는 것에 익숙하지 않지만 다
른 나라 경우는 다르다. 인도네시아만도 330여 종족으로 이뤄져 있다.
종족에 따라 언어와 문화도 다르다. 따라서 인도네시아에 복음을 전파
하겠다는 것은 한 나라에 대한 전도가 아니다. 여러 종족에 대한 배려
를 잊지 말아야 한다. 쿠르드족은 인구가 2900만에 달하지만 아직 국
가가 없다. 이제 우리도 국가 단위의 선교개념에서 벗어나 전 세계
11,000개의 미전도 종족을 향해 나가야 한다.

종족입양(Adopt-A-People)은 교회가 미전도 종족의 아이를 데려와
서 키우는 것을 생각하기 쉽다. 하지만 그것이 아니다. 교회나 선교단

---

1) 문화인류학자 김병모 교수의 연구에 따르면 우리나라는 단일민족이 아니
라 중국, 인도는 물론 남방과 북방 민족이 혼합된 복합적 다민족이다.

체가 미전도 종족을 맡아서 그 종족 가운데 자립적이고 생명력 있는 교회가 세워질 때까지 책임지고 섬기는 것을 의미한다. 한 종족을 입양한다는 것은 교회·학생단체·개인이 하나의 미전도 종족에게 복음을 전하기 위해 할 수 있는 모든 것을 다하고, 복음이 들어간 후에도 현지인에 의해 현지 교회가 자생능력을 갖출 만큼 성장할 때까지 관계를 맺는 것을 말한다. 지속적인 관심과 끊임없는 기도, 재정적인 후원과 인적 파송 등 모든 것이 포함된다.

한국교회는 이제 지역과 한국을 넘어선 교회가 되어야 한다. 특히 가까운 중국과 일본에 대한 영적인 관심을 높이고, 멀리는 인도, 중동, 유럽, 남미 등 세계 모두를 영적으로 섬기는 종이 되어야 한다.

5. 10/40창문지역과 창의적 접근지역

10/40창문지역, 창의적 접근지역 그리고 관문도시에 대한 관심이 높아지고 있다. 10/40창문지역은 북위 10-40도 직사각형지역을 말하며 북아프리카에서 사우디아라비아, 인도, 중국, 필리핀, 일본으로 뻗어나가는 북방경도이다. 우리나라도 이 경도에 포함되어 있다. 이 지역은 가장 복음화되지 않은 사람들이 사는 곳으로 세계 기독교인들은 이 지역을 위한 복음화에 크게 관심을 두고 있다.

창의적 접근지역(CAN: Creative Access Nations)이란 선교가 공식적으로 금지된 지역을 말한다. 이슬람권, 공산권 등에 대한 선교가 이에 해당한다. 각종 종교 법안에 따른 선교 상황 악화, 기독교세력에 대한 각종 제재조치 때문에 조심스럽게, 창의적으로 접근하지 않으면 안 되는 상황이다. 현재 중국, 러시아, 우즈베키스탄, 카자흐스탄 등 여러 지역에 많은 선교단체들이 활동하고 있고, 학생들도 이 지역에 단기선교를 다녀오고 있다. 창의적 선교지역이라 해서 스파이 식으로만 전도해서는 안 된다며 때로 그 지역에서 대형선교대회가 열리기도 한다. 그러나 현지선교사들은 그로 인해 선교 문이 닫힐 것을 우려하는 목소리도 높다. 아프가니스탄에서 일어난 분당 샘물교회 단기봉사팀 피랍사건은 그 우려가 현실로 나타났다. 배형규 목사와 심성민 형제가 피살되고, 한국정부는 모든 선교단체들을 철수시켰다.

창의적 접근지역에서 선교하던 한 선교사는 현지 TV의 몰래카메라를 발견하지 못한 채 복음을 전하다가 현지에서 물의를 빚은 일이 발생했다. 이 선교사는 개종을 희망했던 모슬렘들에게 '예수만이 구주이신 것'을 전했으나 이 모슬렘들은 가짜 개종자들이었다. 모슬렘들에게 전도하는 모습이 현지 민영방송에서 전파를 탔고, 선교사 가족은 더 이상 현지에 있을 수 없어서 한국으로 급거 피신했고, 다른 선교지를 물색하지 않으면 안 되었다. 이것은 이 지역의 선교가 얼마나 어렵고, 현명하게 해야 하는가를 보여준다.

관문도시(gateway cities)란 미전도 종족 선교를 위해 관문이 되는 도시를 말한다. 각 도시는 그 나라나 혹은 성(중국과 인도의 경우)의 관문적인 경제, 정치, 영적 중심지이다. 10/40창문 미전도지역 내 도시를 위한 기도여행 또는 기도달력을 통한 기도가 활발하게 전개되고 있다. 기도여행은 기도 팀을 구성해 관문지역을 통과하면서 하나님이 그 도시에 역사하도록 함께 기도하는 것이고, 기도달력은 가지는 못하지만 달력에 이 도시를 표시해 놓고 구체적으로 기도하는 것을 말한다. 기도운동은 그 도시들을 덮고 있는 영적 어두움을 제거하며 영적으로 달라지도록 하는 것을 말한다. 기도운동은 전투의 끝이 아니라 시작이다. 세계의 미전도 종족을 복음화하는 것은 철저한 영적 전쟁이다. 이 기도운동은 헌신적인 회교도들의 영적 변화를 위해 기독교인들이 라마단 30일간의 금식기도 기간에 30일간 기도하고 금식하는 것을 말한다. 예수 전도단은 이 기도를 위해 30일 기도지침을 내놓았다. 1995년에 약 200만 명의 기독교인들이 30일 동안 물만 마시고 금식하며 무슬림을 위해 기도했다(Wagner, 1996).

500원

초등학교 6학년 여자 아이가 아이스크림이 먹고 싶어 부모로부터 500원을 받았다. 그런데 아이가 밖에 나갔다가 금방 돌아오는 것이었다. 부모가 그 빨리 돌아온 이유를 물었다. 그때 아이는 이렇게 대답하는 것이었다. "선교 저금통에 넣는 것이 아이스크림을 먹는 것보다 낫기 때문입니다." 미국대학의 여학생들은 선교비를 위해 식사비를 아낀다. 선교는 이런 정신에서 시작된다.

6. 달라져야 할 선교전략

21세기에는 선교전략도 달라야 한다. 선교프로그램을 다양하게 하고, 대중선교도 종전과는 방법을 달리해야 한다. 청소년선교를 강화하고, 생명운동으로서의 환경선교를 하는 것도 그 방법이다.

전문인 평신도 사역자를 확대시키는 것도 중요한 방법이다. 평신도들로 하여금 그동안 축적해 놓았던 은사를 하나님 나라를 위해 사용하도록 하는 것이다. 영천의 박 아무개 장로는 대학교수로 사과나무 가지치기 전문이다. 그는 단기선교 팀의 일원으로 키르기스스탄을 방문했다. 자신이 무엇을 할 수 있을까 생각하다 그 지역의 사과나무가 작고 보잘것없는 것을 알고 시험 삼아 가지치기를 시도했다. 처음에는 왜 가지를 치느냐며 불만을 토했지만 결국 가지치기한 사과나무의 열매가 크고 맛이 다르자 매년 박 교수를 초청하고 있다. 그는 가지치기로 키르기즈인들의 친구가 되었다. 아프리카 속어에 "배고픈 사람은 귀가 없다."는 말이 있다. 중동의 상당수가 빈곤으로 시달리고 있다. 따라서 이 지역에는 빵과 복음이 함께 들어가야 한다.

선교의 다양화를 위해 도시는 물론 오지의 선교를 보다 강화할 필요가 있다. 오지를 찾아가는 무명의 선교사들을 존중하고 지원을 아끼지 않는다. 오지의 선교사는 세상의 부나 명예보다 하나님의 일을 기뻐하고 자신의 전 존재를 하나님께 바치기로 작정한 사람들이기 때문에 더욱 귀하다.

구미의 선교는 자국선교사를 키워 내보내는 일도 했지만 자국에 유학 온 학생들을 그리스도 안에서 잘 양육하여 그들이 스스로 선교사가 되도록 하는 일에도 게을리 하지 않았다. 미국의 신학교가 외국학생을 차별 없이 받아들인 것이나 오히려 장학금을 우선적으로 배려한 것 등은 선교라는 중요한 정책 때문이다. 이러한 노력은 유학생에 한정되지 않는다. 그들은 외국인 노동자에 대해 많은 혜택을 주고, 정착을 도왔다.

지금 한국에는 많은 수의 외국인 노동자들이 있다. 그들은 이 땅에서 혹사를 당하고 있으며, 사람취급을 받지 못하고 있는 실정이다. 그들은 한국인들로부터 따가운 눈총을 받으면서 일하고 있다. 교회는 그들이 차별당하는 것을 묵과해서는 안 된다. 교회는 그들의 친구가 되어주어야 하며 아픔을 함께 나눌 수 있어야 한다. 그들은 아주 중요한 선교자원이라는 사실을 잊어서는 안 된다. 그들은 나름대로 그 나라에서는 엘리트층에 속한다. 앞으로 그들 가운데서 대통령이나 지사가 나올 수도 있다. 이들을 대상으로 선교를 강화하는 것이 밖으로 나가 선교하는 것보다 더 중요할 수 있다. 앞으로 우리나라에서 외국인 노동자는 줄어들기보다 더 늘어날 전망이다. 세계화추세가 빨라질수록 우리도 외국으로 많이 나가게 된다. 국제교류가 빈번해진다는 것은 교회의 선교전략도 달라져야 한다는 것을 의미한다.

몰 목회

대형 쇼핑센터인 안에 예배장소가 마련되고 기도 및 선교활동을 하는 몰 목회(mall ministry)가 미국에서 전개되고 있다. 몰마다 유형은 다르지만 일반적으로 대형 기독교 전문서점이나 예배장소, 선교센터 등을 갖추고 있다. 고객을 위한 성경공부, 기도모임, 상담 등 다양한 프로그램이 마련되어 있다.

몰 목회가 관심을 끌게 되자 이를 효율적으로 관리해주는 전문적인 기관도 생겨났다. 이들은 몰의 직원들이나 고객들에게 기도 장소를 제공해주고 다른 기독교단이나 단체들이 목회할 뜻이 있으면 해당 몰을 섭외해 자리 배정을 해준다.

예전에는 몰 목회 사무실 주위를 흘깃 쳐다보며 배회하던 손님들도 이제는 스스럼없이 다가와서 신앙적인 조언을 구한다. 질문 중에는 테러발생이나 종말론에 대한 내용이 압도적이다.

몰 목회 관계자들은 손님의 관심을 끌게 하기 위한 일회성 행사를 가급적 지양하고 종교 간 이해라는 다소 무거운 주제를 도입했다. 몰 내에 이슬람교, 유대교, 기독교의 각 부스를 설치하고 각 종교에 대해 간단히 소개해준다. 센터 한구석의 기도 공간(prayer zone)에는 사람들이 줄을 서서 차례로 기도한다.

세계를 변화시키는 날(the day to change the world)이 있다. 이것은 특정의 날을 정하여 세계 곳곳의 도시에서 세계의 변화를 위해 거리행진을 벌리는 것을 말한다. 1994년 6월 25일에는 세계 168개국의 1천만에 이르는 그리스도인들이 도시의 거리에서 예수님을 위한 행진을 거행했다. 그해 브라질의 상파우로에 사는 신자들은 거리에서 80만

의 행진자들을 동원했고, 1995년 예수님을 위한 행진에서는 120만의
신자들을 동원했다. 그들은 행진을 벌리면서 세계가 그리스도 안에서
변화되기를 기원했을 것이다.

그리스도인들은 지금 세계를 품고 기도하고 있다. 신앙운동도 다양
하게 전개하고 있다. 이러한 노력도 필요하겠지만 행사위주로 끝나서
는 안 된다는 것이다. 복음을 위해서는 보다 지속적인 노력이 필요하
며, 끈질긴 기도와 헌신이 요구된다. 나아가 과거와는 다른 선교접근
이 필요하다. 복음의 확산을 위해 새롭게 노력하는 것은 그만큼 주님
을 사랑하는 증거다. 그리스도의 증인은 바로 이 증거를 가진 자이다.
우리는 이 증거를 우리의 삶 속에서 보다 강화시킬 필요가 있다.

선교지의 사역은 전투이다. 우리의 힘에 의지해서는 안 된다. 하나님
의 힘이 아니면 승리할 수 없다. 자기를 의지하는 것이 아니라 하나님
을 의지해야 한다. 선교는 마귀와의 전쟁이다. 기도가 절대 필요하다.
선교사는 기도학교 학생이어야 한다. 예수님도 이 땅에 계실 때 '심한
통곡과 눈물로 간구와 소원'을 드렸음(히 5:7)을 잊어서는 안 된다.

제4장 포스트모던 사회와 혼돈의 신학세계

신학 하면 어렵게 생각한다. 토인비는 "신학이 생기면서 기독교는 죽었다"고 말할 정도였다. 신학은 논리적 사고를 필요로 한다. 감성적으로 치우치는 것을 막고 합리적으로 생각하도록 만든다. 신학이 기독교를 죽이는 데 목적을 두었다면 신학이라 부르지 않았을 것이다. 그러나 현재 신학의 흐름을 보면 염려되는 것이 한두 가지 아니다. 하나님보다 인간 쪽에 서려는 면이 강하기 때문이다. 기독교는 능력의 종교이다. 신학도 하나님 앞에 거듭날 필요가 있다.

1. 하나님을 떠난 20세기 신학

20세기 신학은 세속화신학, 사신신학, 문화신학 등 여러 가지로 대변된다. 물론 성경적이고 개혁적인 신학이 큰 자리를 차지하고 있지만 신학계에서는 그것과 거리가 먼 이론들이 발을 들여놓았다.

세속화신학은 서양사회의 오랜 발전이 가져온 필연적 산물이다. 산업화, 민주주의, 과학과 기술의 발전 등으로 사람들은 오랫동안 당연한 존재로 여겨왔던 신이 어느 날 갑자기 사라져 버린 것을 발견하게 되었다. 베버는 이런 현상을 '세계의 각성'이라 불렀다. 산업화로 인해 신은 죽었고, 그 자리에 세속의 개념들이 중심을 차지하게 된 것이다. 사신신학은 이런 배경을 가지고 있다. 더욱이 20세기의 마지막 10년간은 경제적 가치가 점점 더 중요해지는 경제화가 진행되는 바람에 종교적 가치가 상대적으로 약화되었다. 오히려 문화에 대한 인식이 높아지면서 문화와 신학을 연결하려는 문화신학이 발생하게 된다.

20세기 대표적인 문화신학자로 틸리히(P. Tillich)가 있다. 독일에서 루터교 목사의 아들로 태어나 아버지의 뒤를 이어 루터교 목사가 되었지만 목회자보다 신학자의 길을 택했다. 제1차세계대전 때 군목으로 복무하면서 그는 서구문명이 한계에 부딪혔다는 생각을 갖게 되었고, 이를 타개하기 위해 급진적 사회주의운동에 가담했다. 그는 나치와 히틀러에 대해서도 비판적 입장을 취했다. 미국으로 건너와 유니언신학교, 하버드대학, 시카고대학 교수를 거치면서 종교의 영향력이 약해져 가는 미국에 신과 기독교신앙에 대한 광범위한 관심을 불러일으켰다. 케네디 대통령 취임식 때는 단상에 초대될 만큼 유명했다. 그의 가장 큰 공헌은 인간적인 것과 신적인 것, 현대적인 것과 역사적인 것, 문화와 복음을 결합시키려 했다는 점이다. 그는 전통적 기독교신앙과 현대문화가 서로 배척할 필요가 없고 오히려 상호 연결되어야 한다고 생각했다. 이를 위한 방법이 바로 '상관의 방법'이다.

기존의 신학적 용어들이 현대사회에서 의미를 상실하였다고 판단한 틸리히는 그것들을 과감하게 현대 언어로 번역하기를 바랐다. 그는 신과 신앙, 이성, 계시 등의 문제를 철학용어를 사용해서 설명하며 신학과 철학의 결합을 시도했다. 그는 신학과 철학의 결합을 통해 신학계뿐 아니라 지성계 전반에 폭넓은 영향력을 확보했다. 특히 그는 철학과 심층심리학의 언어를 통해 전통적 신학개념에 대한 재해석을 시도했다. 그 결과 죄는 소외된 인간실존으로, 구원은 자기 자신 및 타인과의 화해를 통하여 소외를 극복하므로, 그리스도는 존재를 새롭게 하는 힘에 대한 상징으로 설명되었다.

그 가운데 가장 파격적인 해석은 신에 관한 것으로 세상에 존재하는 모든 것의 근원으로서의 신은 존재 그 자체이기 때문에 "존재하지 않는다."라고 표현되어야 한다고 했다. 전통적으로 저 높이 있다고 생각된 신은 이제 우리 내면 깊이 있다고 해석된 것이다.

이런 재해석에 대한 이론적 근거로서 그는 상징 개념을 내놓았다. 그에게 있어서 신학적 교리들은 신자들의 내면적 경험을 은유적으로 함축한 종교적 상징이다. 따라서 신학자는 종교적 상징들의 의미를 풀어내어 그 속에 감추어진 근원적 의미를 현대인들에게 해석해줄 필요가 있다. 가령 타락은 무의미와 불안에 위협받는 인간실존을 상징하고, 창조주 하나님은 혼란스러운 삶이 새로운 의미를 찾을 수 있다는 인간희망의 상징이다. 비존재의 공포를 이기게 하는 존재의 힘이 곧 신이 갖는 상징성이다.

틸리히는 성경과 교리에 기초하였던 기독교신학의 범위를 문화의 모든 영역으로 확대할 것을 제안했다. 그는 현대문화를 통해 전통적 신학을 갱신할 뿐 아니라 인간문화 자체에 숨어 있는 신학적 의미를 발굴하기를 원했다. 인간문화는 다양한 방식으로 인간실존의 조건에 관한 문제를 제기하며, 종교는 다양한 종교적 상징들을 통하여 그 문제에 대한 답변을 시도한다. 그의 말처럼 문화는 종교의 형식이고, 종교는 문화의 내용이 된다.

그가 제창한 문화신학 방법론과 상징론은 이어서 나온 세속신학, 흑인신학, 여성신학, 은유신학, 후기자유주의신학 등의 이론적 기초가 되었다. 그러나 그가 역설하는 궁극적 관심의 대상으로서의 신은 종교학적 탐구의 대상은 될 수 있어도 기도의 대상이 될 수 없는 비인격적 신, 곧 '신위의 신'이라는 한계를 가지고 있다(배국원, 1999). 그의 신은 인격적 하나님이 아니라 철학적 하나님인 것이다. 그는 세계적인 신학자로 교회연합운동인 에큐메니칼을 열렬히 지지했지만 교회에는 거의 나가지 않았다.

2. 포스트모던 세계와 혼돈의 신학세계

20세기 신학이 전통적 신학에 대해 도전장을 냈다면 21세기 신학은 혼란스러운 가운데 우리의 신앙을 과감히 해체시키고 있다. 이른바 포스트모더니즘이 기독교를 맹타하고 있는 것이다. 20세기 사신신앙은 자라투스트라처럼 "하나님은 죽었다!" 소리치며 다니던 것이었다면 지금은 과정신학, 종교다원주의, 해체신학 등의 칼날을 들이대며 하나님을 향한 우리의 믿음을 해체하고 분산시키고 있다.

과정신학은 하나님을 진화와 변화의 과정에 있다고 본다. 하나님이 때로 후회하시는 것을 보면 알 수 있다. 창조도 완성된 것이 아니라 계속 진행되고 있다고 본다. 하나님은 완결된 존재가 아니다. 과정신학은 하나님의 영원성과 불변성, 세계 창조를 부정하고 그리스도의 신성, 구속적 죽음, 부활승천, 삼위일체와 육체적 부활의 교리까지 부정하거나 재해석한다. 하나님을 말하지만 그 하나님은 기독교의 전통적인 하나님이 아니어서 기독교와 연결될 수 없다는 비판을 받고 있다. 종교다원주의(religious pluralism)는 종교는 여럿이며 절대종교란 있을 수 없고 모든 종교는 상대적이라고 주장했다. 기독교도 유일한 참종교가 아니라 여러 종교 가운데 하나로 간주하고 예수님을 통해서만 구원을 얻는 것은 아니라고 주장한다. 철저히 상대주의 입장에 서 있음을 알 수 있다. 데리다는 해체신학을 통해 역사의 중심이 파편화된다(없어진다), 개인의 자아도 없어진다, 글도 성경도 없어진다, 신도 해체된다고 주장하고 있다. 해체시켜 놓고 보면 우리가 중하게 여겼던 그 모두가 사실 어떤 의미를 가지지 못한다는 것이다.

이러한 현대신학의 특징은 인간이 주체에 서고 하나님을 객체로 분석하는 데 문제가 있다. 하나님의 자리에 인간의 이성이 올라가 있다.

그리고 하나님을 철저히 무시하고 있다. 우리는 "오늘도 그리스도인으로서 바로 사는가?" 점검할 필요가 있다. 하나님을 거역하는 사악한 사조가 풍미할수록 우리는 하나님을 가까이해야 한다. 하나님을 향한 기도가 늘어가야 한다.

3. 종교다원주의

포스터모던 신학 가운데 과정신학은 다음 장에서 보다 자세히 논하기로 하고, 여기서는 이 시대를 풍미하고 있는 종교다원주의를 좀더 살펴보기로 하자.

우리가 살고 있는 세계는 점점 다원화로 향해 가고 있다. 특히 사회적 갈등이 고조되면서 종교의 다원주의적 요청이 높아지고 있다. 뉴욕을 비롯해 각국에서 일어나는 테러사건을 보면서 종교 간의 대화가 철학이나 과학과의 대화보다 훨씬 더 시급하고 중요한 문제라는 주장이 설득을 얻고 있다. 종교 간의 대화는 우리 시대의 분명한 요청이다. 역사적으로 선교와 개종 작업에 적극적이었던 기독교도 이제 종교 간의 대화를 선교의 새로운 형태로서 고려할 필요성을 절실히 느끼고 있다. 종교 간 갈등이 증대할수록 종교적 배타주의나 포용주의를 넘어선 종교다원주의는 문명충돌을 피할 수 있는 대안으로 제시되고 있다.

하지만 다원주의가 해결책이 되지는 못한다. 타 종교와의 대화를 통해 충돌의 요소를 완화하고 각자의 신앙을 새롭게 발견할 수 있다. 그러나 모든 종교가 결국 똑같다는 종교다원주의는 심각한 신학적, 철학적 문제를 지니고 있다. 각 종교 나름의 독특한 진리 주장을 존중하지 않을 우려가 있기 때문이다.

다원주의는 이데올로기가 되어 모든 사상들 속에 제각기 타당성이 있음을 주장한다. 종교다원주의는 모든 종교와 사상과 사람들을 존중해야 한다는 것으로 그 자체가 하나의 사상이다. 이것은 타 종교를 존중한다는 차원에서 끝나는 문제가 아니다. 종교다원주의를 수용한다면 예수님의 유일성을 증거 할 수 없다. 기독교가 아무리 타 종교와 대화를 한다 해도 포기할 수 없는 것은 예수의 유일성과 최종성이다. 그러므로 종교다원주의를 용납하기 어렵다. 비록 이런 사회에서 살아간다 해도 그리스도인은 기독교인으로서 특성, 곧 진실성을 나타내야 한다. 입술로만이 아니라 삶을 통해 주님을 증거해야 한다. 예수님과 너무도 가까운 삶을 산다면 다른 어떤 것도 개입될 수 없다.

김경재는 「이름 없는 하나님」에서 종교다원주의를 표방한다. 그는 집필 동기를 "기독교를 모르고 죽은, 곧 예수 이름을 듣지 못했던 이들의 구원 문제를 해결하기 위해서"라고 밝힌다. 그리고 기독교적 유일신 신앙이 다른 종교들과 어떤 관련이 있는지를 분석하고 있다. 그의 주장을 요약하면 도덕경(道德經) 제1장에서 말한 절대적 진리 자체나 유일하신 하나님 또는 유무를 포함한 참도(道)는 인간 역사 속에서 형성된 문자나 발음에 매여 있는 제한된 하나님이 아니라는 것이다. 인류의 종교사 속에 나타난 다양한 유일신의 이름들(야훼 · 알라 · 브라만 · 도 · 하나님)은 절대 포괄자로서의 궁극적 실재가 구체적인 인간 공동체들의 삶의 자리에서 계시된 형태의 해석학적 반응이라 본다. 따라서 도덕경 제1장의 名可命 非常命(이름 할 수 있는 이름은 영원한 이름이 아니다)라는 말을 빌려 "유일하신 참하나님은 이름 없는 하나님"이라고 주장한다.

그는 이렇게 틸리히가 말하는 궁극적 실재 또는 궁극적 관심이라는 말로 유일신 개념을 정립하고, 이런 궁극적 실재로서의 하나님은 각 민족의 종교적 경험에 따라 다양하게 불렸다고 말한다. 또 유일신에서

'일'(一)이라는 단어를 하나라는 숫자 개념이 아니라 무한·궁극적 실재·우주적 초월성을 나타내는 원(圓)이나 존재의 시원(始原) 순환, 지고선(至高善)으로 해석함으로써 유일신의 인격신 개념을 부정한다. 나아가 유일신은 비(非)인격적인 절대자 개념도 아니라고 함으로써 다른 신보다 우월하다고 생각하는 최고신 개념이나 단일신론마저도 거부한다. 그리고 한국의 보수적 기독교인들이 외래 신, 수입된 신 또는 배타적 종파 신을 믿고 있다고 비판한다.

기독교는 예수께서 "나로 말미암지 않고는 아버지께로 올 자가 없느니라."고 한 말씀을 믿고 그분만을 통한 구원 진리를 선포하는 것이다. 예수 그리스도의 유일성이다. 그러나 그는 구원의 길은 여러 가지가 있지만 마치 산을 서로 다른 방향에서 등정하듯이 결국 다른 종교를 통해서도 모든 인간은 동일한 구원에 이르게 된다고 주장한다.

그는 유대교의 아브라함·이삭·야곱의 하나님은 다른 민족의 신들뿐 아니라 우리 민족의 하나님과 내재적 연속성을 가지고 있다고 주장한다. 그러나 속성이 다른 여러 신들을 궁극적 실재라는 종교철학적 개념으로 포괄적으로 이해하는 것이 가능한가? 기독교에서 말하는 유일신은 글자 그대로 하나이며 동시에 단독 또는 특유의 개념인데 어떻게 이것이 존재의 시원이나 지고의 선이라는 점 또는 무한의 개념과 일치할 수 있을까? 과연 무속인들의 몸 신이 야훼로 불릴 수 있으며 무속인들은 야훼를 하나님으로 믿는가?

결국 그가 말하는 이름 없는 하나님이란 속성 없는 하나님, 즉 현실적으로 실재하지 않는 하나님이 되기 쉽다. 그리스도인이 믿는 하나님은 철저히 인격적이고 예수 그리스도의 아버지이자 우리의 아버지이신 유일신이지 종교철학적인 궁극적 실재는 아니다. 그는 종교적 상대주의 혹은 종교다원주의를 받아들여야 한다고 역설한다. 그러면서도 여전히 자신은 종교학자가 아니라 중생경험을 가진 그리스도인이요 기독교 신학자며 목사라고 말한다. 이것은 기독교의 기본 믿음과 어긋나는 모순된 주장이 아닐 수 없다(이종윤, 2003).

그는 "석굴암의 미소는 만물의 인연 생기의 실상을 환히 꿰뚫어 보는 깨달은 이의 법열과 자비심의 미소요 십자가의 절규는 민중과 만민의 고난을 온몸으로 참여한 사랑하는 이의 사랑의 고통이었다. 전자는 빛이 파동하는 움직이는 모습이요, 후자는 빛이 파동하면서도 입자이듯이 불교와 기독교는 우주적 종교의 가장 전형적인 두 가지 원형을 보여주고 있다고 생각한다."고 하였다. 이는 생명의 종교 기독교와 윤리적 종교 불교를 동일시한 것이요, 불교의 인본주의적 자비를 기독교의 아가페 사랑과 동일시한 것이다.

대표적으로 김경재의 종교다원주의를 살펴보았지만 이 사상은 교회 내에서조차 여러 모양으로 부각되고 있다. 이석봉은 김동완, 조용기, 김수환을 들어 다원주의를 비판한다. 김동완은 KNCC 총무로 있던 2000년도 석탄일 봉축사에서 "부처님이 보여주신 자비는 기독교에서 예수 그리스도의 사랑과 맥을 같이하고 있다" 하고 "공동의 선을 이루는 초석이 되기를 바란다." 하였다. 그는 석가를 하나님과 동격화시켰고 불교의 상대적 선을 기독교의 절대적 선과 동일시했다는 비판을 받았다. 조용기는 2004년 5월 12일 동국대 불교대학원 강의에서 "불교의 가르침과 기독교의 가르침 중 똑같은 것이 매우 많다. 일부 목회자들이 기독교에만 구원이 있다고 말하는 것은 유아독존적인 생각이다"라고 했고 "모든 종교는 평등하다. 부처님의 자비와 예수님의 사랑이 같다." 하였다. 이로 인해 그는 불교에도 구원이 있다는 것과 인본주의적 자비와 구속사적 사랑을 동일시하는 구원 다원주의를 가르쳤다는 비판을 받았다. 추기경 김수환은 평소 "불교에도 구원이 있다"고 하였고 도올 김용옥의 강의에 나와 이 점을 재확인하였다. 아래 소개한 류상태의 천국관을 보면 종교다원주의를 쉽게 읽을 수 있다. 이석봉은 이에 대해 그의 천국은 모든 종교인이 와 있는 곳이요(천국의 다원주의), 가장 중요한 것은 천국도 구원도 아니고 사람이며(인간 제일주의), 사람과 사람 사이에 갈등을 주는 종교라면 거부하고 싶고(성경 진리 거부주의), 종교는 인간을 위한 수단과 목적이 되어야 하며(인본주의), 구원, 천국, 영생으로부터의 자유(탈 성령주의)를 나타내고 있다고 비판했다(이석봉, 2004).

류상태의 천국관

이야기 하나 하겠습니다. 어떤 사람이 천국에 갔답니다. 천사의 안내를 받아 이곳저곳 둘러보는데 어떤 곳에서는 불자들이 염불을 외우며 즐거워하고 있고, 어떤 곳에서는 힌두교인들이, 다른 곳에서는 이슬람교인들이 제각기 자신의 방식을 따라 신(혹은 궁극자)의 영광과 인생의 아름다움을 찬양하며 즐거워하고 있더랍니다. 그런데 어느 한곳에 이르자 천사가 말하더랍니다. "쉿! 조용히. 이곳은 자기들만 이곳에 와 있다고 생각하는 아직 어린 사람들이 있습니다. 다른 사람들도 와 있는 걸 알면 몹시 당황할 테니까 조용히 해주십시오."

천국은 어느 특정 종교인만이 독점할 수 있는 세계가 아닐 것입니다. 그런 세계라면 이미 그곳은 천국일 수 없으니까요. 구원이라는 것이 참으로 모든 사람에게 필요한 것이라면, 창조주는 이미 삶을 허락하신 모든 사람들에게 '거기, 그곳에서' 도달할 수 있도록 길을 마련해주시지 않았을까요? 중요한 것은 천국이 아닙니다. 구원도 아닙니다. 정작 중요한 것은 사람입니다. 사람을 수단화하고, 사람 사이에 갈등을 심고, 인생의 가치를 상대화시키는 종교라면, 그런 종교는 거부하고 싶습니다. 아무리 숭고하고 아무리 훌륭한 종교라도 그것은 우리의 생명과 삶을 위한 수단이 되어야지 목적이 되어서는 안 된다고 생각합니다. 사랑의 주님! 구원, 천국, 영생. 이 모든 집착으로부터 자유롭게 해주십시오.

종교적 다원주의는 신학계나 교역자들에게만 나타나는 현상이 아니다. 일반인들도 이런 생각을 숨김없이 표현하는 시대가 되었다. 다음은 「중국 신화 이야기」를 쓴 김선자의 다원주의를 보자(김선자, 2004).

> "저……, 종교 있으세요?" 한 후배가 묻는다. 그러면 언제나 그랬듯이 씩씩하게 대답한다. "응, 있어. 다신교!" "네에?" 21세기에 다신교라니, 이 무슨 황당한 말? 휘둥그레진 후배의 눈을 보며 재빠르게 상냥한 설명을 덧붙인다. "교회나 절, 라마교나 이슬람사원, 그 어디에 가도 기도하거든." 후배의 얼굴, 여전히 난해한 표정이다. 이쯤에서 적당히 결론을 내린다. "세상의 모든 신들은 다 나름대로의 가치가 있어. 내가 믿는 신이 중요한 만큼 남의 신도 중요한 거고."
> 신화를 공부하다 보면 만나게 되는 신들이 많다. 잘 알려진 종교의 유명한 신들부터 소수민족들이 모시는 신에 이르기까지, 세상엔 참으로 다양한 신들이 존재하고 있다는 사실을 알게 된다. 그리고 오늘날 전 세계 여러 민족들 사이에서 일어나고 있는 수많은 분쟁들의 가장 중요한 원인이 바로 한 민족이 섬기는 신을 다른 민족에게 강요하기 때문이라는 것도 알게 된다.
> 신들의 세계는 원래 알록달록하다. 그것은 자연의 빛깔을 닮았다. 온갖 단풍이 어우러져 숨 막힐 정도로 찬란하게 빛나는 가을 산 같은. 단 하나의 신이 오직 한 가지 빛깔의 옷만을 입고 나타난다면 신들의 세계는 그 얼마나 우울한 잿빛이 되어버릴까. 우리 각자의 가슴속에 담고 있는 신의 무게가 똑같듯 인간의 영혼의 무게 역시 같다. 이 가을, 상대방의 존재를 인정하는 겸손함을 갖게 되기를, 세상의 모든 신들에게 기도한다.

그러나 이에 대해 성경은 예수 그리스도밖에는 구원이 없다고 확실하게 말하고 있다. 이것이 종교다원주의와 타협할 수 없는 대답이다.

- "기록된 바 내가 야곱은 사랑하고 에서는 미워하였다 하심과 같으니라 그런즉 우리가 무슨 말하리요 하나님께 불의가 있느뇨 그럴 수 없느니라"(롬 9:13-14).
- "예수께서 가라사대 내가 곧 길이요 생명이니 나로 말미암지 않고는 아버지께로 올 자가 없느니라."(요 14:6).
- "다른 이로서는 구원을 얻을 수 없나니 천하 인간에 구원을 얻을 만한 다른 이름을 우리에게 주신 일이 없음이니라 하였더라."(행 4:12)

4. 포스트모던시대와 신학

포스트모던시대는 인본주의 사상이 팽배하다. 인본주의는 인간을 믿는 종교이다. 하나님보다 인간에 대한 박애(humanity)가 종교적 헌신과 복종, 희망의 대상으로 간주된다. 인본주의는 종교심을 부인하지는 않지만 인간 자체 속에 내포되어 있다고 주장한다. 중국의 삼자교회는 이른바 통전신학을 주장한다. 이것은 일종의 상황신학이다. 즉 중국 상황에 맞게 정부당국의 정책을 실행하기 위한 정치신학으로 성경적인 것이 아니다. 예를 들어 '하나님은 사랑이시다'는 말씀은 하나님이 그리스도인뿐 아니라 예수를 믿지 않는 사람도 사랑한다는 뜻이다. 따라서 예수님의 사랑은 사회에서 실현해가야 한다고 본다. 이것은 정치적 목적에서 신자와 불신자를 하나로 결속시키고자 하는 의도에서 나온 것이다. 이것을 보면 인본주의가 얼마나 성경을 왜곡시킬 수 있는가를 보여준다.

포스트모던시대에 기독교의 자리는 없는가? 그렇지 않다. 한스 큉은 앞으로 교회는 쇠퇴해도 일반인들의 종교에 대한 관심은 더 늘 것으로 전망하였다. 교회가 쇠퇴한다는 것은 교회가 사회에 보여준 것에 대한 회의가 작용할 수 있다. 그러나 역으로 종교적 관심이 늘어간다는 것은 기독교가 할 일이 있다는 말이다.

포스트모던시대의 특징은 역사의 종말을 외친다는 점이다. 판넨베르크는 계시로서의 역사와 미래의 힘으로서의 신을 주장하면서 신학계에 신선한 충격을 준 바 있다. 역사의 종말을 외치는 포스트모던시대에 과연 역사는 무슨 의미를 가질 수 있는가? 또 어지러울 정도로 급격히 변하는 테크놀로지의 세상에서 여전히 미래를 신앙할 만한가? 그는 말한다. "역사의 의미와 미래의 희망을 확신하지 않는다면 더 이상 기독교인의 존재의의가 없다. 부활사건이야말로 인류의 미래에 대한 가장 확실한 예증이다. 성경이 증거하고 있는 예수의 부활은 역사와 미래를 이어주는 가장 중요한 사건이다." 포스트모던시대는 불안하다. 종말에 대한 관심이 높다는 것은 혼돈의 세계에서 돌파구를 찾으려는 인간의 욕구가 높아짐을 나타낸다. 포스트모던시대에도 예수는 희망이다.

제5장 과정신학, "하나님도 되어 가는 존재?"

하나님은 우리 인간에게 과연 무엇인가? 성경은 하나님께서 이 세상을 창조하시고 섭리하심을 강조하고 있다. 그런데 많은 학자들은 하나님을 성경에서 찾기보다 자기의 머릿속에서 찾으려 한다. 이른바 과정신학(process theology)도 이러한 부류 가운데 하나이다. 과정신학은 하나님을 형이상학적인 실재로 간주한다. 그러나 그 하나님의 초자연적 계시를 부정하고 있다. 이것은 과정신학이 하나님의 존재조차 부정하는 주장자들과 하나님의 살아 계시고 역사하심을 강조하는 사람들 사이에서 어떤 타협점을 찾고자 하는 입장에 서 있음을 보여준다. 과정신학이 하나님을 찾으려 한 노력을 긍정적으로 평가하면서도 그 하나님이 성경적 하나님이 아니라는 점에서 우리는 그 신학을 부정할 수밖에 없다.

1. 과정신학의 생성

분석철학은 다음과 같은 질문을 던졌다. "우리가 하나님에 대해 과연 의미 있는 토론을 할 수 있는가?" 그다음 하나님에 대한 언어적 의미성을 찾고자 했다. 그러나 하나님이라는 단어를 언어적으로 분석해서 어찌하겠다는 것이며 그것에서 어떤 의미를 찾으리라고 기대한다는 것은 나무에서 고기를 찾겠다는 것일 수밖에 없다. 그들이 찾을 수 있는 것은 고작 사실상 어떤 의미를 가지고 있지 못한 언어학적 하나님, 철학적 하나님일 수밖에 없다. 그 하나님은 철학적 하나님에 불과한 것이어서 성경적 하나님과는 거리가 멀다.

여러 세속주의 신학자들은 하나님에 대해 세속적인 방법으로 이야기하고자 했다. 그들은 창조주와 피조물, 하나님과 세계 사이에 어떤 형이상학적인 분계선을 짓고자 했다. 사신신학자들은 하나님 자신이 실재인가라는 질문을 했다. 그리고 틸리히나 로빈슨 같은 신학자들은 하나님을 위에 계신 하나님으로 생각하기보다 삶의 요소 속에 있는, 즉 우리의 존재의 근거로서의 하나님을 말하기도 했다.

이러한 와중에서 일단의 신학자들이 하나님에 대한 교리를 다시금 확립하고자 했다. 시카고대학의 하트쇼온(C. Hartshorne)과 화이트헤드(A.N. Whitehead)이다. 그들은 다른 급진신학처럼 철학적 전제와 깊은 연관을 맺으면서 과정철학에 입각하여 과정신학을 확립하였다. 과거에 철학자들은 세상은 고정된 것이고 존재는 생성을 포함한다고 주장했다. 이에 비해 화이트헤드는 세계는 동태적이요 항상 변하며 생성은 존재를 포함한다고 주장했다. 하나님까지도 이 생성에 예속된다. 그에 따르면 종교는 눈앞에 보이는 사물의 지나가는 유동의 건너편과 뒤와 그 내부에 서 있는 어떤 것의 환상이다. 실재하나 실현되기를 기다리는 어떤 것, 가능성이 먼 훗날에 있으나 현재의 사실 중 가장 위대한 그 어떤 것, 소유하면 가장 좋으나 접근을 불허하는 그 어떤 것의 환상이다(Whitehead, 275).

하트쇼온은 화이트헤드의 사상을 더 발전시키고 이 사상을 신학에 구체적으로 적용했다. 화이트헤드는 생성이 존재 무한, 영원과 함께 하나님의 한 속성이라고 했다. 이에 대해 하트쇼온은 하나님은 유한하며 시간의 제약을 받는다고 주장했다. 틸리히는 하나님을 존재 자체로 보았는데 하트쇼온은 하나님을 과정 자체로 보았다. 그에게 있어서 궁극적인 범주는 존재가 아니라 생성이다. 피텐거(N. Pittenger), 유니온 신학교 교수 윌리암스(D.D. Williams), 옥덴(S. Ogden), 콥(J. Cobb,II)과 같은 급진신학자들이 과정신학에 동참했다. 진화론 신학자 샤르댕(T. de Chardin)도 이에 속한 것으로 보는 사람도 있다. 이들은 사신신학에 대답하기 위하여 우리는 이성적인 형이상학에 의해 하나님의 객관적인 실재성을 중시한다고 강조했다. 이성적인 하나님을 찾겠다는 것이다.

2. 과정신학의 주장들

1) 성경적 신관을 거부한다

과정신학자들은 현대인, 곧 존재들을 자율적인 존재로 부각시키고 자연과 그 세상을 인간 자신의 범주 속에 예속시킨다. 이것을 가리켜 인간의 자유로운 종합이라 한다. 이 종합이 그들의 출발점이다. 신학적인 범주도 하나님이 주신 것 그대로가 아니라 자율적인 인간이 요리할 수 있는 범주로 격하된다. 이런 방식으로 과정신학자들은 우주 위에 초월하신 존재라는 성경적인 신관을 거부한다. 그들은 성경적 하나님 관을 거부하면서도 만사가 '하나님 안에서' 일어난다고 말한다. 그러나 그 '하나님 안'은 우리가 말하는 '하나님 안'이 결코 아니다. 그들에 따르면 하나님은 존재라기보다 진화의 배후에 있는 동력이다. 이 동력은 항상 역사와 자연의 모든 것 가운데 나타난다. 바로 이 기본적인 개념 속에서 과정신학이라는 말이 나왔다.

2) 하나님의 주권사상이 없다

과정신학자들은 하나님의 주권을 크게 약화시키고 있다. 화이트헤드는 하나님은 우주의 공동창조자라고 말한다. 하나님의 창조는 계속적인 진화과정이요 질서와 인간이 그 미래를 결정하는 자유의 공존이 있을 뿐이라고 주장한다. 그러므로 윌리엄스의 과정신학 속에는 종말론이 없다. 그 중심 속에서 우리는 역사와 인간을 섭리하시는 주권적인 하나님을 발견할 수 없다. 하나님은 다만 동력으로서 그 과정 속에 내재해 있을 뿐이다.

3) 인격적인 하나님을 거부한다

과정신학은 인격적인 존재로서의 하나님을 부정하고 사물 모두의 주된 국면으로 간주한다. 그들은 하나님의 실재물이라고 말하지만 성경에서 말하는 인격적인 하나님은 아니다. 하트쇼온은 하나님을 살아 있는 인격체로 묘사한다. 그러나 그가 말하는 인격체란 화이트헤드가 인격적으로 정리된 연속적인 경험 이상을 넘지 못한다. 성경이 말하는 인격적인 하나님은 자신을 계시하시고 자신의 능력으로 말씀하시고 행하시며 자기의 뜻을 확실하게 나타내신다. 그러나 과정신학의 하나님은 인격적으로 정리된 연속적인 경험들이며 인간경험에서 얻은 유추에 따라 만들어낸 지적 개념일 뿐이다.

4) 과정신학은 성경을 말하지만 그것은 이미 성경이 아니다

과정신학은 여러모로 성경적인 색채를 나타내고자 한다. 그러나 그 색채는 이미 성경적인 본질로부터 멀어진 것이다. 그들에게 있어서 창조는 진화가 되고, 구속은 관련이, 부활은 개선이 된다. 초자연적인 것은 버려지고 이적은 사라지며 성경의 살아 계신 하나님은 내재적인 동인들 속에 묻혀 버린다. 그리스도는 세계 내에서 하나님이 어떻게 활동하시는가를 보여주는 상징에 불과하다. 그리스도는 그들의 말을 빌리면 "뚫고 들어온 간섭"이 아니라 사람이며 하나님이 그 안에서 일을 하신 분이지 성육하신 하나님은 아니다. 과정신학은 그리스도의 부활교리를 주장할 수 없는 것으로 본다. 인간의 자유의지나 자연의 정상적인 과정들은 하나님의 강제에 복속하거나 간섭을 받지 않기 때문이다. 부활을 주장하려면 하나님이 강제하신다는 것을 인정해야 하는데 그럴 수 없다고 보기 때문이다.

5) 과정신학은 하나님의 초월성을 인정하지 않는다

과정신학은 하나님의 초자연성과 절대적인 초월성을 부인함으로써 결국 하나님의 초월성을 인정하지 않고 있다. 그들에 따르면 하나님은 모든 실재의 한 국면에 불과하다. 하트쇼온은 하나님은 말 그대로 우주를 포함한다. 여러 신학자들은 하나님과 세상을 동일시하는 범신론을 반대하지만 과정신학자들은 세상은 하나님께 필수적인 것이라고 말하고 하나님의 활동을 그 속에 한정시킨다. 그들은 이 사상을 나타내기 위해서 범신내주의(panentheism)이라는 새로운 단어를 만들어 냈다. 이 말은 만사가 '하나님 안에서' 일어난다는 것인데 말 그 자체로서는 하나님을 인정하는 것으로 보이지만 오히려 하나님을 그 안에 한정시키는 의미가 더욱 강하다.

6) 과정신학은 구원교리를 거부한다

과정신학은 하나님의 사랑을 택한 자인 예수를 통하여 온 인류에게 퍼지는 우주의 법칙으로 변질시키고 있다. 윌리엄스는 하나님의 사랑에 대한 성경적 교훈을 부인하면서 특히 이 점을 강조했다. 나아가 그는 보편적 구원교리를 다시 연구해야 할 것으로 보았다. 피텐거는 인간은 하나님에게 영원히 가치가 있고 불가결한 것으로 보았다. 이 같은 생각은 인간이 창조되기 전에 하나님께서는 잘 지내지 못하셨을 것으로 보는 인간위주의 억측일 뿐이다.

우리는 우리의 생각 속에 있는 하나님을 믿는 것이 아니라 이 세상을 창조하시고 주관하시는 하나님을 믿는다. 과정신학 속에 있는 하나님은 철학적인 하나님이지 성경적인 하나님이 아니다. 과정신학이 하나님의 죽음을 선포하거나 존재 자체를 부인하는 신학이 아니라고 해서 수용되어야 하는 것은 결코 아니다. 인간이 아무렇게나 할 수 있는 하나님, 인간이 마음대로 과정 속에 범주화시킨 하나님, 단지 하나님이라는 단어를 빌려 쓴 하나님을 우리는 하나님이라 말할 수 없다. 그 속에서 우리는 인격적인 하나님, 부활교리나 구원교리를 찾아볼 수 없다. 과정신학을 받아들인다는 것은 하나님을 단지 상징적이거나 과정 속에 내재한 그 어떤 것쯤으로 보려는 것과 다름이 없다. 우리의 하나님은 결코 그처럼 공상적이고 무력한 하나님이 아니시며 인간의 지성 속에서 마음대로 요리되어도 좋은 하나님도 아니시다.

제6장 아타나시우스 신조를 생각하며

어지러운 사조가 일어날 때마다 생각나는 것이 아타나시우스 신조 (Athanasian Creed)이다. 이 신조는 교리사에 있어서 매우 중요한 위치를 차지하고 있다. 신조(creed)는 신경이라고도 하며 그 어원은 라틴어의 '크레도'(credo), 곧 '나는 믿는다'는 뜻을 가지고 있다. 신조는 일종의 신앙고백으로서 하나님을 개인적으로 믿고 있는 바를 고백하는 것이다. 아타나시우스 신조는 이단이 출현하는 가운데 만들어진 것이어서 교회사적으로 매우 의미 있는 것이기도 하다. 이 신조는 사도신경과 함께 범세계적 세계 신조로 채택되고 있다. 이 신조를 통해 아타나시우스의 신앙이 어떠했는가, 우리의 신앙은 어떠해야 하는가를 살펴보기로 한다.

1. 아리우스와 아타나시우스

알렉산드리아의 장로 아리우스(Arius)는 하나님의 아들을 영원서부터 존재하지 않은 피조물이며 따라서 그는 신성(divinity)을 가지지 않는다고 주장했다. 즉 예수 그리스도는 참신이 아니고 하나님의 본질과 동등하지 않으며 유사(Homoiousios＝like Substance)하다고 주장하였다. 삼위일체교리를 부인한 것이다. 이에 대해 319년 아타나시우스 (Athanasius)는 그의 교리가 잘못되었음을 지적하고 예수 그리스도는 완전한 신이요 완전한 인간으로 하나님과 동일((Homoousius＝one Substance)하다고 주장했다. 아리우스는 알렉산드리아 노회에서 출교되었다. 이어 325년의 니케아 회의는 아리우스의 교리를 정죄하고 아들은 아버지와 본질적으로 하나라고 고백하였다.

그러나 아리우스 논쟁은 325-361년에 가장 격심하였다. 오리겐의 영향을 받은 동방신학자들은 주로 니케아 신경에 반대하는 입장을 취했는데 한때는 아리우스적인 신앙고백서들로 니케아 신경을 대치하는 데 성공을 거두기도 하였다. 이들은 당시 황제들의 뒷받침을 받아 반대교리를 노회가 채택하도록 할 수 있었다. 아타나시우스와 그를 지지하는 자들과 서방의 대부분의 신학자들은 니케아 신경을 계속 고수하는 데 힘을 다하였고 361-381년에는 정통신학이 다시금 승리를 거두었다. 381년 콘스탄티노플 회의는 아리우스 논쟁을 끝맺고 아들과 성령의 본질은 아버지의 본질과 같다고 신앙고백을 하였다.

2. 아타나시우스 신조의 내용

아타나시우스 신조는 다음과 같다. 이 신조는 5세기 말 아타나시우스의 신앙을 바탕으로 작성된 것으로 알려져 있으며 쓴 이는 알려져 있지 않다.

"구원받기를 원하는 자는 누구든지 무엇보다도 공교회의 신앙을 고수할 필요가 있다. 누구든지 이 신앙을 전적으로, 온전하게 보존하지 않는 자는 의심할 것 없이 영원히 멸망하게 될 것이다.
공교회의 신앙은 바로 이것이니 곧 우리는 삼위일체 안에 한 하나님과 일체 안에 삼위를 경배한다. 격위들을 혼동하지 않고 본질을 나누지도 않는다. 이는 성부의 한 격위가 계시고, 성자의 다른 격위가 계시며, 성령의 또 다른 격위가 계신다. 그러나 성부와 성자와 성령의 신성이 모두 하나이다. 그 영광이 동등하며 그 존귀가 함께 영원하다. 성부가 바로 이 같으며, 성자가 이와 같고, 성령이 또한 이와 같다. 성부가 지음 받지 아니했고, 성자가 지음 받지 아니했고, 성령이 또한 지음 받지 아니했다. 성부가 불가형언이며, 성자가 불가형언이며, 성령이 불가형언이다. 성부가 영원하며, 성자가 영원하며, 성령이 또한 영원하다. 그러나 세 영원들이 아니고 한 영원이다. 이와 같이 세 불가형언들이 아니고, 세 비피조들이 아니다. 오직 하나의 비피조이며 하나의 불가형언이다. 이와 같이 성부가 전능하시며, 성자가 전능하시며, 성령이 또한 전능하시다. 그러나 세 전능들이 아니고 오직 하나의 전능이다. 이와 같이 성부가 하나님이시고, 성자가 하나님이시고, 성령이 하나님이시다. 그러나 세 하나님들이 아니고 한 하나님이시다. 이와 같이 성부가 주님이시고, 성자가 주님이시고, 성령이 또한 주님이시다. 그러나 세 주님들이 아니고 한 주님이시다. 이는 우리가 기독교적인 참된 신앙양심으로 이와 같이 믿지 않을 수 없다. 각 격위가 친히 하나님이시며 또한 주님이시다.

보편적 공교리가 다음과 같이 말하는 것을 금한다: 세 신들이 계시거나 세 주님이 계신다는 것. 성부는 그 누구에 의해서도 조성되거나 지음 받지 아니했고 나지 아니하셨다. 성자는 조성되지 않고 지음 받지 아니 하셨고 오직 성부에게서 나셨다. 성령은 성부와 성자에게서 지음 받았거나 나지 아니하셨고 오직 나오신다. 그러므로 한 아버지가 계시고 세 아들이 아니다. 한 아들이고 세 아들들이 아니며, 한 성령이고 세 성령들이 아니다. 이 삼위 안에 누구도 앞서지 않고 뒤지지도 않는다. 그 누구도 보다 크거나 낮은 분이 안 계신다. 그러나 전 삼위가 함께 영원하며 같이 동등이다. 따라서 이미 고백한 것과 같이 모든 것을 한마디로 고백한다: 삼위 안의 일체, 일체 안의 삼위께서 경배를 받을지니라.

또한 우리 주 예수 그리스도의 사람 되심을 신실하게 믿는 것은 영생을 위하여 필요하다. 올바른 신앙은 우리 주 예수 그리스도이신 하나님의 아들이 참하나님이신 동시에 참사람이심을 믿고 고백하는 것이다. 그는 창세전에 아버지의 본질로부터 나셨기 때문에 하나님이시요, 그는 그의 어머니의 본성으로부터 시간 세계에 나셨기 때문에 사람이시며, 온전한 하나님이시고, 이성적인 영혼과 인간의 육체를 가지고 계시는 온전한 사람이시고, 신성으로는 아버지와 동등이시며, 그의 육

신을 따라서는 아버지보다 못하시다. 그는 하나님이시요 또 사람이실
지라도 두 분 그리스도가 아니요 한 분 그리스도이시다. 신성이 육신
으로 변하심으로서가 아니고 하나님께서 인성을 취하심으로 한 분이
시다. 왜냐하면 마치 이성적인 영혼이 육신과 더불어 한 인간인 것처
럼 또한 하나님과 사람이 한 그리스도이시다. 우리의 구원을 위하여
고난을 당하신 분은 사망의 나라로 내려가셨다가 사흘 만에 죽은 자
가운데서 다시 살아 나셨고, 승천하사 아버지의 우편에 앉아 계시며,
저리로서 산 자와 죽은 자를 심판하러 오시리라. 그가 오실 때에 모
든 인생들은 그들의 육체와 더불어 다시 일어나야 하며 그들 자신의
행위에 대하여 심판을 받아야만 한다. 선을 행한 자들은 영생으로, 악
을 행한 자들은 영원한 불에 들어가리라."

이것이 공교회의 신앙이다. 누구든지 이것을 신실하고 확고하게 믿
지 않는 자는 구원을 얻을 수가 없다.

3. 아타나시우스 신조를 생각한다

이 신조는 기본적으로 성부, 성자, 성령 삼위의 일체되심, 예수 그
리스도의 완전한 신성과 완전한 인성, 성부와 성자로부터 성령의 나오
심, 그리스도의 부활과 승천과 재림을 강조하고 있다. 이것은 역사적
으로 바른 입장에 선 모든 교회의 신앙고백이요 앞으로도 계속 이어
져야 할 우리의 고백이기도 하다.

이 밖에도 이 신조는 다음과 같은 점을 강조하고 있다.

첫째, 이 신조는 서두와 말미에서 '누구든지'를 강조하고 있다. 이
말은 라틴어로 '꾸이꿈꿰'(quicumque)라 한다. 이것은 '그리스도인이
라면 누구나'라는 뜻을 가지고 있으며 이 신조의 내용은 누구나 고백
되어야 할 것으로 간주한다. 아타나시우스 신조를 꾸이꿈꿰 신조라 함

은 이 때문이다.

둘째, 이 신조는 공교회의 신앙을 강조한다. 공교회란(catholic church), 곧 보편교회(universal church)를 뜻한다. 이것은 우리가 흔히 말하는 로마가톨릭 교파를 말하는 것이 아니다. 가톨릭교회의 원래 명칭은 신성세계 사도직 로마교회(Holy Catholic Apostolic and Roman Church)이다. 공교회는 보편 교회, 참된 교회를 뜻한다. 사도신경에도 교회를 거룩한 공회(holy catholic church)라고 고백한다. 이 공회가 바로 공교회이다. 이러한 의미에서 가톨릭만 가톨릭이 아니라 우리도 가톨릭임을 알 수 있다. 우리가 흔히 말하는 가톨릭은 로마교회라 부르는 것이 바람직하다. 이 신조가 말하는 공교회의 신앙(catholic faith)은 우리가 지켜야 할 참된 신앙을 가리킨다.

끝으로, 신조 끝에 나타나는 사망의 나라는 주님께서 삼일동안 죽음의 상태로 무덤에 있었음을 의미한다. 어떤 이는 주님께서 "왜 나를 버리시나이까?"라고 말씀하셨던 것을 미루어 죽음으로 인해 버림을 당하신 상태로 보기도 하고, 어떤 이는 한 강도에게 오늘 네가 나와 함께 낙원에 이르리라 하신 말씀을 미루어 낙원으로 보기도 한다. 그러나 이것은 기본적으로 주님께서 우리를 위해 죽으셨음을 의미한다.

4. 우리의 새로운 신앙고백을 위하여

우리는 세례를 받을 때 모든 사람 앞에서 신앙에 대한 목사님의 물음에 예라고 대답하고, 매주일 사도신경을 자신의 신앙으로 고백한다. 그러나 그 고백을 얼마나 진지하게 생각하고 고백하는지 묻지 않을 수 없다. 솔직히 말해서 남들이 하니까 따라서 하고 늘 해오던 대로 기계적으로 반복했을 뿐이다. 우리는 이러한 일상적이고 기계적인 신앙생활을 탈피하고 참으로 주님에 대해서 스스로 고백할 수 있는 신앙적 적극성이 있어야 한다. 사도들의 신앙고백이 나의 고백이 되고, 아타나시우스 고백이 나의 고백이 되어야 한다. 그리스도인의 삶은 결코 기계적인 삶이 아니다. 그리스도인은 하나님과 늘 교통하고 고백하는 살아 있는 삶이어야 한다. 주님을 향한 새로운 열심이 각자 자신의 신앙고백으로 나타나야 한다.

제 2 부

이데올로기, 과학,
문화 그리고 기독교

제1장 이데올로기와 기독교

1. 자본주의, 사회주의, 공산주의

세계관 측면에서 볼 때 이데올로기를 빼놓을 수 없다. 이데올로기란 한 주의 주장에 편향된 사상을 말한다. 이른바 '주의'(ism)라는 사상적 표현이 이에 속한다. 우리 사회는 많은 주의 주장이 있다. 이 가운데 민주주의, 자본주의, 사회주의, 공산주의는 대표적인 이데올로기이다.

민주주의는 국민이 주인이 되는 정치체제로 국가의 주권은 국민에게 있고, 국가권력은 국민으로부터 나오는 정치체제를 말한다. 보통은 선거를 통해서 국가권력이 정당성을 가지게 된다.[2] 민주주의와 상반되는 것은 주권이 국민에게 없는 군주주의나 전제주의이다. 우리는 흔히 공산주의를 민주주의와 반대되는 개념으로 이해하지만 민주주의는 정치체제에 관한 것이고, 공산주의는 경제체제에 관한 것이어서 초점이 다르다.

자본주의, 사회주의, 공산주의는 경제체제에 관한 것으로 경제체제에 대해 어떤 입장을 보이느냐에 따라 다르다. 자본주의는 생산수단을 소유한 자본가가 이윤획득을 목적으로 노동자로부터 노동력을 사서 상품 생산을 하는 경제체제이다. 즉 자본을 통한 이윤추구를 목적으로 한다고 해서 자본주의라는 말이 쓰이게 된 것이다. 마르크스는 자본주의라는 말 대신 자본가적 생산양식이라 불렀다. 자본주의는 일반적으로 사유재산제를 그 기초로 하고 시장경제질서에 의하여 움직이는 경제체제를 말한다. 자본주의의 특징으로 자본의 자유화, 즉 사유재산제도를 들

---

2) 북한의 경우 명목상으로는 선거를 하며 그들 나름대로 민주주의를 하고 있다고 주장한다.

수 있으며 자본, 노동 등 모든 생산단위는 시장경제질서에 의하여 움직이는 것을 수단으로 삼고 있다. 최근 자본주의라는 단어를 사용하기보다 자유경제라는 단어를 선호하고 있다. 이것은 사회적 계획경제에 대한 반의어로 자유로운 시장경제를 중시하고 있다. 자본의 자유로운 흐름을 중시하고, 노동도 상품화함으로 개인주의경제라 불리기도 한다.

자본주의와 반대되는 개념으로 사회주의와 공산주의를 들 수 있다. 자본주의의 모순이 발견되면서 반발로 나온 것이 사회주의이고, 이를 엄격하게 만든 것이 공산주의다. 사회주의는 자본주의 경제체제의 개인주의에 대한 반대 개념으로 등장한 것이다. 자본주의에서는 자본이든 노동이든 모든 생산단위가 모두 개인에게 속하며, 개인의 이익을 위해 움직인다. 그래서 개인주의라고도 한다. 이런 자본 등이 특정 자본가계층에 집중됨으로써 부의 편중이 심화되는 데 대한 반발로 나온 것이 사회주의다. 사회주의는 생산수단을 사회가 소유하고 사회가 관리함으로써 자본주의가 가지는 모순들, 곧 자본의 집중에 따른 부의 편중, 노동의 착취, 실업과 빈곤의 증가 등을 해결해보고자 한다.

공산주의는 사회주의 가운데 한 부분이다. 그렇지만 사회주의와 공산주의가 같은 내용을 가진 것은 아니다. 사회주의가 생산의 사회화를 통해 자본주의의 모순을 해결하려고 한 데 비하여 공산주의는 생산의 사회화 또한 공산주의로 가는 한 수단으로 보고 있다. 그러므로 공산주의는 생산의 사회화뿐만 아니라 분배에 있어서도 공평을 요구하며, 사유재산제도를 전면으로 부정하고 공유재산제를 실시함으로써 빈부의 격차를 완전히 없애는 것을 그 목적으로 하고 있다. 사회주의가 가장 충실하게 나타난 것을 공산주의라고 할 수 있다. 공산주의는 사회주의를 바탕으로 하고 있지만 공유재산제도를 통한 빈부격차의 완전한 해소를 목적으로 하고 있어 사회주의 차원을 넘는다.

사유재산제도를 바탕으로 한 자본주의는 공유재산제도를 바탕으로
한 공산주의와 이념과 체제가 달라 융화하기 힘들다. 그러나 공유재산
제도까지는 주장하고 있지 않고 있는 사회주의와는 어느 정도의 절충
이 가능하다. 사회주의를 수용함으로써 자본주의에 잠재하고 있는 내
재적 모순을 어느 정도 치유할 수 있기 때문이다. 현대 자본주의 국가
들 상당수가 순수한 자본주의가 아닌 수정된 사회주의, 즉 자본주의와
사회주의가 결합한 사회적 시장경제질서를 채택하고 있다. 개인의 소
유를 인정하면서 일부 산업에 대해서는 법적 차원에서 사회적으로 제
약을 가하는 것이다. 우리나라도 이 제도를 취하고 있다.

사회주의나 공산주의는 개인만 잘살기보다 같이 잘살자는 운동으로,
개인의 소유권을 부정한다. 같이 잘살자는 생각이 나쁜 것은 아니다.
그러나 공산주의는 이런 생각을 사회체제에 강요하면서 공산주의에
저해되는 요소를 과감히 척결하고자 한다.

2. 폴 포트의 교훈

1984년 영화 '킬링필드'는 75-79년 단 4년 만에 200만 명이나 되는
캄보디아인이 폴 포트 정권에 의해 대량으로 학살되는 장면을 그려내
고 있다. 이 영화로 캄보디아는 킬링필드로 전 세계인에 알려졌다. 폴
포트는 농부의 아들로 태어나 어린 시절 6년간 불교사원에서 생활했
다. 그가 중학교 때 프랑스 유학파 스승 크반 시판을 만나 앙코르제국
영화를 중심으로 민족주의 교육을 받았다. 프랑스 유학 후 교사생활도
했다. 그러나 그는 반프랑스 저항운동에 가담했다. 공산당에 가입한
그는 밀림지대를 근거지로 무장투쟁을 벌이다 75년 친미 론놀정권을
무너뜨리고 정권을 잡았다. 그리고 79년 말 베트남군 침공으로 권좌에

서 물러날 때까지 이 같은 살육을 일삼았다.

그는 이상적 농민천국을 구현한다며 도시인을 농촌으로 강제 이주시키고 화폐와 사유재산, 종교를 폐지했다. 이 과정에서 과거 론놀정권에 협력했다는 이유로 지식인, 정치인, 군인 등 캄보디아 전체 인구의 4분의 1에 달하는 200여 만 명을 살육했다. 국민개조 명분 아래 노동자, 농민, 부녀자, 어린이까지 닥치는 대로 살육했다. 그는 자기 힘만으로 어려운 처지를 헤쳐 간다는 자력갱생으로 이상적인 사회주의를 건설하고자 했다. 75년 크메르 루주군을 이끌고 프놈펜에 입성한 그는 자본주의와 물질문명 파괴부터 시작했다. 중앙은행을 폭파해 자유경제체제를 말살시켰고, 자동차 냉장고 TV 등을 집단 수거해 쓰레기더미로 만들었다. 병원에서 양의들을 모두 몰아냈고 의료시설을 폐기했다.

농촌지상주의를 내건 그는 수도와 전기 등을 끊어 도시의 기능을 마비시켰다. 도시인들을 농촌으로 강제 이주시켜 맨몸으로 집단노동에 동원했다. 지식인들은 노동자와 농민의 잉여가치를 착취하는 송충이로 몰아 감옥에 가두고 처형했다. 심지어 예술인조차 썩은 문화를 전파하는 해충이라며 숙청했다.

그는 홍안의 소년 소녀들을 앞세워 무자비하게 동족을 처단했다. 총알을 아끼기 위해 마을마다 구덩이를 파게 해 양민을 학살했다. 그의 만행은 프놈펜시내 학살박물관과 외곽의 해골더미가 입증하고 있다. 외곽의 중엑 마을의 경우 6천여 평 면적 1백여 개 구덩이에서 9천여 개의 해골이 발굴되었다. 죽창에 찔려죽거나 총살 또는 쇠 곤봉에 타살당한 시체들이 수백 구씩 뒤엉킨 채 매장되어 있었다. 그런 만행을 했음에도 불구하고 그 자신은 아무런 책임이 없으며 그런 야만인이 아니라고 발뺌하는가 하면 후회하지 않는다고 했다.

3. 공산주의와 교회

공산주의자들은 자신을 무신론이라 주장하고 종교에 대항했다. 그러나 공산주의 그 자체가 하나의 종교로 작용해왔다. 왜냐하면 지지자들의 절대복종과 다시없는 헌신을 요구했기 때문이다. 공산주의는 절대적 지지와 복종을 얻는 데 방해가 되는 요소를 기꺼이 제거한다. 그 가운데 하나가 교회이다. 교회는 무엇보다 하나님의 말씀을 따라 살고자 하는 사람이기 때문이다. 따라서 공산치하의 교회는 고난을 당한다.

1990년 초 북한 황해남도 안악군에서 86명의 지하 기독교인들이 국가안전보위부에 발각되어 일부는 처형되고 나머지는 정치범수용소에 갇힌 사건이 있었다. 황해도사건으로 불리는 이 일은 지하교회 탄압사건이다. 당시 보위부에서는 남한의 악질 목사들이 성경책을 밀반입시켜 북한 내부를 끊임없이 파고들고 있다는 첩보를 입수했지만 단서를 잡지 못해 혈안이었다. 수십 년 보위부에서 잔뼈가 굵은 여성 보위원이 다리 관절에 이상이 생겨 더 이상 걸을 수 없게 되자 김일성대학을 졸업한 자신의 딸을 정보원으로 끌어들여 사건을 파헤치기 시작했다. 그는 안악군에서 의심이 가는 지하교인에게 접근해 그에게 전도당하는 것처럼 위장하여 침투했다. 교인들에게 신임을 얻기 위해 김일성 배지도 잘 달지 않았다.

보위원의 딸은 오랜 기간 공을 들인 끝에 지하교인들의 예배장소에 들어가는 데 성공했다. 교인들은 어두운 지하실에서 서로 얼굴을 쳐다보지 않고 예배 전에 차례로 자기소개를 했다. 어디 사는 누구고 어떻게 하나님을 믿게 되었고 등등. 이 이야기를 비밀보위원은 모두 머릿속에 담았다. 86명의 신상명세를 전부 외울 만큼 그녀의 기억력은 비상했다. 그녀의 보고로 교회는 무너졌다. 그녀는 비밀정보원에서 정식 보위부지도원으로 승격되었고 최고훈장인 노력영웅메달까지 받았다(강철환, 2001).

홍콩의 사우스 차이나 모닝포스트에 따르면 북한 탈북자들을 잡아 내려는 사회 안전원과 이들을 탈출시키려는 기독교선교단체들이 북한. 중국 국경지대에서 치열한 전쟁을 진행 중이다. 기독교선교단체들은 양국 국경지대에 북한 내 조직과 연결된 탈북자 구호조직을 만들어 탈북자의 도피와 은닉을 돕고 있으며, 사회 안전원들은 이들 조직을 찾아내기 위해 혈안이 되어 있다. 이들은 연길시의 한 교회 예배시간 에 탈북 어린이들의 증언이 이뤄지는 자리에 북한 사회 안전요원들이 급습, 이들을 끌고 갔다. 당시 예배당에 모인 사람들은 북한에서 탈출 한 어린이들의 애절한 탈북한기를 듣고 있었다. 그런데 갑자기 예배당 출입문이 부서져 나가면서 민간인 복장을 한 북한 요원들이 수십 명 들이닥쳤다. 이들은 고함을 지르며 교인들을 닥치는 대로 구타했다. 그리곤 증언대에 선 어린이들을 끌고 순식간에 사라져 버렸다.

1956년에 설립된 선교단체 '열린 문'(Open Doors)에 따르면 최소한 50만 명의 기독교도가 북한에 존재하며, 이들은 비밀예배를 통해 신앙 활동을 하고 있다. 또 북한에는 94년 이후 540여 개의 지하 기독교 조 직이 설립되었으며 수십만 권의 성경이 밀반입되었다. 북한 당국은 중 국 공안당국의 협조 아래 약 10만 명의 요원을 연변지역에 파견하여 탈북자 색출, 기독교 인사테러 등 공작을 벌이고 있다. 북한 내의 반 응도 더욱 철저해졌다. 2000년 12월 함경북도 청진에서 기독교도 11명 이 체포 즉시 공개 처형되었다. 이들에게는 가장 참혹한 단두형이 내 려졌다. 미 국무부는 북한에서 99년 한 해만 총 400명의 기독교도가 처형된 것으로 잠정 집계했다(이광회, 2001).

그럼에도 불구하고 북한에는 교인들이 존재한다. 김 아무개 일행이 북한을 방문해 예수를 잘 믿는다는 한 할머니를 만났다. 할머니는 1907

년에 발행된 오랜 성경을 가지고 있었다. 김 씨는 "자기의 새 성경과 할머니의 오래된 성경과 바꾸자"고 간청했다. 그 성경을 "왜 바꾸려 하는가?" 물으며 "혹시 땅에 묻거나 불태워 없애려 하는 것 아닌가?" 염려했다. 그는 그것을 남조선에 가져가 그곳의 기독교인들에게 보여주기 위해서라고 말했다. 그러자 그 할머니는 이렇게 말하는 것이었다. "남조선에도 예수 믿는 사람이 있습네까?" 그동안 남한에는 예수 믿는 사람이 한 사람도 없으리라고 생각한 것이다. 정말 진정한 기독교인이 한 사람이라도 있을까 우리 스스로 묻고 싶다. 그가 남한 기독교인들에게 하고 싶은 말이 있으면 해보라고 하자 "우리는 여기서 아름답고 정직하게 신앙생활하고 있다"며 그렇게 신앙생활해 줄 것을 당부했다. 그는 이를 가리켜 한국기독교인을 향한 놀라운 선언이라고 했다.

북한 지하교회에는 "예수님 전사들의 수칙"이 있다. 전사란 제자를 뜻한다. 그 수칙은 "예수로 혁명화하자"라는 모토 아래 다음과 같이 다섯 가지로 구성되어 있다. 이것이 예수를 믿는 우리 모두의 수칙이 되어야 할 것이다.

- 예수 믿는 사람은 천대받게 되어 있다. 그것이 긍지요 기쁨이다. 예수 믿는 사람은 고난을 당하게 되어 있다. 이것이 우리의 영광이요 승리이다.
- 칭찬받는 것보다 욕먹는 것을 먼저 배워라.
- 우리 예수 믿는 사람은 인민의 눈물을 닦아주고 서로 눈물을 닦아주며 주위의 모든 고통당하는 자들의 위로자가 되어야 한다.
- 사랑이 사랑을 낳고 또 그 사랑이 새로운 사랑을 낳고 그 사랑으로 인하여 많은 사람들을 예수의 전사로 만들어야 한다.
- 성경이라는 잣대로 자기가 먼저 살아가야 한다.

4. 문명이라는 이데올로기의 전차

자본주의와 공산주의만 이데올로기는 아니다. 종파주의나 민족주의 그리고 문화도 강한 이데올로기로 작용하고 있다. 이 세상은 종파나 종족, 문명이 이데올로기의 갈등과 애증으로 활화산처럼 타오르고 있다. 현대는 문명의 이데올로기로 심각한 상태에 접어들고 있다.

헌팅톤(S. Huntington)은 탈냉전시대의 새로운 세계에서 가장 근본적인 갈등과 투쟁의 원천은 이념적이거나 경제적인 것이 아니라 문화적인 것이라고 전제한다. 문화가 인류를 분리시키고 서로 싸우게 만드는 주 원천이 된다는 것이다. 문명 간의 충돌 또는 문명이 특정한 투쟁이나 전쟁을 강화시키고 보강하는 역할을 담당한다는 것이다. 알 카에다의 미국 공격, 미국의 아프가니스탄 및 이라크 침공은 물론 지금 세계 곳곳에서 일어나는 테러의 배경에는 문명 간의 충돌이 내재되어 있다. 문명의 이데올로기가 작동하기 시작한 것이다.

헌팅톤에 따르면 민족국가는 여전히 국제관계에서 가장 강력한 행위자로 남아 있겠지만 국제정치에 있어서 주요 갈등이나 충돌은 다른 문명 혹은 문화의 배경을 가진 나라들과 집단들 사이에 주로 일어나게 된다. 같은 문명권 안에서 일어나는 전쟁이나 투쟁에 비해 다른 문명의 배경을 가진 나라들 사이의 전쟁이나 투쟁은 보다 더 잔인하고 처절하게 된다.

문명 간에 잘못 그어진 경계선은 미래에는 충돌 혹은 갈등의 전선이 될 것이다. 동서 간의 이데올로기의 대결로 형성되었던 냉전구조에 이르는 기간의 주요한 충돌들은 대개 서구문명의 내부에서 일어났으며, 따라서 서구 안의 내전들이었다고 부를 수 있다. 그러나 냉전구조가 무너진 현재로서는 앞으로의 분쟁과 충돌의 중심은 서구의 국면을 벗어나 서방과 비서방 또는 비서방 문명 들 사이의 상호작용으로 이전하게 될 것이다.

헌팅톤은 문명이란 언어·역사·종교·관습·제도와 같은 객관적인 요인을 공유하거나, 사람들이 주관적으로 스스로를 일치시키는 것으로 정의되는 것으로서 사람들이 가장 높게, 가장 광범위한 범주로 스스로를 분류하는 문화적 정체감을 가지게 하는 실체라고 정의한다. 그는 이러한 정의 아래 현재 세계에 존재하는 문명을 일곱이나 여덟 정도로 분류했다. 서구, 유교권, 일본, 이슬람, 힌두, 슬라브, 라틴아메리카, 아마도 아프리카 문명이라고 한다. 이 문명들이 서로 접하고, 교호작용을 하는 접경의 잘못 그어진 선상에서 주요 충돌이 일어나게 된다는 것이다. 그는 충돌의 이유를 다음과 같이 들고 있다.

첫째, 이들 문명 간의 차이점들은 실제적일 뿐 아니라 기본적인 것이다. 문명은 역사·언어·문화·전통·종교 등에 의해 분별되며 이러한 차이와 분별은 사라지지 않고 사람들 간의 차별로 나타난다. 문명에 따라 신과 인간, 개인과 집단, 시민과 국가, 부모와 자녀, 남편과 아내 등의 관계에 대한 견해가 다르고 권리와 책임, 자유와 권위, 평등과 위계의 상대적 중요성에 대한 관념도 다르다. 이러한 차이점들은 오랜 시기에 걸쳐 형성되고 작용해온 근본적 차이이다. 오랜 기간 동안 이 차이점들이 지속적이고 장기적인 폭력적 갈등을 일으켜 왔다.

둘째, 세계는 보다 더 작은 곳이 되어 가고 있다. 문화를 달리하는 사람들 간의 교호작용이 급증하게 됨에 따라 문명 간의 차이점이나 같은 문명 안의 유사성에 대하여 각성하게 되고 문명의식(civilization consciousness)이 높아지게 된다. 문명의식의 고조는 다른 문명권의 사람들 간의 차이점을 부각시키게 되고 증오심을 조장하게 되며 지나간 갈등의 역사 속을 다시 깊이 생각하도록 만든다.

셋째, 전 세계를 통하여 진행되어온 경제적 근대화와 사회변화는 사람들로 하여금 오랫동안 지녀오던 지역의 정체성을 상실하도록 만든다. 그래서 민족국가에 대한 정체감을 약화시키며 그 결과 나타난 공백을 메우기 위해 세계를 망라하는 종교가 그 역할을 대신하게 된다. 이러한 현상은 서방의 기독교, 유대교, 불교, 힌두교, 이슬람 교권에 일어나고 있는 근본주의라 불리는 종교운동의 확산에서 찾아볼 수 있다. 이러한 종교의 재활은 국가의 경계선을 넘어 문명을 연합하는 정체성이나 결속의 기초를 제공하고 있다.

넷째, 문명의식의 성장은 서방의 이원적 역할에 의해 촉진되고 있다. 서방이 세계적 세력의 최고절정에 있는 반면 비서방 세계는 자신들의 뿌리로 돌아가자는 현상을 맞고 있다. 일본은 아시아화하려고 하며, 인도는 힌두교화, 중동은 이슬람화 그리고 러시아는 서구화냐 러시아화냐 하는 논쟁이 벌어지고 있다.

다섯째, 문화적 성격과 차이는 정치적-경제적인 것들보다 변하기도 쉽지 않고 쉽게 타협되거나 해소되지도 않는다. 구소련에서 보듯이 공산주의자가 민주주의자로 쉽게 변하지 못하고 있는 것은 그 보기이다.

여섯째, 경제적 지역주의가 증가하고 있다. 경제적 지역주의는 문명의식을 강화한다. 그래서 같은 문명권에 속한 국가들 간의 경제적 지역주의는 보다 성공적이다. EU와 NAFTA는 비교적 잘 진척되지만 일본은 독자적인 문명을 가지고 있어 동아시아에서 유사한 경제공동체를 만드는 데 많은 어려움이 있다. 문화와 종교가 비슷한 비아랍계의 10개국도 경제협력기구를 형성하고 있다. 동구와 소련이 해체되면서 민족과 종교중심으로 재배열되고 있다.

문명충돌에 있어서 종교의 역할이 두드러지게 나타나고 있다. 중앙아시아에서는 회교도와 힌두교들 사이에 충돌이 끊임없이 이어져 왔다.

동방정교의 아르메니아와 회교의 아제르바이잔 간의 충돌, 유대교와 반유대교 사이의 이스라엘 분쟁, 정교의 세르비아와 회교의 헤르치고비나의 충돌, 아랍과 비아랍권의 충돌로 번진 걸프전과 이라크전 등 헤아릴 수 없이 많다. 문화적으로 친척이 되는 나라들 사이에는 규합이 잘 되지만 문화적으로 이질적인 경우에는 충돌이 심하며, 친척국가들 사이에는 편을 들기도 하고 묵인하기도 덮어주기도 한다. 헌팅턴은 중국과 북한 그리고 중동의 몇 이슬람 국가들이 비서방적 연합을 형성하고 서로 자원을 나누고 무기 산업을 개발하면서 군사적인 대항세력을 형성하고 있다고 보았다. 이것을 가리켜 그는 유교와 이슬람 커넥션이라 부른다.

헌팅턴의 이 같은 주장에 대해 반론이 없는 것은 아니다. 전 세계가 하나의 지구촌으로 하나의 문화권을 형성하고 있으며, 문화적으로나 종교적으로 다원주의를 주장하는 추세가 있어 현대에 맞지 않는 빗나간 이론으로 지적되고 있다. 그러나 이러한 비판에도 불구하고 앞으로의 세계는 종교가 하나의 큰 사회변동의 척도가 될 수 있다는 점에서 많은 종교인들의 자성을 요구하고 있다.

특히 정보통신매체로 인한 문화이식은 심각한 정도로 만연하고 있으며 그 결과 자의식의 확립은커녕 국적불명의 세계인으로 치닫고 있다. 한편 이러한 문화적 세계화를 거부하는 집단 간에는 치열한 긴장과 반목이 일촉즉발의 상태로 대치하고 있다.

역사적으로 보면 가톨릭과 개신교가 싸웠고, 아랍과 비아랍이 싸웠다. 현재 그 투쟁의 역사는 종식된 것은 아니다. 인간은 어떻게 이 갈등의 현장을 잠재울 수 있을까? 1998년 부활절 전야에 지루했던 현대판 종교전쟁이 끝나고 분단되었던 남북아일랜드가 통일하게 되었다. 아일랜드가 무장봉기로 독립을 선언한 것은 82년 전 부활절 날이다. 그 후 매년 이날 처형당한 독립지도자를 추모하여 흰 백합화를 가슴에 달고 독립전사들 무덤까지 행진을 해왔다. 그런데 1998년 부활절에는 평화의 결실이 잘 맺도록 기원하는 어린이들의 기도로 이어졌다. 평화는 인간의 간절한 소망이다. 그러나 이 소망에도 불구하고 종교, 종족, 이데올로기의 차이 때문에 인간은 전쟁, 증오, 분쟁 속에 살아 왔다.

교황 요한 바오로 2세는 2000년 3월 대희년을 선포하면서 가톨릭교회가 인종과 이념 종파를 초월한 인류 대화합을 추구했다. 가톨릭교회가 십자군전쟁 등 종교전쟁, 마녀사냥과 유대인박해에 대해 포괄적인 용서를 구함은 물론 교황이 이스라엘을 방문하여 가톨릭교회가 과거 유대인 대학살을 맞지 못한 점을 사과했다. 교황은 99년 말 체코의 종교개혁가 얀 후스가 1415년 이단으로 몰려 화형당한 과거에 대해 사과한 바 있다. 가톨릭의 참회는 타 종교와의 본격 화해를 위한 손짓이다. 요한 바오로 2세는 20여 년간의 재임 기간 중 90여 차례 넘게 해외순방에서 종파 간 화합을 일관되게 촉구해왔다. 그루지야에서는 그리스 정교와, 루마니아에서는 테오치스트 정교회와 화해를 제의했다. 그는 가톨릭뿐 아니라 다른 종교에도 진리의 씨앗이 있다며 관용과 타협의 정신을 강조해왔다. 가톨릭교회의 궁극적인 지향점은 정의롭고 평화로운 세계를 향한 인류의 대화합이다. 교황은 인류는 정의와 평등의 가치 위에서 한 가족이 될 수 있다며 종교는 대화와 협력을 위한 동기를 부여해야 한다고 주장했다.

5. 류시스트라테 행진을 하면서

소련 붕괴 이후 많은 사람들은 공산주의가 실패했고, 다시는 고개를 들지 못할 것이라 했다. 그러나 이것은 기대에 불과하다. 아마도 사회주의나 공산주의 사상은 인간이 사는 한 계속 존재할 것이다. 지금 마르크스주의는 더 강화되고 있는지 모른다. 마르크스주의 역사학자 홉스봄에 따르면 현재 좌파가 안고 있는 지적 위기의 실패는 볼셰비키 혁명의 실패와 사회민주주의의 실패라는 쌍둥이 실패에서 비롯되었다. 이제 1960년대 태동한 신좌파들이 여성운동, 환경운동 등을 벌이고 있는데 전통적인 좌파가 몰락하면서 부각되었을 뿐 정치적으로 중요한 역할을 해내지 못하고 있다. 그럼에도 좌파는 존재하며 우파와 운명적 대립을 벌일 것이라고 그는 내다보고 있다(홉스봄, 2000). 공산주의는 아직 죽지 않았다는 것이다. 이것은 우리 사회가 넘어야 할 산이 있고, 자본주의 국가일수록 이웃을 생각하는 면을 키우지 않으면 안 된다는 것을 가르쳐 준다.

공산주의는 왜 자본주의를 그토록 싫어할까? 쉽게 말하여 남은 아랑곳하지 않고 돈벌이에만 급급하며 사치와 낭비를 일삼기 때문이다. 이것은 자본주의가 건전하게 발전하지 못하고 있다는 것을 보여준다. 베버(M. Weber)에 따르면 근대자본주의를 발전케 하는 것은 금욕과 절제를 강조한 프로테스탄트윤리다. 자유경쟁의 시장을 긍정한 아담 스미스(A. Smith)도 건강한 사회도덕의 확립을 전제로 하고 있다. 아담 스미스뿐 아니라 자유주의를 주장한 리카도(D. Ricardo)나 존 스튜어트 밀(J. S. Mill) 등도 한결같이 자유주의의 기초를 자제와 절제의 도덕률에 두었다. 돈은 버는데도 절제, 쓰는데도 절제, 절제가 그 기본이 된다는 것이다. 절제를 잃어버리면 자본주의도 자유도 함께 잃는다. 그 자리에 방만, 사치, 과욕, 독선, 부패, 부조리, 미움 등이 자리를 잡는다. 현대 자본주의는 사실상 자본주의 정신을 잃고 있다. 따라서 우리는 현재 우리가 만들어가고 있는 자본주의가 진정한 자본주의인가를 깊게 생각할 필요가 있다. 아울러 한국교회는 교회의 크기와 교인 수만을 자랑할 것이 아니라 북한 교회의 진정한 교회들을 본받아 그리스도의 전사로 다시금 태어나야 할 것이다.

문명의 충돌은 잠재울 수 있을까? 아직까지 해결의 실마리는 보이지 않는다. 그러나 우리는 이 땅의 평화를 위해 보다 단호하게 류시스트라테 행진을 계속해야 한다는 사실이다. 북아일랜드 벨파스트의 신구교 간 분쟁이 있었던 어느 날 아일랜드에 기독교를 도입한 성인의 이름을 딴 아홉 살의 패트릭 루니가 성 메리 성당의 심부름 일을 마치고 친구들과 집으로 돌아가다 갑자기 나타난 게릴라들의 무차별 사격에 루니는 물론 세 아이가 사살되었다. 루니의 어머니는 이래선 안 된다고 결심하고 비장한 각오로 신구교의 무장게릴라가 대치하고 있는 그 중간지대를 죽은 루니를 어깨에 메고 행군을 했다. 이를 본 어머니들이 하나 둘 가세했고, 심지어 프로테스탄트 지역의 어머니들도 가세했다. 이 어머니들의 데모는 그동안 단절되었던 가톨릭 지역과 프로테스탄트 지역을 뚫고 진행되었다. 양편의 게릴라들도 평화를 갈망하는 어머니들의 힘에 총구를 떨구고 말았다. 무력보다 몇천 몇만 배 강한 제3의 힘을 류시스트라테 행진이라 부른다. 고대 희랍 아리스토파네스의 희극 「류시스트라테」에서 나온 이 말은 군대를 해산시킨 여주인공의 이름이다. 동족으로서 서로 전쟁만 일삼은 아테네와 스파르타의 남편들에게 항거해 그녀의 영도 아래 부인들이 일제히 가출을 하자 견디다 못한 남편들이 다시는 전쟁을 않겠다고 선서하고 무기를 반납하고 나서야 부인들이 다시 집으로 돌아갔다는 것이다. 루니 어머니를 비롯한 어머니들의 행진은 평화를 갈망하는 현대판 류시스트라테 행진임에 틀림없다. 우리 모두가 이 행진에 참여해야 한다.

제2장 국가와 종교

2004년 기독교계 NGO인 '기독교 사회적 책임'이 조직되어 교계나 사회에 적지 않은 파장을 일으켰다. 복음주의 계열에 명망가 중심으로 이뤄진 이 단체는 무엇보다 정치에 대해 할 말은 하겠다는 입장이어서 과거와는 다른 입장을 보였다. 종교와 국가는 서로 보완적이면서도 상반된 관계를 유지한다. 국민을 위한다는 점에서는 보완적이지만 국가가 잘못했을 때 종교는 그에 대해 가차 없이 비판을 가한다. 정부가 때로 교회를 껄끄럽게 생각하는 것도 이 때문이다. 정치와 종교가 분리되었다고 말하지만 종교와 정치의 엄밀한 분화는 쉽게 되지 않는다.

1. 정부는 왜 종교집단을 두려워하는가?

정부는 때로 종교를 이용해 정권을 강화하기도 하지만 때로 핍박하여 세력화하는 것을 막는다. 커지는 것이 두렵기 때문이다.

중국역사에서 왕조를 위협하는 큰 세력은 북방민족과 종교집단이었다. 과거 중국왕조의 멸망을 재촉한 여러 민란에는 늘 밀교적 성격의 결사가 그 배경을 이루고 있다. 송 말 원 초 이래로 중국의 크고 작은 왕조에 대한 반란은 백련사(白蓮社)라는 종교결사와 무관하지 않다. 살생계를 지키고 주로 채식하며 아미타정토나 미륵불하생 등 불교이념에다 무술, 권법, 기공 등 보신연명술을 조화시킨 민간결사로 하류, 소외계층을 유인하는 구심체가 되었다. 통치외적으로 불어나는 이 조직에 겁을 먹은 조정은 그때그때 금령을 내리고 탄압했다. 원나라 말기에 홍건적의 난을 비롯하여 농민의 대소반란은 백련사가 모체였으며 명나라를 세운 주원장(朱元璋)도 그 하나의 출신이다. 18세기에서 19세기에 이르는 천초의 농민반란 그리고 자금성을 점거하기까지 한 천리교 반란도 바로 백련사 조직이 근간이었다. 108명의 호걸이 날뛰는 수호지에서도 호걸들은 불교이념에다 도교의 양성술인 무술, 도술, 권법 등을 조화시켜 리더십을 세우고 단결을 도모했음을 보여준다.

종교집단이 중국의 역사를 바꾼 대표적 예는 후한 말인 184년 황건적(黃巾賊)의 난이다. 황건적의 수령 장각(張角)은 종교적 색채를 띤 비밀결사체 태평도(太平道)를 창시하여 병치료법으로 민중 속으로 접근했다. 태평도는 지금의 하북, 산동, 하남, 강소, 안휘성 일대에서 신도 수십만 명을 확보하고 농민들의 호응까지 받았지만 실패로 끝났다.

18세기 말 청조 때 백련교(白蓮敎)는 미륵불 신앙과 복명(復明), 곧 명조의 회복을 내걸고 세력을 확장했다. 말단 세리의 착취가 도화선이 되어 발발한 백련교도의 난은 청조 팔기병의 끈질긴 공격으로 8년 만에 진압되었지만 청조에 막대한 손해를 입혔다. 과거시험에 여러 번 낙방한 홍수전(洪秀全)이 일으킨 청 말 태평천국(太平天國)의 난 역시 구약성경에 기초한 기독교를 나름대로 해석한 교리를 가지고 있었다. 1851년 시작된 반란은 양쯔 중하류 지대에 널리 세력을 떨치면서 한때 600개의 도시를 점령했다. 이들 종교집단들의 반란에서 공통된 점은 부패한 기존권력층에 대한 민중들의 불만이 팽배했고, 농민들이 봉기에 호응해주었다는 점이다.

중국정부는 파룬궁(法輪功)을 정치적 목적을 띤 허황된 사교집단으로 규정하고 불법화를 선언함은 물론 수련자들을 체포했다. 그리고 매체를 통해 창시자 리홍즈(李洪志)를 끌어내렸다. 중국정부는 파룬궁이 종교적 이념을 갖추고 병 치료를 통해 민중 속으로 접근했으며 비밀조직 형태로 거대한 세력을 형성했다는 점을 강조하고 있다. 창시자가 미국의 힘을 빌려 조직을 지휘한다는 점도 비판한다. 리홍즈는 장춘에서 중학교를 졸업한 뒤 10여 년간 군부대와 경찰에서 근무했다. 91년 기공에 몰두하다 92년 파룬궁을 창시하여 세 확대에 나섰다. 그는 정부의 단속을 피해 97년 미국으로 건너가 미국과 유럽, 아시아 각국에 지부를 설치하고 인터넷을 통해 교세를 확장해 나가고 있다. 파룬궁은 도교적 기공에 불교의 참선, 윤회사상 등 몇 가지 요소를 결합시킨 반(半)종교, 반수련법의 색채를 띠고 있다. 이 기공은 단순한 기공보다 수련단계가 훨씬 높은 기공이다. 호흡법을 통해 기를 생성, 내공을 기르면 일정한 단계에 도달한 뒤 내공이 거꾸로 사람을 단련시키는 경지에 이르게 된다. 이렇게 되면 초능력 같은 특수한 능력을 발휘해 병을 간단히 고칠 수도 있고 심지어 체내 조직까지고 꿰뚫어볼 수 있는 신통력도 생긴다고 주장한다. 이 때문에 추종자들이 급속히 늘었고 추종자들은 리홍즈를 신, 부처, 구세주로 생각하기도 한다. 리홍즈는 이 같은 종교적 요소를 바탕으로 '진실하고 선량한 인품을 닦으면서 참고 사는 것이 덕성을 높이고 건강을 유지하는 길'이라고 설법해 소외계층을 중심으로 엄청난 세력을 확장해 나가고 있다.

사람들은 건강장수를 위해 아무도 해치지 않고 숨 쉬고 뱉고 수족을 뻗고 오므리는 이른바 기공체조를 하는데 왜 잡아가는지 모르겠다고 생각할 수 있다. 그러나 중국정부가 이 기공을 금하고 검거에 나선 것은 여러 이유가 작용한다. 파룬궁 회원 수가 중국공산당원 수보다 많은 1억에 이르고 철저한 관리사회인 중국에서 공산당의 지도에 따르지 않는 소위 '외부모순(外部矛盾)'으로 낙인찍힌 탓이다. 정치적 야심을 가지면 얼마든지 중국사회를 어지럽힐 수 있다는 판단이다. 파룬궁 지도자의 말 한마디면 몇만 명을 간단히 동원할 수 있기 때문이다. 99년 4월 북경 공산당사 주변에서 3만 명이 시위를 벌여 중국정부를 놀라게 했다. 중국정부는 파룬궁을 엄격한 조직과 연계를 지닌 준정치조직이며 수련자들로부터 재물을 갈취하는 사이비종교로 규정했다.

중국정부는 "말세가 다가와 인류가 곧 멸망하게 되는데 현대과학으로는 이 같은 재앙을 막을 수 없고 오직 파룬궁만이 인류를 구원할 수 있으며 리훙즈가 유일한 구세주라는 등" 허황된 말로 사회를 어지럽히고 있다고 한다. 파룬궁만 수련하면 모든 병을 고칠 수 있다는 논리를 추종하다 치료도 못 받고 목숨을 잃는 사람, 초능력을 발휘한다며 위험한 시범을 보이다 목숨을 잃는 사람, 파룬궁에 몰입해 비이성적인 상태에서 살인을 하는 사례가 늘고 있다고 주장한다.

하지만 앞서 언급한 바와 같이 보다 깊은 역사적 사정도 작용한다. 파룬궁이 무섭게 번져 나간 것도 법륜이라는 불교이념과 기공이라는 양성술을 이상적으로 결합시킨 대역사적 유사점을 찾을 수 있다. 그것이 이데올로기 부재의 공백과 경제개혁으로 장래가 불투명해진 중노년층의 소외감을 파고 맹위를 떨친 것이다. 정부가 강수를 쓴 것에 그 역사적 교훈이 한몫했을 가능성이 높다. 중국정부의 조치는 일단 파룬궁을 일반 대중으로부터 고립시키고자 한다. 경제 불황과 실업자 증가라는 불안한 사회분위기 속에서 위험요소를 사전에 차단하고자 하는 것이 정부의 생각이다. 그러나 파룬궁은 세기말의 불안 심리를 타고 교세를 불려 나가고 있다.

파룬궁 단속을 하고 있는 중국정부가 향궁(香功)이라는 다른 기공 일파에 대해 조사에 착수했다. 중국정부는 3천만 명의 수련자를 거느린 향궁을 조사하고 이에 대한 탄압조치를 강구하고 있다. 향궁은 주로 노인이나 퇴직한 사람들이 수련하고 있으며 명상과 수련법 등이 파룬궁과 흡사하다. 향궁은 양팔을 가지런히 모아 상하 좌우로 흔드는 등 20분 만에 끝낼 수 있는 16단계의 간단한 동작으로 이루어져 있어

수련자들의 인기를 끌고 있다. 수련의 기본원리는 기를 강화해 건강을 증진시키는 것으로 다른 기공과 큰 차이가 없다. 향궁은 88년 허난성의 텐루이성이 창시했으며 중국전역에 파룬궁과 맞먹는 1200여 개의 수련장을 갖고 있다. 중국과 대만에 수련장이 많으며 세계 40여 개국에 보급되어 있다. 93년에는 베이징 수도체육관의 수련회에 5만 명이 참석해 세를 과시하기도 했다.

2. 가혹한 정치는 호랑이보다 무섭다

영화 '미션'은 브라질, 아르헨티나 그리고 파라과이 국경지역 인디언들에게 전도를 했던 예수회 소속 선교사들에 관한 이야기다. 그 첫 장면은 한 선교사가 그들에게 복음을 전하다 십자가 형틀에 묶여 폭포수 아래로 떨어져 순교하는 것으로 시작한다. 그런 가운데도 선교사들의 끈질긴 전도 끝에 주님을 영접하고 교회를 세우며 문명의 삶을 살아가게 된다. 지역식민통치가 스페인에서 포르투갈로 넘어가면서 인디언들에 대한 박해가 시작된다.

통치자들은 인디언들을 사람으로 여기기보다는 동물로 여겨 그들이 찬송하는 모습을 비웃었다. 또한 동물은 밀림으로 쫓아내야 한다면서 그들을 문명 밖으로 몰아내고자 했다. 이 정책에 맞선 선교사들은 끝까지 인디언들의 편에 서서 저항하다 죽임을 당한다. 수많은 기독교인들이 죽게 된다. 그들은 식민통치의 희생물이 되었지만 그들이 남긴 순교의 피는 값진 것이었다.

기독교는 순교의 역사 위에 세워졌다. 기독교는 만인이 주 앞에서 평등하고 귀하다는 전제 아래 출발한다. 문명인이든 야만인이든 그 모두가 피조물이자 주 앞에 설 자들이다. 정치적 편견은 그들을 잠시 죽게 했지만 그들이 남긴 그리스도의 정신과 사명의 충실한 이행은 오늘의 기독교 그리고 내일의 기독교가 있게 하는 데 디딤돌 역할을 하고 있다.

영국의 식민통치 아래서 미국도 종교의 자유를 누리지 못했다. 영국 국교회(Anglican Church)가 미국 식민지의 국교로 되어 있어 독립교회의 자유로운 말씀선포가 정치적으로 크게 제한되어 있었다. 한때 버지니아에서는 40여 명의 침례교 목사들이 말씀을 전파한다고 투옥되는 일이 발생했으며, 매사추세츠 주에서는 4명의 퀘이커 선교사들이 처형되기도 했다. 이러한 나쁜 선례를 잘 알고 있는 미국은 독립 후 정치와 종교의 분리를 주장하면서 종교의 자유를 명문화하였다. 한 나라가 특정종교나 특정교파를 국교로 만들 때 문제는 너무나 심각하다. 서구의 역사는 바로 이 같은 과오가 있었음을 역사적으로 보여주고 있다.

흔히 우리는 미국을 기독교 국가라고 말한다. 그러나 미국의 헌법은 기독교를 국교라 하지 않았으며 오직 종교의 자유만을 명문화하고 있다. 정치와 종교가 얽혀 특정 종교를 핍박하는 역사적 과오를 되풀이하지 않고자 함이다. 이러한 자유 속에서 많은 미국인들은 자유롭게 예배를 드리고 기도하며 교회를 세우고 선교사를 보내는 일에 온 힘을 쏟았다.

오늘의 미국에 기독교가 있음은 청교도들의 신앙도 있지만 종교의 자유를 통한 자유로운 예배와 기도가 제도적으로 허용되고 있기 때문이다. 미국이 법적으로 종교와 정치를 분리하는 것은 이 때문이다. 이 법적 보장은 관념적으로 이루어진 것이 아니라 식민지시대에 여러 전도자들이 남긴 주님을 향한 순교와 헌신이 있었기 때문이다.

정치가 한국기독교에 미친 피해는 역사가 입증하고 있다. 1938년 평양 서문 밖 교회에서 열린 27회 총회는 신사참배를 가결한 것으로 이름나 있다. 193명의 총대가 참석했는데 97명의 경찰이 총대 사이에 자리를 잡았다. 방청객도 500명을 넘었다. 총회장 홍택기 목사는 가만 묻고 부를 묻지 않은 채 가결시켰다. 22명의 선교사도 총대로 파송되었는데 선교사 20명이 일어나 "불법이요. 항의합니다."라고 외쳤다. 편화설 선교사는 "나는 하나님께 상소하오."라고 외치다 형사에 의해 회의장 밖으로 끌려 나갔다. 171명의 한국인 목사 장로는 어떤 반항이나 성토도 없었다.

　1941년 평양 창동교회에서의 30회 총회는 가관이었다. 총대들이 총회 개최 다음날 아침 평양신사에 참배하였고, 부여 신궁을 건설하는데 전국 노회 대표 72명을 근로 봉사하도록 가결했다. 1941년 평양 서문 밖 교회에서 열린 31회 총회에서는 개회 전에 대동아 공영권 건설을 지지하는 선언문을 채택했고, 다음 해 일본해군에 헌납할 전투기 명명식을 가졌다. 전투기 이름은 '조선 장로호'였다. 총회 회의록도 일본어로 정리하기로 하였다. 이런 행위는 장로교 외에 여러 교파에서 자행되었고, 천주교를 비롯해 여러 종교에서도 그대로 따를 수밖에 없었다. 굳이 공자의 말을 빌리지 않아도 '가혹한 정치는 호랑이보다 무섭다.'

시민불복종

　헨리 소로우는 인두세 납부를 거부해 수감된 사건을 통해 개인의 자유에 대한 국가권력의 의미를 성찰했다. 그가 살았던 당시 미국은 노예제도가 존속하고 멕시코 침략전쟁을 수행하고 있었다. 미국이 멕시코 수도를 점령한 후 정부유지비로 강제세금을 부과하지만 이에 대해 단호히 거부한 소로우는 모든 사람들은 자신의 존경을 받을 만한 정부가 어떤 것인지를 분명하게 밝힘으로써 보다 나은 정부를 얻을 수 있는 길로 한걸음 나가야 한다고 주장했다(소로우, 1999).

정치와 종교는 분리될 필요가 있다. 그러나 정치가 잘못된 길을 가고 있을 때 교회는 국가에 대해 선지자적 입장에서 잘못을 지적할 책임도 있다. 역사적으로 보면 정치와 종교가 밀접하게 연결되기도 했지만 핍박을 받기도 했다. 이러한 역사적 교훈을 통해 우리는 교회가 이 세대를 위해 할 일이 무엇인가를 통찰할 필요가 있다. 무엇보다 정치가 잘되도록 기도하고, 위정자들이 하나님과 백성을 두려워하도록 일깨울 책임이 있다. 나아가 정치는 종교인들이 정치마당에 직접 서지 않아도 모두가 각 부분에서 제 역할을 할 수 있도록 선진화되어야 한다.

제3장 과학과 기독교의 역할

"종교 없는 과학은 절름발이고 과학 없는 종교는 눈먼 사람과 같다." 노벨 물리학 수상자 리처드 파인만의 말이다. 과학자는 하나님이 주신 이성의 힘으로 하나님의 세계를 조금씩 드러내고 있다. 종교와 과학은 분리되어 있는 것이 아니라 서로 상보의 관계를 가지고 있다. 그러므로 과학자는 종교에 대해 관심을 가져야 하며, 그리스도인도 과학에 관심을 가져야 한다. 과학자는 인간에게 이성을 주신 하나님께 감사해야 하며, 기독교는 과학을 통해 하나님의 창조세계를 알게 하신 것을 감사해야 한다.

기독교가 해야 할 일 가운데 하나는 과학의 진행에 관심을 가지면서도 때로는 비판적으로 보아야 한다는 점이다. 과학은 가치로부터 자유롭다고 말하지만 절대 중립적이지 못하다. 1회용 나무젓가락 하나에도 산림훼손의 여지가 스며들고 원자력 발견이 대재앙을 불러일으켰기 때문이다(이진우, 1997). 지금 인류의 난치병을 치유한다는 명목으로 각종 연구가 진행되고 있다. 그러나 당장의 이익보다는 그 후유증이 엄청날 것으로 예견되고 있다.

1. 이성을 주신 하나님

캐나다 고등연구소의 돈 페이지 교수에 따르면 우리 우주에는 1조의 1조 배나 되는 수의 행성이 있다. 그가 말하는 '우리 우주'란 지구에서 약 150억 광년쯤 떨어진 곳까지를 말한다. 우주 전체는 그것보다 훨씬 더 크다. 그는 온도·빛·산소·탄소·물 등 생명탄생에 필요한 조건들이 알맞게 갖춰질 확률이 너무 작아 지구 외에 우리 우주에 외계 생명체가 있을 가능성은 거의 없다고 주장한다. 그리고 우리 우주의 바깥은 어떤 물리 법칙이 적용되는 세상일지 아무도 모른다. 오직 하나님만 아신다. 하나님은 인간을 위해 지구를 주셨으며 그 지구를 알고 가꾸도록 이성을 주셨다. 과학자들은 이성을 통해 하나님의 물리적 세계를 파악하고자 한다.

갈릴레오는 철학적 논리가 아니라 자연의 관찰을 통해 과학의 새로운 접근법을 확립함으로써 현대과학의 아버지라는 칭호를 받았다. 그는 자신이 발명한 망원경으로 천체의 움직임을 관찰하여 코페르니쿠스의 지동설을 확인했고, 물체의 운동에 대한 새로운 주장으로 고전역학의 틀을 마련했다.

그를 더욱 유명하게 만든 것은 교회와의 갈등이었다. 천체의 움직임을 분석한 「대화」(1632)가 종교재판에서 성경의 신성함을 훼손하는 이단으로 심히 의심을 받아 그 후 200년 동안 금서 목록에 오르게 되었다. 10명의 재판관 중 7명이 서명했던 교회의 역사적 오류는 360년이 지난 1992년에 교황 요한 바오로 2세가 '비극적인 상호 몰이해'가 있었음을 공식적으로 시인함으로써 마침내 바로잡히게 되었다.

그러나 그는 처음부터 교회와의 충돌을 원하지 않았다. 지동설에 대한 확고한 신념을 가지고 있었던 그는 교회와의 충돌을 피하기 위해 위험한 줄타기를 계속했다. 자연에 대한 과학적 해석과 성경의 관계에 대한 자신의 의견을 밝힌 적도 있었지만, 결코 이단으로 인정받을 행동은 하지 않으려고 노력했다. 훗날 교황 우르바누스 8세가 된 바르베리니 추기경을 비롯한 여러 후원자들과 사귀게 된 것도 바로 이 때문이다.

그는 평소 친분이 있었던 교황에게 「시금관」(1623)을 헌정하여 인정을 받으려는 그의 끊임없는 노력에도 불구하고 성경의 독선적 해석에 집착했던 신부들의 의심에서 완전히 벗어날 수는 없었다. 더욱이 페스트와의 전쟁에 지친 교황은 그런 신부들의 모함에 넘어가서 젊은 시절 그렇게 총애했던 갈릴레오에게 등을 돌리고 말았다(소벨, 2001).

17세기 이탈리아에서는 교회의 가르침이 곧 진리였지만 과학의 힘을 영원히 잠재우지는 못했다. 현대 과학과 기술에 대한 부정적인 인식이 깊어지고 있는 오늘날의 갈릴레오들은 지금도 많은 에너지를 낭비하고 있을지 모른다. 그래서 생명과학이 신의 영역을 침범한다는 무차별적인 비판도 다시 한번 냉정하게 되돌아볼 필요가 있다. 10년 전 교황이 "과학과 기술이 탁월하고도 근본적인 사고방식을 제시한다."는 사실을 인정했듯이 훗날 교회가 이 말을 다시 반복하지 않기 위해서도 과학과 기술이 인간에게 줄 미래의 기여를 눈여겨볼 필요가 있다.

그러나 과학의 진보를 막지 않되 과학이라는 이름으로 인간을 더 이상 비인간화하지 않겠다는 단서조항을 붙여야 한다. 과학은 인류를 편하게 만들기도 했지만 겁나게도 했다. 원자폭탄을 개발한 과학자들, 특히 오펜하이머는 "물리학자들은 자신들이 지은 죄를 알고야 말았다"고 고백했다. 그들이 만든 폭탄을 히로시마와 나가사키에 투하한 조종사 로버트 루이스는 "오 하나님, 우리가 지금 무슨 일을 저질렀나이까?"라고 한탄했다.

2. 과학과 종교의 관계

진화론으로 인해 과학과 종교 사이에 갈등이 커지자 토마스 헉슬리는 '과학과 종교는 별개의 영역'이라는 말로 갈등을 수습하려 했다. 그러나 그것은 완전한 수습이 아니라 미봉책에 불과했다. 지금도 갈등은 계속되고 있기 때문이다.

진화론의 입김이 거세지자 미국 교계는 이에 맞서 근본주의 바람을 일으켜 진화론을 거부했다. 근본주의도 반지성주의로 밀려나게 되었다. 그렇다고 종교가 물러선 것은 아니다. 부시 정부는 신본주의 정치라 평가될 만큼 보수성을 띠며 종교적 입장을 보호했다.

「이기적 유전자」라는 저서를 통해 유전자 결정론을 주장한 바 있는 옥스퍼드 생물학자 리차드 도킨스가 「신이라는 이름의 망상」(The God Delusion)이라는 책을 내놓았다. 이 책은 창조론자들이 자신의 주장에 과학성을 입혀 '지적 설계론'을 내놓고 진화론을 공략하며 진화론과 나란히 중등교육 과학과목의 하나로 당당히 교실에 들어오려는 것에 대해 진화론자로서 불쾌감을 드러낸 것이다. 진화론은 기본적으로 진화에 앞선 설계란 존재하지 않으며, 우주의 근원에 처음부터 설계가 있었다고 말할 수 없다는 입장을 가지고 있다. 그는 이 책에서 유일신 종교에 대한 혐오를 노골화했다. 그는 구약의 신을 '인간이 만들어낸 모든 허구적 인물 가운데 가장 불쾌한 캐릭터'로 평가했다. 그에 따르면 신은 질투를 자랑하며 용서할 줄 모르는 통제의 광인, 피에 굶주린 인종 청소꾼, 역병을 몰고 오는 자, 과대망상과 변덕스런 악의로 뭉쳐진 골목악당이다. 또한 종교는 인간의 생존과 번식에 아무 이득도 주지 않는 무용지물, 숙주에 붙어 있으면서 숙주를 위험에 빠뜨리는 정신 바이러스, 근거 없는 것에 대한 믿음을 체계화한 조직적 착각, 진화과정에서 발생한 불행한 사고의 하나에 불과하다. 진화론 쪽에서 이처럼 원색적으로 종교를 공격한 것은 전례 없는 일이다.

일찍이 생물학자 스티브 굴드는 과학과 종교의 화해를 제시한 바 있다. 과학과 종교는 서로 영역이 다르기 때문에 상호 겸손과 존경의 담론으로 상대 영역의 불가침성을 존중해야 한다는 것이다. 하는 일이 서로 다르기 때문에 그 다름을 존중하며 대화하자는 것이다. 그럼에도 불구하고 도킨스는 화해를 거부하고 종교를 힐난하는 데 집중했다.

칸트는 "나를 놀라게 하는 것은 두 가지다. 하나는 밤하늘의 찬란한 별이고 다른 하나는 이 지상의 인간들에게서 발견되는 도덕성이다"라고 말한 바 있다. 이 도덕성은 종교, 신, 초월자 같은 문제와 불가분의 관계를 가지고 있다. 진화론이 인간의 도덕성이나 도덕적 능력이 어떻게 발전해 왔는가를 연구하고자 한다면 종교와 진지하게 대화할 필요가 있다. 종교가 과학을 공격하려면 과학적 사고가 필요하듯 과학이 종교를 공격하려면 종교적 사고가 필요하다(도정일, 2007). 서로 배려하지 않는 한 대화는 어렵다.

과학은 과학이고 성경은 성경일까? 과학과 성경은 분리관계가 아니라 보완관계에 있다. 과학은 사건과 사물을 객관적으로 보게 한다. 그러나 성경은 그것을 영적으로 봄으로써 과학이 보지 못하는 부분을 보게 한다. 의학은 객관적, 과학적 진단을 한다. 성경은 환자 자신의 양심활동을 통해 주관적으로 진단을 한다. 이 진단이 객관적 진단보다 더 중요할 수 있다.

과학은 인간의 영역에 속하고 성경은 하나님의 영역에 속한 것으로 구분시켜서도 안 된다. 과학이나 성경 모두 하나님으로부터 나온 것이며 인간을 위해 존재한다. 객관적으로 볼 수 있게 만드신 분이 바로 하나님이며, 사물이나 사건을 객관적으로 존재하게 하신 분도 하나님이시기 때문이다. 과학은 단지 하나님의 것을 인간의 이성을 가지고 조금씩 이해하는 도구에 불과하다.

외경 벤시락지혜서 38장에 이런 말이 있다. "의사는 주께서 지으셨다. 의사에게는 필요한 그의 봉사를 인하여 마땅히 존경의 뜻을 표시하라. 그도 주께서 지으신 자니라. 병의 치료는 지극히 높으신 자의 은총이니라. 내 아들아 네가 병들 때 소홀히 여기지 말고 오직 주께 기도하라. 그리고 의사에게 맡기라. 저를 멀리하지 말라. 그가 네게 도움을 주리라. 의사들도 주께 기도할 것이라."

3. 과학이 보고한 암울한 세계 모습들

장미 빛 미래를 약속했던 것처럼 보였던 과학문명에 불길한 그림자가 드리워지고 있다. 미국의 내분비물질 전문가 테오 콜본 등 3명이 함께 「도둑맞은 미래」를 내놓았다. 과학적 내용이 탐정소설 형식의 쉬운 문체로 쓰였지만 메시지는 매우 충격적이다(콜본 외, 1997). 보기를 들어 인간의 정자 수는 지난 50년간 절반으로 줄어들었다. 덴마크의 조사에 따르면 지난 40년 정액 ㎖당 1억 1천 마리에 달하던 정자 수가 90년에는 6천6백만 마리로 감소되었다. 수량뿐 아니라 기능도 떨어졌다. 미국의 경우 자궁 외 임신비율이 70년부터 90년 사이에 무려 4배로 늘어났고 유방암에 걸릴 확률도 50년 전에는 20명당 1명꼴에서 지금은 8명당 1명꼴로 높아졌다. 50년대 이후 야생동물들의 생식기결함, 행동 이상 그리고 갑작스런 절멸현상도 나타났다. 사람뿐 아니라 다른 동물에게서도 같은 현상이 나타난 것이다.

이 모든 현상은 식량증산 또는 신제품 개발을 위해 만들어진 각종 인공 화학물질이 남용된 결과다. 과학의 진보에 따른 화학물질이 생산성 증대에는 기여했지만 그 유독성으로 인간생존이 크게 위협받고 있는 것이다. 따라서 콜본 등은 문명구조의 대전환을 주장한다. 물자를 더 적게 소비하고 작은 에너지라도 효율적으로 사용하는 방법을 모색하지 않는 한 인류의 미래는 없다는 것이다.

미국 정치학자 론펠트는 첨단과학의 상징체인 정보화의 허상을 비판했다. 신기술은 밝은 미래를 보장할 것이라는 기술결정론에 반기를 든다. 정보독점의 부작용에도 주목한다. 특히 민주주의 토양이 약한 나라에서는 정보획득이 쉬운 통치자들이 오히려 반민주적이고 권위적인 전체주의 체제를 굳게 하기 위해 정보를 악용하기 쉽다는 것이다. 개인을 물론 국가차원에도 정보 부자와 정보 빈자의 격차는 더욱 벌어진다(론펠드, 1997).

독일 사회학자 벡에 따르면 현대인들에게 과학은 점차 객관적인 검증가능성을 상실한 일종의 미신이 되어 가고 있다. 그는 식품오염, 원자력, 유전자기술, 화학물질 등 곳곳에 도사린 위험요소를 속속들이 파헤치며 과학의 진보에 대한 무한 신뢰야말로 현대문명을 화산 위에 올려놓은 주범이라 했다. 그리고 우리 사회는 자신을 더 이상 감내하지 못하게 되었다고 결론짓는다(벡, 1997).

과학은 여러 차원에서 진보해 왔지만 인간의 환경은 점점 나빠지고 있다. 콜본은 우리의 미래가 도둑을 맞았다고 말하고, 론펠트는 정보과학의 발전으로 빈부 격차가 날로 커지고 있으며, 벡은 과학이 안고 있는 여러 위험요소 때문에 우리 사회가 점점 위험사회가 되고 있다고 말한다. 이러한 보고는 현재와 미래에 대한 암울한 전망이 아닐 수 없다.

47년 7월의 해프닝

제2차세계대전 종전 2년 뒤인 47년 7월 히틀러의 유럽침공을 압도하는 사건이 발생했다. 바로 우주인이 지구를 침략했던 것이다. 이 사건은 미국 뉴멕시코 주 로스웰 지역에서 UFO(미확인비행물체)잔해로 추정되는 물체가 발견되면서 비롯되었다. 언론은 물론 미국 정부도 다음과 같은 사실을 공개적으로 밝혔다. "외계인 5-6명이 비행접시 부근에서 사체로 발견되었고, 몇몇 외계인은 생존해 있었다. 맥브라젤이라는 농부는 자신의 목장에 떨어진 UFO의 파편을 보유하고 있다."

이전까지 생소하던 UFO의 데뷔였다. 외계인 해부장면까지 소개했다. 그러나 충격적인 사실은 곧 바로 부인되었다. 미국 정부의 해명자료에 따르면 그것은 비행접시가 아니라 기상관측 풍선의 잔해였다. 그럼에도 47년 7월의 해프닝이 일으킨 UFO열풍이 47년 당시는 물론 지금까지 이어지고 있다. 주전자 뚜껑을 찍은 뒤 UFO라 주장하는 사람도 끊이질 않았다. 'X파일'이란 드라마는 영화로도 만들어져 제작사에 거금을 안겨주었다. 지금도 거짓이 끊이지 않는다.

사람들은 확인하지 못하면서도 외계인의 존재를 믿고 싶어 한다. ET 등 여러 영화는 외계인을 친숙한 존재로 만든다. 사람들은 왜 UFO를 기다리는가? 47년의 사건은 전쟁도 끝난 지 2년이 지나 조금 한가해진 인류가 눈을 외부에 돌려 신기한 것을 찾은 것에서 비롯된 것이라는 분석이 나왔다.

4. 인간통제의 필요성

이제 우리에게 필요한 것은 '앞으로 어떻게 할 것인가?'에 대한 영적인 통찰력이다. 루지몽드(Denis de Rougemont)는 "원자폭탄 그 자체는 조금도 위험한 것이 아니다. 무섭게 위험한 것은 인간이다. 원자폭탄을 그대로 내버려두면 그것은 분명히 아무 일도 저지르지 않을 것이다. 우리가 필요한 것은 인간의 통제이다."라고 말한다. 원자탄보다 인간통제가 더 필요하다는 것이다. 과학은 중립적인 것이다. 그러나 과학이 신이될 때 그것은 위험하다. 과학의 교만을 부추기는 인간은 더 위험하다.

현대사회는 핵전쟁, 유전자조작, 에이즈, 생태계파괴 등 인간의 실존 자체가 흔들리는 사회로 변모해가고 있다. 이제 우리는 현대사회를 구제할 새로운 윤리를 찾을 필요가 있다. 인간과 인간, 인간과 자연이 함께하는 공동체 윤리를 확립해야 한다. 판넨베르크에 따르면 신학과 과학은 불협화음이 아니라 멋진 공명을 이룰 수 있다. 이제 신학은 과학과의 더 친밀한 대화를 통해 새 시대를 위한 새 의미를 창출하는 작업에 정진해야 한다.

제4장 인공지능

1. 인공지능 로봇인간

현대과학은 IT, BT, NT 등 다양한 첨단과학을 포함하고 있다. 그 중에 IT는 첨단과학의 꽃이다. 그것의 최고작품이 인공지능(Artificial Intelligence: AI)이다. 첨단과학을 이용해 사람처럼 생각하고 사람처럼 행동하는 로봇을 만드는 것이다. 로봇이 판치는 세상이 오면 우리 인간은 어떻게 될까? 과연 로봇이 영원히 인간의 노예로 살려 할까?

스필버그의 작품 'AI'는 인간이 되고 싶어 하는 인공지능 로봇에 관한 이야기를 담고 있다. 현재 과학의 관심은 복제인간과 로봇인간에 집중되어 있다. 복제인간이 인간의 체세포를 이용한 것이라면 로봇인간은 컴퓨터를 이용한 것이다. MIT를 비롯해서 세계 각국의 대학연구소가 인공지능을 이용한 로봇인간 만들기에 여념이 없다. 한국의 여러 대학에서도 이에 대한 연구가 활발하게 이뤄지고 있다. 지금 사람들은 인터넷 및 정보기술(IT)에 빠져 있지만 앞으로는 그 관심이 인공지능 로봇에 집중될 것으로 예견되고 있다.

이것은 인지과학의 발전과 함께 더욱 박차를 가하게 될 것이다. 인지과학은 컴퓨터과학의 발전에 따라 인공지능이 등장하면서 인간의 마음, 의식도 컴퓨터와 같은 것이 아닌가 하는 의문을 제기하면서 출현한 신종학문이다. 종래 철학이나 종교의 독점적 영역으로 간주해왔던 인간의 의식에 대한 연구가 과학의 대상으로 자리잡으면서 점차 중요성을 더해가고 있다.

터프츠대 다니엘 데넷(D. Dennett) 교수는 신경과학과 뇌과학 등

자연과학자들의 인간 의식 연구에 철학적 근거를 제공함으로써 인지
과학과 철학을 이어주고, 인지과학의 발전에 힘을 실어왔다. 그는 의
식의 3인칭적 접근을 주장한다. 의식현상은 의식을 경험하는 주체만이
가장 확실하고 정확하게 알 수 있다는 관점을 배격하고, 의식현상에
대한 중립적인 접근방식, 즉 3인칭적 접근방식을 찾을 것을 강조한다.
이런 3인칭적 접근법을 통해서 의식에 대한 과학적 탐구가 가능하게
되기 때문이다. 그는 마술쇼가 비결을 알면 불가사의하게 여겨지지 않
듯 두뇌가 어떻게 의식을 일으키는지 이해하면 결코 불가사의하게 여
기지 않는다고 말한다.

인지과학이 발전하면서 로봇의 이용도 활발해지고 있다. 로봇이 자동
차 공장에서 널리 사용되고, 인간이 직접 하기 어려운 핵폐기물 수집 작
업에까지 사용되고 있다. 하지만 이제 로봇은 인간의 신체를 구석구석
돌며 종양을 발견해내고 수술을 하는 의료로봇에서부터 애완용 로봇,
각종 로봇동물, 로봇인간, 전쟁의 임무를 대신 수행하는 공격용 로봇에
이르기까지 응용분야가 무궁무진하다. 그러나 연구소들의 주요 관심 대
상은 인간과 똑같이 생각하고 활동하는 로봇인간을 만드는 것이다.

지금 학자들이 만들어 놓은 로봇인간은 지능 면에 있어서나 활동
면에 있어서 인간의 수준에 훨씬 이르지 못하고 있다. 그러나 현재의
관심과 발전 추세로 보아 인간과 같은 지능과 활동능력을 가진 인간
이 나오려면 40-50년 더 가야 할 것으로 추정하고 있다.

미국의 한 연구소는 물건을 집고 자르고 요리하는 요리사 로봇을 개
발하고 있고, 일본의 한 연구소는 인간의 5각을 가진 로봇개발에 몰두
하고 있다. 영국의 한 연구소는 인간이 어떻게 하느냐에 따라 희로애락
을 표현할 줄 아는 반응형 로봇을 개발하고 있다. 그러나 지금은 모두
초기단계에 불과하다. 이 과정에서 디지털 생명체에 대한 연구도 속도

가 붙고 있다. 디지털 생명체란 인공지능을 갖고 디지털 가상공간 속에서 학습하며 스스로 진화해 가는 인공 캐릭터를 말한다. 생물처럼 필요한 정보를 지각해 분석하고 판단한 후에 행동하고 자신의 성격과 본질을 스스로 만들어간다. 미리 입력된 프로그램대로 반응하는 것은 디지털 생명체가 아니다. 현재 생물학적 감성개념을 도입하여 디지털 생명체를 한 층 더 진짜 생명에 가깝게 만드는 작업이 이뤄지고 있다. 인공지능 연구가 윤송이는 이미 외계인을 본뜬 'VOID STAR', 강아지형 디지털 동물 '시드니', 셰익스피어에서 따온 '햄릿' 등을 만들었다.

인공지능학자들이 연구를 하면서 한결같이 말하는 것은 조물주 하나님께서 인간을 얼마나 귀중하고 완벽한 존재로 만들었는가를 다시금 깨닫게 되었다는 것이다. 그들은 물건을 쥐는 장치를 만들면서 손톱이 얼마나 중요한 역할을 하는지 알게 되었고, 오감을 표현하는 장치를 만들면서 복잡 미묘한 사람의 감정을 기계적 장치로 표현한다는 것이 얼마나 어려운가를 실감하게 되었다. 그 어려운 과정을 통해 자신의 신체를 하나하나 살펴보며 인간의 몸이 진실로 신묘막측하게 창조되었다는 것을 새삼 깨닫게 되었다는 것이다. 이것을 계기로 과학자들이 하나님을 더 바라보게 된다면 얼마나 좋겠는가.

과학자들이 로봇인간 개발에 관심을 집중하면서 21세기에 로봇시대의 도래를 외치고 있다면 영화제작자나 공상소설가들은 로봇인간이 보통 인간과 함께 살면서 겪게 될 애환을 더 극적으로 표현하고 있다. 앞으로 AI영화들이 봇물처럼 터져 나오면서 '인간은 과연 로봇인간과 공존할 수 있는가?' 하는 것이 중요한 명제로 자리잡게 될 것이다. 나아가 디지털 생명체가 진화를 거듭한 끝에 고도의 지능을 갖추고 인간을 지배하면 어떻게 될 것인가 하는 상상에까지 이른다. 이러한 생각은 이론적으로는 가능하지만 그런 일은 벌어지지 않을 것이라는 것이 인공지능학자들의 생각이다. 디지털 생명체가 아무리 고등 지능이 되더라도 인간과 단선적으로 경쟁하는 관계는 될 수 없다. 왜냐하면 그들과 인간은 서로 다른 차원이기 때문이다. 물론 나쁜 쪽으로 진화할 수도 있다. 그러나 그들이 악의를 가지고 진화한다면 그 진화는 오래 지탱할 수 없다. 사람이 만들어온 기계나 도구의 역사에 따르면 인간을 대체하려는 위협적 사명의 것은 오래 지속되지 못했다.

앞으로 신학계도 '로봇신학'이 나올 만큼 이에 관한 논란이 크게 일 것으로 보인다. 복제인간을 만들어서는 안 된다고 주장해온 교회가 만약 우리 앞에 등장한 복제인간을 진정 인간으로 인정해야 하는가를 놓고 고민하게 될 날이 머지않은 것처럼 로봇인간을 놓고 인간으로 볼 것인가를 고민하게 될 날도 머지않았다. 그때도 로봇인간을 기계로만 보려 하는 사람이 있을 것이고, 인간과 교감하며 한 식구로 살아가는 그들을 인간으로 대접해야 한다는 사람도 있을 것이다.

그러나 우리는 로봇도 진화한다고 말하는 인공지능학자들의 주장에 주목할 필요가 있다. 예를 들어 로봇원숭이가 줄타기 실험에서 한 번 실패했다 해도 두 번 세 번 시도하면서 그 기능이 날로 향상된다. 다리 하나를 잃은 로봇곤충의 경우 다리 하나가 없어 일을 포기하고 있는 것이 아니라 다른 다리들이 없는 다리를 보충해가면서 일을 무난히 수행하게 된다. 그래서 보통 기계와 다른 인공지능이다.

이 사실은 우리가 로봇인간을 인간으로 인정하지 않으면 않을수록 그들은 계속 인간으로 살아가기를 고집하면서 인간보다 더 나은 인간이 되고자 진화하게 된다는 추정이 가능하다. 인간을 능가하는 로봇인간이 나온다면 인간은 과연 어떻게 될까? 언젠가 로봇인간이 사람을 지배할 날이 오지 않을까? 그땐 "로봇은 인간을 위해 존재한다."는 아이작 아시모프가 제시한 로봇인간의 프로그램화된 수칙도 유명무실한 것이 될 것이다.

이에 대해 세계적인 우주물리학자 스티븐 호킹(S. Hawking)은 미래를 걱정한다. 그는 "기계들이 몰려온다. 인류가 준비를 하지 않으면 기계에 지배당하고 말 것이다. 유전자 조작을 통해 기계와의 경쟁에서 살아남아야 한다."며 경고했다. 그는 기계의 발전 속도를 따라잡기 위해서는 인간의 DNA를 향상시키는 수밖에 없다고 강조했다. 그는 컴퓨터의 성능이 18개월마다 2배로 뛴다는 무어(Moore)의 법칙을 예로 들며, 이에 반해 인간지능은 제자리걸음을 하고 있다고 말했다. 그는 컴퓨터가 인간과 세계를 통째로 지배하게 될지 모른다는 우려는 몹시 현실적인 것이라고 지적했다. 호킹은 인공지능을 인간의 뇌 속으로 끌어들여야 한다면서 뇌와 컴퓨터가 직접 정보를 교환하고 공유할 수 있는 기술 개발이 시급하다고 말했다. 그는 그것이 단기간에 이룰 수 없는 목표라는 점을 인정하면서도 인간이 로봇보다 우월한 생물학적 체계를 지니기 위해서는 이 길밖에 없다고 강조했다. 그의 말처럼 우리 뇌 속에 인공지능을 넣어야 할 만큼 급박한 상황에 처한다면 어떻게 될까? 인간의 궁금증과 편리를 위해 자연의 섭리를 해치면서까지 복제인간, 로봇인간을 만들어내는 인간의 욕심이 결국 인간에게 어떤 해를 가져다줄지 궁금하지 않을 수 없다.

'AI' 신학적 감상법

원용일은 영화 'AI'를 신학의 여러 관점에서 문제를 지적하였다. 먼저 신관을 보자. 영화는 첫 부분에서 신을 가리켜 "사랑받기 위해 인간을 창조한 존재"라고 말한다. 이것은 인간도 사랑을 받기 위해 로봇을 창조한다는 것과 같다. 인간이 로봇인간을 창조하는 하나님이 되는 것이다. 첫 부분부터 하나님에 대해 불경스러움으로 시작한 영화는 끝에서 하나님을 '외계인 하나님', 곧 세련되게 반짝거리고 전지전능해 보이는 것들이 신이라고 말함으로써 신성을 모독했다. 이것은 그가 외계인을 하나님으로 보는 종교를 신봉하고 있는 것은 아닌지 의구심을 낳기에 충분하다. 우리가 섬기는 하나님은 스스로 존재하는 유일하신 하나님이시지 외계에서 반짝거리는 물체가 아니다.

인간론에서도 문제점이 보인다. 스필버그는 인간이 로봇보다 열등하다고 말한다. 환경 파괴로 환경이 열악해진 후 인간이 인공지능 로봇을 개발하는 목표는 '사랑할 줄 알고 온유하고 직관을 가지고 꿈을 꿀 줄 아는 것'이다. 이것을 인간의 속성으로 생각하여 로봇인간을 만들어낸 것이다. 문제는 영화 속에서의 로봇은 인간보다 우수하다는 점을 드러내고자 했다는 것이다. 로봇 아이 데이비드는 불치병에 걸려 냉동되었다 살아 돌아온 인간아이보다 더 착하고 건강하며 엄마를 사랑한다. 더욱 결정적인 것은 인공지능이 인간보다 더 오래 산다. 죽을 걱정을 안 해도 된다. 인간이 과연 인간이 만든 로봇보다 열등한 존재일까? 그럴 수는 없다. 인간은 하나님의 형상대로 창조된 귀한 존재이다.

구원문제도 왜곡 표현되고 있다. 영화 'AI'의 화두는 사랑이다. 스필버그는 사랑을 통해 자신의 구원관을 드러내었다. 로봇 아이의 집요한 사랑은 그야말로 아가페이다. 어머니 모니카의 사랑을 받기 위해 인간이 되려고 처절하게 노력하는 이 피노키오는 사랑을 통해 로봇의 구원을 실현해 인간이 된다. 마침내 어머니를 복원하여 만나고 눈물을 줄줄 흘리는 사람이 되는 것이다. 제작자는 로봇이 사람이 되는 것을 구원으로 삼았다. 로봇세계에서 그것이 진정 구원이 되는 것인지 알 수 없지만 제작자는 어떤 사랑이든 이렇듯 사랑만 있으면 구원을 얻는다는 개념을 심어주고자 했다. 그러나 성경이 말하는 인간의 구원은 그리스도의 사랑, 그분의 십자가를 믿는 믿음으로만 가능하다.

종말론에서 인간은 비참해진다. 스필버그는 영화 속에서 인간은 멸종하고 로봇만 살아남는 것으로 결론짓는다. 인간이 기계에 지는 것이다. 그러나 이 세상의 종말은 예수 그리스도의 재림과 함께 임하며 인간은 멸종하는 것이 아니라 천국과 지옥으로 나뉘어 영원히 산다.

스필버그의 영화는 재미가 있다. 그러나 영화의 재미와 작가의 뛰어난 상상력 속에 빠져 기독교 세계관이 흔들린다면 영화는 결국 사탄의 설교가 된다(원용일, 2001).

제5장 복권의 짜릿함과 그 유혹 앞에서

어떤 분이 성경에 로또가 나온다 했다. "세상에 그런 말이 나오다니. 로또가 성경에서 나온 말인가요? 어디에 있나요?" "예. 여러 군데 나옵니다. 보세요. 창세기 13장 1절에 이어 5절에도 나옵니다. '아브람이 애굽에서 나올 새 그와 그 아내와 모든 소유며 롯도 함께하여' 그리고 '아브람의 일행 롯도 양과 소와 장막이 있으므로.' 맞지요?" "선생님. '롯도'는 로또가 아니잖아요." 속지 말자. 성경에는 로또가 나오지 않는다.

세계의 복권판매 추세를 보면 매년 증가하고 있다. 복권은 몫을 나누는 것(lot share) 그리고 기회(chance)와 깊은 연관을 가지고 있다. 복권은 예로부터 제비뽑기의 형식을 거쳐 이루어져 왔고, 당첨된 사람은 운이 좋은 것으로 여겨져 왔다. 심지어 이 운을 하늘이 내려준 은총으로 간주했다. 복권, 과연 신이 내린 축재의 기회인지, 아니면 버려야 할 습속인지 신앙적으로 따져볼 필요가 있다.

1. 제비뽑기 그리고 우림과 둠밈

성경에서는 복권이라는 단어가 나오지 않지만 복권의 기본 유형이라 할 수 있는 제비뽑기가 여러 곳에서 소개되고 있다. 이 제비뽑기는 모세시대부터 사도시대까지 약 1500년간 전승되어 왔고, 여러 목적을 위해 사용되어 왔다.

복권의 역사를 소개하는 책자를 보면 맨 먼저 하나님이 모세에게 이스라엘 민족에게 땅을 분배하는 방법으로 제비뽑기(lot)를 일러준 기록이 빠짐없이 언급되어 있다(민수기 26:55). 오랜 광야생활을 끝내고 가나안에 들어가 땅(기업)을 분배할 때 땅의 다소를 물론하고 제비를 뽑아 나누었으며, 에스겔시대 포로귀환 후에도 땅을 분배할 때 제비를 뽑았다. 한 번 뽑으면 그것은 하나님이 정해주신 것으로 간주하고 아무 말 없이 받아들였다. 만일 그것이 하나님의 뜻이 아니고 인간의 뜻이 작용한 것이라 생각했다면 이스라엘 내부에 큰 혼란이 있었을 것이다.

제비뽑기는 여기에 국한되지 않는다. 하나님께 제사를 드릴 봉헌의 날을 정하거나 제물을 선택하거나 제사장이 제사드리는 순번과 날을 정하는데도 제비뽑기를 했다. 왕을 세우거나 성소의 일을 담당하는 사람을 정할 때, 군대의 반열과 왕의 관리자를 세울 때, 사도를 보선할 때 등 여러 직책을 정하는데도 제비뽑기를 했다. 범인을 잡기 위해서, 재판을 하기 위해서, 전쟁을 치르기 위해서, 다툼을 그치게 하기 위해서, 하나님의 뜻을 묻기 위해서 등 제비뽑기 용도는 다양했다.

"우림과 둠밈을 판결 흉패 안에 넣으라."는 말씀이 있다. 제사장은 재판 등 직무상 여러 일을 수행할 때 그들이 지니고 있는 우림(빛을 나타내는 보석돌)과 둠밈(어두움을 나타내는 보석돌)을 사용해 하나님의 뜻을 알아냈다. 백성들이 원하는 바가 하나님의 뜻인지 아닌지를 제사장에게 물으면 에봇에 달린 판결 흉패를 흔든 다음 그 속에서 흰 보석과 검은 보석 가운데 하나를 꺼내 보이게 된다. 이때 흰 것이 나오면 하나님의 답은 '그렇다'이고, 검은 것이 나오면 그 답은 '아니다'로 간주했다.

성경에서의 제비뽑기는 무엇보다 하나님의 작정을 따르고, 하나님의 뜻에 순종한다는 기본정신을 담고 있다. 그래서 상당수 목사나 학자들은 제비뽑기를 현대에 와서도 생활화해야 한다고 주장한다. 어떤 분들은 투표라는 세속적인 방법, 인위적인 방법대신 제비뽑기를 통해 총대도 뽑고, 교단장도 뽑아야 한다고 주장한다. 물론 이에 대한 반대도 만만치 않다. 시대가 다르다는 것이 주요 이유다. 신의 현현시대에 특별계시의 전달방법으로 제비뽑기를 했던 때와 오늘의 제비뽑기는 다르다는 것이다. 지금에 와서 제비뽑기로 모든 것을 결정하는 식으로 신앙생활을 유도해 나간다면 자칫 그릇된 신앙으로 유도될 수 있기 때문이다. 이렇듯 제비뽑기에 대해 반대의견이 있지만 여러 교단에서는 교단선거의 부정부패를 막기 위해 제비뽑기 방식을 택하고 있다.

제비뽑기는 선거에만 있는 것이 아니다. 현재 상당수 교회에서는 송구영신 예배 때 말씀카드를 만들어서 제비뽑는 형식으로 성도들에게 나누어 주는 풍습이 일고 있다. 그 말씀을 중심으로 한 해 신앙생활을 바로 하자는 것이다. 의도는 좋지만 사행심을 조장할 우려가 없지 않다. 그렇지 않아도 아침에 일어나 조심스럽게 성경을 펴 처음 지피는 말씀으로 그날의 운수를 점쳐 보려는 사람들이 있다 해서 지적되고 있는데 교회 안에서 이를 공개적으로 하는 것은 문제가 있다는 것이다.

2. 복권의 역사

복권(lottery)의 어원을 찾아 들어가면 이태리어, 프랑스어 그리고 게르만 민족과 한 계열을 이루고 있는 튜톤 족의 언어가 나온다. 이것은 복권이 유럽 민족의 생활습관과 매우 밀접하게 연관되어 있다는 것을 보여준다. 현재 세계 복권판매에 있어서 유럽지역은 44%를 차지하고, 북미지역은 39%를 차지하고 있다. 이처럼 복권판매의 대부분이 유럽과 북미지역에 편중되어 있는 것은 그만큼 서양의 습속과 괘를 같이하고 있음을 보여준다.

역사적으로 보면 로마시대 때 네로 황제가 연회의 여흥으로 노예, 집, 배 등을 추첨하여 상품으로 준 것이 시초가 되어 중세기 유럽의 근대복권으로 전파되었다고 전해진다. 그 후 15세기경 프랑스 버군디(Burgundy) 지방과 지금의 벨기에 지방에서 자체 방위력을 강화하고 빈민자들을 구제하기 위한 자금조달 목적으로 복권이 발행되었는데 이것이 오늘날의 복권발행 목적과 유사한 최초의 복권으로 인식되고 있다.

우리나라의 경우 복권은 근대 이전 민간에서 널리 퍼져 있던 契에서 그 유래를 찾고 있다. 특히 조선 후기에 있었던 산통계나 작백계가 복권과 연관된다. 산통계는 통 또는 상자 속에 각 계원의 이름을 기입한 알(구형물)을 투입한 후 그 통을 돌려감에 따라 나오는 알에 의해 당첨을 결정한다. 작백계는 잡백계 또는 작태계라 불리기도 하는데 일정번호를 붙인 표를 백 명 단위 또는 천 명 단위로 팔고 추첨하여 총 매출액의 100분의 80을 복채금으로 돌려주는 것이다. 우리나라에서 공식적으로 발행되었던 최초의 복권은 1947년이었다. 한국올림픽후원회가 1948년 제16회 런던올림픽대회 참가경비를 마련하기 위해 백 원짜리 140만 매를 발행하였다. 그 후 후생복표, 애국복권, 산업박람회복권, 무역박람회복권, 엑스포복권, 체육복권, 복지복권 등 다양한 복권이 발행되었다.

3. 복권, 신이 내린 것인가?

복권에 얽힌 동양적 사고와 습속도 만만치 않다. 복권의 당첨 기회는 하늘이 내리는 것으로 생각하고 있다. 흔히 복권을 산 사람에게 간밤에 돼지꿈을 꾸었느냐고 묻는다. 이것은 돼지가 하늘과 땅을 연결시키는 존재로 여김을 받아왔기 때문이다. 역경에 따르면 돼지는 북두칠성의 정령이 붙어 생겨난 짐승으로 본래 하늘에서 살았는데 온몸이 검다하여 용의 미움을 받아 추방을 당했다 한다. 비록 추방을 당했지만 사람의 생사길흉을 관장하는 칠성신앙과 어우러져 고사를 비롯해 각종 교감매체로 돼지가 선택되고 있다. 복권의 돼지꿈은 바로 신과의 교감을 상징한다.

동양에서 복은 신과 깊게 연관되어 있다. 복권에 福자를 사용한 것은 복은 하늘에서 온다는 동양적 사고를 반영한다. 복은 제단과 둥글게 불룩한 단지 또는 술병을 합친 것으로 단지에 술이 가득 들어 있는 것처럼 신의 은총이 풍만한 것을 나타낸다. 신의 은총에 의해 풍족한 상태가 바로 복인 것이다. 이것은 복이 인위적인 부가 아니라 신의 뜻이 깃들고 신이 정한 것임을 보여준다. 신명에게 바치는 고기나 술을 福이라 했고, 신의 뜻이 담겨 있는 술을 나눠먹는 것을 飮福이라 했다. 불교에서는 절을 福字 또는 福界라 했고, 기독교에서는 예수님의 가르침을 福音이라 했다. 그런데 이 복자가 복권에 사용됨으로써 복권에의 당첨은 하늘이 내려준 것으로 생각하게 하는 것이다. 신이 정한 사람에게 그 복이 돌아간다는 것이다. 그래서 사람들은 자기에게 내려질지 모를 그 은총의 기회를 잃지 않기 위해 많은 투자를 해왔다.

4. 복권시대의 복권열풍, 어떻게 볼 것인가?

사람들은 "복권에 당첨되기란 죽기보다 어렵다"고 말한다. 그런데도 지금 영국이나 미국은 물론 중국까지 복권에 미쳐 있다고 할 만큼 복권열풍에 휩싸여 있다. 복권을 사려고 외국자본이 유입되고 있다는 보도도 나오고 있다. 당첨은 확률적 개념이 들어 있다. 당첨은 그것을 산 사람 수만큼이나 어렵고, 거리가 멀어진다. 그럼에도 불구하고 혹시 자기에게 정해진 행운을 놓칠 수 없다는 유혹 때문에 속고 또 속는다. 복권은 그 마력에 끌려 가산을 탕진하고 가정이 깨어짐은 물론 사회 전반적으로 사행심을 심는다는 점 때문에 지탄을 받고 있기도 한다.

그럼에도 복권은 계속 팔리고 있다. 복권을 주관하는 쪽은 건전한 문화를 육성해야 할 정부 및 공공기관들이 대부분이고, 정부가 아니라 할지라도 그 기관의 허가가 있어야 판매가 허용된다. 그 기관들은 복권을 통해 얻은 수익을 국민경제에 도움이 되는 쪽으로 사용한다고 말한다. 이재민 구호자금을 마련하기 위한 후생복권, 산업부흥과 사회복지 자금을 마련하기 위한 복권, 근로복지를 위한 복권 등은 그 보기에 속한다. 복권판매 수익금을 공익에 맞게 사용한다는 것이다. 그래서 복권판매기관에서는 복권이 많이 팔릴수록 국가재정이 튼튼해진다고 말한다.

이런 장단점을 고려하여 그리스도인은 복권에 대해 어떤 판단을 내려야 할 것인가? 먼저 제비뽑기가 과연 성경적인가를 물어야 한다. 박윤선 목사는 제비뽑기는 옛날에 하나님의 뜻을 발견하는 방법 가운데 하나였던 것은 틀림없지만 오순절 성령강림 이후 하나님의 말씀이 더욱 밝히 계시되었기 때문에 이 풍속은 없어졌다고 주장하였다. 성경이 완성된 후 교회시대에는 제비뽑기가 계속적으로 하나님의 뜻을 알려주지 못하며 우리 시대에서는 성경 말씀만이 우리를 인도한다는 것이다. 탈무드에 따르면 우림과 둠밈 제도도 제2성전시대 도중에 사라졌다고 한다. 이런 관점에서 볼 때 복권을 신이 내려준 기회로 간주하는 것은 매우 문제가 있음을 알 수 있다.

복권을 사는 것을 죄라고 단정할 수는 없다. 그러나 당첨을 하나님의 은혜라고 말하는 것은 성경적이 아니다. 청교도들은 사행심보다는 힘써 일하는 것을 중시했고, 피땀 어린 결과를 하나님께 영광을 돌리는 것으로 간주했다. 참된 그리스도인이라면 복권에 심취하는 것을 달갑게 생각지 않을 것이다. 버지니아 주에서 복권 제도를 도입하려 했을 때 많은 목사들이 반대했고, 그것에 동조하는 것은 마귀와 친구가 되는 것이라고 했다. 그래도 복권을 사야겠다면 행운을 잡는 데 집착하기보다 가난한 사람들을 구제하기 위한 자금조달목적에 일조하는 것으로 만족하라고 말하고 싶다.

제6장 방문화와 영성

노래방, 전화방, 비디오방 등 각종 방들이 우리의 생활주변을 잠식하면서 우리 사회에 이른바 방문화가 폭넓게 확산되고 있다. 회사뿐 아니라 심지어 군에도 노래방이 설치되고 있다. 교회에도 노래방을 설치하자는 주장이 나올 정도이다. 노래방은 아니라 할지라도 그것을 흉내 낸 기구들이 교회 안 여러 구석을 차지하고 있다. 이것은 방문화가 얼마나 확산되고 있는가를 보여준다.

방문화 전체가 나쁜 것은 아니다. 건전한 비디오물을 볼 수 있고, 건전한 노래를 부를 수도 있다. 그 공간에서 마음에 맞는 사람들과 건전하게 시간을 가지며 쌓인 스트레스를 함께 풀 수도 있다. 방문화를 건전하게 육성시킬 경우 우리가 누릴 수 있는 장점도 있다.

그러나 모든 방문화가 이렇듯 좋게만 생각할 수 없을 만큼 비판을 받고 있는 것은 퇴폐화 가능성 때문이다. 과거에 여러 형태의 방문화가 도덕적 타락의 주범이 되었다는 것을 잊어서는 안 된다. 역사적으로 볼 때 그리스나 로마는 매우 스토익하게 출발했다. 그러나 에피큐리안적으로 되어 가면서 역사의 장에서 사라지게 되었다. 우리가 쌓아 놓은 문화적 업적이나 개개인의 신앙이 퇴폐문화로 인해 그 기초부터 흔들린다면 애석한 일이 아닐 수 없다. 그리스도인은 언제 어디서나 사회적 퇴폐를 막는 소금이 되어야 한다. 이 글에서는 주로 이런 부정적인 점들에 주목하여 논하고자 한다.

현대인은 왜 좁고 칙칙한 밀실로 몰려드는가? 그 이유는 여러 가지다. 우리 사회가 건전한 놀이문화를 함께 누릴 수 있는 공간이 충분하거나 다양하지 못하고, 마음을 터놓고 대화할 수 있는 여유나 기회가 부족하며, 모든 것이 상업적인 거래로 이뤄진 사회 속에서 시간과 돈만 있으면 얼마든지 짜릿한 밀실문화를 살 수 있기 때문이다. 항상 우리의 주머니를 노리는 사람이 많아지는 것도 문제지만 그곳에서 빠져 헤어나지 못할 만큼 영적으로 약화된 우리 자신도 문제다.

현대인, 특히 신세대들은 3E를 실생활에 적용하면서 살아간다고 한다. 3E란 경제성(economy), 흥분과 열정(exciting), 유흥(entertainment)이다. 방문화도 이것과 밀접한 관계를 가지고 있다. 부담 없는 돈으로 즐길 수 있고, 혼자서든 같이 하든 그 안에서 짜릿함을 만끽하며, 그 무엇보다 재미가 있다는 점이다. 교육마저 에듀테인먼트(edutainment)로 바뀌고, 강단의 설교도 시오테인먼트(theotainment)로 바뀌고 있다. 이것은 우리의 삶이 얼마만큼 재미를 추구하고, 유흥의 늪에 빠져 있는가를 보여준다.

정신분석에 따르면 사람은 은밀성, 익명성을 선호하는 본능을 가지고 있다. 밀실을 찾는 사람은 나만의 공간에서 자유와 해방감을 누릴 수 있다고 말한다. 밀실은 글자 그대로 은밀함이 약속된 곳이다. 은밀함이 유혹 자체로서 역할을 한다. 밀실공간은 작지만 모든 간섭으로부터 차단되고, 그 안에서 상업적으로 제공되는 어떤 것이든 마음대로 선택할 수 있다. 은밀함이 자신의 어떤 행동도 보장받으리라는 생각을 하게 된다. 거기에는 불안과 사회적 간섭으로부터 자신을 막아줄 상업적 문지기도 대기하고 있다. 그 공간에 들어서면 방종과 호기가 발동한다. 마음은 흐트러지고, 씀씀이는 헤퍼진다. 우리는 그 속에서 영성이 무너지는 소리를 쉽게 들을 수 있다.

영적으로 볼 때 밀실이 주는 자유와 해방감은 참자유나 참해방이 아니다. 그 안에 들어서는 순간 하나님이 주신 양심은 자신의 모습에 역겨움을 느끼도록 만든다. "내가 이런 곳에 꼭 있어야 하는가?" 반문

하게 된다. 그러나 자신의 내면적 대답도 기다릴 사이도 없이 밀실이
제공하는 상업화된 제의에 자신을 맡긴다. 그리스도인은 밀실이든 밀
실보다 더한 곳이든 엄위하신 하나님의 눈으로부터 자신을 숨길 수
없다는 사실을 인식하지 않으면 안 된다. 허가된 방, 허가된 영업이라
할지라도 내놓고 자랑할 만한 것이 못되는 거래일수록 은밀하게 이뤄
진다. 그곳에서 사회적으로 지탄을 받을 정도로 부도덕한 것이 거래된
다면 하나님 앞에 부끄러울 수밖에 없는 자신을 돌아보고 그 자리에
서 뛰쳐나와야 한다. 그래야 진정한 자유와 해방을 느낄 수 있다. 이
런 의미에서 밀실은 자유와 해방의 장소가 아니라 구속과 억압을 주
는 감옥이다.

밀실문화는 비록 짧지만 쾌감을 준다. 사람은 의식적이든 무의식적
이든 쾌락을 증대시키고 고통을 감소시키려는 행동원칙을 준수한다.
의식론에서 보면 이는 쾌락주의(hedonism)이고, 무의식론에서 보면
본능주의이다. 의식적 쾌락주의는 비교적 합리적이고 도덕적인 면에서
합당한 쾌감을 추구한다. 그러나 본능은 그것을 가리지 않는다. 무료
함을 충족시킬 수 있는 것이라면, 일이나 대인관계에서 쌓인 스트레스
를 조금이라도 풀어줄 수 있다면 종류를 가리지 않는다. 오히려 본능
적 해결책을 은근히 기대한다. 밀실이 주는 짧은 쾌락은 대부분 이러
한 본능에 접근한 것들이다.

그러나 방문화가 제공하는 쾌락적인 것의 상당부분은 그리스도인으
로서 용납될 수 없는 것들이라는 점에 문제가 있다. 비디오방에서 음
화를 즐기고, 전화방에서 음담을 주고받으며 육을 불사르는 일을 도모
한다면 그것은 빛의 일이 아니라 어둠의 일이다. 노래방에서 찬송가를
부르는 것은 괜찮지 않겠느냐고 말할지 모른다. 찬송을 함에 있어서
사실 장소를 가릴 이유는 없다. 들도 좋고 산도 좋고 감옥도 좋다. 그

러나 노래방에서 찬송을 한다는 것은 받아드리기 어렵다. 찬송은 유흥을 위해 만들어진 것도 아니고, 스트레스를 풀기 위한 것도 아니다. 그것은 오직 하나님을 찬양하기 위한 것이지 노래방용이 아니다. 노래방에 찬송곡이 있어서는 안 된다.

밀실문화는 이렇듯 방종, 은밀함, 짧은 쾌락을 판다. 이런 것들에 자신을 투자하는 것은 인간이 얼마나 의지가 약한가를 보여준다. 밀실로 몰려드는 이러한 이유들을 영적으로 살펴보면 문제가 매우 심각하다는 것을 알 수 있다. 무엇보다 방들은 영적으로 어둠의 권세가 삼킬 자를 찾고 있는 곳이다. 방들에서 제공되는 것들은 대부분 유혹 그 자체이며, 그 달콤함이 우리 속에 있는 하나님의 것들을 앗아 간다는 데 문제가 있다. 그리스도인은 언제 어디서나 하나님 앞에서 바로 서야 한다. 나아가 인간관계는 상업적 거래관계가 아니라 하나님의 형상으로서 인격적 관계를 유지해야 한다.

지금까지는 보이는 방에 대해 이야기했지만 이외도 컴퓨터가 생활화되면서 보이지 않는 방들이 많아지고 있다는 점이다. 그 가운데도 음란문화가 판을 치고 있는 PC통신의 대화방이나 각종 인터넷 웹 사이트도 우리가 주목해야 할 방문화다. 그것은 자기의 공부방이나 사무실 그리고 그 어떤 곳에서도 접근이 가능하며 그 파급효과가 세계적이라는 점에서 놀라운 위력을 가지고 있다.

사람들, 특히 그리스도인들조차 이런 것에 관심을 가지고 그것을 은밀히 즐기기를 좋아한다면 밀실은 붐비게 됨에 비해 교회의 공간, 신앙의 공간은 점점 비게 된다는 점에서 문제가 있다. 내 안에 하나님의 영이 가득 차게 되는 것이 아니라 음침한 생각, 헛된 욕구가 먼저 넓게 자리를 잡게 된다. 그것의 반복은 하나님과 거리를 갖게 하며 결국 믿음의 침체를 가져오게 만든다. 우리의 대화에서 밀실의 일들이 자주 거론되고, 예배를 드릴 때 그런 생각에 사로잡혀 있다면 쾌재를 부를 쪽은 사단뿐이다. 따라서 유형이든 무형이든 그 어떤 방이든 신앙적으로 하등의 도움이 되지 않는다면 그것에 대해 과감히 발을 끊는 단호함이 필요하다.

만일 우리가 밀실이 주는 호기심과 재미 그리고 그런 것에 탐닉하고 있다면 자신의 영적 상태에 대한 종합검진이 필요하다. 자신의 영적 상태가 궁핍할수록 방문화의 흥행을 가져오는 데 기여하기 때문이다. 아무리 신앙생활을 잘하는 사람이라 할지라도 때로는 넘어진다. 인간이기 때문이다. 그러나 그리스도인은 그런 병적인 상태에서 믿음으로 자신을 일으키는 용기가 필요하며, 그것으로부터 벗어날 수 있는 용기를 가지지 못한 경우 성령님의 도우심을 간구해야 한다. 성령님은 사단의 궤계로부터 우리를 보호할 수 있는 유일한 분이시다.

불건전한 방문화보다 건전한 놀이, 레크리에이션, 운동, 대화를 택하는 것이 바람직하다. 그러나 그것들이 아무리 건전하고 좋다 해도 지나치게 탐닉하는 것은 그리스도인으로서 바람직하지 않다. 운동이 좋다고 목사가 늘 운동에만 매달려 있다면 하나님과 교인들이 어떻게 생각하겠는가. 믿음을 신장시켜 그리스도의 장성한 분량에 이르는 것 외에 그 어떤 것에 대한 지나친 탐닉은 신앙생활을 손상시킬 위험성을 안고 있다.

방문화라고 해서 모두가 나쁜 것은 아니다. 기도를 위한 골방, 가난하고 병든 이웃을 위한 심방은 자주 찾아야 할 방들이다. 그리스도인들이 이 땅에서 해야 할 일은 하나님과 만나고, 그리스도의 사랑을 우리의 이웃에 직접 전하는 일이다. 그리스도인은 이 일을 하기에 바쁜 사람들이어야 한다. 그 바쁜 사람들이 불건전한 방들을 찾아 기웃거리며 하나님이 우리에게 주신 시간을 낭비하는 것은 좋지 않다. 철학자 벨그송은 시간을 의미 있게 사용해야 한다고 했다. 학자들은 의미 없이 보내는 시간을 가리켜 뉴턴타임(Newton time)이라 부르고, 의미 있게 사용되는 시간을 가리켜 벨그송타임(Bergson time)이라 부른다. 그리스도인들은 하나님이 우리 각자에게 허락한 금 같은 시간을 뉴턴타임이 아니라 벨그송타임으로 사용해야 할 의무와 책임을 가지고 있다.

밀실을 찾는 일을 작은 일로 여기는 그리스도인이 있다면 생각을 달리해야 한다. 하나님은 큰일뿐 아니라 아무리 작은 일이라 할지라도 각자가 그것을 어떻게 행하는가에 관심을 가지고 계신다. 따라서 하나님에게는 크고 작은 일이 없다. 다 중요한 일이다. 우리는 작은 일 하나에도 관심을 가지시는 하나님임을 생각하고 생각 하나, 행동 하나에도 하나님이 바라고 기뻐하시는 것이 무엇인가를 생각하며 행동에 옮겨야 한다. 그래야 비로소 그리스도의 사람이라 불릴 수 있다. 참그리스도인이라면 노래방에서 점수를 높이는 것에 관심을 가지기보다 우리의 영성지수를 높이는 데 더 관심을 가져야 한다. 또한 밀실에서 얻는 짧은 육적인 쾌락보다는 하나님과의 깊은 영적인 교제 속에서 영원한 참기쁨을 확장시켜 나가야 한다.

제7장 스포츠와 메달문화

스포츠하면 대표적으로 올림픽을 빼놓을 수 없다. 올림픽이 열릴 때마다 우리는 개막식이나 폐막식이 얼마나 화려한가, 금메달은 몇 개획득했는가, 순위는 어떤가에 관심이 깊다. 국민 모두가 금메달 획득에 너무 노심초사한 나머지 신문사에서는 우리 국민이 금메달에 모든것을 건 듯한 금메달 강박증후군에 빠져 있다고 지적하고 있다.

올림픽은 처음부터 성대하게 치러진 것은 아니었다. 문헌에 따르면고대 첫 번째 올림픽은 기원전 776년에 치러졌다. 종목도 단거리경주하나였고 우승자에게 주어진 것은 사과 한 개에 불과했다. 월계관을씌워준 것은 7회 이후였다. 그것도 주후 396년 로마의 데오디우스 황제가 올림픽을 열지 못하도록 한 이래 1500년간이나 올림픽이 열리지못했다. 그러던 것이 1894년 프랑스의 무명 교육자 쿠베르탕 남작이고대올림픽의 이상을 실현하자는 제안에 따라 근대올림픽이 실시된지 100년이 되었다.

1896년 아테네에서 열린 제1회 올림픽에 참가한 국가는 13개국이고,참가선수는 286명이었다. 당시 우리나라는 고종치하에서 서재필 선생이 독립협회를 결성한 해였다. 당시는 올림픽이라는 공식명칭조차 갖지 못했다. 1900년에 열린 파리올림픽의 정식명칭도 파리 만국박람회부설국제경기대회였다. 4년마다 박람회를 여는 것을 계기로 함께 열리는 것이었다. 숲 속의 버려진 동네 경마장에서 개회식과 폐회식도 없이 진행되었다. 3회 세인트루이스대회는 자그만 학교운동장에서 치러졌다. 학교운동회를 방불한 정도였다. 영국이나 프랑스는 그런 올림픽은 참가하지 않겠다고 했다. 진행도 엉망이었다. 당시는 경기의 결과

보다 참가 그리고 과정을 즐겼다. 그러던 것이 4회 런던올림픽을 계기로 개막식도 하고 국기도 등장했다. 회를 거듭하면서 규모도 커지고 참가선수도 많아졌다. 올림픽을 유치하려는 경쟁도 심하고, 참여율도 높다. 26회 애틀랜타올림픽에는 무려 197개국이 참가했고, 참가선수만도 1만 6천여 명에 달했다.

올림픽에 메달이 등장하기는 9회부터다. 이탈리아 디자이너 주세페 카시올리는 올림픽 메달을 도안하면서 앞면에 승리의 여신 니케가 올리브 관과 월계관 가지를 양손에 들고 있으며 그 옆에 말들이 끄는 전차와 고대 원형경기장을 새겨 넣었다. 1928년 암스테르담대회 때 일이었다. 메달이야 값으로 치면 얼마 되지 않지만 그 가치는 돈으로 계산할 수 없을 정도로 무한대다. 그리고 그 안에는 모든 올림픽 선수들의 꿈이 담겨 있다.

물론 메달을 강물에 던진 선수가 있었다. 그것도 금메달을. 그 사람이 바로 무하마드 알리다. 당시 만연했던 유색인종 차별에 대한 울분을 금메달이 보상해줄 수 없다는 생각 때문이었다. 그는 인종차별에 대해 강한 불만을 가지고 있었다. 평소에도 왜 예수는 금발에 파란 눈인가. 왜 천사는 모두 백인이고 왜 대통령 관저는 화이트 하우스인가. 악인의 명부는 왜 블랙리스트이며 왜 검은 고양이는 불길하고 검은 거위는 심술쟁이인가라고 말했다. 금메달은 허황된 영광만 안겨줄 뿐 자기 개인을 위해서는 하나도 도움이 되지 않았다. 그래서 그는 로마올림픽에서 우승의 대가로 따낸 금메달을 아낌없이 강물에 던져버렸다.

지금 어느 나라고 올림픽이나 월드컵개최를 포기하는 간 큰 나라는 없다. 큰돈을 벌 수 있다는 생각에 정부와 기업이 똘똘 뭉쳐 유치경쟁에 나선다. 메달을 강에 던지는 선수는 더더욱 없다. 그만큼 올림픽은 장사가 되고, 메달은 음으로 양으로 많은 것을 보장해준다.

스포츠는 막강한 영향력을 가지고 있다. 그 힘은 정치, 경제, 사회 등 미치지 않는 곳이 없다. 올림픽은 정치나 이념, 종교를 초월하도록 되어 있지만 실제로는 그렇지 않다. 올림픽이 정치에 이용된 적도 한 두 번이 아니다.

1936년 베를린올림픽은 히틀러의 정치선전무대였다. 물론 그때 한국의 손기정이 마라톤에서 금메달을 땄지만. 1972년 뮌헨올림픽 때는 아랍 팔레스타인 테러분자들의 습격으로 이스라엘 선수들이 희생됨으로써 피의 올림픽으로 기록되었다. 1976년 몬트리올올림픽은 인종차별로 비난을 받아온 남아공화국 선수들의 참여문제로 많은 나라가 마지막 순간에 선수들을 철수시키는 사태가 발생했다.

1980년 모스크바올림픽 때는 카터 대통령이 소련의 아프가니스탄침공을 비난하며 불참운동을 주도하여 61개국이 참가하지 않았다. 4년 뒤 LA올림픽 때는 소련 등이 미국에 보복하기 위해 불참했다. 올림픽이 동서냉전의 싸움터가 된 것이다. 다행히 88서울올림픽은 고르바초프가 페레이스트로이카를 추진하면서 동서화해무드가 조성되었고 대회는 성공적이었다.

쿠베르텡이 이끈 작은 모임이 이제는 국제올림픽위원회(IOC)로 발전했고, 이 조직은 유엔이 정치적으로 해결할 수 없는 문제를 하나씩 해결하면서 갈수록 그 위상이 높아지고 있다.

지금의 올림픽은 경제적인 인센티브 때문에 많은 국가나 기업들이 유치에 관심을 가지고 있다. 입장수입료, 중계권, 올림픽 로고사용료, 공식후원업체 독점권 등 모두가 황금 알이다. 올림픽 명칭이나 로고를 사용하는데도 사용권을 내야 한다. 비영리단체가 별 의도 없이 올림픽이라는 단어와 로고를 사용해도 위법이다. 애틀랜타올림픽 공식후원업체들은 기업 당 4천만 달러(약 320억 원)를 내고 올림픽 로고 사용권을 따냈다. 대회장에서 음료를 마시고 싶어도 올림픽 대회를 스폰서하는 기업의 제품을 비싼 값으로 사지 않으면 안 된다. 한 교포는 애틀랜타올림픽 공식후원업체인 코카콜라 제품 외에 다른 콜라는 안 된다며 경비요원들이 경기장 내 반입을 막자 입장하기 전에 집에서 가져온 콜라를 마셔야 했다. 그만큼 상업화되었다.

올림픽의 상업화에 불을 댕긴 사람들은 사실상 올림픽 관계 사람들이다. 그들은 돈 없이 올림픽이념을 지킨다는 것은 공염불에 지나지 않는다는 생각 아래 올림픽을 비즈니스화하는 데 앞장섰다. 그러자 올림픽조직위원회가 올림픽정신의 구현보다는 장사에 더 관심이 많다는 지적을 받고 있다. 애틀랜타올림픽을 가리켜 사람들은 '돼지 같은 애틀랜타'(Fatlanta)라 부르기까지 하였다. 상업성이 문제된 것이다.

문제가 더 큰 것은 승자의 귀족화다. 고대 올림픽경기는 종목마다 단 한 사람의 승자만을 인정했다. 그 밖의 선수들에게는 순위가 주어지지 않았다. 또 우승자에게 주어지는 것이라고는 공식적으로 올리브나무 잎으로 만든 관과 대회 폐막일 올림피아의 제우스신전에서 열리는 축연에 초대되는 명예뿐이었다. 그러나 고향에 돌아가면 높은 지위와 많은 상금이 기다리고 있었다. 선수들 가운데는 돈과 지위에 팔려 다른 도시로 스카우트되어 가는 사람도 있었다. 이것은 횟수가 거듭되면서 올림픽 정신이 얼마나 퇴색되어 갔는가를 보여준다.

프랭크와 쿡크 교수가 함께 쓴 책으로 「승자독식사회」(The Winner-Take-All Society)가 있다. 이 사회에서 이긴 자는 엄청난 혜택을 차지한다. 하루아침에 유명인사(Who's Who) 명단에 오르는 것은 물론 돈방석에 앉는다. 귀족이 따로 있지 않다. 그들은 수천만 또는 수억 달러의 연봉을 받는다. 컴퓨터 황제 빌 게이츠, 영화감독 스필버그, 농구선수 마이클 조던은 대표적 보기이다. 운동선수들이 끼이지 않는다면 오히려 이상하다. 스포츠 엘리트시대가 열린 것이다.

승자독식사회에서 이긴 자가 되지 못한 대다수의 사람들이 이긴 자를 위해 치르는 대가는 엄청나다. 성공한 소수의 예술가 뒤에는 배를 주리는 가난한 예술가가 즐비하다. 상승세를 탄 명문대학은 번창하지만 그렇지 못한 대학은 황폐화되어 간다. 국제경쟁력에서 뒤진 나라도 마찬가지다. 스포츠의 세계라고 예외는 아니다. 일등주의에 밀려 금메달을 따지 않은 사람은 결코 주목을 받지 못한다. 아무리 은메달이나 동메달을 땄어도 기억해주는 사람은 없다. 우리의 경우 국제대회에서 획득한 메달에 따라 정부가 포상과 연금을 차등 지급하는 일만큼은 계속된다. 그나마 다행이라고 해야 할지 모르겠다.

스포츠는 지금 일등만 살아남는 세상을 만들고 있다. 승자독식사회에서는 경제적 낭비가 심하고, 계층 간 격차가 커지며, 결국 문화는 파괴된다. 일반대중은 1등을 향해 소리치지만 사실 그들은 장외로 도태된 상태다. 훌륭한 기량을 가진 2등이나 3등도 마찬가지다.

원래 스포츠는 이런 차별적 사회를 만들기 위해 태어난 것은 아니다. 승자독식사회는 일탈된 모습일 뿐이다. 그렇다면 우리가 찾아야 할 원형이 있을 것이다. 이제부터라도 우리는 그 원형을 찾아 새로운 사회를 만들어야 한다. 그 사회는 1등이라고 뻐길 것도 없고, 2등이나 3등이라고 해서 결코 비애를 느끼지 않는 사회여야 한다. 정보화 사회로 갈수록 사람들이 1등만 찾는다고 한다. 음악을 들어도 최고의 가수 것만 찾는다. 그러다 보면 보통가수가 설 땅은 없어진다. 최고가 중요한 것은 사실이다. 그러나 다른 사람의 것도 듣고 이해할 수 있어야 한다. 우리가 원하는 사회는 모두가 함께 어우러져 사는 사회이지 한 사람이 독식하기 위해 만들어진 사회는 아니다. 그런 의미에서 이제 스포츠는 일부 스포츠 엘리트를 위한 것이 아니라 진정한 국민체육으로 발전해야 한다.

스포츠 지상주의로 치달아온 올림픽이 최근 들어 사회문화, 생활체육, 봉사활동 등으로 전환점을 모색하고 있다는 좋은 소식도 들려온다. 애틀랜타올림픽이 진행되는 동안 역대 금메달리스트들과 올림픽 참가선수들이 자원봉사 식으로 세계 전쟁피해 어린이 돕기 캠페인인 '올림픽 에이드-애틀랜타'를 벌여 수천만 달러를 모금함으로써 피해 어린이들에게 꿈을 선사했다. 메달보다는 이것이 진짜 평화와 화해를 가져오는 올림픽 정신의 실현이 아닌가 생각한다.

지금까지 올림픽 이야기만 해서 미안하다. 월드컵축구, 아시안게임, 유니버시아드대회, 전국체전을 비롯한 각종 국내 스포츠도 있지 않는가. 그러나 이런 것들만 스포츠제전이 아니다. 작게는 골목에서 아이들이 하는 공차기, 아저씨들의 조기축구, 가을의 초등학교 운동회, 모두 아름답고 기억에 남을 제전이다. 기량이 뛰어나지 않다 하더라도 우리가 함께한다는 점에서 너무나 멋진 스포츠다. 여기에는 이기고 짐이 문제가 아니다. 상업성도 없다.

인간은 지·덕·체의 조화와 균형을 이상으로 삼아왔다. 스포츠는 이 가운데 체의 요체라 할 수 있다. 지·덕·체는 원래 합일된 개념인데 우리는 이것을 분리하여 생각하는 우를 범해왔다. 지는 학문, 덕은 윤리와 도덕, 체는 운동식이다. 그러나 우리는 이러한 삼분법적인 사고를 벗어나야 한다. 운동을 하더라도 힘자랑보다는 지라는 기술을 통해서 그리고 규칙이라는 덕을 통해서 체를 이루는 것이다.

체육이라는 단어도 마찬가지다. 우리는 체를 스포츠로만 이해하지만 체가 진정한 체가 되기 위해서는 사회체육, 문화체육, 생활체육으로 통합되어야 한다. 육체적 운동만 운동이 아니다. 정신적 운동·예술적 운동·환경운동·신앙운동으로도 승화되어야 한다. 그러므로 체육행사를 하더라도 문화와 함께해야 바른 체육이 된다.

국제든 국내든 체육은 스포츠 엘리트만 뛰도록 해서는 안 된다. 국민체육의 바탕 위에서 체육이 이뤄져야 건강한 체육이 될 수 있다. 미국의 대통령은 여러 운동종목에서 개인적으로 어느 정도의 수련만 쌓으면 이를 축하하기 위해 인정증을 발행해준다. 대통령이 할 일이 없어서가 아니다. 국민의 건강을 증진하기 위한 제도적 노력이다. 체육입국은 각종 국제대회를 유치한다고 되는 것은 아니다. 폭력정권의 억압구조에 대한 국민의 따가운 시선을 체육으로 돌리려는 수단으로 사용되어서도 안 된다. 체육은 뿌리부터 튼튼해야 한다. 스포츠 엘리트를 길러내는 것도 중요하지만 더 중요한 것은 평범한 시민 그리고 스포츠로부터 소외된 장애인들도 함께할 수 있는 체육, 정치적 흥정이나 압력도 없고 상업성도 없이 서로 사랑하는 마음으로 붙잡고 뛰는 제전. 몸뿐 아니라 마음도 함께 연결되는 제전, 이것이 진짜 스포츠다.

이제 우리의 스포츠는 인류를 위해 존재해야 하며, 승리는 한 사람만 아니라 국민의 승리, 인류의 승리로 승화될 수 있어야 한다. 이것이 바로 진정한 의미의 스포츠 파워다. 이것은 스포츠가 참된 스포츠가 될 때 비로소 가능하다. 그렇지 않으면 우리는 이기기 위해 서로 싸우고 미워하면서 계속 스포츠 아닌 스포츠를 하게 될 것이다. 스포츠의 파워는 상대를 무조건 제압하는 데 있지 않다. 서로를 격려하고 사랑함으로써 우리 사회를 살맛나는 세상으로 만드는 데 있다. 약자가 희망을 가지고 사는 사회가 바로 제대로 된 스포츠사회다.

제 3 부

한국교회의 반성과
예배의 회복

제1장 한국교회 다시 생각하기

1. 교회는 어떤 곳인가?

교회는 무엇보다 전도를 통해 생명을 구하는 곳이다. 전도는 생명을 구하는 일이다. 교회 안에서 여러 활동도 중요하지만 죽어가는 생명을 구하지 않으면 그것은 생명을 유기하고 죽음을 방관하는 행위에 불과하다.

교회는 건강한 지체들의 건강한 교제가 이루어지는 곳이다. 헨리 나우웬은 "사랑하는 사람과 함께 여행하면 기쁘다. 혼자 있으면 하나님께 신실(기도)할 수 없다."고 했다. 이것은 그리스도 안에서 성도의 교제가 얼마나 중요한가를 보여준다. 건강한 교제가 이뤄지려면 삶의 주파수를 함께 하나님께 맞춰야 한다.

교회는 봉사로 그리스도를 드러내는 곳이다. 교회는 봉사를 통해 그리스도의 손과 발이 되어야 한다. 그 손은 그리스도의 사랑을 나누는 손이어야 하고, 자기를 나타내기보다 숨은 손이 되어야 한다. G. 맥도날드는 "봉사는 자아의 출구에서 벗어나는 유일한 출구이며, 나누지 않으면 이미 죽은 사람이다"라고 말한다.

교회는 훈련을 통해 날마다 강해지는 곳이다. 교회는 예수 그리스도의 말씀을 가르치는 곳이며 교인은 그 가르침을 받는 사람이다. 교인은 이 훈련을 통해 예수를 닮고 그리스도에까지 자란다. 정상에까지 올라가는 훈련이 없으면 어른아기가 된다. "오직 사랑 안에서 참된 것을 하여 범사에 그에게까지 자랄지라 그는 머리니 곧 그리스도라"(엡 4:15). 이미 믿은 사람은 구원받기 위해 교회 오는 것이 아니다. 정상에 오르기 위해 온다. 예수를 바라보고 열심히 올라가는 삶을 살아야 한다.

2. 거룩한 강자를 만드는 교회

이사야 60장은 교회를 거룩한 강자를 만드는 곳으로 정의한다. 특히 19절에서 22절은 거룩한 강자가 될 것을 주문한다. 교회가 세상의 행복을 풍성히 누리기 위한 곳이거나, 병 고침을 받는 곳이라면 낮은 수준의 목적을 가진 것이다. C. S. 루이스는 "나는 행복해지려고 교회를 찾지 않는다. 세상행복을 찾고자 했다면 술병에 의지했을 것이다. 교회는 행복 이상을 주는 곳이다"고 주장한다. 교회는 세상의 행복보다는 거룩한 강자를 만드는 곳이다. 이것이 높은 수준의 목표를 가진 교회이다.

21절은 "내 백성이 다 의롭게 되어 영영히 땅을 차지하리니 그들은 나의 심은 가지요 나의 손으로 만든 것으로서 나의 영광을 나타낼 것인즉"이라 하였다. 하나님의 백성은 어떤 사람인가?

- 내 백성은 의인된 하나님의 백성, 곧 복으로 세상을 바꾸는 사람들이다.
- 그들은 영영히 땅을 차지한다. 그 땅은 보이는 세상의 땅이 아니라 복음으로 바꾸어진 세상을 말한다.
- 하나님의 심은 가지다. 하나님이 이 세상에 의인으로 살도록 심긴 가지들이다.
- 하나님의 손으로 만든 것이다. 하나님에 의해 새로워진 피조물이다.
- 하나님의 영광을 나타낼 존재들이다.

23절은 "그 작은 자가 천을 이루겠고 그 약한 자가 강국을 이룰 것이라 때가 되면 나 여호와가 속히 이루리라" 하였다. 그리스도인은 세상적으로 볼 때 '그 작은 자'에 속한다. 그 작은 자가 거룩한 강자가 되어 천을 이룬다. 천을 이룬다는 것은 강자, 곧 복음으로 달라진 사람이 된다는 것이다. 세상적인 눈으로 볼 때 그리스도인은 '그 약한 자'처럼 보인다. 그러나 약하게 보이는 그들이 그리스도를 영접하고 달라져 세상나라보다 강한 강국, 곧 하나님 나라를 이룬다. 어떤 사람들이 강자인가?

- 자기의 뜻보다 하나님의 뜻을 앞세우는 사람
- 세상보다 하나님에 매료된 사람
- 자기보다 하나님께 기쁨이 되는 사람
- 하나님의 사랑을 세상에 실천하는 사람
- 주님만을 섬기는 사람
- 헛된 마음 버린 사람
- 주님 앞에 내 생명 드리는 사람

교회는 거룩한 강자의 모임이다. 교회는 강자의 이미지를 가졌다. 따라서 교회는 거룩한 강자를 키우는 곳이어야 한다. 거룩한 강자를 많이 배출하기 위해서는 제자를 키워야 한다. 그리스도의 제자들은 약한 자가 아니라 거룩한 강자들이다. 예수를 따르는 사람은 천을 이루고 강국을 만드는 사람이다. 예수의 제자가 되려면 자기를 부인하고, 자기 십자가를 지고, 예수 그리스도를 따라가야 한다. 이것은 결코 쉬운 일이 아니다. 그러나 우리는 주님이 함께하시므로 할 수 있다.

"때가 되면 나 여호와가 속히 이루리라." 하셨다. 하나님은 그리스도인으로 천을 이루고 강국을 이루는 꿈과 비전을 가지고 있다. 제자는 이 복음을 위해 뛰는 꿈을 가진 자들이다. 하나님은 안디옥 교회만 잘되면 안 된다고 생각하셨다. 바나바와 사울을 세워 다른 교회로 파송했다. 우리 교회만 잘되면 다 되는 것이 결코 아니다. 교회는 하나님 나라를 확장하는 교회, 복음을 나누며 생명을 꽃피우는 교회가 되어야 한다.

3. 세대혁신을 위해 존재하는 교회

앞으로 한국교회는 이 세대에 진정 해줘야 하는 것이 무엇인가를 모색하고 찾는 작업이 중요하다. 지금까지 한국교회는 성전 짓기 운동에 혼신의 힘을 다해 왔다고 해도 과언이 아니다. 후손들이 손 까닥하지 않아도 될 만큼 웅장한 성전을 짓고, 그들에게 필요한 모든 것을 갖춰놓는 것을 사명으로 생각해왔다. 이것은 가난한 삶 속에서 어렵게 삶을 살아왔던 우리 옛 부모들이 "우리 후손만큼은 나 같은 삶을 살지 않게 하겠다."는 것과 무엇이 다른가.

그러면 후대는 물질 걱정하지 않고 믿음생활은 잘하고 있는가? 그 답은 그렇지 않다는 것이다. 우리의 이 같은 생각 없음이 우리 후대를 생동력이 상실한 세대, 진취성이 사라진 세대로 만들고 말았다. 즉 바보어른을 만든 것이다.

이제 교회는 생각을 다시 해야 한다. 후대에 물질의 안녕을 물려주려는 생각일랑 버리고 어려움을 극복할 수 있는 정신력, 영적인 능력을 갖게 해줘야 한다. 물질이 중요한 것이 아니라 정신력과 영력이 중요하기 때문이다. 그들로 하여금 일하지 않도록 하는 것이 아니라 일하도록 만들어야 한다. 그들에게 완벽한 교회의 건물을 물려주는 것이 목표가 되어서는 안 된다. 그들로 하여금 하나님의 나라를 확장하는 데 관심을 갖게 해야 한다.

4. 120년 한국교회, 거듭나야

요즘처럼 해가 바뀐다는 느낌이 옛날 같지 않은 때도 없다. 종전 같으면 크로노스의 시간개념으로 끝났지만 갈수록 카이로스의 의미가 강해진다. 2000년대에 깊이 들어설수록 과거세기의 잘못된 문화를 완전히 마감하고, 새로운 문화를 보다 힘 있게 열어가야 한다는 마음이 앞선다. 과거와 같은 영적 상태로 하나님 앞에 설 수 없기 때문이다.

구미에서는 흔히 '새해의 결의'(new year's resolution)라는 것을 한다. 지난해의 잘못이나 과오 등을 종이에 열거하고 새해에는 다시 그런 일을 하지 않을 뿐 아니라 더욱 성숙된 사람이 되겠다고 스스로 다짐한다. 이제 한국교회는 과거의 역사를 접고 하나님 앞에 새로운 결의를 해야 할 시점에 와 있지 않는가 생각한다. 말만의 결의가 아니라 하나님 앞에서 진정 거듭난 모습을 보여줘야 하기 때문이다.

앙드레 말로가 프랑스 국민이 추앙하는 역사적 인물만 묻힐 수 있는 판테온으로 들어갔다. 온 국민이 환호했고, 시락 대통령은 판테온에서 나와 축사까지 했다. 미디어에서는 생전의 그의 음성을 들려주었다. 이 광경을 지켜보면서 문득 하늘나라에서 이 같은 대우를 받을 수 있는 한국의 목회자가 과연 몇이나 있을까 생각해보았다.

이제 한국교회는 120년이 넘는 역사를 가지고 있다. 영적으로 무지한 땅에 하나님의 빛이 퍼진 역사가 짧음에도 불구하고 많은 순교자들을 내었을 만큼 성장했다. 눈물어린 회개와 부흥의 역사도 있었다. 한국하면 기독교를 떠올릴 만큼 한국교회는 세계인 속에 자리잡고 있다. 교단별로 세계에서 제일 큰 교회들이 서울에 있고, 수많은 교회들이 지금도 세워지고 있다. 신학교에는 학생들로 넘쳐나고 있다. 심지어 미국의 상당수 신학교마저 한국의 신학생으로 채워지고 있고, 그들이 없다면 신학교 운영이 어렵다고 할 만큼 되었다. 프린스턴신학교의 30%, 웨스트민스터신학교의 60%는 한국학생들이다. 양적인 면에서 전성기를 맞고 있다. 이런 와중에 이곳저곳에서 한국교회의 성장이 둔화되기 시작했다고 걱정하고 있다.

5. 쏟아져 나오는 비판들

한용상은 「교회가 죽어야 예수가 산다」는 책을 통해 한국교회의 타락을 독설로 비판하고 있다(한용상, 2001).

- 교회는 십자가를 폐기했는가? 교회지도자들이 살인마들을 위해 조찬기도회를 베풀어 주고 꼼수 정치로 나라를 총체적으로 몰아가도 바른말 한마디 못한다면 그것은 그리스도 교회가 아니다.
- 타락한 교회는 허물어 버려라. 전직 대통령들이 대한민국 법정에서 도둑 판정을 받은 것처럼 사람 모으기, 돈 모으기에만 열을 올리는 한국교회는 권력과 결탁한 가룟 유다의 전통으로 세워졌는지 의심스럽다.
- 예수는 그렇게 말하지 않았다. 예수를 믿어야 천당 가고, 예수를 안 믿으면 아무리 착한 사람도 지옥에 간다니. 헌금을 많이 바칠수록 구원을 받는다니. 기독교는 이따위 상식 이하의 유치한 종교가 아니다.
- 예수는 무당이 아니다. 기독교 성령파들은 마치 무당의 굿판처럼

박수를 치며 "오, 주여! 성령을 주소서. 할렐루야!"를 열광적으로
외친다. 하나님이 못 들을까 싶어서 그런가?

• 목사는 제왕인가? 교회 몸집 불리기와 천년만년 만세방석 위에
  궁전 짓기도 모자라, 대물림으로 목회 직을 세습하는 것은 하나
  님의 이름으로 사기 치는 추악한 타락상이다.

• 교회를 부동산처럼 사고팔다니. 교회를 개척한 후 1, 2년 후에 교
  인 1인당 1백만 원씩 상품으로 계산하여 권리금에 프리미엄까지
  붙여 파는 상행위는 하나님을 빙자한 인간시장과 다름없다.

  한국의 초대교회는 그런 대로 존경을 받았다. 그러나 지금은 비판
을 받고 있다. 한국교회에 문제가 많기 때문이다. 기독교인에게 왜 문
제가 많을까?

  무엇보다 수직관계가 수평관계에서 적용이 되지 않기 때문이다. 성
경을 읽고 좋은 설교를 듣기는 하지만 생활에 적용되지 않기 때문이
다. 설교를 하는 목회자부터 달라져야 한다. 교회 안에는 하나님의 것
보다 인간의 것이 더 채워지고, 목회자는 하나님보다 자신을 더 부각
시키기 위해 열심이었던 과거와 현재에 대한 철저한 회개가 있어야
한다. 교회가 이렇다 보니 우리는 더 이상 사회를 향해 손가락질할 수
없는 지경에 이르렀다. 어거스틴은 한때 마니교에 심취해 있었다. 그
는 마니교를 통해 진리를 접하겠다는 생각을 가지고 있었다. 그러나
그는 결국 마니교에 대해 실망을 느낀다. 그들이 입만 열면 진리를 외
쳐대지만 생활 속에서 진리를 발견할 수 없었기 때문이다. 그는 마니
교를 말만 많이 하는 악마로 결론을 지었다. 어거스틴이 오늘의 한국
교회를 찾는다면 당시의 마니교도들과 다른 점이 과연 무엇이냐고 물
을 것이다. 우리는 그 앞에서, 특히 하나님 앞에서 할 말이 없다.

더 근본적인 문제는 하나님과의 관계가 바르게 정립되어 있지 않는데에 있다. 시카고 대학 포젤(R. Fogel) 박사는 '제4대각성기'의 도래를 선포했다. 미국은 위기가 있을 때마다 성경으로 돌아가 문제를 해결해 왔다. 성경이 문제해결의 기준이 된 것이다. 이제 제4의 대각성기를 맞아 미국도 기독교의 정신, 기독교의 가치관을 회복해야 한다는 것이다. 미국은 위기에 직면했을 때마다 하나님의 방법을 추구했다. 우리도 말씀으로 돌아와야 한다.

한 조사에 따르면 미국교회의 쇠퇴이유는 교회가 교인들에게 너무 적은 것을 요구했기 때문이다. 교회가 거부감이 일어나지 않는 그리스도인을 만들려 하고, 그리스도인이 세상 사람과 비슷해지니까 교인들이 교회에서 빠져나간다. 성장하는 교회의 특징은 말씀에 따라 살도록 한다. 성도들에게 강하게 요구하고, 많이 요구한다. 칼라가 분명하게 살도록 하므로 강해진다. 이런 교회는 부흥한다. 그리스도인은 세상 사람과 얼마나 다르냐에 달려 있다.

수평적 이동도 문제다. 한국교회의 성장이 감소되거나 정체되고 있다는 평가가 높다. 교인의 숫자가 많아졌다 해도 그것은 전도에 의한 성장이 아니라 수평이동에 의한 성장일 가능성이 아주 높다. 미국의 교포교회에서는 연말만 되면 상당수 교인들이 수평이동을 한다. 이것은 그만큼 한국인 교회에 문제가 많다는 것을 의미한다. 이 수평이동 현상은 한국에서도 많이 나타난다. 우리의 경우 수평이동은 교회의 잘 못됨을 더 이상 묵과할 수 없어 떠나게 되는 경우가 대부분이다. 교회의 비리, 세습, 설교에 대한 실망 등 이유도 다양하다. 교인들이 대형 교회로 몰려 대형교회의 몸집을 키우는 기현상을 낳기도 한다. 교회일 치를 대신하기라도 하듯 외형에만 치우치는 대형교회가 잇달아 나타 나는 현상은 우리를 씁쓰레하게 만든다.

형식주의도 점검 대상이다. 제정 러시아 때 정교회는 하나님의 말씀보다 교회당의 카펫 색깔을 무엇으로 해야 옳은가를 놓고 신학자들이 논쟁을 벌일 만큼 주제와는 먼 것들로 세월을 보내다가 망하게 되었다. 한국교회도 본질보다는 비본질적인 문제로 소모적인 때도 종종 있다. 교회의 건물이 날로 중세교회처럼 커지고 있고, 교회 안의 장식은 너무 요란하다. 외형에 치중한다는 것은 교회가 그만큼 본질을 외면하고 있다는 증거다.

한국교회가 쇠퇴하는 것은 감동을 주지 못하기 때문이다. 기독교의 감동은 우리가 얼마만큼 세상 사람과 다른가에서 나온다. 우리가 세상과 같아지면 기독교는 죽는다. 별 차이 없으면 감동하지 못한다. 그러나 차이를 느끼면 "뭔가 다르네!" 하며 감동을 한다. 현대인들은 감동을 받고 싶어 한다. 다름을 느끼고 싶어 한다. 교회가 세상에 감동을 주면 세상은 교회를 인정하게 될 것이다.

광념교회 조현삼 목사는 건물을 남기는 목회가 아니라 사람을 남기는 목회를 하고자 했다. 헌금이 모이면 건물을 사기보다 사회를 위해 쓰는 데 바빴다. 교인들은 이 다른 목회자와 교인을 보며 감동을 한다. 다른 교회와는 다르기 때문이다. 이런 이야기를 모은 책이 바로 '감자탕 교회'이다. 교회 간판은 보이지 않고 감자탕만 크게 보이는 교회. 그러나 그리스도의 삶을 실천하는 교회. 멋진 교회. 주님은 말씀하신다. "사람을 낚는 어부가 되라."

6. 유교화된 한국교회

조선말 유교는 보수성과 폐쇄성으로 우리 국민의 신앙적 욕구를 만족시킬 수 없었다. 불교는 조선의 억압정책으로 변두리로 밀려나 있었다. 이런 종교적 진공상태에서 개신교가 민중에 대한 강한 호소력을 가지며 파고들었다. 그러나 지금 한국기독교는 유교문화권 속에서 날로 유교화되고 있다는 비판을 받고 있다. 이것은 한국교회가 조선의 유교가 그랬던 것처럼 문제가 있음을 보여주는 것이다.

한국에서 26년간 살아온 한 일본인이 맞아죽을 각오를 하고 쓴 「한국 한국인 비판」, 김경일이 돌 맞을 각오로 쓴 「공자가 죽어야 나라가 산다」 그리고 김동호가 목숨 걸고 쓴 교회개혁일지 「생사를 건 교회개혁」에서 주장하고 있는 것은 유교의 찌꺼기로 인해 우리 사회가 총체적 무질서와 부패의 굴레에서 벗어나지 못하고 있다는 것이다. 이것은 유교 자체를 비판하는 것이 아니라 그 문화로 인한 우리 사회의 폐쇄성, 교회의 문제점을 지적하고 있다.

서중석에 따르면 이승만 대통령이 전근대적인 양반의식과 군주의식을 가진 것은 유교문화의 영향 때문이었다. 박정희 대통령의 독재정치도 마찬가지다. 김동호는 한국교회의 문제 가운데 하나로 당회의 전제정치를 꼽고 있다. 이것은 유교의 핵심인 신분제, 곧 선비정신으로 포장된 인간불평등을 당연한 것으로 받아들이고 군림하려 드는 자세이다. 교회의 직분은 군림을 위한 직위가 아니라 섬김을 위한 직분임을 잊고 있는 것이다. 김영재는 찬양할 때 사회자가 찬양대를 바라보고 있는 것에 대해 이의를 제기한다. 제사장의 권위로 서 있다면 앉아야 한다. 또 장로석이 예배당 앞의 높은 자리에 둔 것도 비성경적이라 했다. 한국교회는 예수님의 교회인지 공자의 교회인지를 분명히 해야 한다(크리스천 뉴스위크, 1999).

많은 청년들이 교회를 떠나가는 이유 중에 일부 목회자들의 권위주의가 한몫하고 있다는 지적도 높다. 고 직한에 따르면 목회자들의 잘못된 권위주의는 그들이 성경으로 돌아가지 않기 때문에 생기는 것이다. 성경이 올 자리에 목사가 앉아서 생기는 문제라는 말이다. 이들의 일그러진 권위를 끌어내리고 성경의 권위를 다시 세우는 것이 절실하다. 사회보다 교회에서 먼저 공자가 죽어야 한다. 최근 소위 '스타 목사'를 중심으로 청년들에게 새로운 권위주의가 형성되는 경향이 있다. 말하자면 특정 목사에 대한 '마니아'가 되는 것이다. 그리스도의 제자가 되어야지 그리스도 전달자의 제자가 되는 것은 곤란하다. 세인들의 관심을 받는 목회자 역시 바울처럼 머물 때와 떠날 때를 구분하는 자세가 필요하다. 청년들을 모았으면 이들을 구비(具備)시켜 다시 세상으로 보내는 것이 청년 목회자의 할 일이다. 진정한 권위와 카리스마는 나누고 비우고 섬기는 데에서 드러난다. 공동체의 덩치가 커지면 과감하게 분리 개척하는 것도 꼭 필요한 자세다(양정지건, 2003).

한국교회의 유교화는 담임목사와 부목사의 관계에서 여실히 드러난다. 어느 두 부흥집회에 참석하고 나서 한국교회에 문제가 있다는 것을 직감했다. 서로 다른 집회였는데 내노라 하는 강사 목사님들은 한결같이 부목사는 담임목사에게 무조건 복종해야 한다는 것을 힘주어 강조했다. 심지어 "부목사는 하나님을 위해 일하는 것이 아니라 담임목사를 위해 일해야 한다."는 말까지 했다. 임용 면접 때 하나님의 일을 하기 위해 왔다고 말할 경우 임용이 거부되는 것은 당연하며, 부교역자는 당연히 담임목사 하나를 위해 존재해야 한다는 것이었다. 이 말을 강단에서 서슴없이 하는 것을 보고 놀라지 않을 수 없었다. 강사들은 부흥회 끝에 부교역자들은 물론 모든 교인들이 담임목사에게 잘해야 한다는 것을 강조하고 싶어 이 말을 했을 것이다. 그러나 그 말이 결국 하나님보다 담임목사를 앞세우는 우를 범함으로써 하나님께 범죄하고, 한국교회를 영적으로 잘못 인도하고 있음을 생각지 않고 있다. 교회의 질서를 위해 서로 사랑하고 존중하는 것은 말할 필요도 없다. 업무 면에서 잘못할 경우 책할 수도 있다. 그러나 담임목사 한 사람의 위엄을 그토록 높이기 위해 그를 하나님보다 앞세우며 교인들에게 강요된 충성을 요구하는 일이 오직 하나님 중심으로 살겠다고 다짐하는 한국교회에서 일어나고 있다는 것은 경악을 금할 수 없다.

교회는 서로 '누가 크냐?'고 싸우는 곳이 아니다. 담임목사든 부교역자든 모두 서로 싸우는 제자들의 모습이 아니라 이름도 없이 묵묵히 주의 일을 하는 종들이 되어야 한다. 지금 이 땅의 많은 목회자들은 대교회의 목사를 꿈꾸며 스타 병에 걸려 있다. 언젠가 수많은 교인들의 칭송을 받으며 그들 위에 군림하는 날을 꿈꾼다. 이것은 하나님 앞에 바로 선 모습이 결코 아니다. 우리는 실컷 일하고 나서도 결코 자기를 내세우지 않고 그저 '나는 무익한 종일 뿐'이라는 일체 겸손을 나타내야 한다. 우리 속에 이런 겸손이 있지 않는 한 살아 있는 신앙인들이라 말할 수 없다. 목회자들은 하나님 앞에 철저히 낮아질 필요가 있다.

한국교회의 유교성은 목사와 장로제에서도 나타난다. 하나님과 교인들이 주인이어야 할 교회가 목사와 장로중심으로 움직이고 있기 때문에 여러 가지 문제가 초래되고 있다. 목사나 장로에게 지나치게 교회의 권한이 집중되면 독재와 부패로 흐르기 쉽다. 교회는 성장지상주의에서 벗어나 성숙을 지향해야 한다는 목소리가 높아 가고 있는 가운데 위임목사제 폐지, 목사·장로신임 투표 실시, 원로목사제도 폐지, 교회문화 전반의 변화를 촉구하는 요구도 높아지고 있다.

김동호는 목사·장로 재신임제도를 처음 시도한 동안교회의 교회개혁일지를 공개했다. 지금까지 장로교회의 목사와 장로들은 특별한 일이 없는 한 한 번 위임이 되면 정년 70세까지 아무 변동 없이 교회의 중책을 맡아왔고 당회원들은 교회의 재정운영관리 업무를 모두 도맡아 교회행정을 당회 중심의 체제로 굳히는 전통을 만들어왔다. 김 목사는 이런 풍토 속에 교회개혁을 추진했다. 목사와 장로를 포함한 모든 직분의 정년을 현재 70세에서 65세로 낮추기로 총회에 건의하고, 목사와 장로는 6년을 시무한 후 교인들에게 재신임을 묻도록 하며, 제직 부장은 안수집사와 권사에게 일임하되 당회는 정책과 예산을 세우고 제직회의 집행을 감독하도록 하는 교회 법안을 통과시켰다. 김 목사는 자신이 주장하는 대로 개혁이 돼야 한다고 고집할 수는 없지만 한국교회의 개혁이 필요한 만큼 올바른 개혁이 국교회 전체로 확산되길 바랐다.

이의용은 교회에서 행해지고 있는 문화 전반에 대해 메스를 가했다. 교회문화란 교회 내에서 행해지는 문화예술 활동만을 의미하는 것이 아니라 교인들이 함께 나누는 가치관, 일하는 스타일, 사물을 보는 시각, 교회가 하나의 인격체로서 갖는 개성과 풍토를 말한다. 따라서 교회문화가 바로 서야 교회가 산다. 그는 예배문화, 집회문화에 대한 거품을 지적하고 교회교육을 살리는 아이디어, 예배 제자리 찾기, 장로 직제 개혁 등을 제안했다. 특히 장로의 경우 5년, 10년 정도 시무 후 안식년제를 도입해 시무장로에서 물러나 더 큰 차원에서 한국교회 전체를 위한 일에 관심을 갖도록 하는 것이 중요하다. 또 청년당회를 조직해 교회의 청년층의 엷어지는 것을 막자고 했다. 10명 내외의 청년층으로 청년당회를 구성해 교회의 발전방안이나 건의사항을 입안하여 당회에 직접 보고하도록 하자는 것이다. 이 외에도 교회 내 사례비문화, 허례허식의 임직예배 등 교회 내 유입된 세속문화를 언급하고 담임목사 한 사람에게 편중된 교회의 후생복지대책, 여교역자 처우문제 등에 대해서도 개선안을 제시했다.

한국 각 교단의 교단장, 곧 총회장에 대한 의식도 유교화되었다. 지금 한국의 각 교단은 매년 총회장을 비롯하여 각종 임원이 되고자 하는 선거 열기로 뜨겁다. 총회장을 교단의 가장 큰 어른으로 생각하기 때문이다. 거룩한 총회가 일반정치계와 하등 다를 바 없다. '반드시 총회장이 되자'는 목표를 가진 인물들은 수단과 방법을 가리지 않는다. 금품이 오가고, 지역감정이 오가고, 중상모략이 오간다. 따라서 어떤 교단은 후보와 선거운동 없이 총회 석상에서 투표와 추첨에 의해 총회장을 선출하기도 하고, 어떤 교단은 아예 선거를 없애고 제비뽑기로 택하기도 한다. 이것은 우리 교단이 선거도 할 수 없을 만큼 신뢰성을 잃었다는 것을 의미한다. 지금 교계정치에 대한 일반교인들의 시선은 매우 따갑다. 총선시민연대를 비롯하여 각종 시민단체들이 선거에 앞서 공천 부적격자의 명단을 발표하여 화제가 된 바 있다. 이것은 부패 정치인에 대한 시민의 인내가 한계에 도달했음을 보여주는 것이다. 지금 한국의 교단 임원 선거에서 부적격자 명단을 공개한다고 하면 어찌할 것인가. 한국교회가 유교화되지 않으려면 누구든 교단장이 되려는 집착을 버려야 한다. 총회장이 무엇인가? 일 년에 한 번 모이는 총회의 사회자에 불과한데 그 지위를 이용해 일 년 내내 교단을 장악하고자 한다면 한국 교단이 얼마나 정치화되었는가를 입증하는 것이다. 교회는 일반정치와 달라야 한다.

7. 닫힌 교회와 교회 일치 문제

한국교회는 교회와 선교사의 수적인 성장과 함께 교회 내 불화와 분쟁, 분리로 세계적으로 이름을 떨치고 있다. 한국교회는 보스중심의 정치로 인해 사랑과 협력 대신 패권주의 현상을 드러냈고 그 결과 부끄럽게도 수많은 교단이 생겼고 그 분쟁의 역사는 세계 교회 앞에 수치로 나타났다. 분리는 결국 교단 사이, 교회 사이의 대화를 막았다.

한국교회처럼 커뮤니케이션이 철저히 단절된 나라도 없을 것이다.

한국교회는 지금 폐쇄된 교회로 비판을 받고 있다. 자기 교회밖에 모르는 교인들, 교회 밖으로 뻗어나가지 못하는 교회기관, 교회 안 봉사로 만족하는 교인들. 이 모두는 한국교회가 갇힌 교인, 갇힌 기관, 갇힌 봉사의 표상임을 드러내고 있다. 한국교회는 열린 보수, 열린 진보가 되어야 한다. 영적 은사의 다양성을 인정하고 서로 하나 되는 모습을 보여주어야 한다.

기독교와 외부세계 혹은 학문들과의 대화만큼이나 기독교 내부의 대화도 중요하다. 세계 기독교는 수많은 교단으로 분열되어 있으며 반목이 가중되고 있다. 교회일치운동은 교인 모두 관심을 가지고 있는 주제이다. 그러나 점점 더 분열되어 가는 교회의 현실을 보면 답답하기만 하다. 우리나라는 교단이 너무 많아 추적하기도 어려울 정도이다. 이제는 교회가 일치를 위한 획기적인 방법을 모색할 단계에 와 있다. 호주는 장로교, 감리교, 침례교 등이 하나의 교단을 이루고 있다. 교단장 등 지도자들이 하나 되는 데 앞장서야 한다. 교단들이 내부에 공식적인 대화기구를 설치하는 한편 한국목회자협의회 같은 자생적 조직도 최대한 활용할 필요가 있다. 기구적 통합보다는 선교, 교육 등 가능한 부분부터 교류와 일치를 추진하는 것이 현실적이다. "총회 결의 없이는 다른 교단과 교류할 수 없다"고 결정한 예장합동의 경우 생활부분, 대정부활동 등 비신학적 부분에서는 함께할 수 있을 것이다.

8. 교회와 사회변형능력

교회는 가정과 사회를 변화시킬 수 있는 변혁능력을 가지고 있어야 하고, 병든 가정과 사회를 치유할 수 있는 역할을 담당해야 한다. 하나님의 능력이 교회를 통해 힘 있게 나타나야 한다. 이를 위해 필요한 것 가운데 하나가 교회의 대사회운동이다.

교회에도 운동이 필요하다. 골다공증에 걸린 사람에게 필요한 것은 매일 우유를 2컵 이상 마시고, 멸치국을 먹고, 시금치를 먹는 일일까? 먹는 것도 중요하지만 뼈를 튼튼히 하기 위해 가장 필요한 것은 운동이다. 마찬가지로 신앙에도 운동이 필요하다. 영적인 신앙운동이다. 무엇보다 내 안에 있는 우상을 과감히 벗어버리는 운동이 필요하다. 그것은 나를 중심으로 싸고도는 여러 형태의 우상이다. 자신을 우상으로 삼는 데는 탐심이 적극적으로 작용하고 있으며 언제나 자신을 황제의 자리에 앉힌다는 점에서 문제가 있다. 따라서 황제가 되고 싶어 하는 우상을 벗어버려야 한다. 황제가 주는 안락함, 편안함에서도 벗어나야 한다.

"정의를 단호히 행하라. 오직 행위에만 자유가 존재한다."고 외쳤던 본훼퍼는 반히틀러 운동을 벌인 혐의로 강제수용소 플뢰센베르크에서 사형을 당했다. 나치의 종말을 한 달 앞둔 시점이었다. 그의 행동하는 신학은 교회로 하여금 인권에 대해 관심을 가지도록 했다.

이라크에서는 연이은 테러로 수많은 인명이 죽었다. 종교가 정치화되고 정치가 종교화되면 어떤 일이 일어날 수 있는가를 잘 보여준다. 어떤 종교도 사람을 죽이는 것을 용납해서는 안 된다. 살인을 부추기거나 정당화해도 안 된다. 그리했다면 이미 종교로서 기능을 상실한 것이다. "진리와 비폭력. 신념은 이성을 초월합니다. 총칼에 총칼로 맞서서는 이기는 게 아닙니다. 때리면 맞고 밀면 밀릴 때 저들은 끝내 우리를 굴복시킬 수 없습니다." 간디의 불복종, 비폭력운동은 영국 제국주의 사슬을 끊고 인도를 독립케 만들었다. 흑인민권운동 지도자 마틴 루터 킹 목사는 1963년 워싱턴 대행진 당시 수십만 인파 앞에서 인종 간 평등과 화해를 역설하며 유명한 꿈을 밝혔다. "내겐 꿈이 있습니다. 언젠가 조지아의 붉은 언덕에 노예와 노예주인의 자손이 형제애 넘치는 테이블에 함께 앉는 날이 올 거란 꿈---내겐 꿈이 있습니다. 나의 어린 자식 4명이 피부색이 아닌 성품으로 평가될 날이 온다는 꿈이." 킹 목사의 꿈은 그 후 흑인뿐 아니라 백인의 폭넓은 지지를 이끌어냈다. 인권운동은 자칫 폭력을 불러올 수 있다. 그러나 폭력은 또 다른 폭력을 낳을 수 있다. 교회의 인권운동은 살상의 방법이 아니라 사랑의 방법이어야 한다.

교회는 사회를 깨우칠 수 있는 운동을 펴야 한다. 조만식 선생이 동경유학을 마치고 오산학교 선생이 되었다. 그는 이 시절부터 짧은 무명 두루마기와 말총모자로 국산품 애용과 검약정신을 실천하였다. 이렇게 시작된 국산품 애용운동은 그가 독립만세사건으로 투옥되었다가 석방된 후부터 본격적인 물산장려운동으로 발전하였다. 물산장려운동은 일본의 착취에서 벗어나기 위해 경제력을 길러야 한다는 취지로 전국적으로 퍼져나갔다. 교회들이 먼저 이 운동에 참여했다. 그 시대의 교회는 일제의 박해를 받으면서도 민족운동과 긴밀한 관계를 맺고 민중을 이끌어 가는 힘이 있었다. 세계화되는 시대에서 물산장려운동은 구태의연할 수 있다. 그러나 어떤 시대든 사회를 일깨우는 일은 중요하다.

교회가 바로 큰일을 하지 못한다 해도 상부상조라는 자그마한 운동부터 참여하자. 이것을 위해 여러 운동이 있을 수 있지만 최근 각광을 받고 있는 것으로 지역화폐(통화)운동이 있다. 사진관을 운영하는 A씨는 돌잔치 사진출장을 갔다. 2시간 공들여 사진 찍고 앨범까지 만든 뒤 그가 받은 대가는 정가 20만 원 중 절반인 현금 10만 원 그리고 나머지 10만 원은 미래통화(future money)로 받았다. 그는 언젠가 다른 사람들로부터 10만 원만큼의 서비스를 받을 수 있기 때문에 개의

치 않는다. 이것은 우리 전통의 풍습인 품앗이를 현대판으로 개조한 지역통화(화폐)제로서 이를 도입하는 단체들이 늘어가고 있다.

돈 대신 품앗이로 주고받는 지역화폐 운동은 1983년 캐나다 벤쿠버의 마이클 린튼에 의해 녹색달러(Green Money)라는 이름으로 시작된 것으로 회원 간 능력에 맞는 봉사를 서로 나누는 것을 말한다. 일종의 품앗이와 같다. 원래 이름은 지역통화거래체계(Local Exchange Trading System)이며 이를 줄여 레츠(LETS)라 부른다. 린튼은 벤쿠버의 코목스 밸리에서 공군기지 이전과 목재산업 침체로 이 지역 실업률이 18%로 치솟았을 때 실업자가 되었다. 그는 컴퓨터 프로그램을 이용해 관리 시스템을 개발한 뒤 지역주민들에게 각자 필요한 생필품이나 노동력을 서로 교환하게 하고 모든 거래내역을 자신에게 알려주도록 했다.

린튼은 이 경험을 바탕으로 지역통화거래체계를 스스로 규제력을 갖고 운영되도록 개발했다. 컴퓨터를 통해 회원에게 거래내역 및 잔액을 알게 해서 계좌가 플러스인 사람은 다른 사람으로부터 필요한 것들을 찾을 수 있게 한다. 이때 계좌의 마이너스 액이 너무 큰 사람과는 자연히 거래하지 않게 되어 도움을 받기만 하는 사람에게 압력을 주도록 한다.

이 운동이 80년대에는 활성화되지 못했지만 90년대에 들어와 전 세계적으로 확산되어 1500여 개 이상의 지역통화거래에 10만 명 이상의 회원이 참여하고 있다. 우리나라의 경우 '미내사'(미래를 내다보는 사람들)라는 단체에서 실업자 구제수단으로 이 운동을 시작했으며 환경단체, 관공서, 교회 등지에 확대되고 있다.

녹색연합은 월간 「작은 것이 아름답다」에서 회원들을 대상으로 매월 '작아장터'를 열고 자신이 도움을 줄 수 있는 것과 필요로 하는 것을 알려주면 게시판에 연락처와 함께 실리고 회원 간 연락을 통해 두 사람의 합의 아래 이뤄지도록 한다. 서초구는 구민을 대상으로 서초품 앗이 저축은행을 운영하고 있다. 이곳에서는 지역통화로 그린머니와 현금을 사용한다. 회원 중 한 사람이 다른 회원에게 도움을 주면 GM 이 +가 되고 도움을 받으면 -가 된다. 회원인 미장원 주인 A에게 2만GM어치 서비스를 받은 카센터 주인 B는 그만큼 다른 이에게 자동차수리를 해주는 식으로 갚아 가면 된다. 이 지역통화제가 다른 구로도 확산되고 있다. 신라호텔 등 서비스 업체들도 직원들의 재능을 서로 간에 교환해 가르쳐주는 직장 내 품앗이를 도입해 좋은 반응을 얻고 있다.

인천 제2교회는 '알림방'을 운영하고 있다. 인천정보센터는 인천지역교회, 인하대학교, 인천사랑모임과 같이 인천지역의 지역화폐 운동을 주관하고 있다. 이것의 거래방식은 다음과 같다.

- 현금 없이 거래가 이루어진다. 대신 지역 또는 단체에서 정한 화폐인 녹색달러, 그린머니 등을 사용한다.
- 자원봉사와 비슷하나 돌려받을 수 있는 봉사의 대가가 남아 있다.
- 개인 간의 채무관계와 비슷하지만 꼭 빌린 사람에게가 아니라 회원 중 아무에게나 갚아도 된다.
- 상부상조와 비슷하지만 도와주고 나눠주고 빌려준 일 등을 모두 기록해 놓는다.
- 은행예금 계좌와 비슷하지만 이자가 없고 거래내역을 회원 모두에게 공개한다.
- 이 모든 일은 신뢰를 바탕으로 이루어진다.

이런 과정을 통해 학생, 회사원, 슈퍼 주인, 세탁소 주인, 교인 등이 신용공동체로 묶이는 소규모 경제공동체가 형성된다. 지역통화운동이 확산되면서 새로운 신용경제단위로 만들 수 있다는 기대도 커지고 있다. 성공적인 제도정착을 위해 규모는 500명 정도가 적당하고 다양한 서비스를 유통시키려면 다양한 직업인들이 참여하는 것이 좋다. 무엇보다 중요한 것은 나누고 베푸는 전통의 품앗이 정신을 이해하는 사람들이 참여하는 것이다. 교회가 사회관계를 돈독히 하기 위해서는 건전한 운동에서부터 함께하는 자세가 중요하다.

나아가 기독교문화운동을 전개할 필요가 있다. 어떤 교회는 기독문화사역팀(CCW)을 만들어 활동을 한다. 젊은이들을 위한 찬송과 경배의 시간, 청소년을 위한 학부모 대중문화 모임을 갖는다. 사회는 교회의 다양한 움직임을 통해 변화될 수 있다.

마틴 루터는 '95개조 반박문'을 교회 문에 붙여 종교개혁에 불을 붙였다. 기독교윤리실천운동본부는 '한국교회 개혁을 위한 98선언문'을 통해 교회개혁을 주장했다. 이것은 교회가 그만큼 문제가 있다는 말이 될 것이다. 이제 한국교회는 주님 앞에서 자신을 새롭게 함으로써 달라져야 한다.

제2장 주일성수, 신령과 진정으로

주5일근무제가 시행됨에 따라 주일성수에 대해 심각한 우려가 나타나고 있다. "그렇지 않아도 주일성수 의식이 낮아지고 있는데." 주일성수는 시대가 아무리 변해도 우리가 지켜야 할 믿음의 전통이자 하나님에 대한 우리의 삶의 양식이다.

김두석은 「너희는 이렇게 기도하라 그리고 이렇게 살아라」와 「안식의 성경적 원리와 올바른 주일성수방법」을 통해 이른바 '주일신학'을 제창하고 주일성수에 대한 바른 관을 정립하도록 하였다(김두석, 1988:99 -106:1992:73-78). 그는 한마디로 한국교인들은 주일에 대한 바른 관이 확립되어 있지 못하다고 말한다. 구원에 대한 감격과 기쁨 없이 주일을 '교회에 나가야만 하는 강제적인 날'이자 교회의 양적 성장을 지속시키는 세속적 수단 또는 기복적인 수단으로 전락되고 있다는 것이다. 주일성수에 대한 한국교인들의 문제점과 함께 주일에 대한 주요 논쟁점들을 살펴보면 다음과 같다.

1. 주일성수에 대한 한국교인들의 문제

주일성수에 있어서 한국교회와 교인들의 문제점들은 무엇인가? 이 문제를 중심으로 몇 가지 살펴보면 다음과 같다.

1) 율법주의적 주일성수의 문제

상당수 교인들은 주일에는 아무 일이나 무조건 해서는 안 된다는 율법주의적 생각을 가지고 있다. 그들은 안식의 기독론적 의미를 모르는 상태에서 주일성수란 단지 구약의 전통 아래 교회출석은 꼭 해야 하고 주일날에는 어떤 행위나 해서는 안 된다고 생각한다. 강요된 교회출석으로 간주하기 때문에 주일은 구원의 기쁨보다는 율법의 무거운 짐 아래서 괴로워하는 날일 뿐이다.

주일에는 무조건 아무 일이나 해서는 안 되는 날이 아니라 그러한 세속적인 일로부터 해방되어 하나님의 구속을 기뻐하고 찬양하며 봉사하고 예배하는 날이 되어야 한다. 주일은 혼자만의 인격도야의 날이거나 설교만 듣고 돌아가도 되는 날도 아니다. 그리스도의 몸 된 교회가 함께 고백과 간구를 하는 가운데 교제하며 그날의 기쁨을 만끽하는 날, 축복의 날이 되어야 한다.

2) 율법폐기적 주일성수의 문제

한국교인들 가운데 상당수는 주일예배만 마치면 평일처럼 아무 일이나 해도 괜찮다고 생각하고 있다. 주일 아침예배나 1부 예배를 드린 후 직장에 나가거나 개인적인 일에 거의 모든 시간을 보내기도 한다. 지금은 은혜의 시대일 뿐 아니라 그리스도 안에서 참자유를 얻은 성도들은 모든 날이 안식의 날이므로 주일 하루를 특별히 구별하여 요란하게 지키지 않아도 된다고 말한다.

모든 날이 하나님의 영광을 선포하는 날이기도 하지만 주일은 특별한 날로 구별하지 않으면 안 된다. 주일은 글자 그대로 주님의 날이다. 우리는 이 주님의 날을 자신의 날로 만들어 자기를 위한 휴일의 날로 만들겠다는 것은 주일의 주인을 주님에서 인간으로 바꾸겠다는 것과 다름이 없다.

3) 기복적 주일성수의 문제

상당수 한국교인들은 주일에 교회에 나가 예배를 드려야만 사업이 잘되고 자녀가 건강하며 모든 일에 형통할 수 있다는 기복신앙적 주일성수의 모습을 강하게 보여주고 있으며 심지어 그렇게 가르치기도 한다. 예배와 기도생활이 복을 받기 위한 수단으로 전락된 것이다. 심지어 예배에 참석했다 해도 목사의 축복기도를 받지 않으면 안 된다고 생각한다. 이러한 무속주의적 주일성수는 하나님의 은혜로운 부르심을 무효화시키고 있다는 점에서 문제가 된다.

주일성수가 온갖 세속적 복을 받기 위한 수단으로 지켜져서는 안 된다. 성경이 말하는 안식의 축복과 안식을 통해 얻은 복은 그리스도 안에서 얻은 구원의 안식을 믿음으로 누리며 현재의 고난 속에서도 미래에 완성될 안식을 바라보며 소망 중에 즐거워하는 안식이어야 한다.

2. 주일의 역사성

1) 주일이라는 단어는 언제부터 사용되었는가?

주일은 글자 그대로 주님의 날(Lord's Day)이다. '주일'이라는 단어는 요한계시록 1:10에 근거를 두고 있다. 성경에 단 한 번 언급된 '주의 날에(en te kuriake hemera)'에 사도 요한은 성령의 감동함을 받는 가운데 하늘로부터 큰 음성을 들었다. '주의'라는 형용사 '큐리아코스(kuriakos)'가 주의 만찬과 관련하여 고린도전서 11:20에서 사용된 바 있다. 이 단어가 요한계시록보다 먼저 사용되었고, 바울이 고린도전서 16:2에서 "매주일의 첫날에"라는 말을 사용하고 있는 것을 보아 주일이라는 표현이 그다지 널리 사용된 것은 아니라는 생각을 갖게 한다.

주일이라는 단어는 오히려 훗날에 사용된 것으로 보인다. 이그나티우스의 「마그네시아 교인들에게 보내는 편지」, 「베드로의 복음전도」, 「바나바서신」 등 속사도시대의 문헌이 주일에 대해 더 언급하고 있어 주일이라는 말은 속사도시대 이후에 널리 사용된 것이 아닌가 추측되고 있다.

2) 주일의 성경적 근거는 무엇인가?

주일의 기원은 일반적으로 그리스도께서 부활하신 날과 관련이 있는 것으로 인식되고 있다. 주님은 일주일의 첫날(주일)에 부활하심으로써(마 28:1 이하) 이날을 거룩하게 하셨고, 그날에 제자들에게 자신의 부활모습을 보이셨으며(요 20:26), 이날에 성령을 보내심으로(행 2장) 주일을 강조하셨다. 순교자 저스틴(Justin Martyr)은 이날을 창조의 첫날과 연관시켰다.

초대교회 교인들은 처음에는 날마다 예루살렘에 모여 예배를 드렸다(행 2:46). 그러나 점차 주의 날인 첫째 날이 정식 예배일로 자리를 잡기 시작했다(행 20:7;고전 16:2). 이 예배에서 가장 중시된 것은 성찬예식이었다(행 20:7). 연보는 초대교회 때부터 이날의 행사 가운데 일부로 자리를 잡아갔다(고전 16:2). 저스틴은 그의 「변증서」에서 이날에 사도들의 편지와 선지자들의 말씀을 낭독한 것을 비롯하여 권면(설교), 기도, 성찬예식, 연보 등을 했다고 기록하고 있다. 바울이 데살로니가 교인들에게 자기의 편지를 읽어 들리도록(살전 5:27) 한 것을 보아 사도들의 편지도 회중에 낭독된 것으로 보인다. 고린도전서에서는 애찬(agape)을 예배형식의 한 부분으로 소개했음에(고전 11:34) 비해 이것에 대한 언급이 없어 저스틴시대에 이르러 이것이 폐지된 것으로 생각된다.

3) 주일과 안식일은 어떤 관계를 가지고 있는가?

주일과 안식일은 어떤 관계를 가지고 있는가? 기독교의 여러 가지 특징들이 유대교의 의식들과 관련된 것으로 나타나 있지만(고전 10:16-21;골 2:11; 히 10:22 참고) 신약은 주일이 구약시대의 안식일의 성취라는 기록을 명확히 하지는 않았다. 신약은 주일과 안식일의 관계에 대해 침묵하고 있는 것이다. 히브리서마저 안식일은 신자들의 안식을 예표하는 것으로만 기록하고 있다. 그러나 주일예배를 드림에 있어서는 유대인의 날 계산에 따랐다. 유대인의 날은 해가 떨어짐과 함께 시작한다. 이 습관에 따라 초대기독교인들의 예배는 토요일 저녁에 시작해서 밤중에도 내내 계속되다가 성찬예식에서 그 절정을 이루었다. 그들은 이 예배를 드리고 있을 때 주님께서 재림하시기를 소원하기도 했다(행 20:7,11; *Baker's Dictionary*, 506).

초대교회는 주일문제보다 우상숭배를 말아야 할 것에 더 관심을 표하였다(행 15:28-29). 바울은 주일과 안식일문제에 있어 "혹은 이 날을 저 날보다 낫게 여기고 혹은 모든 날을 같게 여기나니 각각 마음에 확정할지니라 날을 중히 여기는도다. 주를 위하여 중히 여기고 먹는 자도 주를 위하여 먹으니 이는 하나님께 감사함이요 먹지 않는 자도 주를 위하여 먹지 아니하며 하나님께 감사하느니라."(롬 14:5-6)라고 말함으로써 어느 날이 중요한 것이 아니라 주를 위한 것이 더 중요함을 가르쳤다. 당시 유대적 습관을 버리지 못한 교인들은 안식일을 더 중시한 것으로 보이며 복음적인 교인들은 주일을 더 중시한 것으로 보인다. 나아가 일부는 모든 날이 같다고 생각하기도 했다. 날에 관한 문제를 놓고 교인들은 서로를 비난하는 모습을 보였다. 바울은 이 문제에 대해 어떤 날이 중요한 것이 아니라 모두가 다 주님을 위한 생각 때문에 그런 것이 아니겠느냐면서 특정한 날보다 주님을 위한 삶이 더 중요함을 가르쳤다. 바울은 "그러므로 먹고 마시는 것과 절기나 월삭이나 안식일을 인하여 누구든지 너희를 폄론하지 못하게 하라 이것들은 장래 일의 그림자이나 몸은 그리스도의 것이니라."(골 2:16, 17)라고 강조하고 있다. 이것은 안식일의 준수를 의무화하지 않았음을 가르쳐준다. 그렇다고 안식일이나 주일이 중요하지 않다는 것은 결코 아니다. 그날을 구별하여 하나님께 드리고자 하는 한 모두 중요하다. 안식일이냐 주일이냐 하는 문제에 관련해 칼빈이 목요일을 제시한 사실은 주목할 만하다.

그러면 주일은 안식일과 전연 관계가 없는 것인가? 대답은 그렇지 않다는 것이다. 구약의 안식은 창세기 2:1-3의 최초 안식일 제정을 출발로 해서 월삭, 안식년, 희년제도를 거쳐 다양한 언약의 형태로 점진되어 마침내 그리스도를 중심으로 구원의 안식으로 성취되었다. 이 안식은 그리스도의 재림으로 완성될 영원한 하나님 나라의 안식이다. 안식은 하나님과 인간의 새로운 관계의 회복으로 영원한 행복과 기쁨의 쉼을 의미한다. 이스라엘 백성의 안식이 애굽으로부터의 해방과 구원에 근거한 것처럼 기독교인의 주일은 그리스도의 부활과 함께 구원을 주신 하나님께 감사하는 자세로 장차 영원한 하나님 나라의 안식을 바라보면서 기뻐하고 즐거워하면서 하루를 온전히 하나님을 기억하며 보내는 날이 되어야 한다.

4) 일요일이란 말은 나쁜 말인가?

기독교인들은 일요일보다 주일이라는 말을 사용하고자 한다. 일요일을 가리키는 Sunday라는 말은 이교도들이 태양을 예배하던 날(dies solis)에서 연유되었다고 보기 때문이다. 그러나 일부 기독교인들은 일요일이라는 단어를 그대로 사용하기도 하는데 이것은 기독교인들이 의의 태양이신 그리스도(말 4:2)를 가리키게 되었다고 보기 때문이다. 초기 기독교인들이 일요일에 예배를 드렸다고 해서 이방인들의 예배일을 따온 것으로 생각되지는 않는다. 저스틴과 바나바가 이날을 예배일로 정한 동기뿐 아니라 당시 기독교인들이 우상숭배를 아주 혐오했기 때문에 이방신에 대한 예배일을 전용했다는 주장은 상상하기 어렵다. 구미에서는 현재도 주일이라는 단어보다 일요일을 지칭하는 Sunday, Sunday School이라는 단어를 일상적으로 사용하고 있다. 특별히 '주님의 날'이라고 강조하지 않는 한 일요일이라는 단어를 사용한다. 하지만 대부분의 한국교인들은 일요일이라는 단어보다 주일이라는 단어를 선호한다. "일요일은 쉽니다."라는 말보다 "주일은 쉽니다."라는 말을 더 사용하고자 한다. 주식회사 신원이 TV광고에 주일이라는 단어를 사용했다가 특정 종교용어라는 이유로 방송광고심의위원회로부터 방송 불가 판정을 받고 이 위원회를 고소한 것도 이 때문이다.

3. 안식일 엄수주의 움직임

1) 안식일 엄수주의 움직임

교회 안에서 주일보다 안식일을 선호하는 움직임은 끊이지 않았다. 안식일 엄수주의(sabbatarianism) 움직임은 이것을 잘 나타내고 있다. 초기 기독교의 일부 가운데서는 제7일 준수사항을 재건하고자 했다. 콘스탄티누스 대제는 안식일을 엄수하도록 조치한 바 있는데 이것은 안식일에 일하는 것을 막기 위한 것이었다. 샤를마뉴 대제가 789년 십계명 가운데 제4계명에 바탕을 두어 안식일 준수를 정당하게 봄으로써 공식화되기도 했다. 종교개혁 이후에 이 전통을 이은 것이 바로 1671년의 제7일 침례교회와 1845년의 제7일 안식교이다.

2) 안식일 엄수주의 반대 움직임

역사적으로 볼 때 바나바, 이그나티우스, 저스틴, 이레네우스, 클레멘트, 터툴리안, 유세비우스 등은 안식일 엄수주의를 반대했다. 이그나티우스는 107년경 이 같은 안식일주의를 거부했으며 주의 날에 따라 생활해야 한다고 주장했다. 343년의 라오디게아 회의는 이것을 정식으로 정죄했다.

3) 안식교는 왜 안식일을 고집하는가?

안식교는 안식일을 준수해야 할 이유를 다음과 같이 네 가지로 제시하고 있다. 첫째는 안식일준수는 십계명에 기록되어 있다. 둘째, 십계명은 모든 시대, 모든 사람에게 구속력을 가진다. 셋째, 교회가 제7일 안식일을 첫날 안식일로 바꾼 것은 잘못이다. 넷째, 안식일 준수는 신앙과 함께 구원에 절대 필요하다.

안식교는 안식일을 엄수하며 주일을 지키면 멸망한다고 주장한다. 안식교에 따르면 132-135년 하드리아누스 황제가 유대반란을 진압하고 그 보복조치로 토라의 사용금지, 할례금지 그리고 안식일 예배금지를 명하였다. 따라서 교인들은 이 핍박을 피하기 위해 일요일에 예배를 드리게 되었다. 그러므로 일요일 예배는 잘못된 것이며 안식일을 지키지 않을 경우 누구든지 짐승의 표를 받아 하늘나라에 들어가지 못한다고 주장한다.

안식일 준수는 원래 이스라엘에 국한된 것으로 하나님께서 오는 표

징(출 31:13, 17)이자 애굽에서 종 되었던 것과 하나님의 구원을 기념
하는 날로 주신 것(신 5:12-15)이다. 성경도 기독교인들에게 안식일
준수를 의무화하지 않았다(골 2:16, 17). 주의 날은 안식과 예배의 원
리를 준수하며 첫날에 예수의 부활하심을 통해서 그들의 새 창조와
속박에서의 구원을 상기시키고 있어 십계명의 원리에서 벗어난 것은
아니며 오히려 안식일을 온전케 한다.

4. 안식일 준수사항 엄수 움직임

대부분의 기독교회는 안식일대신 주일을 택하였다. 주일이라 할지
라도 종래 안식일에 지켰던 사항들을 엄격히 지키려던 움직임도 있었
다. 안식일 준수사항 엄수 움직임이 바로 그것이다. 알쿠인(Alcuin, 733
-804)에 따르면 로마교회는 안식일의 준수사항을 일요일의 준수사항
으로 바꾸었다. 이 때문에 안식교는 일요일에 예배하는 자들은 모두
로마교회의 추종자들이며 짐승의 표를 받은 자들이라고 말한다. 종교
개혁자들은 이런 주장에 반대하고 있다. 루터는 로마교회의 형식주의
적인 일요일 준수사항을 배척했으며 칼빈은 일요일대신 목요일을 지
키자고 제의했다.

역사적으로 볼 때 영국의 청교도들은 1677년에 안식일 법을 제정하
였고 스코틀랜드 장로교와 식민지에서 실시되던 이 법은 모든 종류의
오락은 물론 심지어 한때 산보마저 금지하기까지 했다. 그러나 오늘날
에 와서는 점차 사라지고 있다. 영국의 청교도와 스코틀랜드 장로교회
가 안식일 법을 엄격히 준수토록 한 것은 당시 주일이 잘 지켜지지 않
은 데 대한 반응으로 간주되고 있다. 1981년 아카데미 작품상을 차지
한 바 있는 영화 '불의 전차', 더 정확히 번역해서 '불 병거'는 바로 스

코틀랜드 교인이자 선교사인 주인공이 얼마나 철저히 주일성수를 하고
자 했는가를 보여준다. 주인공은 달리기 선수로 1922년 파리올림픽 때
출전했지만 그의 주 종목인 200m 경기가 주일로 정해지는 바람에 출
전을 포기한다. 영국의 황태자가 영국과 왕을 위해서 달리기를 권유해
도 주일을 성수하려는 기상을 꺾을 수는 없었다. 주인공은 나라와 왕
도 하나님 아래 있음을 강조하고 나라와 왕을 택하기보다 주님을 택하
겠다고 말한다. 그는 결국 200m 경기에 출전하는 대신 선교사로서 교
회에 나가 설교를 했다. 하지만 올림픽 위원회가 그를 위해 400m 경
기를 다른 요일로 정하자 이 경기에 출전하여 금메달을 획득하게 된
다. 이것은 영국의 한 육상영웅의 일대기를 기록한 것이기는 하지만
청교도들의 끈질긴 신앙을 보여주고 있다.

5. 지금 이스라엘에서는 어떻게 안식일을 지키고 있는가?

이스라엘에서는 현재 안식일을 어떻게 지내고 있는가? 우리가 이것
에 관심을 가지는 것은 우리가 유대교 전통으로 돌아가야 한다는 차
원에서가 아니라 주일을 거룩하게 지키기 위해서는 어떤 노력을 해야
하는가를 배우기 위해서이다.

이스라엘의 안식일은 정확하게 금요일 해가 지는 시각에서 시작된
다. 이스라엘에서도 지역이나 계절에 따라 해지는 시간이 다르므로 시
간적인 차이는 있을 수밖에 없다. 안식일이 시작되는 금요일 오후 3시
에서 5시 사이부터 토요일 오후 5시까지는 일체의 교통수단이 마비된
다. 버스, 기차, 항공기, 선박 등 모든 교통운행이 중지된다. 단 외국항
공기가 안식일 이전에 출발하여 안식일에 도착하거나 일시 기항하는
경우는 예외로 인정된다.

종교적인 사람들은 안식일에 지켜야 할 율법을 한 획이라도 어김없이 지키려고 노력하기 때문에 안식일이 되면 새벽부터 회당에 나가 기도하며 성경을 읽고 예배를 드린다. 우리는 새벽기도회를 한국에만 있는 것으로 생각하고 있지만 사실 유대인들은 오래전부터 새벽기도회를 가져왔다. 정통파 유대인의 경우에는 전기 스위치에 절대로 손을 대지 않으며 전등이 켜져 있어도 끄지 않는다. 심지어 깜깜한 밤이 되어도 불을 켜지 않는다. 전화를 걸거나 받지 않으며 TV를 보지도 않는다. 회당이 아무리 먼 거리에 있어도 자동차를 타지 않고 걸어서 간다. 대부분의 사람들이 금식하며 혹 식사를 한다 해도 설거지는 안식일이 끝나는 시간까지 기다렸다가 한다.

몸과 마음을 쉬고 노비나 짐승까지 쉬게 하되 세속적인 생각은 절대로 하지 않는다. 안식일은 여호와의 날이라 하여 인간의 육체적인 안식을 취하는 한편 여호와께 마음의 정성을 다해 충정을 표현한다. 하루 종일 거룩한 여호와의 뜻만 생각하며 지낸다. 그렇기 때문에 이 날만큼은 사업에 관한 이야기나 친구와 놀러 다닌 이야기를 하지 않는다. 그런 생각만 해도 안식일을 범했다고 한다. 그들에게 있어서 안식일은 오직 여호와를 경외하고 그 말씀을 묵상하며 거룩하게 지내는 것이 그날에 할 일인 것이다(류태영, 61).

6. 주일신학을 바르게 세우기 위한 제언

현재 교회 안에는 율법주의적 사상과 그 반대인 율법폐기적 사상이 들어와 있어 교인들은 주일을 각자의 논리대로 합리화시켜 이 악한 세대 속의 세속적인 삶을 연장시키고 있다. 구별된 안식의 날에 구원을 받은 구별된 하나님의 백성들이 구별되게 지켜져야 할 주일이 주

님의 이름 아래서 자신의 세속적인 만족을 극대화시키는 날로 바뀌고
있다. 주5일근무제가 시행되면서 이런 생각은 만연해지고 있다. 이것
은 주일에 대한 우리의 우선순위가 바뀌었음을 보여주는 것이다.

우리는 기독론적인 주일신학을 확립해야 한다. 구약시대의 안식일
을 오늘날의 주일과 같다고 생각해서도 안 되지만 이 둘이 관계가 없
다고 생각해서도 안 된다. 이 둘 사이에는 언약의 다양성과 통일성 아
래 기독론적인 영속성이 있다. 주일은 모든 일을 제쳐두고 하나님의
자녀들이 함께 모여 예배드리고 교제하며 구원의 안식을 베풀어주신
하나님을 온종일 찬양하고 감사하면서 영육 간에 쉼을 누리는 날이
되어야 한다. 이날은 구원이 완성된 큰 기쁨의 날, 축복의 날이므로
세속적인 욕망을 채우는 날로 바꾸어서는 안 된다. 평일에도 주일을
어떻게 거룩히 지킬 수 있을까를 생각해야 하며 특히 주일 하루 전인
토요일에 지나치게 세속적인 일에 탐닉한 나머지 주일예배에 빠진다
든지 존다든지 하는 일이 있어서도 안 된다.

나아가 그리스도인은 모든 날이 주님으로부터 왔다는 인식 아래 언
제나 거룩한 삶의 모습을 가지고 살아야 한다. 즉 모든 순간이 주일이
어야 한다. 우리는 예루살렘 교인들이 매일 모여 예배를 드렸다는 사
실에 주목하지 않으면 안 된다. 우리가 일요일 하루를 특별히 구별하
여 드리는 것은 사실 우리의 연약함 때문이다. 그날만큼이라도 주님과
동행하는 삶을 살아야겠다는 생각 때문이다. 주일은 마지못해 교회에
나가야 하는 강제적인 날이 아니다. 세속적인 복만을 누리기 위해 나
가는 날은 더더욱 아니다. 주일은 주님의 날이요 우리가 주님의 백성
인 것을 새롭게 확인하는 날이다. 성경은 "주의 이름을 부르는 자마다
불의에서 떠날지어다."(딤후 2:19) 명령하고 있다. 이 명령을 다음과
같이 바꾸어 표현할 수 있을 것이다. "주의 이름을 부르는 자는 주의

날을 거룩히 지킬지어다." 주일이 폐지된다면 기독교는 사실상 존재의
의가 없을 만큼 기독교인에게서 주일은 삶의 중요한 부분을 차지하고
있다. 그러나 주일은 단순히 한 주 가운데 하루, 그것도 대예배에 참
석하여 헌금도 하고 설교도 듣고 목사로부터 축복기도를 받은 것으로
모든 것을 다했다고 생각하는 의무적 행사가 되어서는 안 된다. 우리
는 주일 하루만 거룩히 구별하여 지키고 다른 날은 아무렇게나 해도
좋다고 생각하는 등 주일 하루만 중시하는 주일주의도 배격해야 한다.
주일 대예배 때만 잠간 얼굴을 비치고 나머지 모든 날, 모든 시간을
주님과 상관없는 삶, 주님조차 생각하지 않는 삶을 산다면 문제가 아
닐 수 없다. 우리는 주일 하루뿐 아니라 매일 매순간마다 자신을 돌아
보고 하나님 앞에 바로 서며 주신 축복에 감사하여 주님께 신령과 진
정으로 예배를 드리는 삶을 살아야 한다. 이런 의미에서 우리는 바른
주일신학에 근거하여 주일을, 아니 모든 순간을 바르게 성수하는 삶을
살아야 한다.

제3장 찬양, "내 영혼아 여호와를 송축하라"

교회가 달라지려면 예배와 찬양의 모습이 근본적으로 혁신되어야 한다. 예배는 하나님을 찬양하는 것이요 의의 제사를 드리는 것(시 4:5)이다. 찬양은 그리스도인들이 예배뿐 아니라 생활 속에서 나타내야 하는 중요한 일 가운데 하나이다. 찬양의 대상은 하나님이며 찬양을 통해 하나님께 감사와 찬송을 드리고 하나님을 영화롭게 한다. 성경에는 하나님께 대한 찬양과 송축으로 가득 차 있다. 시, 찬미, 노래, 음성과 악기 등 여러 모양으로 나타나 있다. 우리의 생활 모두가 찬양으로 나타나기를 바라면서 찬양에 대한 몇 가지 점을 생각해 보기로 한다.

1. 찬양의 뜻

찬양은 두 가지로 나누어 생각할 수 있다. 하나는 형태에 관한 것으로 노래(hymn)라는 뜻을 가지고 있다. 이 노래는 하나님께 찬양이나 감사를 드리는 거룩한 노래를 의미한다. 헬라어의 '프살모스'(시), '휨노스'(찬미), '호테 프뉴마티케'(신령한 노래들) 등은 그리스도인들의 노래를 나타낸 것이다.

성경에서 이러한 노래들을 모아놓은 가장 오래된 책은 시편이다. 이스라엘 백성들은 하나님께 찬양을 드릴 때 특히 할렐시들(hallel psalms, 시편113-118)로써 찬양을 드렸다. 대하 29:27-28에 따르면 이 시편들은 종종 반주와 함께 불리었다.

성경에는 이 시편 외에도 바다의 노래(출 15:1-18), 모세의 노래(신 32:1-43), 드보라의 노래(삿 5장), 한나의 노래(삼상 2:1-10), 마리아의 찬가(Magnificat, 눅 1:46-55), 사가랴의 찬송(Benedictus, 눅 1:68-79), 시므온의 찬송(Nunc Dimittis, 눅 2:29-32) 등 다른 노래들도 있다.

유월절 밤에 주님과 그의 제자들은 시편을 찬송(마 26:30; 막 14:26)했는데 주로 할렐시들로 알려져 있다. 에베소서 5장 14절과 디모데전서 3장 16절의 일부는 그리스도인들의 오래된 찬송을 담고 있다. 이것은 헬라어 본문이 가지고 있는 운율을 통해서 알 수 있다. 사도행전 16장 25절, 고린도전서 14장 26절, 에베소서 5장 19절 그리고 골로새서 3장 16절을 통해서 볼 때 찬양의 노래를 부르는 것은 초대교회의 관례였던 것으로 보인다.

다른 하나는 내용에 관한 것으로 피조물들이 하나님께 예배드리고 은총과 축복을 주심에 대해서 감사함으로써 경의를 표하는 것(praise)을 의미한다. 이것은 찬양의 목적 또는 정신에 관계된다. 영광과 존귀를 하나님께 돌리는 것이다. 구약에는 '할랄, 야다, 자마르, 솨바흐'로 표시되어 있다. 신약에는 '아이네오, 독사조, 에파이네오, 엑소몰로게오, 휨네오, 프살로'로 표시되어 있다. 성경에 따르면 찬양은 모든 피조물이 하나님의 광대하심과 섭리사역에 대한 응답으로 하나님께 돌리는 것으로 되어 있다. 시와 노래는 이것을 나타내기 위한 도구가 된다. 따라서 두 가지 의미는 서로 연관되어 있다.

2. 누가 누구를 찬양하는가?

찬양은 누가 하는가? 성경은 피조물 모두라고 말한다. 이스라엘 사람뿐 아니라 하나님을 섬기는 모든 사람 그리고 하늘과 땅과 바다와 그중에 움직이는 모든 것들, 사실 숨 쉬는 모든 것들은 하나님께 찬양을 드려야 한다(시 135:1, 2;69:34;150:6). 주님은 어린아이와 젖먹이들의 입에서 나오는 찬미를 받으신다(시 8:2; 마 21:16). 천사도 예외일 수 없다. 그들도 피조물이기 때문이다. 천사들은 하나님을 송축(시 103:20)한다. 예수님이 탄생하실 때 소리 높여 찬송(눅 2:13,14)했으며 대환난 때에도 "죽임을 당하신 어린 양이 찬송을 받으시기에 합당하도다"(계 5:11,12)라고 찬양할 것이다. 계시록 5:13에 따르면 하늘 위에와 땅 위에와 땅 아래와 바다 위에와 또 그 모든 가운데 만물이 "보좌에 앉으신 이와 어린 양에게 찬송과 존귀와 영광과 능력을 세세토록 돌릴지어다."라고 찬송한다.

찬양의 대상은 오직 하나님 한 분뿐이시다. 시편은 여러 곳에서 여호와 하나님을 찬송할 것을 가르치고 있다. "내 평생에 내 하나님을 찬송하리로다"(시 146:2), "내가 여호와를 항상 송축함이여"(시 34:1), "내 영혼아 여호와를 송축하라 내 속에 있는 것들아 다 성호를 송축하라"(시 103:1), "나와 함께 여호와를 광대하시다 하며 함께 그 이름을 높이세"(시 34:3) 등은 그 보기이다. 예수님께서도 이 땅에 계실 때 주님의 영의 기쁨을 하나님 아버지께 돌리셨다. "천지의 주재이신 아버지시여 이것을 지혜롭고 슬기 있는 자들에게는 숨기시고 어린아이들에게는 나타내심을 감사하나이다 옳소이다 이렇게 된 것이 아버지의 뜻이니이다"(마 11:25, 26). 주기도문에서도 "대개 나라와 권세와 영광이 아버지께 영원히 있나이다."(마 6:13)라고 가르치셨다. 시편기자는 "새 노래, 곧 우리 하나님께 올릴 찬송을 내 입에 두셨으니"(시 40:3)라 하였다. 바울도 하나님께 찬양하도록 가르쳤다. "시와 찬미와 신령한 노래들로 서로 화답하며 너희 마음으로 주께 노래하며 찬송하며"(엡 5:19), "시와 찬미와 신령한 노래를 부르며 마음에 감사함으로 하나님을 찬양하고"(골 3:16). 히브리서기자도 "여기는 영구한 도성이 없고 오직 장차 올 것을 찾나니 그러므로 우리가 예수로 말미암아 항상 찬미의 제사를 하나님께 드리라 이는 그 이름을 증거 하는 입술의 열매"(히 13:14,15)라고 말한다. 영광받으실 분은 오직 하나님뿐이시다. 인간이 그 영광을 받으려 한다면 그것은 하나님에 대한 교만이자 죄이다.

그럼에도 불구하고 때로는 사람이 찬양(칭찬)의 대상이 되기도 하는데 이 경우에는 그 칭찬이 합당한 경우도 있고(잠 31:28,31) 합당치 못한 경우도 있다(마 6:2). 바울은 사람들로부터 칭찬을 받기보다는 하나님의 영광을 구했으나(살전 2:6) 그리스도인으로서 뛰어난 봉사를 한 사람에 대한 합당한 칭찬은 인정(고후 8:18)했다. 이러한 칭찬은 거룩한 삶을 영위하는 데 고무적인 것이 될 수 있다(빌 4:8). 사람에 대한 이러한 칭찬은 하나님에 대한 찬양과는 구별되어야 하지만 그 내용이 하나님의 영광을 가로 채는 것일 경우 크게 문제된다.

3. 언제 어떻게 찬양해야 하는가?

찬양은 언제 하는가? 예배드릴 때뿐 아니라 우리 삶의 모든 과정, 곧 어떤 순간 어떤 장소에도 구애되지 않는다. 희생 제사를 드릴 때(레 7:13)도 찬양을 드리고 하나님의 역사를 증거 할 때나(시 66:16) 기도 할 때도(골 1:3) 찬양을 드린다. 기쁠 때뿐 아니라 어두운(고난의) 밤에도 드린다. 찬양은 사적으로만이 아니라 공적으로도 드린다(시 96:3).

찬양의 방법은 한 가지에 구애되지 않는다. 찬양은 시, 노래, 언어 등 외적인 말(시 51:15)로 드릴 수 있고 내적인 정서(시 4:7)로도 나타낼 수도 있다. 생명체가 아닌 피조물들에 의한 찬송은 인간의 경우와는 다르다. 그들에게는 언어를 통해 표현되는 것이 없다(시 19:3-4). 그러나 창조의 질서와 광대함 그 자체가 창조주의 권능을 밝히 나타내고 있다. 산들이 주의 이름을 인하여 즐거워하는 모습(시 89:12), "하늘이 하나님의 영광을 선포하고 궁창이 그 손으로 하신 일을 나타내며 날은 날에게 말하고 밤은 밤에게 지식을 전하는"(시 19:1-2) 우주 질서 그 자체가 비록 "언어가 없고 들리는 소리는 없으나"(시 19:3) 찬송이다. 그러므로 온 우주는 하나님께 영광과 찬송을 드리는 모습으로 가득 차 있음을 알 수 있다.

4. 무엇을 찬양해야 하는가?

찬양의 내용은 하나님의 위엄과 권능과 구원이다. 위엄은 하나님의 원래의 성품, 그의 존엄하심(시 104:1), 그의 거룩하심(사 6:3)을 말한다. 권능은 하나님의 놀라우신 능력을 말한다. 시편기자는 "그의 지극히 광대하심을 좇아 찬양할지어다."(시 150:2)라고 말하고 있다. 그의 광대하심은 온 우주를 만드시고 다스리시는 놀라운 능력을 가리킨다.

구원은 자기 백성을 사랑하시되 끝까지 사랑하심을 말한다. 하나님은 기사와 이적을 통해서 보호하셨고, 독생자 예수 그리스도를 통해 궁극적인 구원의 길을 열어 주셨으며 영원히 함께하시고 보호해주실 것을 약속하셨다. 구원은 시편찬송의 주제(시 40:10)이자 초기 기독교 공동체의 한 특징(행 2:47)이며 계시된 모든 위대한 기사와 이적(계 15:3,4)의 바탕이 되고 있다. 구원에 대한 찬송은 구약의 이스라엘 백성(대상 16:8-22; 시 22:23-24; 시 95:3-5)뿐 아니라 신약의 교회(고후 9:15; 히 13:15) 그리고 우리와 장차 오고 오는 세대 모두에게 요구되는 것이다.

5. 어떤 태도로 찬양해야 하는가?

1) 감사하는 마음

바울은 마음에 감사함으로 하나님을 찬양(골 3:16)하라고 가르치고 있다. 감사하는 마음이 없으면 형식적인 찬양이 될 수밖에 없다. 이방인들의 근본적인 죄악은 "하나님으로 영화롭게도 아니하며 감사치도 아니하였다."(롬 1:21)는 데 기인한다. 바울은 "말할 수 없는 그의 은사를 인하여 하나님께 감사하노라."(고후 9:15)라고 고백하고 있다. 이 감사는 기본적으로 은혜와 구속에 대한 감사 찬송이다. 그 밖에 각자에게 때를 따라 주시는 감사의 조건들도 있다. 찬송은 감사의 결과적인 표현이므로 감사보다 더 높은 면에 위치해 있다. 감사는 그만큼 하나님을 향한 자신의 겸손을 나타낸 것이기도 하다. 교만한 자는 감사할 줄 모르기 때문이다.

2) 경건한 마음

찬양은 참된 경건의 주된 요소가 된다. 따라서 하나님의 행하신 일들을 묵상하고(시 77:11-14) 하나님의 은택들을 낱낱이 헤아리며(시 103:2) 말할 수 없는 그의 은사들을 유념하는 가운데(고후 9:15) 경건한 마음으로 드려야 한다.

3) 기쁜 마음

기쁨으로 찬양하는 것은 자원하는 마음의 또 다른 표현이다. 억지로 찬송한다면 그 마음에 기쁨이 있을 수 없다. 기쁨의 찬송이 되기 위해서는 하나님은 누구시며 왜 우리가 감사하고 기뻐해야 하는가를

알아야 한다. 찬양은 단순한 오락이나 심리적인 유도가 아니다. 우리
가 주어진 삶을 기쁨과 능력으로 살아갈 수 있는 것(빌 1:9-11)은
우리의 찬양이 하나님께 영광이자 기쁨이 되기 때문이다. 하나님께서
는 찬양하는 자가 나를 영화롭게 한다(시 50:23)고 말씀하신다.

　모세는 애굽에서 구출된 후 하나님께 찬양(출 15장)을 드렸다. 이
사야는 메시야가 오실 것을 예고하면서 근심이 찬송의 옷으로 바뀌게
될 것(사 61:3)을 말하였다. 교회의 역사는 우리를 향하신 하나님의
구속과 구원에 대한 찬양의 역사이다. 때로 인간이 하나님의 영광을
도적질함으로써 문제되기는 했지만 그것은 오래가지 못했다. 시편의
시 대부분은 처음이나 마지막 모두에 송영 및 하나님께 드리는 찬송
으로 되어 있다. 그 중간의 내용도 감사와 영광을 돌리는 것으로 일관
되어 있다. 그것은 우리의 입술의 말이나 생각 그리고 행동 모두에서
처음부터 끝까지 하나님께 영광 되는 찬송의 삶을 살아야 한다는 것
을 가르쳐 준다.

　신사훈 교수는 히브리나 헬라어 성경시간에 성경을 읽을 때 종종
음률을 붙여 읽곤 했는데 그때마다 모든 성경은 음률적으로 되어 있
어 성경 자체가 찬송이라는 말을 빼놓지 않았다. 찬송은 예배를 드릴
때만 필요한 것이 결코 아니다. 기도를 할 때나 성경을 읽을 때, 묵상
할 때, 걸어갈 때나 앉아 있을 때, 이야기할 때나 글을 쓸 때 어느 때
어느 곳에서든지 할 수 있고 또 필요한 것이다. 왜냐하면 하나님의 백
성들이 가지고 있어야 할 현재적 삶의 목적은 바로 하나님께 바르게
찬양드리는 것(엡 1:11-14; 히 13:15)에 있기 때문이다.

6. 현대예배와 찬양문제

교회가 날로 현대적이 되어 간다. 현대교회는 세련됨과 자유로움이 있다. 자유로움은 포근함을 주며 접근이 가능하게 만든다. 교회의 건물, 예배형식, 설교내용에서 신선함과 새로움 그리고 자유 함이 돋보인다.

예배도 현대화된다. 현대예배는 교회가 현대인들에게 적절한 형식으로 다가가는 모든 예배를 총칭한다. 우리나라에서 열린 예배로 통하는 구도자의 예배도 현대예배의 하나이다. 성도들은 예배의 갱신과 변화를 원하고 있다. 예배의 욕구가 달라지고 있다. 그래서 교회가 교인들에게 제공하는 서비스도 현대적일 필요가 있다. 건물과 주변경관을 아름답게 한다든지, 교회에서 사용하는 음악을 세련되게 한다든지, 교회에서 나오는 모든 홍보물의 디자인을 작품처럼 만든다든지, 멀티미디어·드라마·현대음악 등을 사용하여 말씀과 삶을 연결시킨다든지 하는 등 다양하다.

특히 다양한 찬양의 도입으로 예배양식이 과거와 크게 달라졌다. 그러나 이에 대한 찬반도 만만치 않다. 충현교회 김창인 목사는 기존 찬송가 이외의 어떤 곡도 부르지 않도록 한다. 복음성가도 허락되지 않는다. 검증되지 않은 곡들을 불러 예배의 질서를 흐리게 만들 뿐 아니라 하나님 나라에 가서 찬송을 부를 때 모르면 어찌 되겠느냐고 말한다. 찬송가로 통일하여 하늘나라에 가서도 모두 함께 부를 수 있어야 한다는 생각이다. 그럼에도 불구하고 한국교회에서 복음성가는 크게 확산되고 있고, 특히 젊은 층의 경우 찬송가의 곡조를 잘 모를 정도가 되어 가고 있다.

과천의 새 서울교회는 기존의 찬송가를 거의 부르지 않는다. 담임목사와 교인들이 손수 지은 자작곡으로 찬양중심의 예배를 드린다. 새 노래를 하나님께 드리는 것이다. 대부분 성령을 사모하는 곡들로 이루어져 있어 성령중심의 예배임을 알 수 있다. 기존의 예배순서도 아예 무시된다. 찬양을 드리다가 기도하고, 찬양하다가 말씀도 전하며, 찬양으로 끝을 맺는다. 예배가 이렇듯 달라진 것은 홍정식 목사가 어바나 대회에 참석한 이후부터였다.

현재 대중적인 스타일의 기독교음악인 CCM(Contemporary Christian Music)이 젊은이들에게 인기를 끌고 있다. 지저스뮤직(Jesus Music)이라 하고 지저스락(Jesus Rock)이라 하기도 한다. CCM은 현대(동시대) 기독교인들의 대중음악을 의미한다. 이것은 복음성가와는 다르다. 우리가 흔히 부르는 복음성가는 흑인들의 음악인 가스펠 뮤직(gospel music)을 의미한다. 이것은 복음주의적 내용이 담겨 있고 자신의 신앙고백이 주 내용이 된다.

CCM은 기독교 대중음악으로 '컨템포러리'에 많은 비중을 둔다. 컨템퍼러리라는 말로 음악의 스타일을 규정하고, '크리스천'이란 말로 내용을 규정한다. 컨템퍼러리는 흑인영가에 뿌리를 둔 복음성가와는 구분된다는 뜻을 담고 있다. CCM에서는 단순히 현대 음악 스타일을 지향하는 것이 아니라 내용을 담는 근본사상이나 문화와 역사성이 동시대의 흐름과 같이 해야 한다는 내용을 밑바탕에 깔고 있다. 이런 이유에서 CCM은 교회 밖으로 나아가 그리스도를 전파하는 가장 큰 힘을 가진 음악이다. 이것을 통해 전도사역을 하는 분들도 늘어가고 대중의 호응도 높아지고 있다. '경배와 찬양'도 인기를 끌고 있다. 경배와 찬양이 하나님과 성도 간의 수직적 관계를 강조한다면 CCM은 사람과 사람 사이의 수평적 관계를 강조한다.

보수적이고 예배의 경건성을 강조하는 교회는 CCM은 물론 복음성가마저 허락하지 않는다. 복음성가도 이에 속한다고 생각하기 때문에 거부한다. 기독교문화가 대중문화에 휩쓸린다면 문제가 아닐 수 없다. 오히려 대중문화가 기독교문화에 영향을 받아야 하기 때문이다. 그러나 한국교회는 지금 이런 물결에 거의 무방비한 상태에 있다. 열심히 박수를 치고, 손을 흔드는 것을 허용한 교회가 록 스타일의 음악까지 허용한다면 결국 교회인지 사이키델릭한 디스코장인지 분간하기 어려운 시대가 올 것이라는 염려가 작용한다.

　현재 상당수 교회는 예배 시 찬송가와 복음성가를 함께 사용하고 있다. 찬송가를 부르고, 다시 복음성가를 부르는 교회도 있다. 교회가 나름대로 독창적인 예배의식을 갖는 것을 나무랄 수는 없다. 예배의 다양성도 존중되어야 하기 때문이다. 그러나 교회마다 예배양식이 극과 극을 달리고 있다면 교인들에게 혼란을 일으킬 수 있다. 예배에 따라 찬양에 유연성을 줄 필요가 있다. 경건 예배일 경우 보수적인 찬양이 좋을 것이고, 젊은이들의 경우라면 복음성가도 수용되어야 할 것이다. 무조건 이런 찬양은 안 되고 이런 찬양은 된다고 말하기보다 예배의 성격에 따라 찬양의 성격도 달라져야 할 것이다. 일반성도뿐 아니라 교회에 친숙하지 않지만 그리스도를 알기 원하는 구도자를 위한 예배(seeker's worship)의 경우 전통적인 예배와는 다른 형태여야 한다.

　1953년 대한예수교 장로회 38회 총회 결의에 따르면 예배당에서 성극과 유희하는 것은 가히 합당치 못하므로 각 당회가 신중히 처리하도록 한 바 있다. 그러나 현대의 열린 예배에서는 드라마를 선호한다. 그리고 효과가 있다. 마찬가지로 교회의 찬양도 시대의 변화에 따라 능동적으로 변화될 필요가 있다. 하나님은 획일적 찬양보다는 다양한 찬양을 받으시기에 합당한 분이시다.

도움말

• 급행예배 전문목사

바쁜 현대인에게는 하나님마저도 급하게 움직여야 한다고 생각하는 목사가 있다. 일 년 내내 관광객들이 끊이지 않는 플로리다주의 펜사콜라 시의 제일침례교회 테인 포드 목사가 바로 그 사람이다. 포드 목사는 매주 일요일 주일예배를 다른 교회들의 예배시간인 오전 11시보다 세 시간이나 빠른 정각 8시에 시작한다. 부활절 예배도 예외가 아니다. 예배시간은 단 22분 만에 끝낸다. 예배의 부름, 묵도, 주기도문, 성경봉독, 찬송가 두 곡, 설교, 축도 순으로 빠르게 이어진다. 목사가 장황한 설교를 할 경우를 대비해서 벽에는 시계가 걸려 있다. 이러한 급행예배는 그 교회가 해안가에 위치한 교회이기도 하지만 참석자들의 들뜬 마음에 부응하기 위해 예배를 빠르게 봄으로써 예배욕구와 관광욕구를 아울러 충족시키려는 의도가 담겨 있다. 이것은 현대인의 마음이 하나님보다 여가 및 놀이에 얼마나 가깝게 위치해 있는가를 단적으로 보여주고 있다. 따라서 이렇듯 급행예배 전문목사가 생겨났다는 것은 우리를 슬프게 한다.

• 폭소교회

미국에는 별별 희한한 교파도 많지만 최근 폭소교(Holy Laughter)라는 교파가 맹위를 떨치고 있다. 교회에 모여든 신도들은 2-3시간 동안 그야말로 배꼽이 빠질 정도로 데굴데굴 구르며 웃다가 되돌아가는데 목사를 비롯하여 신도들끼리 별별 짓을 다해 서로 죽도록 웃기고 웃는다는 것이다. 너무 심하게 웃어대다가 기절하는 이가 속출하여 구급반까지 대기할 정도다.

이 폭소교는 남아공화국 출신목사인 하워드-브라운(R. Howard-Brown)이 1987년 미국에 도입한 것으로 처음에는 미국보다 캐나다 토론토에 크게 번창하여 1995년 토론토시 관광객 수 1위가 바로 폭소교 방문자들이었다. 미국 조지아 주에 있는 폭소교회의 경우 고용인이 80명에 이르고, 전 세계에 45명의 선교사를 파송했으며, 1년 헌금이 6백만 달러에 달했다. 영국에서도 이미 2천여 군데서 폭소교 목회가 열리고 있다고 한다.

폭소교에서는 웃는 가운데 근심 걱정을 잊고 마음껏 신의 세계로 들어갈 수 있다고 주장한다. 그러나 이에 대해 기존 기독교 교단에서의 비판도 만만치 않다. 웃고 난 뒤 더 우울하고 고통스러워지며, 나아가 그 따위 최면술 같은 사이비 종교는 추방되어야 한다고 주장하고 있다. 하지만 일부에서는 오죽 세상이 험하고 괴로우면 그런 교회가 생겼겠느냐고 말한다. 그저 한바탕 웃어봄으로써 보기 싫은 꼴 잊어버리고 엔도르핀이나 분비되게 하는 것 아니겠느냐고 애써 문제를 극소화하고 있다.

제4장 성찬예식, "주님이 내 안에, 내가 주님 안에"

현대교회에서는 성찬이 점차 축소되고 있다. 예수 그리스도의 수난을 기억하고, 하나님의 임재를 느낌에 있어서 가장 중요한 성찬을 형식적으로 치르는 것은 문제가 있다. "주님이 내 안에, 내가 주님 안에" 거함을 확인하고자 한다면 성찬을 결코 무시할 수 없다.

초대교회에서는 주의 만찬과 함께 애찬을 나누었다. 바울에 따르면 고린도교회는 이것을 시행함에 문제가 있었다. 어떤 이들은 다른 사람들이 오기 전에 먼저 먹는 바람에 다른 사람들을 시장하게 만드는가 하면 어떤 이는 벌써 취해 있을 정도였다. 바울은 이러한 교회 형편을 인식하고 만찬에 관한 의식을 바로 하지 않으면 안 된다고 생각했다. 고린도전서 11장 하반절의 말씀은 성만찬에 대한 교회의 문제를 지적하고, 이것의 유례와 의미를 다시금 새김으로써 성찬에 임하는 자가 어떤 태도를 가져야 하는가를 보여주고 있다. 성찬이 형식화되어 가고 있는 현대교회에도 이 의미를 다시금 생각하고, 성찬에 대한 의식과 태도를 바로 가질 필요가 있다.

초대교회에서는 복음전파, 세례 그리고 성찬을 중시했다. 중세교회에서는 견신례, 고해성사, 종유, 성직임명, 혼례, 세례, 성찬을 언제나 특별한 위치에 두었다. 이 7성례는 아직도 가톨릭교회에서 이어지고 있다.

- 견신례(confirmation): 12살 정도의 나이에 이른 사람이 성찬에 참여할 때 십자가의 표를 인치며 그리스도의 성유로 견신케 하는 것을 말한다. 견신받은 후에 성찬에 참여할 수 있다.
- 고해성사(penance): 회개, 참회, 속죄의 행위로 고락례라 하기도 한다.

- 종유(extreme unction): 환자에게 기름을 붓는 것을 말한다. 주님이 병자에게 "기름을 바르시더라."는 것에서 유래되었다고 한다. 종유는 주로 환자 임종 시에 시행된다. 따라서 임종도유, 종도례(終塗禮)라 한다.
- 성직임명(orders): 임직을 말한다. 장립례라 하기도 한다.
- 혼례(matrimony): 결혼식을 성례로 간주한다.
- 영세(baptism): 세례
- 성체(holy eucharist): 성례, 성찬

개신교에서는 세례와 성찬만을 참된 성례로 인정한다. 옛날부터 세례와 성찬은 신비로운 것으로 여겨왔다. 이것은 그 자체에 비밀스러움이 있고, 특히 하나님의 충만한 은혜를 담고 있기 때문이다. 누가복음 22장 7절에서 23절은 주님의 최후의 만찬에 대해서 그리고 고린도전서 11장은 초대교회의 성찬에 대해 기록하고 있다. 이 말씀은 오늘날 성찬의 기원과 그 중요성을 이해하는 데 매우 중요한 틀을 제시해주고 있다.

1. 성찬식의 기원

1) 광야의 식탁과 주님의 식탁

성만찬은 그리스도께서 친히 제정하시고 제자들에게 부탁하신 성례이다. 성만찬의 뿌리는 최후의 만찬에서뿐만 아니라 광야에서의 만찬을 비롯하여 예수님의 공생애와 부활하신 후 여러 사람들과 함께 나누신 나눔의 식사에서도 찾을 수 있다. 주님의 최후의 만찬은 성찬식의 기원을 찾음에 있어서 가장 바탕이 된다.

광야에서 이스라엘 백성들은 만나와 메추라기로 식탁을 마련했다. 이 식탁은 식탁 그 이상의 의미를 가진다. 하나님께서 함께하신다는 표징이 되기 때문이다. 그들은 그 음식을 먹음으로써 임마누엘의 하나님을 피부로 느끼고 그 어려운 광야생활을 이겨나갈 수 있었다.

예수님은 잡히시기 전날 밤 제자들을 위해 식탁을 준비하셨다. 이 식탁은 광야 때와는 달리 포도주와 빵이었다. 그러나 주님은 이 식탁을 통해 주님이 십자가에 달리신 후에라도 함께 계실 것을 약속하셨다. 임마누엘 하나님이 되심을 성찬을 통해 말씀하신 것이다. 그러므로 광야의 식탁과 주님의 식탁은 같은 의미를 가지고 있다. 나아가 주님은 성찬의식을 통해 계속해서 이 식탁을 준비하도록 하셨다. 우리는 주님의 말씀에 따라 이 예식을 거룩하게 지킨다.

주님은 지금도 일용할 양식, 곧 말씀의 양식을 주신다. 이 말씀에 따라 우리가 살아나간다. 우리가 말씀에 의지하여 살아나가는 것은 바로 하나님이 우리와 함께하심을 주님이 오실 그날까지 날마다 체험하며 사는 것이다. 그러므로 광야의 식탁과 주님의 식탁 그리고 오늘의 식탁과 말씀으로 임하는 식탁은 비록 시간적으로는 떨어져 있을지라도 주님이 영적으로 우리와 함께하시고, 우리가 주님과 가까이 하며, 그로 인해 우리가 이 땅에서 승리의 삶을 살 수 있다는 점에서 깊은 의미를 주고 있다.

2) 유월절과 어린 양

이스라엘 백성이 애굽의 압제로부터 벗어나는 일은 하나님과 언약관계를 맺기 위한 것이었다. 하나님께서는 모세를 통해 이스라엘을 해방시키고 당신을 예배하도록 하셨으나 바로는 온갖 재앙에도 불구하고 자신의 고집을 꺾지 않았다. 하나님은 그의 완악함을 단번에 꺾기 위해 장자를 모두 죽일 것을 선언하셨다. 이때 하나님께서는 문설주에 양의 피를 뿌리도록 했고 "내가 피를 볼 때에 너희를 넘어가리니"(출 12:13)라고 말씀하셨다. 이 피는 구원의 피가 되어 이스라엘의 장자들은 유월절 어린 양의 피를 힘입어 죽음에서 벗어날 수 있었다. 하나님께서 베푸신 이 은혜의 사건이야말로 이스라엘 민족을 구원하는 결정적인 동기가 되었다.

예수님은 스스로 어린 양이 되셔서 당신의 피와 살로 새 언약을 세우시고 당신의 백성을 마귀의 사슬로부터 구원하기로 하셨다. 그러므로 유월절 전야에 제자들과 함께 잔과 떡을 나누고 이를 기념하라 하신 것은 약속된 구원을 확실히 하기 위한 지고의 당부이다. 주님이 이렇게 말씀하시는 것은 그리스도의 보혈 이외에 어느 것도 구원을 가져올 수 없기 때문이다. 즉 예수 그리스도 이외에 구원을 주실 자가 없다.

피를 거절하는 것은 구원의 주를 거절하는 것이다. 히브리서는 이 피를 가리켜 "새 언약의 중보이신 예수와 및 아벨의 피보다 더 낫게 말하는 뿌린 피"라(히 12:24) 하였다. 아벨의 피는 복수를 위한 피지만(창 4:10) 예수의 피는 용서와 구원의 피이므로 더 나은 피다. 주님의 살은 우리의 죄를 구속하시기 위해 찢어지고 부서졌다. 주님은 이 피와 살을 나누지 않는 사람은 나와 상관이 없다고 하셨다. 그러므로 성찬에의 참여는 주님과의 깊은 관계로 들어가는 것임을 알 수 있다.

예수님은 잡히시기 전날 제자들과 유월절 음식을 나누면서 "이를 기념하라"고 당부하셨다. 오늘날의 성찬식은 바로 여기에서 시작되었다. 주님의 이 최후의 만찬은 새 언약을 세우는 의미가 담겨 있으며 주님의 죽음은 유월절 양 잡는 일(눅 22:7)과 연관되어 있다.

예수님은 이날이 오기를 "원하고 원하였노라"고 말씀하셨다. 주님은 제자들과 여러 차례 유월절 음식을 잡수셨지만 이번의 만찬은 그의 생애에 있어서 마지막 유월절 만찬이 될 것을 아셨다. 아셨으므로 "원하고 원하였노라"고 말씀하신 것이다.

유월절은 원래 애굽에서의 혹독한 종살이로부터 해방되는 것을 기념하는 날이다. 유월절은 구원에 대한 감격과 놀라움 그리고 감사가 있는 날이다. 이날에 어린 양을 잡고, 누룩 없는 떡과 쓴 나물을 먹게 되어 있다. 지금 예수님이 유월절 어린 양이 되신 것이다. 그러므로 성만찬에서의 주님의 피와 살은 어린 양의 피와 살을 먹는 것과 같다. 이 피와 살을 나누는 사람에게는 죄로부터, 마귀의 사슬로부터 해방되는 구원의 감격이 있게 되는 것이다.

3) 새 언약

성만찬은 새 언약을 세우는 것과 연관되어 있다. 새 언약은 모세의 언약과는 다르다. 모세의 언약은 짐승의 피로 세운 언약이지만 예수님의 새 언약은 예수 그리스도의 피로 세운 언약이다. 또한 모세의 언약은 율법을 지킴으로 유지되지만 주님의 새 언약은 예수 그리스도를 믿는 믿음으로 구원을 얻게 된다.

2. 성찬예식의 시행

주님이 세우신 새 언약으로 새 백성이 된 사람들이 주의 살과 피를 나누는 성찬식은 교회 역사 가운데 그 떡과 잔이 구체적으로 무엇이냐에 따라 의견이 분분하여 성찬을 실시함에 있어서 교회들 사이에 약간의 차이가 있다.

1) 초대교회시대

초대교회에서는 성찬을 통해 신령한 힘을 얻고 핍박과 고난을 이겨 냈다. 그들은 어려운 환경 가운데서 성찬을 가졌으며 참석하지 못한 성도를 위해서는 성찬 때 사용된 떡과 포도주를 따로 전함으로써 성찬을 함께 나누기도 했다. 그러나 고의적으로 성찬에 3번 이상 빠질 경우 교회에서 제명했을 만큼 성찬을 중시했다. 하지만 성찬의 의미를 모르는 다른 사람들은 "이것은 나의 피다", "이것은 나의 살이다" 하며 나누는 것을 보고 사람을 죽여 피와 살을 나누는 것으로 오해하기도 했다.

　가) 실재설: 떡과 포도주가 어떤 식으로든 예수의 피와 살로 연계 된다고 본다. 크리소스톰, 닛사의 그레고리, 이그나티우스 등 여러 교부들이 이 설을 지지했다.

　나) 상징설: 떡과 포도주는 상징적인 의미가 있다. 오리겐, 유세비우스, 바실 등과 같은 교부들은 상징설을 주장했다.

대부분의 초대교회 교부들은 위의 양 견해를 분리하지 않고 병행되는 것으로 간주했다.

2) 중세교회시대

화체설: 9세기 초에 대두된 이래 16세기 트렌트 회의에서 로마교회의 정설로 확정된 것으로 예수께서 성찬예식에 실제적으로 임재하여 성도들이 떡과 포도주를 먹을 때 그것이 예수의 피와 살로 변한다는 주장이다.

3) 종교개혁 이후

화체설: 화체설은 떡과 포도주를 놓고 사제가 기도할 때 실제로 주님의 살과 피로 변한다는 주장이다. 이 설은 토마스 아퀴나스 신학이 결정적인 역할을 했다. 이로 인해 사제의 권위가 강조되었다. 오늘날 로마교회는 성찬식에 사용된 떡과 포도주를 예수님의 몸, 곧 성체라 하여 소중하게 보관할 뿐 아니라 이것에 절하기도 한다. 다른 종파에서는 이러한 행위를 미신으로 간주하기도 한다.

- 기념설(상징설): 쯔빙글리의 견해로서 주님이 "이것은 내 몸이다. 이것은 내 피다"고 말씀하시는 것은 상징적인 의미를 가지고 있다. 떡과 포도주는 단지 상징적인 의미를 가지고 있으며 우리는 이를 기념한다는 것이다.

- 공재설: 루터의 견해로 화체설과 기념설을 절충한 것이다. 사제가 기도한다고 해서 떡과 포도주가 주님의 살과 피로 변하는 것이 아니라 예수님의 전인격이 떡과 포도주 안에, 밑에 그리고 그것들과 함께한다는 주장이다.

- 영적 임재설: 칼빈의 견해이다. 떡과 포도주가 실제 주님의 피와 살로 변화하거나 예수님이 성찬식에 육체적으로 임한다는 사실을 부정하고 그 대신 영적으로 임재하신다고 본다. 떡과 포도주 자체는 별 의미가 없으나 이를 믿음으로 받으면 주님의 몸과 살을 먹는 것과 같은 효과가 있다. 한국개신교 대부분은 영적 임재설을 믿는다.

3. "이를 기념하라"는 말씀의 의미

우리말에 있어서 기념은 단지 과거에 대한 회상의 의미가 강하다. 물론 '기념하라'는 말씀의 히브리식 의미도 기억 또는 회상과 연관되어 있지만 이것이 가지는 의미는 사뭇 다르다. 정확한 의미는 '과거의 사건을 현재 속으로 끌어오는 것'을 의미한다.

과거의 사건이 과거의 것으로 끝나지 않고 현재의 나와 연관된다는 점에서 기념은 매우 중요한 의미를 가지고 있다. 즉 조상들이 과거 광야에서 고생을 했지만 현재의 자기들도 그때 고생을 함께했다는 것이다. 왜냐하면 현재의 자기들도 옛 조상의 태속에 있으면서 조상과 함께 고난에 참여했기 때문이다. 그러므로 그들은 역사적으로 조상과 단절되어 있는 것이 아니라 함께 있다고 생각한다. 그래서 그들은 "조상과 우리들이 그 자리에 있었다."고 말한다. 하나님이 구원역사를 베풀 때 자기들도 그 속에 있었다는 것이다.

그러므로 주님이 우리를 향해 "이를 기념하라" 하실 때는 제자들이 성찬에 있었던 것처럼 우리도 그곳에 함께 있다는 의식이 필요하다는 것을 나타낸다. 성찬을 통해 주님이 당하신 고난의 순간에 함께 참여할 뿐 아니라 감격스런 구원을 지금 맛보는 것이다. 초대교회의 교인들은 집에 돌아가서도 떡을 뗐다. 이것은 가정에서도 '이를 기념'했음을 의미한다. 나중에는 애찬과 성찬을 함께하기도 했다. 그러나 애찬에 문제가 발생함으로써 이 둘이 따로 분리되기에 이르렀다.

4. 성찬의 성경적 의미

1) 행함의 의미

고린도전서 11장에는 "이것을 행하여"(24, 25)라 했다. 예수님께서 우리로 하여금 성찬을 '행하도록' 하신 것이다. 이에 따라 루터교는 매주성찬을 행하고 있다. 하지만 대부분의 교회 1년에 2-4번 정도 행함으로써 약례, 곧 약식화하는 경향을 보이고 있다. 한 달에 1-2회 하는 것이 바람직한 것으로 권장되고 있다.

2) 기념의 의미

바울은 주님이 "나를 기념하라"(고전 11: 24, 25) 하신 말씀을 강조한다. 기념한다(remember)는 것은 잊지 않고 기억한다는 뜻이다. 주님이 우리를 위해 이 땅에 오심과 몸 버려 피 흘리심을 기념한다. 주님을 기념함으로 십자가의 고통에 참여한다.

3) 친교의 의미

바울은 '너희'(고전 11:26)를 강조한다. '너희가 이 떡을 먹으며'의 '너희'는 성찬에 참여하는 모든 회중을 가리킨다. 이 너희는 일반적인 너희와는 달리 성찬에 참여함으로써 주안에서 하나 되는 형제자매를 가리킨다. 이 너희는 코이노니아에 참여하는 너희이며 주안에서 모두 하나 되는 형제들이다. 그러므로 성찬은 코이노니아적 친교의 의미를 가지고 있다.

4) 자기점검의 의미

"자기를 살피고"(고전 11:28)는 성찬예식에서 가볍게 먹으면 안 된다는 것을 보여준다. 먼저 자신과 주님의 관계를 살핀다. 그렇지 않고 먹게 되면 자기의 죄를 먹고 마시는 결과에 이른다. 주의 피와 살을 먹고 마시는 것은 주님과 하나 되는 것이다. 따라서 이를 분별하지 않고 마시게 되면 화를 자초하게 된다. 분별하지 않고 먹고 마심으로 인해 나타난 화는 다양하다(고전 11:30). 약해지고, 병들게 되며, 심지어 잠자게 된다. 잠잔다는 것은 죽게 되었음을 의미한다. 약해지거나 병들게 되는 경우는 많았으며 죽게 된 경우도 적지 않았다(30).

5) 대망의 의미

주님이 다시 "오실 때까지"(고전 11:26) 이를 행한다. '오실 때까지' 성찬에 참예하는 것은 재림하실 주님을 대망하는 의미가 담겨 있다.

6) 감사의 의미

우리 때문에 주님이 고난을 받으시고 십자가를 지심으로 우리가 구원받았음을 감사한다. 주님이 피를 흘리시고 살이 찢기지 않았다면 우리의 구원은 없다.

7) 신앙고백과 함께하는 의미

성찬에 참여함으로 예수님이 그리스도임을 고백한다. 떡은 예수님의 살이요 잔은 예수님의 피임을 확신한다. 그 피가 내 죄를 씻어줌을 확신한다.

5. 성찬의 현대적 의미

로마교, 정교회 그리고 개신교 각 교파의 대표들이 모여 성찬을 나눈 일이 있었다. "나를 따르는 무리들이 하나 되게 하옵소서."라고 기도했던 주님의 기도가 성찬으로 하나 된 모습을 보여준 것이다. 그들은 성찬식을 가진 뒤 성찬에 대한 의미를 다음과 같이 내렸다.

"성찬은 인류의 구속을 이루신 하나님께 드리는 감사와 찬양의 예배이며, 그리스도의 화목제물 되심과 십자가의 정신을 기억하고 기념하는 예식이며, 성령의 임재를 비는 제사이며, 예배를 통해서 수직적으로는 하나님과 연대하고 수평적으로는 이웃과 연대하며 나아가서는 모든 피조물과 연대하는 교제의 시간이며, 화해와 나눔의 시간입니다. 또한 성만찬은 하나님 나라의 복을 미리 맛보고 누리는 종말론적 식사입니다."

구속에 대한 감사의 예배, 화목제물 되신 주님을 기리는 예식, 성령의 초대, 하나님과 이웃과 자연과의 교제, 종말론적 식사라는 것이다. 한스 큉은 성찬을 가리켜 과거의 관점에서 볼 때 감사이고, 현재의 관점에서 볼 때 교제이며, 미래의 관점에서 볼 때는 종말론적 식사라 말한 바 있다.

성찬은 은총이자 축복이다. 죄로 인해 초대될 수 없던 우리가 주님의 식탁에 초대되었기 때문이다. 이 축복된 자리에 떡과 잔을 나눈다는 것은 우리가 뒤로 물러가 침륜에 빠질 자가 아니라 생명을 얻은 자임을 확인시키고 있다.

이 식탁은 새 하늘 새 땅을 바라보는 약속으로의 출발이자 우리가 약속의 자녀임을 보여준다. 성찬에 참여한 자는 하나님이 우리에게 약속하신 땅에 부름받은 것이며, 영원한 생명을 누릴 수 있는 자격이 주어진다. 앞으로 에덴으로의 부름받은 자답게 살아야 할 의무와 책임이 함께 부여되는 순간이기도 하다.

6. 성찬에 대한 우리의 자세

1) 마음을 찢는 회개가 있어야 한다

주님이 "너희 중 하나가 나를 팔 것이라"고 말했을 때 제자들은 "주여 내니이까?"라고 말했다. 이 말 속에는 '내가 주를 파는 자가 아닌지' 자신을 살피고 회개해야 한다는 것을 가르쳐 준다. 어느 성도가 꿈을 꾸었다. 로마 군인들과 유대인들이 예수님의 손과 발에 못을 박았다. 손과 발에서 피가 흘렀다. 그런데 어떤 사람이 사다리를 타고 예수님의 가슴 위에 못을 박는 것이었다. 깜짝 놀라 소리를 지르니 못을 박던 사람이 내려다보았다. 그런데 그 사람은 다른 사람이 아닌 자기 자신이었다. 우리는 지금 예수님의 가슴에 못을 박으며 살고 있지 않는지 살펴야 한다. 성경은 성찬에 참여하는 자는 자신을 살피도록 하였다. 그렇지 못할 경우 자기의 죄를 먹고 마시는 결과를 초래하기 때문이다.

2) 헌신의 다짐이 있어야 한다

구속의 은혜에 감사한다. 나 같은 죄인을 살리신 주님의 은혜를 생각하며 감사한다. 나아가 주님이 우리를 피 값을 지불하고 사셨으므로 우리는 마땅히 하나님께 영광을 돌리는 삶을 살아야 한다. 이러한 헌신의 결의와 다짐이 성찬을 통해 나타나야 한다.

성찬을 sacrament라 하는데 이 말은 원래 라틴어 '싸크라멘툼 (sacramentum)'에서 나왔다. 이 말은 '성별되었다', '지휘관 앞에서 병사가 복종의 서약을 한다.' 등 두 가지 의미를 가지고 있다. 특히 후자는 로마군대에서 나온 것이다. 로마군대에서 동물의 피를 먼저 신에게 드리고 나머지를 서로 나누며 헌신의 다짐을 한 것을 가리켜 싸크라멘툼이라 했는데 이것이 기독교적인 의미로 전용된 것이다. 이것은 '그리스도를 위하여 목숨을 버리기로' 헌신의 다짐을 하는 것을 의미한다. 그러므로 성찬에 참여하는 사람은 이렇듯 주님을 위해 헌신하는 마음을 가져야 한다.

3) 삶의 모습이 달라져야 한다

주님의 식탁에 참여함으로써 우리에게는 여러 가지 특전이 부여되었고, 아울러 우리에게 많은 변화를 요구하고 있다. 이 식탁에 참여함으로써 무엇보다 우리가 주님과 하나 되었다. 성찬을 통해 주님이 내 안에, 내가 주님 안에 있기 때문이다. 따라서 우리는 언제나 주님과 동행하고 교제하며 살아야 한다. 나아가 우리가 한 자리에서 함께 떡을 나눔으로써 우리 모두가 그리스도 안에서 한 형제가 되었다. 따라서 우리는 주님 안에서 한 형제자매로서 사랑을 나누며 살아야 한다. 끝으로 성찬은 주의 죽으심을 오실 때까지 전하는 것이라 하였다. 이 식탁 참여한 우리는 그리스도의 죽으심과 그 구원의 소식을 주님이 다시 오시는 그 순간까지 전할 뿐 아니라 그 소식을 전하고 구원사역에 동참하는 자답게 달라진 삶을 살아야 한다. 성찬에 참여하는 사람은 한마디로 하나님과의 관계가 달라지고, 이웃과의 관계가 달라지고, 앞으로의 삶의 양태가 달라져야 한다.

우리가 식탁에 초대되었다는 것은 먹는 것 이상의 의미를 가지고 있다. 죄인인 우리에게 베풀어졌다는 점에서, 이제부터는 하나님과 마음 놓고 가까이 있을 수 있다는 점에서 그리고 언약의 식탁에 초대되었다는 점에서 중요한 의미를 가지고 있다.

주님은 성찬예식을 통해 궁극적으로 우리가 주님이 다시 오시는 그 날까지 주님을 기억하고 그 말씀대로 살며 그 말씀을 영원히 지키도록 하신다. 주님이 흘리신 피와 찢기신 살이 우리의 해이해진 마음을 새롭게 하며, 주님 앞에 다시 서도록 만든다.

성찬식은 단순한 예식이나 형식이 아니다. 주님은 영원한 생명을 얻고 구원받은 자로서 거듭난 삶을 요구하며, 다른 사람을 사랑하고 구원하는 일에 열심히 동참하도록 하신다. 이제 우리가 주님을 위해, 그 나라의 확장을 위해 피를 흘리고 살이 찢겨야 한다. 우리가 피를 흘릴수록, 살이 찢길수록 하나님 나라가 우리 안에 강하게 세워지기 때문이다.

우리의 육신에게는 음식이 필요하다. 마찬가지로 우리의 영혼은 예수님의 살과 피를 먹고 마셔야 한다. 그렇지 않으면 나와 주님은 아무 관계가 없기 때문이다.

자신을 살핀다며 성찬을 지나치게 거부하거나 사양하는 것도 바른 태도가 아니다. 죄 없는 사람은 아무도 없다. 과거에 너무 묶여 주님 앞으로 나가는 것이 방해가 되어서는 안 된다. 우리는 기꺼이 성찬에 참여해야 한다.

"인자의 살을 먹지 아니하고 인자의 피를 마시지 아니하면 너희 속에 생명이 없느니라 내 살을 먹고 내 피를 마시는 자는 영생을 가졌고 마지막 날에 내가 그를 다시 살리리니 내 살은 참된 양식이요 내 피는 참된 음료로다 내 살을 먹고 내 피를 마시는 자는 내 안에 거하고 나도 그 안에 거하나니 살아계신 아버지께서 나를 보내시매 내가 아버지로 인하여 사는 것같이 나를 먹는 그 사람도 나로 인하여 살리라 이것은 하늘로서 내려온 떡이니 조상들이 먹고도 죽은 그것과 같지 아니하여 이 떡을 먹는 자는 영원히 살리라"(요 6:53-58).

제5장 추모예배, 제사가 아니다

　주일 공식예배 외에 우리는 다양한 예배를 드린다. 졸업예배, 개업예배, 준공예배 등 헤아릴 수 없이 많다. 추모예배도 그 가운데 하나이다. 예배는 하나님께만 집중하여 드려야 하는데 졸업, 추모, 개업, 준공 등이 붙여지면 그것은 이미 예배가 아니라는 주장도 있다. 그래서 교회지도자 가운데는 주일과 삼일 등 교회에서 드리는 공식예배 외에는 허용하지 않는 분들도 있다. 따라서 졸업예배나 추모예배를 말할 때는 조심할 필요가 있다.

　추모예배(memorial service)는 장례 후 1년이 지나서 가지는 고인을 기리며 드리는 예배모임이다. 정식 명칭은 추도예배가 아니라 추모예배이다. 추모예배는 일반적으로 2년 이상은 드리지 않는 것이 정상이다. 고인의 생일에 예배를 드리는 것은 제사 형식이 되므로 하지 말아야 한다. 예배를 드릴 때 우선 가족 식구들이 중심으로 앉고 교인들은 사방에 둘러앉도록 한다. 특별히 훌륭했던 분은 약력을 소개할 수도 있는데 이런 경우 시간이 많이 지체될 수 있으므로 주례자가 설교하기 전에 이런 분이었다고 설명을 하고 설교를 시작한다. 시간은 25분 정도가 좋다. 설교는 너무 간단하게 하지 말 것이며 시간이 조금 걸리더라도 부드러운 위로 및 축복과 함께 책임감을 불러일으키는 내용의 권면으로 결론을 따끔하게 내려야 한다. 오늘부터 어떻게 살아야겠다고 결심할 수 있도록 해야 한다.

1. 추모예배를 드리는 이유

추모예배를 드리는 이유는 다음과 같이 크게 네 가지가 있다.

첫째, 고인이 이 땅 위에 계실 때 어떻게 사셨는가를 다시 생각해 보는 것이다. 고인이 살아 계실 때 하나님과의 관계가 어떠했으며 하나님의 말씀대로 이웃을 위해 어떻게 살았는가를 다시금 생각해 보는 것이다.

둘째, 고인이 살아 계실 때 영적으로 소원하여 항상 교훈한 것이 있는데 그 교훈이 무엇이었는가를 되새기는 것이다. 고인이 살아 계실 때 나에게 무엇이라고 하셨는지 생각하고 하나님의 말씀과 함께 고인의 교훈을 생각한다.

셋째, 추모예배를 통해 자신의 영적 생활을 돌이켜 보는 데 뜻이 있다. 고인이 세상을 떠난 이후 1년이 지나고 2년이 지나는 동안 하나님의 말씀대로 살았는지 각자의 생활을 검토해 보는 것이다.

넷째, 이제부터 주님 앞에 바로 살고자 결심을 하는 데 뜻을 두고 있다. 잘 했으면 더 잘하고, 못했으면 회개하여 고치고 새 출발을 하는 것이다.

이 네 가지가 없으면 추모예배는 가치가 없다.

2. 추모예배란 무엇인가?

유교 문화권에 속한 우리나라는 해마다 추석 때가 되면 조상에 대한 제사가 문제가 되어 특히 새로 믿은 신자들이 집안 간에 어려움을 겪는다. 이런 문제를 중심으로 추모예배가 무엇인가를 설명하고자 한다.

• 추모예배는 제사가 아니다

추모예배는 제사와 기본적으로 성격이 다르다. 추모예배는 고인이 그리스도인으로서 살아온 것과 그리스도인으로서 그분의 뜻을 기리며 남은 자들이 앞으로 주 안에서 거듭난 생활을 다짐하는 것이라면 제사는 고인을 우상처럼 숭배하는 것을 말한다. 음력 정월 초하루나 팔월 추석에 조상에게 효도를 한답시고 사진 앞에 음식을 차려 놓고 "아이고 아이고" 곡을 한 번 하고 절을 한다. 이런 행사를 효도라고 생각한다면 잘못이다. 죽은 영혼은 갈 곳으로 이미 갔는데 사진 앞에서 제사한다는 것은 헛수고만 할 뿐이다. 어떤 이는 49일간 죽은 이를 위해 음식을 차려 놓는 사람이 있다. 이것도 잘못된 것이다. 제사는 조상을 공경하는 것이 아니고 악마를 섬기는 것이므로 하나님께 무서운 죄가 된다. 추모예배를 제사로 대신한다고 생각하는 것도 잘못이다. 추모예배는 결코 제사나 제사 대리용이 아니다. 시편 저자는 이렇게 말하고 있다. "저희가 또 바알브올과 연합하여 죽은 자에게 제사한 음식을 먹어서 그 행위로 주를 격노케 함을 인하여 재앙이 그 중에 유행하였도다."(시 106:28, 29). 그러므로 그리스도인은 절대로 제사를 드릴 수 없으며 제물로 썼던 음식은 먹을 수 없다.

• 추모예배는 효도 가운데 하나

성도가 효도하는 방법에는 세 가지가 있다. 첫째는 부모님이 살아 계실 때 효도하는 것이다. 세상을 떠난 뒤 제사를 크게 지내 효자인 양 하는 것은 외식이다. 살아 계실 때 그 정성 10분의 1 더하는 것이 효도이다. 자기 자식에 드리는 정성 10분의 1만 드려도 효자 못될 사람 아무도 없다. 둘째는 부모님께 전도하는 방법이다. 살아생전에 전도하여 하나님 나라에 갈 수 있도록 하는 것은 이 세상에서 할 수 있는 가장 큰 효도이다. 셋째로 조상이 세상 떠난 날을 무심하게 지내는 것이 아니라 세상 떠난 후 추모예배를 드림으로써 부모님의 믿음을 생각하고 자신의 삶을 주님 앞에 더욱 정결하게 드리는 것이다.

• 추모예배는 회개하고 은혜를 간구하는 시간

추모예배는 고인의 생전에 하신 일을 회고하고, 우리에게 부탁하신 교훈을 새기며, 그분의 말씀대로 살았는가를 검토하며, 회개하고 은혜를 간구하는 시간이다. 추모예배는 단순히 고인이 세상을 떠난 날이니까 모이는 단순한 모임이 아니라 그분이 살아 계셨을 때 주님을 위해 한 일이 무엇인가, 그분의 신앙적인 교훈이 무엇인가, 나는 그 교훈대로 살고 있는가, 그리고 오늘부터 그분의 뜻대로 살도록 "하나님 네게 은혜를 주시옵소서." 간구하는 모임이어야 한다.

3. 요셉과 그의 자손

창세기 54장 24-26절을 보면 요셉이 죽으면서 그의 형제들을 모아놓고 다음과 같이 유언하는 장면이 나온다. "나는 죽으나 하나님이 너희를 권고하시고 너희를 이 땅에서 인도하여 내사 아브라함과 이삭과 야곱에게 맹세하신 땅에 이르게 하시리라." 그리고 이스라엘 자손들에게 맹세시키며 이르기를 "하나님이 정녕 너희를 권고하시리니 너희는 여기서 내 해골을 메고 올라가겠다 하라." 하였다. 비록 자신은 애굽 땅에서 임종하게 되지만 하나님은 이스라엘 자손을 약속의 땅, 언약의 땅 가나안으로 이끄실 것이며 내가 죽거든 이곳 애굽 땅에 묻지 말고 하나님이 약속하신 땅 가나안에 묻도록 하라는 것이다. 이것은 요셉이 하나님께서 가나안을 주실 것을 믿음으로 보았으며 그러므로 자기가 묻힐 곳은 이 땅이 아니라 하나님의 약속의 땅임을 확신한 것이다. 우리도 이 땅을 소망하는 삶을 살 것이 아니라 하늘의 것을 소망하는 믿음의 사람이 되어야 한다.

그 후 이스라엘 백성들은 요셉의 유언대로 몸에 향 재료를 넣어 애굽에서 입관했으나 매장하지 못하고 가나안에 갈 날을 기다려 왔다. 출애굽할 때 모세는 요셉의 뼈를 잊지 않고 가져갔다. 이스라엘 백성들은 모세의 영도 아래 광야에서 무려 40년을 방황할 수밖에 없었는데 저희는 조상의 유언을 지키기 위해 그 해골을 메고 다녔다.

광야 40년 동안 고초와 역경, 불화와 분규, 불신앙과 악행, 징계와 징벌이 반복되는 가운데 모세와 아론도 죽고, 계수함을 받은 자들도 광야에서 다 죽어 오직 여호수아와 갈렙만이 남았는데도 저와 그 후손들은 요셉의 유언을 지켜 마침내 세겜에 요셉의 뼈를 묻을 수 있었다. 여호수아는 이 유언의 이룸을 장엄하게 표현하고 있다. "이스라엘 자손이 애굽에서 이끌어 낸 요셉의 뼈를 세겜에 장사하였으니 이곳은 세겜의 아비 하물의 자손에게 금 일백 개를 주고 산 땅이라 그것이 요셉 자손의 기업이 되었더라."(수 24:32).

불기둥과 구름기둥의 인도와 보호, 40년을 하루같이 내리신 만나, 반석의 생수, 요단강도 육지같이 건너게 하신 모든 이적은 하나님께서 어떤 경우에도 조상의 유언을 저버리지 않고 그 해골을 안고 행진해 나온 지극한 효성을 보시고 내리신 축복이기도 하다.

4. 약속 있는 계명

다윗은 다음과 같이 기록하고 있다. "여호와를 경외하는 자 누구뇨 그 택한 길을 저에게 가르치시리로다 저의 영혼은 평안히 거하고 그

자손은 땅을 상속하리로다 여호와의 친밀함이 경외하는 자에게 있음
이여 그 언약을 저희에게 보이시리로다."(시 25:12-14). 요셉 자손이
그 땅을 상속받은 것처럼 여호와를 경외하는 자손은 약속의 땅을 상
속받는다. 이 말씀은 하나님을 경외하는 자가 누릴 복된 상태를 기록
하고 있다. 주님은 성도가 어떻게 하느냐에 따라 복을 주신다.

고인의 훌륭한 유훈을 되새기고 지금도 하실 말씀이 있다면 그것이
무엇이겠는가를 생각하고 잘못을 돌이키는 것은 부모뿐 아니라 하나
님께서도 원하시는 바이다. 그리스도인은 주 안에서 부모에게 순종할
책임이 있고 순종의 결과 이 땅에서 장수하며 복을 받게 되는 약속의
계명을 받고 있다. 바울은 우리에게 이렇게 말하고 있다. "자녀들아 너
희 부모를 주 안에서 순종하라 이것이 옳으니라 네 아버지와 어머니를
공경하라 이것이 약속 있는 첫 계명이니 이는 네가 잘 되고 땅에서 장
수하리라."(엡 6:1-3).

5. 고인이 지금 살아 계신다면

우리는 고인이 오늘 살아 계신다면 주님을 위해 무슨 일을 어떻게
하실 것인가, 지금 하실 말이 있다면 그 말씀이 무엇이겠는가를 곰곰
이 생각하여 그 뜻을 받들고 이루어 드리는 사람들이 되어야 한다. 이
렇게 할 때 가정에 화목이 찾아오고 가문이 빛나게 된다. 이것이 곧
하나님을 영화롭게 하는 일이 된다. 하나님은 이런 가정에 불기둥과
구름기둥을 보내 위험으로부터 보호해주시고 하늘의 만나로 배불리
먹이신다. 하나님은 오늘도 모든 가정들이 주 안에서 화목하고 번성하
기를 바라고 계신다. 주님은 지금도 주님을 모신 모든 가정들이 항상
주님과 함께 동행 하고 주님이 기뻐하시는 삶을 살아 주님이 약속하

신 모든 축복을 누리기를 바라신다. 히브리서 기자가 우리에게 당부하신 말씀처럼 잠시 잠간 후면 주님이 오실 것이므로 우리는 뒤로 물러나는 생활을 할 것이 아니라 믿음으로 앞서 나아가는 신앙생활을 함으로써(히 10:37-39) 복을 받는 가정, 종국적으로는 하나님으로부터 인정을 받는 가정이 되어야 한다.

제 **4** 부

교회의 리더십과
바른 재정관리

제1장 교회지도자와 리더십

요한은 환상 가운데 예수님이 오른 손에 일곱별을 붙드신 것을 보았다. 그가 그 환상을 보았을 때는 시기적으로 교회가 매우 어려웠었다. 일곱별은 소아시아 일곱 교회의 사자(계 1:20)를 뜻한다. 교회지도자를 가리켜 '별', '교회의 사자'(angel, messenger)라 하신 것이다. 일곱별을 붙드신 주님, 그 주님이 급변하는 지금도 그들을 붙들고 계신다는 것을 생각하면 교회지도자가 어떤 정체성을 가지고 행동해야 하는가를 보여준다.

중요한 것은 일곱별을 붙드신 주님이 소아시아 교회 사자들에게 경고하셨다는 사실이다. 이것은 교회의 지도자를 향한 말씀이며, 지도자가 깨어 있지 않으면 안 된다는 것을 가르쳐 준다. 교회지도자는 주님이 붙들고 계시는 귀한 존재이다. 그러나 그만큼 책임 있는 존재라는 것을 잊어서는 안 된다.

2007년으로 1907년의 평양대부흥운동 100주년을 맞았다. 한국교회는 100주년을 매우 의미 있게 받아들였다. 이런 때 한국교회의 리더십도 전과는 달라야 한다. 지도자부터 회개하고 변해야 교회가 달라지기 때문이다. 지도자부터 영적인 순수성을 회복해야 한다. 이를 위해 무엇보다 섬김의 본질을 실행하고, 하나님의 비전에 이끌리며, 끊임없이 갱신하고, 사회를 변혁시키는 일에 앞장서야 한다. 이러한 생각이 기본적으로 지도자의 철학에 반영되고, 교회 안에서 구체화될 때 한국교회는 사회에 유익을 주고, 궁극적으로는 하나님으로부터 인정을 받을 수 있을 것이다.

1. 당신이 리더가 되고자 하는 이유는?

세상에 리더가 아닌 사람은 없다. 모두 자기리더십을 발휘하여 삶을 살아가기 때문이다. 하지만 자기를 벗어난 리더십을 말할 때는 남과의 관계에서 영향력, 권력, 권한의 행사와 복종 등이 작용하기 때문에 매력적일 수 있다. 정치가든 군인이든 기업가든 세상 사람들은 그 맛에 취한다. 그러나 그리스도인이 리더십을 말할 때는 다르다. 그래서 나는 여러분에게 먼저 묻고 싶은 말이 있다. "왜 리더가 되고 싶어 하는가?"

혹시 군림하고 싶은 때문인가? 몇십 년 전만 해도 리더십 하면 군인이나 정치가들의 몫이었다. 그들은 입만 열면 국민에 대한 봉사를 말한다. 하지만 봉사보다는 군림하기를 좋아한다. 위계와 서열이 엄격하게 작용하는 집단일수록 군림이 앞선다. 그래서 오죽하면 리더십과 헤드십(headship)은 다르다고 말할까. 그런 사회에서 정치는 비민주적이고 권위주의적일 수밖에 없다.

그러나 지금은 크게 달라지고 있다. 민주주의와 함께 개인주의 성향이 커지면서 권위주의는 청산해야 할 잔재가 되었다. 권위주의적 정치 리더십의 비중이 줄어드는 대신 비정치적 영역에서 힘을 키우고 있다. 최근 리더십 하면 경영학의 한 이론으로 친다. 웰치의 리더십이 각광을 받는 것도 그 한 예다. 그런데 기업 못지않게 리더십에 관심을 갖는 곳이 바로 교회이다. 교회에서 리더십이 사용되지 말라는 법은 없지만 그 속에 혹시 군림의 유혹이 담겨 있다면 이것은 잘못된 것이다. 혹시 당신도 누구 위에 존재하고 싶은 욕망에서 리더가 되고 싶어 한다면 생각을 바꿀 필요가 있다.

아니면 '나는 당신과는 다르다'는 인정을 받고 싶은 때문인가? 사람들은 남과 다른 차이를 드러내고 싶어 한다. 개성이 강조되는 요즘은 더욱 그렇다. 그것을 통해 남으로부터 인정을 받고 싶은 것은 있을 수 있는 인간의 마음이다. 교회는 여러 차원에서 리더십에 관심을 보였다. 그 가운데 가장 오래된 것이 카리스마적 리더십(charismatic leadership)이다. 칼빈은 카리스마를 교회 리더십에 접붙인 인물이다. 카리스마는 본래 보통 인간으로서는 가질 수 없는 비범한 어떤 특성을 드러낼 때 사용되었다. 기독교의 경우 이것은 하나님으로부터 온다. 하나님으로부터 주어졌기 때문에 '은혜'다. 이 은혜가 바로 카리스마다. 칼빈은 이 카리스마를 광야의 모세에서 보았고, 예수님의 십자가를 통해서 보았다. 보통 인간이 좀처럼 가질 수 없고, 하나님이 허락하지 않으시면 가질 수 없는 은혜, 이것이 바로 카리스마다.

이 카리스마를 학문적 영역으로 끌어들인 학자는 막스 베버(M. Weber)다. 특정 리더에게서 비범한 특성을 발견할 때 사람들은 머리를 숙인다는 것을 알았기 때문이다. 왕권신수설도 따지고 보면 자신의 권력에 하늘의 신비를 덧입혀 백성의 복종을 얻어내기 위한 카리스마 작전이다. 카리스마는 때로 사람들에게 거부할 수 없는 매력을 가지고 있다. 나는 그것이 없는데 저 사람에게는 뭔가 그것이 보이기 때문이다.

어떤 이는 카리스마를 얻기 위해 방언에 집중하기도 하고 입산기도에 열중하기도 한다. 그러나 카리스마가 '은혜'라면 우리가 주님으로부터 받은 구원의 은혜를 넘을 수 없다. 이 선을 넘어 자신이 남에게 좀 더 신비하게 보이기 위해 카리스마를 구한다면 그것은 잘못된 것이다.[3] 그래서 드러커는 카리스마는 리더십이 아니라고 말한다(드러커, 2002). 당신은 지금 카리스마든 무엇이든 그것으로 자신을 드러내, 남으로부터 인정을 받고 싶은 욕망으로 리더가 되고자 한다면 다시금

---

3) 자신이 연약함을 고백하고 주님께 은혜를 구하는 차원에서 카리스마를 말할 경우는 다르다.

생각해보라. 기독교에서 리더십(Christian leadership)이라 할 때는 세상의 리더십(worldly leadership)과는 다르기 때문이다.

2. 기독교 리더십의 8 기둥

기독교 리더십이라면 세상의 리더십과는 다른 면이 있어야 한다. 그것을 8가지로 말하고자 한다. 이것은 기독교 리더십의 8 기둥(eight pillars)이자 예수 리더십의 근간이다.

1) 하나님의 비전을 드러내는 리더십(visionary leadership)

어느 시대나 교회는 아무것도 보이지 않는 이 혼돈의 세상에 희망을 보여주는 비저너리(visionary)가 되어야 한다. 문제는 교회가 보여주어야 할 비전이 무엇인가 하는 점이다. 한마디로 인간의 비전이 아니라 하나님의 비전이다. 인간의 비전이 썩어질 비전이라면 하나님의 비전은 영원하기 때문이다. 썩어질 것 때문에 애태우는 이 민족 앞에 우리의 영원한 비전인 하나님을 보여주어야 한다. 그래야 한국교회는 희망이 있다.

비전(vision)은 원래 '보이지 않는 것을 보는 힘'을 의미한다. 보이는 것은 비전에 속하지 않는다. 이미 이뤄진 것이기 때문이다. 우리에게 당장 보이지 않지만 그것이 진정 우리의 삶을 인도하리라고 확신되는 것이 비전이다. 그 비전은 우리의 생각이 아니라 보이지 않는 하나님이 지금도 우리에게 주시는 말씀 속에서 구체화되고 있다. 인간의 좁은 생각이나 상상으로 하나님의 오묘하신 뜻을 모두 헤아릴 수는 없다. 중요한 것은 우리가 의식하지 못하는 사이에도, 세상이 아무리 혼잡해도 그 비전은 착착 실현되고 있다는 사실이다. 이런 때 한국교회는 주님의 비전이 더 힘 있게 작동하도록 기도하고 주님과의 관계를 재정비해야 한다.

교회지도자가 하나님의 비전에 이끌리게 되면 그 비전이 자신은 물론 교회와 교인을 살리게 된다. 지도자가 개인의 사적인 생각을 하나님의 비전으로 바꿔서도 안 되고, 교회의 이기적인 의도가 하나님의 비전으로 치환되어서도 안 된다. 지도자의 비전이든 교회의 비전이든 하나님의 비전과 보조를 같이 할 때 이상적인 비전상황이 설정될 수 있다.

문제는 지도자가 그 비전을 얼마나 구체화하고 있는가 하는 점이다. 한 조사에 따르면 오직 2%의 교회지도자만이 비전을 명료하게 드러내고 있다. 이런 수치는 지도자 대부분 비전을 말하기는 하지만 실제로는 그 비전을 구체화하지 못하고 있다는 것을 보여준다. 장래를 예견할 수 있는 가장 좋은 길은 장래를 만들어낼 수 있는 힘을 갖는 것이다. 그 장래를 만들어내는 힘이 바로 비전이다. 현대 사회를 이끌어 가는 지도자라면 하나님이 기뻐하시는 비전을 기도와 연구를 통해 만들어내고(creation of vision), 그 비전을 사람들에게 심어주며(cast of vision), 최선을 다해 그 비전을 성취하는 것(committment of vision)이 중요하다.

하나님의 비전을 실현함에 있어서 진보냐 보수냐 중도냐에 따라 다를 수 있다. 그러나 교회는 그것에 너무 매일 필요가 없다. 일단의 지도자들이 어느 한쪽에 서고, 일단의 지도자들이 다른 편에 서면 교인들은 어쩔 수 없이 편 가르기에 동승하게 된다. 정치가들은 그것을 이용하려 들겠지만 교회에 남긴 상처는 깊다. 우리가 해야 할 것은 세상의 이데올로기는 모두 상대화하고 오직 주님의 것을 절대화하며 주님 편에 견고히 서는 것이다. 나의 비전이 아니라 주님의 비전(이끄심)을 통해 이 문제가 해결되도록 기도하며 교인들에게도 그런 믿음의 자세를 잊지 않도록 하는 것이 바람직하다. 진정한 사회통합은 주님 안에서 하나 되는 것이다.

한국교회가 이 세상에 희망이 되려면 하나님이 교회를 붙드시고 교회와 함께하시도록 해야 한다. 우리가 하나님의 비전을 붙들듯 주님이 한국교회를 계속 붙들도록 하면 한국교회는 희망이 있다. 요한계시록 1장은 주님이 일곱별, 곧 소아시아 일곱 교회를 붙드시는 것을 보여주고 있다. 그리고 교회의 사자(지도자)들에게 경고를 보내신다. 주님이 일곱별을 붙드시듯 오늘도 한국의 교회를 붙들고 계신다. 주님의 끈을 확고히 붙잡고, 한국교회를 향한 주님의 경고를 잊지 않으며, 늘 새롭게 달라지고 정진하는 모습을 보이는 한 한국교회는 희망이 있다.

2) 섬김의 리더십(servant leadership)

연변과기대 서울 후원회 사무실에서 나오다 우연히 사랑의 교회 EBM열린 포럼을 소개하는 현수막에 "경영은 섬기는 것이다"는 제목을 보았다. 강사는 연세대에서 회계학을 가르치시던 송자 교수였다. 현수막의 글을 보는 순간 경영의 맥을 잘 짚었다는 생각을 했다.

경영이든 행정이든 모두 administration이라는 용어를 함께 사용하고 있다. 이것은 어원적으로 '섬김을 위해' 또는 '섬김을 향해'라는 뜻을 가지고 있다. 경영과 행정은 기본적으로 섬김을 가르친다는 것이다. 교회(church)는 '주님에게 속한'이라는 뜻을 담고 있으므로 교회행정(church administration)은 '주님에게 속한 교회는 마땅히 섬김의 행정을 해야 한다'는 뜻을 담고 있다. 섬김이 행정의 본질인 것이다. 섬김은 효율성을 높이는(effective) 효과도 있지만 감성적인(affective) 효과도 크다.

목회(ministry)도 '섬김'이라는 뜻을 가지고 있다. 어근이 행정과 같다. 따라서 교회의 행정책임자인 목회자는 섬김의 도리를 다하는 것이 그의 직임이다. 섬김을 빼놓고 행정이나 목회를 말하는 것은 기본적으로 잘못된 것이다.

최근 전방위적 사역(360 degree ministry)에 대한 관심이 높아지고 있다. 전방위란 위와 아래, 좌와 우 모두를 아우르는 사역을 말한다. 위는 하나님을 향한 섬김이고, 아래는 사람을 향한 섬김이라면, 좌와 우는 우리 주변의 구석진 곳을 골고루 돌아보는 섬김이다. 360도는 어느 쪽이든 빈틈없이 섬기겠다는 결단적 사역을 의미한다. 이를 위해 어떤 사역을 목표로 할 것인가는 각 교회에 따라 다르다. 지금까지 사역이 어느 한쪽에만 치중해왔다면 보다 균형 있는 섬김을 위해 사역의 얼라인먼트(alignment of ministry)가 필요하다. 어떤 교회는 지역사회와 세계를 향한 전방위적 목회를 꿈꿀 것이다. 알코올 중독자 갱생 프로그램을 후원하고, 병든 이들에게 따뜻한 음식을 제공해주는 엔젤 하트 프로그램에 관심을 보이는 등 지역사회를 위한 프로그램을 개발하게 되면 자연 지역과 밀착하게 된다. 섬김의 지평을 세계로 확대하면 자연 세계 속의 교회로서 그 위상이 높아지게 될 것이다.

기독교 리더십의 가장 큰 특징은 섬김의 리더십에 있다. 섬김의 리더십은 군림의 리더십과는 성격이 다르다. 기독교의 리더십이 세상의 리더십과 다른 것임을 이 리더십이 뚜렷이 드러내고 있다.

섬김의 리더십의 모범은 예수님이다. 예수님은 스스로 "섬김을 받으러 온 것이 아니라 섬기려 왔노라"고 말씀하셨다. 제자들의 발 씻김 사건을 통해 섬기는 자가 하늘나라에서 큰 자라 하셨다. 예수님은 이 땅에 계실 때 섬김의 삶을 사셨다. 그러므로 그리스도인은 그가 조직의 리더든 아니든 이 땅에서 섬김의 삶을 사는 것이 가장 중요한 일이다. 교회는 권위주의를 내세우는 곳이 아니다. 오히려 철저히 낮아지는 곳이다. 교회가 달라졌다는 말을 한다면 그것은 섬김에 변화가 있었음을 의미한다.

섬김의 삶을 살기 위해서는 하나님의 종으로서 자신의 정체성을 확고히 해야 한다. 종은 하나님의 일을 맡은 청지기다. 하나님은 우리 각자에게 적합한 양의 달란트를 주시고, 그것으로 10배든 100배든 남기는 삶을 살도록 하셨다. 종은 주인에게 왜 나에겐 한 달란트만 주었느냐고 불만해서도 안 된다. 오히려 가장 감당하기 쉬운 임무를 주셨기 때문에 감사해야 할지 모른다. 오히려 불만해야 할 사람은 달란트를 많이 받은 사람이다. 이 사람은 같은 시기에 같은 삶을 살면서 더 많이 일해야 하는 직무와 책임이 주어졌기 때문이다. 더 고개 숙이고 일해야 하는 아픔도 감내해야 한다. 왜 감내할까? 세상의 인정보다 하나님의 인정을 더 중시하고, 이 땅의 것에 소망을 두지 않고 하늘의 것에 소망을 두었기 때문이다.

서비스매스터(ServiceMaster)의 사장 웨스너(K. Wessner)는 1947년 시카고의 변두리에 자리를 잡고 가정집과 사무실의 양탄자와 가구를 청소하는 소규모 업체로 사업을 시작해 지금은 25억 달러의 자산을 가진 재벌기업으로 성장시킨 인물이다. 처음엔 이런 사업으로 성공할 수 있을까 생각했을 수도 있다. 그러나 그는 달랐다. 주님이 자신에게 허락하신 기회라고 생각했기 때문이다. 사업을 시작했을 때 침례교도, 가톨릭 그리고 장로교인 세 사람이 힘을 합했다. 세 사람은 '주님께 봉사한다.'는 모토 아래 회사이름을 서비스매스터라 지었다. '우리가 하는 모든 일을 통하여 하나님을 영화롭게 한다', '사람들이 진보해 가도록 도움을 준다', '탁월성을 추구한다', '수익성 있게 성장한다' 등 4가지 목표를 정했다. 그리고 회사의 비전도 섬김으로 정했다. "하나님께 쓰임 받기 위하여 지속적으로 확장되고 활력이 넘치는 시장을 개척하는 일꾼이 되자. 사람들의 생활 속에서 일함으로써 그들이 다른 사람들을 섬기고 헌신하도록 하자"(콜린스, 137-38).

크리스천 리더는 누구인가? 그리스도께서 교회의 머리되시고, 리더
는 목자 장이신 그리스도의 권위에 따르는 협력자들이다. 성경은 권위
주의적 행동을 금한다(벧전 5:1-3; 마 20:25, 26). 종의 정신이 그리
스도인의 특성(마 20: 27,28)이다. 훌륭한 리더는 중대한 일을 결정할
때 다수가 참여하도록 힘쓰고 성령의 하나 되게 하심과 같은 전체적
인 동의를 얻는 데 힘쓴다(행 15장). 그리고 여러 변수를 명확히 이해
하고 모든 변화에 유연하게 대처한다.

섬김이 다양할지라도 그 섬김은 성경적인 섬김이어야 한다. 성경적
인 섬김이 되려면 무엇보다 생색내기 섬김이 되어서는 안 된다. 그 섬
김을 통해 교회의 이름을 내거나 목회자의 명성을 높이는 데 관심이
있다면 그것은 잘못된 섬김이다. 오히려 교회의 섬김은 교회의 명성이
아니라 주님의 이름이 드높여지는 섬김이 되어야 한다. 드러내놓고 광
고하는 섬김이 아니라 숨겨진 섬김이어야 하고, 대가성 있는 섬김이
아니라 도저히 되갚을 수 없는 자를 위한 섬김이어야 한다.

섬김의 리더십을 발휘하는 것은 결코 쉬운 일이 아니다. 우선 섬기
는 자로서 서겠다는 결단이 필요하고, 어떤 경우에서든 희생을 치룰
각오가 되어 있어야 하기 때문이다. 섬김은 스스로 강하지 않으면 결
코 이뤄낼 수 없다. 섬김의 실행력(executive power)에 따라 교회도
확실히 달라질 것이다. 섬기는 자, 섬기는 교회만이 이 땅에서 하나님
나라를 실현하는 리더가 될 수 있다.

3) 변혁의 리더십(transformational leadership)

교회는 사회와 깊은 관계를 가지고 있다. 교회가 사회에 유익을 주
며 변화를 긍정적으로 촉진시키는 역할을 해야 한다는 것은 당연하다.
이런 경우 사회 변혁성(social transformation)이 높다고 말한다. 어떤

종교든 사회변혁 능력이 어떤가에 따라 그 종교의 존폐가 좌우된다. 과거 불교와 유교가 이 땅에 들어와 발생지보다 전성기를 누리다 그 힘을 잃었다. 그 이유는 사회변혁 능력을 잃었기 때문이다. 처음에 들어올 때는 창조적 긴장을 불러일으켜 사회에 힘을 제공했지만 종교가 물질과 권력에 맛을 들일 때 점차 그 힘을 잃게 된다. 요즘 한국교회가 물질주의에 함몰되고 정치나 사회이데올로기에 무게가 실리는 성향이 높아져 깊은 우려를 낳고 있다. 한국교회가 불교와 유교의 전철을 밟게 된다면 하나님께서는 그 촛대를 다른 나라로 옮기실지 모른다. 지금 우리가 누리고 있는 선교대국의 지위를 잃지 않기 위해서 지금 크게 각성하지 않으면 안 된다.

사회를 변혁시키는 교회가 되려면 교회부터 하나님 앞에 바로 서야 한다. 1907년 평양대부흥운동은 그저 일어난 것이 아니다. 청일전쟁, 러일전쟁에 이어 1905년 을사보호조약 체결되었다. 그해 상동교회를 비롯해 많은 교회에서 민족의 위기를 놓고 하나님께 기도했다. 그럼에도 불구하고 1907년 고종이 퇴위하게 되었다. 길선주 목사는 교회장로님들과 함께 나라를 위해 기도하기 시작했다. 함께 기도하고 싶은 교인은 새벽 4시 30분에 교회로 나오도록 했다. 이것이 바로 한국 새벽 기도회의 시작이다. 여기서 자기 자신부터 회개하면서 평양대부흥운동으로 번지게 되었다. 지금 한국은 북한의 핵실험 이후 급박한 상태로 변하고 있다. 한반도는 이제 세계가 염려하며 주목하는 처지가 되었다. 이런 때 교회가 할 일은 자명하다. 하나님의 자비하심을 구하며 엎드려 회개하는 것이다. 평양이 이렇게 된 것은 그 땅에서 신사참배를 결의한 한국교회의 책임도 피할 수 없다. 우리는 이 사태를 북미간의 관계로만 볼 것이 아니라 영적인 눈으로 봐야 한다.

교회의 사회변혁 능력에 치명상을 주는 것이 교회의 세속화다. 교회가 세속화되면 더 이상 사회를 이끌 수 없기 때문이다. 토마스 프리드먼은 「렉서스와 올리브 나무」에서 '글로벌루션'(globalution)을 주장한다. 글로벌화(globalization)와 혁명(revolution)을 합성한 이 단어는 세계화 추세로 인해 모든 것이 빠르게 변화될 것을 보여준다. 인터넷은 물결을 빠르게 하는 데 중요한 도구가 되고 있다. 정보나 시장, 유행이 빠른 만큼 생각과 태도도 빠르게 변화한다. 문제는 이러한 현상을 통해 세상은 더 빨리 세속화되며, 세속화가 교회에 침투하는 속도도 빨라진다는 점이다. 이처럼 빠르게 변화하는 시대에 교회가 해야 할 일은 영적 중심을 잡는 일이다. 교회지도자는 교회의 중심이 흔들리지 않도록 하는 일을 최선의 과제로 삼아야 한다.

기독교 리더십은 삶의 변화에 초점이 맞춰있다. 토인비는 역사 연구를 통해 변혁의 리더십이 왜 중요한가를 알아냈다. 변혁적 리더십의 반대는 거래적 리더십이다. 거래적 리더십은 사람을 도구로 인식하는 리더십이다. 서로 줄 것은 주고, 받을 것은 받는 거래관계 이상으로 발전하지 못한다. 이해관계가 없으면, 즉 자신에게 어떤 도움을 주지 못하면 관심이 없다. 그러나 이 차원을 벗어나 삶의 목표, 의식, 정신이 변화되면 다르다. 그것이 나에게 지금 어떤 도움을 주지 못한다 해도, 심지어 그것으로 인해 나의 목숨이 위태로워진다 해도 도전해볼 가치가 있는 것으로 간주한다. 의식의 변화, 정신의 변화 없이 도구적 리더십, 거래적 리더십을 행사하면 망하지만 변혁의 리더십을 추구하면 산다.

변혁의 리더십의 모범은 예수 그리스도다. 주님은 우리의 정신, 삶의 태도를 변화시키기 위해 "거듭나라"라 하셨다. 거듭남은 현재 우리 삶의 형식(form)에 문제가 있음을 말한다. 원래 하나님은 그리스도인으로서 참다운 삶을 살기 위한 원형(form)을 주셨다. 그러나 우리가 죄를 지음으로 인해 그 원형이 손상을 입었다. 종교개혁자들은 왜곡된 원형을 바로잡기 위해 다시 원형으로 돌아가는 운동(reformation)을 전개했다. 그럼에도 불구하고 우리는 지금 원래 원형으로부터 아주 거리가 먼 형(deformation) 상태에 있다. 이제 우리에게 필요한 것은 우리가 가진 삶의 형식에 대한 철저한 변혁(transformation)이다. 거듭남은 바로 변혁의 근간이다. 그리스도인이라면 모두 BA학위를 가졌다고 말한다. 그 학위란 바로 Born Again 학위다.[4]

청년 이승만은 한성감옥에 갇혀 죽을지도 모르는 상황에서 선교사들이 감옥에 넣어준 잡지 「아웃룩」(Outlook)을 보면서 기독교를 받아들였다. 특히 당시 미국 지식층에서 크게 인기를 끌던 라이먼 애버트(Lyman Abbott) 목사의 영향을 많이 받았다. 말씀의 요지는 현실 사회를 천국으로 만들자는 것이다. 당시 이승만은 요즘말로 말하면 운동권이었다. 만민공동회 대표가 되는 등 20대 초반부터 명성을 얻었다. 왕정을 폐지하고 민주주의를 도입하자고 주장했던 급진 행동파였다. 사회제도 개혁에 몰두했던 그는 감옥에서 인간의 정신개조가 더 근원적이라는 것을 깨달았다.

이승만은 유교에 대해 회의적이었다. 그에 따르면 사람들은 너무 야수적으로 변질되었다. 탐관오리의 횡포로 인해 사람들은 서로 해치려고 하는 이기적인 사회로 바꾸어졌다. 유교 사회에서 공자와 주자의 훌륭한 말씀이 넘치는데 나라가 왜 이렇게 됐나를 고민하다 그는 기독교와 유교의 차이에 눈을 뜬 것이다. 그는 인간이 나쁜 짓을 하면 지상에선 형벌을 피한다 해도 지옥에서 영원토록 신음한다는 기독교 교리에 주목했다. 죽어서 고생하지 않으려면 지금 바른 사람이 되어야

---

4) Ph.D.는 무엇일까? 어떤 이는 Praise Him Daily라 한다. 매일 주님을 찬양하는 사람은 그만큼 다르다.

하며 옳게 사는 사람이 많으면 나라가 잘 된다고 본 것이 이승만의 기독교 입국론이다.

이 정식에 따르면 일제 총독부가 경제적 하드웨어 일부를 근대화했다면 서양의 근대문명을 수용할 수 있는 길은 기독교가 닦은 셈이다. 일본이 식민지를 통해 한국을 근대화시켰다는 식민지 근대화론은 경제 측면만 본 것이다. 철도나 공장만 가지고 근대화되는 것이 아니다. 사람들의 정신이 바뀌지 않는 한 안 된다. 정신적 근대화의 기능을 한 것은 한국의 기독교였다. 그 중심에 바로 이승만이 있다(이정식, 2005).

4) 전이의 리더십(transferring leadership)

전이(transference)는 퍼지는 것을 말한다. 암이 다른 곳으로 전이되었다는 것처럼 세상은 악을 바이러스처럼 전이한다. 자살과 살인도 전이되고 있다. 남의 일이 아니다. 그러나 그리스도인은 그리스도를 세상에 전이하는 사람들이다. 예수의 생각을 전하고, 담대히 말하고, 예수의 뜻대로 살고자 할 때 예수가 전이된다. 그리스도를 전이하여 세상에 소망을 심어주어야 한다.

리더십은 영향력이다. 전이는 바로 그 영향력을 통해 확산된다. 지도자의 영향력은 영향력을 가진 사람들과 함께 극대화될 수 있다. 우리나라 초기 개신교도는 하층민이 많았다. 하지만 이승만이 기독교로 귀의한 이후 바뀌게 된다. 이상재, 김정식, 이원긍, 유성준 등 저명한 사대부들이 이승만의 영향으로 기독교에 귀의했고, 이후 고위층들도 눈치 보지 않고 믿기 시작했다. 이들은 이승만과 함께 초교파적 기독교전파운동을 펼친 YMCA의 핵심 인물이 되었다.

교회에서 영향력을 가진 사람들을 집중적으로 움직일 때 리더십의 역량이 커지게 된다. 그들을 잠자지 않게 만드는 것도 중요한 일이다. 영향력을 가진 사람들과의 관계는 어떻게 해야 하나? 그들에게 마음을 열라. 그들과 개인적인 시간을 가지고, 관심을 보이라. 그들의 생각을 이해하고 말을 들어주라. 그들의 영향력을 인정하고 존중하라. 그러나 당신이 하늘의 비전과 목표를 전하는 전령사임을 잊지 말라. 당신의 삶으로 그들에게 자신을 증명하라. 지속적으로 접촉하되 신뢰감을 주고 때로는 자신을 희생하라. 그러면 인내의 열매를 맺을 것이다. 이 모든 과정의 목표는 그리스도를 전이하게 하는 데 있음을 잊어서는 안 된다. 우리의 전도, 봉사 모두 그리스도의 전이에 초점이 맞춰져야 한다.

전이의 리더십이 활성화되려면 당신이 속한 공동체 안에서 건강한 관계를 쌓아가는 작업이 필요하다. 그 관계는 그리스도를 중심으로 이뤄지며 그리스도 안에서 하나 될 때 더욱 강화된다. 삶은 관계이다. 남이 잘되면 기뻐하는 관계, 어려울 때 격려하는 관계, 좋은 것이 있으면 나누는 관계가 바로 건강한 관계이다. 복음은 나누는 데서 더 힘을 발휘한다. 관계가 나빠지면 복음의 전이도 쉽지 않다. 인격적 관계 형성을 위해 더 노력하고 배우는 자세를 가진다. 전이는 그들과 함께 하는 것을 기뻐하는 자세에서 출발한다.

5) 살리는 리더십(life-giving leadership)

교회지도자는 교회를 예수의 생명이 살아 있는 교회로 만들어야 한다. 교회가 살아 있지 않다면, 예수의 생명력이 힘 있게 작용하지 않는다면 그것은 문제가 있다.

계시록 3장에는 라오디게아 교회에 대한 주님의 질책이 소개된다. "더웁지도 아니하고 차지도 아니하니 내 입에서 너를 토하여 내치리라"(계 3:16)는 것이다. 라오디게아는 온천수가 흐르는 히에라폴리스와 시원한 냉천수가 흐르는 골로새 사이에 위치해 있다. 온천수는 병을 고치는 물이어서 좋고, 냉천수는 맑고 시원해서 건강에 좋다. 이 모두는 사람을 살리는 물이다. 그런데 그 물이 라오디게아에 와서는 서로 합쳐져 미지근한 물로 변한다. 온천수도 아니고 냉천수도 아니어서 용도가 분명해지지 않는다. 그래서 사람들로부터도 냉대를 받는다.

주님은 현대교회지도자를 향해 온천수가 되든지 냉천수가 되든지 사람에게 생명을 주는 살아 있는 물이 되라고 하신다. 살아 있는 물이 사람을 살리듯 그리스도인과 교회가 살아 있어야 우리 사회도 살릴 수 있다는 것이다.

에스겔은 성전에서 흐르는 물이 발을 적시고, 무릎에 차며, 나중에는 헤엄할 물이 되는 환상을 보았다. 이로 인해 생명수 강가에 있는 생명나무가 사철 열매를 맺는다. 이것은 교회를 통해 전해주는 하나님의 메시지가 사람을 살린다는 것을 의미한다. 주님의 교회는 살아 있는 교회가 되어야 한다. 목회자는 교회를 살리는 책임 있는 존재이다. 죽음의 땅을 생명의 땅으로 바꾸는 작업을 하는 사람들이 바로 그리스도인이요 이 중심에 지도자가 있다.

마포삼열 목사의 유해가 한국으로 돌아와 장신대에 묻혔다. 그는 조선인들에게 예수 그리스도의 복음 이외에는 전하지 않기로 결심했다고 한다. 왜 그런 생각을 했을까? 그것은 그리스도의 복음이 사람을 살리고, 나라를 살리며, 민족을 살리기 때문이다.

예수 그리스도의 복음은 우리의 삶에 생기를 불러일으키는 복음이다. 그 복음이 구원의 복음이 되고, 기쁜 소식이 되는 것은 이 때문이다. 그리스도인이 가는 곳에 생기가 넘치고, 교회가 있는 곳에 기쁨이 넘쳐야 한다. 기독교는 파괴와 죽음과 공포를 주는 종교가 아니라 하나님 나라의 삶과 희망과 화평을 심어주는 종교이다.

그러나 불행하게도 교회는 비판의 대상이 되고 있고, 많은 사람들은 오늘도 추한 크리스천 때문에 교회에 나가지 않겠다고 말한다. 우리의 잘못이 주님의 영광을 가리는 것이다. 이런 때 크리스천 리더는 하나님의 말씀이 다시금 우리 삶 속에 살아 움직일 뿐 아니라 우리 삶을 지배하도록 해야 한다. 그들이 듣고 싶은 소리, 귀만 간질이는 소리를 전해주는 사람이 아니라 지금 이 시간 들어야 할 말씀, 듣고 실천해야 할 하나님의 말씀을 전해 주어야 하는 사람이다. 하나님의 말씀만이 우리를 살릴 수 있기 때문이다.

살리는 리더는 교회뿐 아니라 당신의 삶의 주변에서 파괴지향성의 엔트로피 현상을 멈추고 니겐트로피(negentropy)로 나갈 수 있도록 해야 한다. 엔트로피는 예수님의 탕자 비유에서 막내아들처럼 가장 좋은 청춘시절을 아깝게 허비하고 주변에 많은 해를 끼치는 것과 같다. 엔트로피는 모든 것을 약화시키는 경향을 띤다. 그러나 니겐트로피는 다르다. 변화를 일으키는 일에 관심을 가지고, 성장과 배움에 관심을 가지며, 미래에 대한 계획을 세운다. 우리가 성경을 읽으며 기도하는 것도 니겐트로피 정신이 있기 때문이다(DePree, 1989). 크리스천 리더는 우리 속에 드러나지 않는 탕자를 몰아내고 긍정적으로 변화를 일으켜 주님이 우리에게 허락하신 삶을 더 귀하게 만드는 사람들이다.

6) 끊임없이 갱신하는 리더십(reforming leadership)

교회는 정체의 못이 아니라 변화의 근원지가 되어야 한다. 한국교회는 그동안 갱신을 위해 노력해왔다. 그러나 진정한 의미의 갱신보다 구호만의 갱신이 더 많았다. 갱신을 위한 조직 활동도 있지만 행동으로 옮기는 데는 한계가 있다. 그러다 보니 개혁에 대한 관심이 줄어들고 있고 심지어 개혁 피로 증마저 나타나고 있다. 하지만 개혁교회의 특징은 끊임없이 개혁한다(semper reformanda)는 데 있다. 교회지도자는 자신이 진정 갱신화(reforming)하고 있는지 살펴볼 필요가 있다.

최근 재종교화(rereligionation)에 대한 이론이 크게 부각되고 있다. 한국교회지도자들은 기독교와 종교는 다르다며 종교의 개념에 대해 부정적 인식을 가지고 있다. 말하고자 하는 뜻을 이해하지 못하는 것은 아니다. 그러나 재종교화라 할 때 우리가 생각하는 것과는 다르다. 교회는 물론 다른 종교도 잃었던 종교의 원형을 다시금 찾아야 한다는 의미의 재종교화이다. 그 원형은 하나님을 바로 사랑하고, 이웃을 사랑하는 정신으로 다시 정립된다. 지금 상당수 종교들이 정치의 도구로 이용되면서 종교의 원형을 잃어가고 있다. 세계적으로 번지고 있는 상당수 테러가 종교의 이름으로 자행되면서 많은 인명을 앗아가고 있는 것이 그 보기다. 과거에는 종교를 빙자해 전쟁을 일으키기도 했다. 이런 행위는 하나님을 사랑하고 이웃을 사랑하는 정신에 어긋난다.

원형을 잃은 점에서는 기독교도 예외가 아니다. 라이문도 파니카(R. Panikkar)는 기독교를 문화로서 기독교(Christendom), 종교(부정적 의미의 종교)로서 기독교(Christianity), 기독성(영성)으로서 기독교(Christianess)로 구분했다. 어떤 학자는 이 구분을 인용하면서 문화와 종교로서의 기독교에는 구원이 없다고 주장하기도 한다. 영성도 없으면서 문화와 종교의 옷을 입고 나온 기독교를 어찌 기독교라 할 수 있겠느냐는 것이다. 총회나 교회에는 일꾼보다 정치꾼이 많고, 입으로는 주님을 찬양한다 하면서 그 마음에는 주님이 없다면 과연 주님이 그리스도인이라 할 수 있을까. 그리스도인이라면 그리스도의 영이 있어야 하며, 교회라면 그 영이 살아 움직여야 한다. 교회갱신은 단지 교회의 행정 절차를 간소화하거나 자금을 늘려 해결될 수 있는 문제가 아니다. 잃어버린 예수를 다시 찾는 일이며, 모든 교회가 주 앞에서 새로워지는 일이다. 우리의 게으른 태도와 생각이 근본적으로 바뀌면 성령께서 교회행정을 앞서 이끄신다. 그때 우리는 교회의 바른 모습을 보게 된다.

7) 영성회복의 리더십(spirit-recovering leadership)

교회는 보이는 세상적인 것보다 보이지 않는 영적인 것을 중시한다. 보이는 것은 잠시지만 보이지 않는 것은 영원하기 때문이다. 그리스도인은 보이는 육체를 통해서도 하나님을 드러내야 하는 영적인 존재들이다. 손으로도 하나님의 영광을 드러내고, 입으로도 그 영광을 드러내며, 우리의 일을 통해서도 하나님을 드러낸다. 교회는 하나님을 드러내는 가장 중요한 영적인 도구이다.

최근 이곳저곳에서 영성회복의 필요성이 강조되고 있다. 이것은 교회가 하나님을 드러내야 할 것임에도 불구하고 그렇지 못했다는 것을 보여준다. 총신원보가 총신대학교 신학대학원 학생 377명을 대상으로 한 조사에서 한국교회를 아직도 부정적으로 보고 있고 개혁이 필요한 것으로 나타났다. 한국교회의 문제점으로는 세속화와 영성약화, 목회자의 자질 하락, 지나친 양적·외형적 성장, 교회 난립 및 교회 간 경쟁과 분열 등이 거론되었다. 특히 교회에서 가장 개혁되어야 할 대상으로 담임목회자를 꼽았고, 담임목회자를 한국교회의 대표적인 문제인 세속화와 영성약화를 불러온 주체로 간주하여 주목을 끌었다.

"개혁을 위해 우리가 해야 할 가장 필요한 일이 무엇이냐?"는 물음에 원생들은 목회자 및 교회 중직자들의 의식변화를 가장 많이 꼽았고, 그다음으로 교인들의 영적 각성과 신앙적 열정 회복을 지적했다.

교회 개혁을 위한 프로그램이나 교회 개혁을 위한 재정적인 투자에 비해 목회자와 교인의 의식변화와 영적 각성을 우선으로 꼽은 것도 눈에 띈다. 한국교회가 달라지기 위해서 프로그램이나 물질적 투자에 앞서 목회자와 교인들의 의식 변화가 더 시급하다는 것이다.

이 조사는 앞으로 교회지도자가 교회를 경영함에 있어서 고쳐야 할 것이 무엇인가를 가르쳐 준다. 이 조사뿐 아니라 그 밖의 여러 조사결과는 교회 리더십에 심각한 위기가 있음을 보여준다. 리더십에 빨간 불이 켜진 것이다. 지금 기독 서점가에는 목회리더십에 관련된 서적이 홍수를 이루고 있다. 그만큼 리더십에 대해 목회자들의 관심이 크다는 것을 반영하고 있다. 그런데 반해 한국교회 목회자의 리더십에 빨간 불이 켜져 있다는 것은 아이러니한 일이 아닐 수 없다. 이제 교회는 어떻게 하면 영적 주도권을 회복할 수 있는가에 초점이 맞춰져야 한다.

8) 통합의 리더십

지금 우리 사회는 진보다 보수다 중도다 하며 여러 갈래로 분리되어 있다. 어떤 한 이슈를 놓고서도 진통을 겪고 있다. 목회자는 물론이고 교인 한 사람에 이르기까지 색깔이 있다. 생각이 다르기 때문에 주장도 다를 수 있다. 그러나 목회자는 자기의 의견이 있다 해도 교인 모두를 품어 안을 수 있는 마음 넓은 목회, 더욱 겸손한 가운데 사회를 통합할 수 있는 리더십을 발휘해야 한다. 진보든 보수든 이 세상의 모든 이데올로기를 상대화하고 그 모두가 오직 그리스도를 바라보게 하는, 그리스도 중심의 통합이다. 이 시기에는 통합의 리더십이 필요하다.

교회지도자라고 다 똑같은 사람이 아니다. 어떤 사람은 다른 사람과 함께할 때 잘할 수 있는 사람이 있는가 하면 혼자 할 때 잘할 수 있는 사람도 있다. 사회심리학적 용어로 전자의 경우를 사회촉진(social facilitation)형이라 하고, 후자의 경우를 사회감손(social impairment)형이라 한다. 목회자의 성격이 사회촉진형이든 사회감손형이든 문제는 주님의 일을 얼마나 잘 성취해 내느냐 하는 것에 초점을 맞춰야 한다. 일하는 사람의 성격을 나무라며 일을 망치거나 일의 진행을 멈추게 해서는 안 된다.

어떤 유형의 지도자든 대상에 차별을 두어서는 안 된다. 계층이 다르고 연령이 달라도 차별 없이 대하고 조화롭고 균등한 삶을 이뤄내야 통합을 이뤄낼 수 있다. 이것을 가리켜 '사회적 믹스'(social mix)라 한다. 목회자가 교회 안에서든 교회 밖에서든 복음과 함께 사회적 믹스를 이뤄내 삶의 조화를 이끌어낼 때 교회를 보는 사회의 눈도 달라진다.

교회가 사회를 위해 영적인 사역을 하고자 한다면 교회에 대한 사회의 비판에 겸허해야 한다. 최근 어느 국회의원이 "한국교회는 예수님이 하지 말라는 것은 다 하고 있다. 예수님이 지금 한국에 오시면 교회에 다니지 않으실 것이다"라는 말에 교회가 충격을 받은 일이 있다. 비판에 대해 교회가 취해야 할 태도는 겸허한 수용과 개선이다. 목회자는 이 땅에서 그리스도의 사역을 바르게 보여주는 사람이다. 비판을 받을수록 더욱 겸손하고, 자신을 추슬러야 한다. 비판에 저항하고 싫어하면 발전할 수 없다. 한국은 물론 세계가 미움과 질시로 분열하고 있는 것도 겸허한 수용이 없기 때문이다. 이런 때일수록 교회는 달라야 한다. 교회는 주 안에서 일체 겸손함으로 사회가 통합하도록 해야 한다.

지금까지 교회 리더십의 방향을 8가지 차원에서 제시해보았다. 이것은 간단하면서도 기본이 되는 방향이다. 교회 리더십은 섬김의 본질을 충실하게 이행하는 것이며, 그 섬김은 나를 위해서가 아니라 하나님의 비전을 성취하는 데 목적이 있다. 그간 하나님으로부터 멀어진 상태를 고치는 데 있다는 점에서 개혁적이어야 한다. 그리고 교회가 하나님 앞에 늘 깨어 섬으로써 사회를 영적으로 바르게 인도하는 변혁의 리더십이 이뤄져야 한다. 이것이 한국의 교회가 사는 길이요 개교회가 사는 길이다.

3. 리더십의 기둥을 무너뜨리는 것들

리더십에 있어서 이 8개의 기둥을 더 든든히 세워야 할 책임은 바로 우리 크리스천들에게 있다. 그런데 바로 우리 때문에 그 기둥이 무너지고 있다면 어떻게 해야 하는가? 리더십은 결단과 실행이 요구되는 작업이다. 나 때문에 그 기둥이 무너지고 있다면 내 안에 있는 문제점을 파악하고 그것을 깨뜨리는 작업이 필요하다.

헤르만 헤세의 소설 데미안은 신앙과 지성이 조화된 도덕적인 분위기에서 성장한 주인공 싱클레어가 동네놀이집단에 끼기 위해, 하지도 않은 도둑질을 했다고 허풍을 떨어 번민하다가 연상의 친구 데미안을 만나 세속화의 길을 걸으면서 번민을 극복하고, 자신 안에 있는 선과 악의 이중성과 자아를 발견해 나간다는 내용을 담고 있다. 내면에 상반된 두 개의 혼이 위태로운 방황을 계속하지만 데미안으로부터 "새는 알을 깨고 나온다. 알은 새의 세계이다. 태어나려는 자는 하나의 세계를 파괴하지 않으면 안 된다. 새는 신을 향해 날아간다."는 메시지를 받고 자기 인식의 눈을 뜨게 된다. 크리스천 리더는 보다 나은 세계를 열기 위해 노력하는 사람이다. 진정 하나님이 기뻐하시는 리더가 되기 위해서는 날마다 자기 껍질을 깨는 노력이 필요하다.

1) 이기심의 껍질

이웃을 섬기는 마음을 막는 요소로 우리 안에 깊숙이 둥지를 튼 이기심을 들 수 있다. 이기심이 작동하면 남을 도울 수 없다. 이기심은 우리가 깨야 하는 껍질 가운데 가장 질긴 것에 속한다. 세상 사람들은 자기 유익을 구한다. 국가도 국익을 생각하며 행동한다. 그러나 크리스천 리더는 자기보다 남의 유익을 구한다는 점에서 다르다.

크리스천 리더는 먼저 자신의 욕구를 다스릴 필요가 있다. 야고보는 말한다. "너희 중에 싸움이 어디로부터 다툼이 어디로부터 나느냐 너희 지체 중에서 싸우는 정욕으로부터 나는 것이 아니냐 너희는 욕심을 내어도 얻지 못하여 살인하며 시기하여도 능히 취하지 못하므로 다투고 싸우는도다 너희가 얻지 못함은 구하지 아니하기 때문이요"(약 4:1-2). 이기심은 인간의 본능이다. 그러나 그 본능을 제어하지 못하면 우리 속에 하나님의 나라를 세울 수 없다.

이기심을 제어하기 위해서는 우리 안에 희생이라는 하나님의 도구를 사용해야 한다. 이 방법은 간단하다. "각각 자기 일을 돌볼뿐더러 또한 각각 다른 사람들의 일을 돌보아 나의 기쁨을 충만하게 하라"(빌 2:4). 더 잘하려면 자기에게는 박하고 남에게는 후하게 한다. 자신을 낮추되 상대를 존중하고 배려한다. 우리의 겸손과 존중과 배려가 이웃뿐 아니라 나 자신을 지켜준다.

리더는 다른 사람의 시선이 미치지 못하는 대상에게 더 관심을 둘 필요가 있다. 마태복음 25장은 고아와 과부 등 작은 자에게 사랑을 베풀 것을 강조하고 있다. 지극히 작은 자에게 한 일이 곧 나에게 한 일이라 말씀하신다. 우리의 부는 자족하기 위해 존재하는 것이 아니라 사랑을 베풀기 위해 존재한다. 작은 자에게 긍휼을 베풀고 돌보라. 이것이 참된 경건이다. 베푸는 것은 물질만 해당되는 것이 아니다. 말 한 마디라도 겸손하고 사랑스럽게 하는 것도 중요한 베풂이요 섬김이다. 그 일이 작은 일이라고 생각하지 말라. 우리 생각에 작지만 섬기는 삶을 살 때 하나님은 기뻐하신다. "자기의 육체를 위하여 심는 자는 육체로부터 썩어질 것을 거두고 성령을 위하여 심는 자는 성령으로부터 영생을 거두리라"(갈 6:8). 자신만을 위해 사는 인생은 너무 허망하다. 이 땅에서의 섬김은 천국에서 하나님 섬기는 것의 그림자이다.

2) 교만의 갑옷

변혁적 리더십을 가로막는 요소는 우리가 입고 있는 교만이라는 두꺼운 갑옷이다. 교만할수록 변화를 거부한다. 문제는 자신은 교만한지 모른다는 사실이다. 자기는 잘하고 있고 문제는 항상 남에게 있다고 생각한다. 변해야 한다고 하면 변화의 대상에 자기는 없고 상대방만 있다. 내가 얼마만큼 교만한가는 자기의 생각과 모습을 통해 파악될 수 있다. 남과의 이야기에서 자기를 더 내세우고, 자기에 대한 칭찬과 명성을 기뻐하며, 다른 사람의 이야기만 나오면 별로 관심이 없어 한다면 교만한 것이다. 자기 자신에 대한 비판보다 남 비판하기 잘하고, 자기 잘못을 인정하려 하지 않으며, 자기의 주장을 끝까지 고집하려 한다면 그만큼 교만하다는 것을 스스로 입증한다. "교만에서는 다툼만 일어날 뿐이라 권면을 듣는 자는 지혜가 있느니라."(잠 13:10). "교만은 패망의 선봉이요 거만한 마음은 넘어짐의 앞잡이니라"(잠 16:18).

교만에는 겸손이 약이요 열쇠다. "마지막으로 말하노니 너희가 다 마음을 같이하여 동정하며 형제를 사랑하며 불쌍히 여기며 겸손하며"(벧전 3:8). "아무 일에든지 다툼이나 허영으로 하지 말고 오직 겸손한 마음으로 각각 자기보다 남을 낫게 여기고" "너희 안에 이 마음을 품으라 곧 그리스도 예수의 마음이니 그는 근본 하나님의 본체시나 하나님과 동등 됨을 취할 것으로 여기지 아니하시고"(빌 2:3, 5-6).

크리스천 리더는 항상 겸손의 모범이신 예수님을 따라 배워야 한다. 주님은 우리의 영원한 멘토(mentor)이시다. 사람은 누구를 모범으로 삼고 배우느냐가 중요하다. 비판 잘하는 사람을 가까이하면 자연 비판이 늘어간다. 그러나 긍정적인 사람을 가까이하면 긍정적인 사람이 된다. 마찬가지로 교만한 자보다 겸손한 사람을 가까이하면 그 겸손을 배우게 된다.

3) 내면의 두려움

전이의 리더십에서 문제가 되는 것은 우리 내면에 자리잡고 있는 두려움이다. 특히 사람에 대한 두려움이 있으면 만나기 어렵고 전도하기 어렵다. 이것은 얼마든지 있을 수 있는 현상이다. 그러나 크리스천 리더는 사람을 두려워하지 말아야 한다. 하나님보다 큰 사람은 없기 때문이다. "사람을 두려워하면 올무에 걸리게 되거니와 여호와를 의지하는 자는 안전하리라"(잠 29:25). 내면의 영성을 강화하라. 누구도 파할 수 없는 진을 구축하라. 그리고 당신이 섬기는 위대하신 하나님을 자랑하라.

뉴욕 맨해튼에 뉴욕 퍼블릭 라이브러리가 있다. 주변에는 오가는 사람이 많다. 하루는 그곳 네거리에서 '유대인을 위한 예수 그리스도'(Jews for Jesus Christ)라는 단체가 띠를 띠고 거리를 지나는 유대인을 상대로 전도하고 있었다. 한 사람이 두 유대인을 상대로 예수를 전했다. 나는 그들의 태도가 궁금하여 따라가 보았다. 유대인 중 한 사람이 전도인에게 비웃듯이 말했다. "좋은 것에 붙어 있으세요(Stick to the good things)." 전도인은 좋은 예수님을 소개하는데 그 유대인은 다른 것이 좋은 것이라 말하고 있는 것이다. 진정 좋은 것은 무엇일까? 그 유대인에게 "진정 좋은 것에 붙어 있으세요."라고 말하고 싶었다. 나는 무엇보다 전도자들의 당당한 모습에 감명을 받았다. 그들은 유대인들의 조롱 따위는 안중에 없었다. 조롱을 부끄럽게 생각했다면 나오지도 않았을 터이다. 우리가 당한 조롱이 주님의 그것과 비교할 수 있을까? 예수님은 이 세상에서 가장 크게 거절당하신 분이다. 바리새인과 제사장들은 예수님을 싫어하였고, 십자가는 거절의 상징이 되었다. 그러나 그분은 그것을 다 감내하셨다. 우리도 그 주님을 따라 배워야 한다.

사람들은 왜 두려워할까? 대부분 두 가지 이유 중 하나라고 한다. 하나는 자신의 비밀, 약점이 노출되는 것을 두려워하기 때문이다. 나의 과거를 아는 사람을 만날 경우 그가 나를 받아들일까? 아담도 "내가 동산에서 하나님의 소리를 듣고 내가 벗었으므로 두려워하여 숨었나이다."(창 3:10). 말하지 않았는가? 그런 것을 안고 살면 하나님뿐 아니라 대인관계가 어려워진다. 다른 하나는 접근할 때 거절당할까 두려워하기 때문이다. 전이의 리더십에서 두려움은 접근을 어렵게 한다.

두려움을 없앨 수 있는 방법은 하나님과의 관계를 더 돈독히 하고, 이웃에 대한 사랑을 확고히 하는 것이다. 나의 추악하고 더러운 과거, 부끄러운 과거는 모두 십자가 아래 묻는다. 오직 주님의 사랑과 자비 그리고 용서의 심정만 가지고 나간다. "하나님이 우리를 사랑하시는 사랑을 우리가 알고 믿었노니 하나님은 사랑이시라 사랑 안에 거하는 자는 하나님 안에 거하고 하나님도 그의 안에 거하시느니라 이로써 사랑이 우리에게 온전히 이루어진 것은 우리로 심판 날에 담대함을 가지게 하려 함이니 주께서 그러하심과 같이 우리도 이 세상에서 그러하니라."(요일 4:16-17). "사랑 안에 두려움이 없고 온전한 사랑이 두려움을 내쫓나니 두려움에는 형벌이 있음이라 두려워하는 자는 사랑 안에서 온전히 이루지 못하였느니라."(요일 4:18). 상대를 그리스도 안에서 포용하고 긍휼히 여기면 두려움을 크게 줄일 수 있다.

나아가 영적 동지와 함께 하나님의 일을 하라. 혼자 하는 것보다 함께하는 것이 좋다. 이를 위해서는 사람을 좋아하는 사람(people person)이 되고, 사람들과 함께 일하는 것을 기뻐하고 즐거워할 수 있어야 한다. 마음을 같이하여 일한다. 나의 것만 내보이려 하지 말고 조화를 이루도록 노력한다. 나보다는 너를 행해 나간다. 초점을 주님과 이웃에 향하라. 그러면 평안을 주신다. 깨어진 관계가 있다면 그리스도의 능력을 통해 그 관계를 회복하라. "할 수 있거든 모든 사람들과 화평하라."(롬 12:18). 인간관계를 증진시키기 위해서는 무엇보다 화평케 하는 자가 되고, 쉽게 노를 발해서는 안 되며, 사랑 안에서 진실을 말하고, 끝까지 용서할 줄 알아야 한다. 리더십에서 좋은 대인관계는 성공의 지름길이다. 실력이 10퍼센트라면 대인관계는 85퍼센트이다. 힘든 사람일수록 피하려 들지 말고 더욱 만나도록 한다. 그러면 어려운 문제도 풀린다.

끝까지 당신의 인테그리티(integrity)를 보이라. 인테그리티는 성실성, 정직 등이 포함된다. 「1분 경영」, 「칭찬은 고래도 춤추게 한다」, 「정호」 같은 베스트셀러를 낸 경영 컨설턴트 블랜차드는 「신비로운 리더십 강화제」를 통해 리더십의 3대 요체를 성실성, 파트너십, 인정을 꼽았다. 그는 나폴레옹이나 패튼 같은 지도자들에게서 리더십의 정수를 추출해 알약(the leadership pill)을 만든다면 바로 이것이 주요 요소가 될 것으로 보았다. 그는 이 요소를 강조하면서 결론으로 "사람을 이끈다는 것은 그들을 통제한다는 것의 반대말이다"는 말을 했다(블랜차드 외, 2004). 내가 성실할 때 그 답을 얻게 된다.

4) 파괴의 유혹

살리는 리더십을 무너뜨리는 것은 파괴의 유혹이다. 그 유혹은 때로 자신 안에서 오기도 하고 밖에서 주어지기도 한다. 안에서 나오든 밖에서 오든 상관없이 그 유혹이 강하면 강할수록 긍정적인 생각보다 부정적인 생각이 앞서고, 미래를 밝게 보기보다 어둡게 보게 한다. 리더가 이런 생각에 사로잡히게 되면 이것이 바이러스가 되어 자기 주변을 오염시키고 조직을 죽게 만든다.

예수님은 우리를 살리기 위해 이 땅에 오셨다. 예수의 사람은 남을 죽이는 사람이 아니라 살리는 사람이다. 살리기 위해서는 수동적 적극성(passive activity)이 필요하다. 수동적이란 하나님의 전적인 주권을 인정하며 그분의 뜻을 온전히 받아들이는 것을 말한다. 적극성이란 하나님의 말씀에 의지하여 내 삶에 책임을 다하는 것을 말한다. 하나님의 뜻을 따르는 사람은 부정적인 것과는 거리가 있다. 하나님의 일은 기필코 이루어져야 하기 때문이다.

웰치의 좋은 리더가 되는 법 8가지

세계 최대 기업인 GE의 CEO로 21년간 군림하다 2001년 물러난 잭 웰치 전 회장이 부인 수지 전 하버드 비즈니스 리뷰 편집장과 새 책 '승리'(Winning)를 냈다. 다음은 그의 경영철학 '좋은 리더가 되는 법 8가지'다 (Welch & Welch, 2005). 그의 긍정적이고 적극적인 어프로치에 주목하라.

- "회의주의자에 가까울 정도로 집요하게 질문을 던지고 의문은 반드시 행동을 통해 풀리게 하라." 리더는 질문을 던지는 사람이다. "만약 이러면?" "왜 안 될까?" "어떻게?"라고 물어야 한다.
- "리더의 긍정적인 에너지와 낙관적인 생각이 전 직원의 피부 속까지 침투

하도록 해야 한다." 긍정적이고 쾌활한 리더의 조직엔 긍정적이고 쾌활한 사람들이 가득 차고, 침울한 사람은 비슷한 무리에 둘러싸인다.

- "자신의 비전을 부하들이 보고 체감하고 호흡하게 하라." 일선 직원들까지 비전을 공유하게 하라. 비전을 체감하고 호흡하게 하려면, 급여든 보너스든 보상책을 사용하라.
- "인기 없는 결정을 내리는 용기와 뱃심 있는 결단력을 가지라." 해고나 비용 삭감 등 힘든 결정을 할 때라도 자기 견해를 분명히 설명하라. 리더는 인기대회 출전자가 아니다. 때론 뱃심에서 나오는 결정을 내려라.
- "위험을 감수하고 그것을 통해 배우는 데 본이 되라." 많은 매니저들은 부하들에게 새로운 시도를 시키고 실패하면 단번에 목을 친다. 직원들이 실험하게 하려면 스스로 본이 되어 위험을 감수하라. 학습도 먼저 실천하라.
- "끊임없이 평가ㆍ지도하고, 자신감을 쌓게 하라." 평소에 늘 지도ㆍ비평ㆍ지원을 통합하고, 적재적소에 적임자가 배치되게 하라.
- "솔직함과 투명함, 신용을 통해 신뢰를 확립하라." 때로 나쁜 소식(임박한 해고 따위)을 전해야 할 때도 얼버무려서는 안 된다. 일이 잘못됐을 땐 책임을 지고, 호경기 때는 칭찬을 아끼지 말라.
- "축하하라." 축하는 긍정적인 에너지의 분위기를 만든다. 일은 인생에서 너무나 많은 부분을 차지한다. 그중 한 움큼을 떼서 축하에 할애하라.

그리스도인은 무사안일에 빠지는 사람이 아니라 적극적인 사람이다. 교회 일만 적극적으로 하는 것이 아니라 사회가 바로 서는 일에도 적극적으로 나서야 한다. 사회가 교회에 영향을 주기보다 교회가 사회에 영향을 주어 변화시켜 나가야 한다. 이를 위해서는 그리스도인 한 사람 한 사람 모두가 모범이 되어야 한다. 사회에 모범이 된다는 것은 세상 사람과는 '다르게' 살아야 한다는 것을 의미한다. 도움을 받기보다 도움을 주고, 사랑을 실천한다. 각 사회 분야에 참여해 악의 구조와 뿌리를 제거하는 일에도 앞장서야 한다.

4. 크리스천 리더들에게 하고 싶은 말

1) 부르심에 적극적으로 응답하기

리더십에는 여러 원칙이 있다. 크리스천 리더십에서 그 무엇보다 중요한 요소는 부르심(calling)과 그에 대한 적극적 응답이다. 고크로거(S. Gaukroger)는 리더십 5원칙으로 소명·성격·스킬·도전·그리스도를 본받음을 제시한다. 소명이 부르심이라면 성격·스킬·도전·그리스도를 본받는 것은 적극적 응답에 속한다.

부르심은 소명이다. 하나님이 사역을 위해 당신을 부르신다. 하나님은 일찍 부르기도 하시고, 늦게 부르기도 하신다. 사람마다 다르다. 하나님은 사무엘을 일찍 부르셨다. 이에 대해 사무엘은 "주여. 종이 듣겠나이다."고 응답한다. 이때부터 그의 삶이 달라진다. 하나님이 나를 부르셨다 확신한다면 태도가 다르다. 주 앞에 바로 서게 하고, 삶이 달라지게 만든다.

성격은 바울이 디모데에게 장로를 택할 때의 기준을 제시한 데서 잘 볼 수 있다. 예를 들어 손 대접하기를 좋아하는 것이 자격요건에 있다. 리더가 되려면 개방적이고 남을 환영하며 그로 하여금 자기 가정처럼 느끼게 만들 필요가 있다는 것이다. 주님을 위한 것이라면 그 무엇이라도 기꺼이 불편을 사랑하는 사람이 그리스도인이다.

스킬은 리더로서 갖춰야 할 여러 요건들이다. 디모데후서 4장을 보면 고난을 참고 인내하도록 가르친다. 인내가 곧 스킬이다. 그리스도인은 100미터 경주자라기보다 마라톤 주자와 같다. 마라톤은 시작하기 쉬우나 끝까지 경주하기는 어렵다. 인내가 없으면 끝을 보기 어렵다. 게으름과 포기는 버려야 할 종목이다. 이솝우화에 나오는 토끼와 거북이의 우

화는 우리로 하여금 천천히, 그러나 꾸준히 추구해 나갈 것을 가르쳐
준다. 리더는 믿을 만해야 하고, 일은 일관성 있게 밀고나가야 한다.

도전은 용기와 함께 간다. 주님을 위해 크게 도전(great challenge)
한다. 두려움일랑 "주는 나를 돕는 자시니 내가 무서워 아니하겠노라
사람이 내게 어찌 하리요."(히 13:6) 말씀으로 이긴다. 크게 도전하는
자는 보다 큰마음을 갖는다. 사소한 것을 가지고 따지기보다 본질에
충실하도록 노력한다. 본질에 관한 한 어떤 비난도 감수한다.

리더의 모범이신 주님을 닮는다. 우리 주님은 하나님이시지만 자기
를 비우셨다(빌 2:5). 자기를 비우신 주님을 통해 겸손을 배운다. 우
리는 주님의 종이다. 바른 종이 되려면 주님을 닮아야 한다. 사람을
닮으려 하지 말고 주님을 닮아야 한다.

2) 바야 콘 디오스

드러커는 자신의 책, 「미래의 결단」에서 미국 대통령이 반드시 지
켜야 할 여섯 가지 규칙이 있다고 지적했다(드러커, 135-36).

- 모름지기 지도자는 한곳에만 집중하고, 이것저것에 관심을 분산
  시키지 않는다.
- 현명한 지도자는 사소한 일까지 깊이 관여하지 않는다.
- 지도자는 조직 내에 친구나 친척을 두어서는 안 된다.
- 지도자는 자기하고 싶은 대로 행동하는 사람이 아니라, 국가나
  사회, 학교 등에서 그 조직에 필요한 일을 한다.
- 상식에 벗어난 일을 지도자가 행해선 안 된다.
- 지도자가 된 후에는 행정 절차를 더욱 철저히 하라.

이 가운데서 우리가 주목해야 할 부분은 지도자는 모름지기 한곳에만 집중해야 한다는 말이다. 크리스천 리더가 집중해야 할 곳은 어디인가? 그것은 하나님이다. 하나님이 바라고 기뻐하시는 것이다. 오직 주님께 집중해 나갈 때 승산이 있다.

그곳에 닿으려면 각가지 유혹이 당신의 발걸음을 붙잡을 것이다. 오디세이는 사이렌의 유혹을 물리치기 위해 배에 자신의 몸을 묶었다. 우리도 세상 유혹으로부터 자유하기 위해 몸부림 쳐야 한다. 혼자의 힘으로는 세상을 이길 수 없다. 하나님께서 함께하시고 힘을 주셔야 한다. 주님께 자신을 온전히 드릴 때 주님은 당신을 자신의 길로 인도하실 것이다. 주님은 당신을 세상 사람이 아니라 오직 그리스도의 사람으로 온전히 세워지기를 바라신다. 크리스천 리더는 이 일을 돕는 사람이다.

독일의 신예감독 졸탄 스피란델리의 작품 가운데 '하나님과 함께 가라'는 작품이 있다. 청빈과 순명 그리고 정결의 정신을 실천하는 수도원의 삶에 충실했던 3명의 수도사가 어느 날 갑자기 속세에 발을 내딛게 됨으로써 겪게 되는 세상과의 충돌, 유혹, 혼란과 방황, 성장, 회복 등을 로드무비 형식으로 그려낸 작품이다.

찬양하고 기도하는 수도원 생활에만 익숙한 그들에게 자동차, 휴대전화 등 문명의 이기를 사용하는 일이 쉽지 않지만 순수한 그들의 여정을 가로막는 장애물은 되지 못한다. 그들에게 있어 장애물이란 길을 떠나자마자 겪게 되는 세상의 온갖 번뇌들이다. 길을 떠난 세 수도사는 모두 오랫동안 쌓은 신앙심을 뒤흔드는 유혹, 곧 이성을 향한 금지된 사랑, 잊고 살았던 권력과 물질적 안위, 고향에 두고 온 가족들 등에 빠지게 되고 갈등하고 방황하는 가운데 깨달음을 얻고 성장하게 된다.

유혹이 우리를 방황하게 할 때 우리가 의지할 수 있는 것은 하나님의 말씀이다. "너희는 유혹의 욕심을 따라 썩어져 가는 구습을 좇는 옛 사람을 벗어버리고 오직 심령으로 새롭게 되어 하나님을 따라 의와 진리의 거룩함으로 지으심을 받은 새 사람을 입으라."(엡 4:22-24). 그리스도인은 언제 어디서나 세상 유혹을 이기고 승리해야 한다. 이를 위해 필요한 것은 '하나님과 함께 가라'(Vaya Con Dios)는 것이다. 이것이 바로 영화 제목이다. 신앙은 유혹과 시험을 거쳐 성장한다. 크리스천 리더는 사람들로 하여금 오늘도 바야 콘 디오스를 하도록 도와야 한다.

3) 삶의 현장에서 그리스도를 드러내라

종교개혁시대에 신앙의 선배들은 'hic et nunc'(여기에서 그리고 지금)라는 말을 자주 사용했다. 당신이 있는 그 자리에서 그리고 지금 그리스도를 드러내라는 것이다. 이 말은 그때만 필요한 것이 아니고 이 시대를 살아가는 우리에게도 적용되어야 하는 단어다.

그리스도인은 자신의 삶의 영역에서 하나님 나라를 세우는 사람이다. 학생은 공부하는 과정을 통해서, 직업인은 직업 활동을 통해서 그리스도를 힘 있게 드러내야 한다. 지금 그리고 여기에서 당신은 보이지 않는 하나님을 보이게 한다는 점에서 세상 사람과 다르다.

미국의 전도자 찰스 피니는 법을 전공한 사람이었다. 그는 전도도 많이 했지만 노예제도 철폐, 금주, 화해, 여권신장운동에 앞장섰다. 주님이 자기에게 주신 힘을 다해 하나님의 뜻을 이뤄가고자 한 것이다.

당신이 일을 할 때 잊어서는 안 될 것은 자기의 비전을 이루려 하지 말고 하나님의 비전에 이끌리는 사람이 되는 것이다. 당신이 그리스도인으로서 열심히 살려 하는 것은 매우 좋다. 그러나 그것이 당신의 욕구를 만족시키기 위한 것이고, 당신 자신의 명예를 위한 것이라면 그것은 처음부터 잘못된 것이다. 처음부터 잘못 끼워진 단추는 모든 것을 망치게 한다. 다시 끼워라. 끼우되 하나님이 당신을 향하신 뜻과 비전이 무엇인가를 생각하고 그것에 이끌리는 사람이 되어야 한다.

하나님의 비전에 이끌리는 사람이 많으면 많을수록 이 땅은 밝아질 것이다. "의인이 많아지면 백성이 즐거워하고 악인이 권세를 잡으면 백성이 탄식하느니라."(잠 29:2). 의인이 많아져야 행복한 세상이 열린다. 의인은 하나님을 두려워하고 양심을 따라 행동하는 사람이다. 하나님의 비전을 삶의 지표로 삼고 힘 있게 살아가는 사람이다. 의인이 되려면 사람이 바뀌어야 한다. 죄의 본성을 그대로 간직한 채 하나님의 뜻을 드러낼 수 없기 때문이다. 헌신과 거룩함으로 무장하고, 많은 사람을 주님께 돌아오도록 해야 한다. 의인이 제 목소리를 내는 사회가 될 때 바른 사회가 될 것이다. 의인의 작은 소리가 파장을 일으키고, 그의 작은 행동이 악의 요소를 밀어낼 때 사회도 그만큼 맑아질 것이다.

4) 마지막 마무리를 잘하라

삶을 두 부분으로 나눌 때, 40대 중반까지가 성취를 향해 달리는 시기라면 그 후부터는 이전 절반의 삶을 마치고 인생을 수확하고 정리하는 시기이다. 그러므로 40대 이후는 나머지 절반 인생의 새로운 시작인 셈이다. 그때부터는 자신을 위해 살기보다 하나님이 기뻐하시는 삶에 집중해야 한다. 물론 젊은 청년시대부터 이런 삶을 산다면 더할 나위 없이 좋을 것이다.

록펠러 이야기

1870년 미국 스탠더드 석유회사를 설립한 록펠러는 최선을 다하여 석유산업을 일으켰다. 석유를 통하여 세계적인 부자가 되겠다는 꿈을 위해 그는 전력투구했다. 그의 노력으로 그는 석유업계에서 선두주자가 되었고 세계적으로 유명한 부자가 되었다. 이제 부를 누리는 일만 남았다고 생각했다. 그런데 그는 53세에 불치병에 걸리고 말았다. 주치의는 1년을 넘기기 어렵다고 했다.

록펠러는 하늘이 무너지는 심정으로 고민하고 좌절했다. "내가 이대로 죽으면 세상 사람들이 나를 어떻게 평가할 것인가. 돈만 알고 돈을 위해 인생을 살다가 갔다고 할 것 아닌가." 죽은 후의 저 세상이 두렵기까지 했다. 내가 이렇게 허무하게 갈 수는 없다. 그는 속수무책인 경지에 이르러 하나님을 생각했다. 그는 성경을 읽는 중에 에베소서 4장에서 "너희는 유혹의 욕심을 따라 썩어져가는 구습을 좇는 옛 사람을 벗어 버리고 오직 심령으로 새롭게 되어 하나님을 따라 의와 진리의 거룩함으로 지으심을 받은 새 사람을 입으라." 이 말씀에 심장이 멎는 것 같았다. "그렇다. 욕심을 따라 축적한 재물을 모두 나누어주고 가자." 아직 시간이 있고 나누어줄 수 있는 물질이 있다는 것에 감사했다.

록펠러는 재물을 정리하여 장학금으로, 고아원 건축기금으로 그리고 여러 불우시설에 헌금했다. 그는 기분이 좋았다. 기쁨과 감사가 넘치면서 행복감마저 만끽했다. 그의 심령이 새롭게 변하면서 그는 건강을 되찾았다. 1년 시한부 인생이었던 그는 44년이나 더 살면서 세계제일의 석유사업을 다시 일으켰고 모두 그리스도의 이름으로 많은 곳에 헌금하며 여생을 멋있게 살았다. 그리스도인으로 말이다.

리더십의 대가인 풀러신학교의 클린턴 교수는 리더에게 중요한 것 중의 하나는 '마지막을 잘 마무리하는 것'(finishing well)이라고 강조한다. 한국의 역사나 교회사에서 평소에는 훌륭한 리더십을 행사하다가 마지막을 잘 마무리하지 못해서 망가진 지도자들이 적지 않다.

마지막 마무리를 잘한 사람으로 헨리 나우웬을 꼽는다. 그는 54세에 교수 생활을 접고 캐나다에 있는 장애인 공동체 데이브레이크에 들어가 10년 동안 아담이라는 장애인을 돌보며 생활하다 하나님의 부르심을 받았다. 그가 처음부터 장애인을 돌보기로 작정한 것은 아니다. 오히려 교수경력을 바탕으로 한 봉사가 이어지기를 바랐다. 그러나 하나님은 그에게 다른 길을 보여주셨다. 나우웬은 그것이 자기의 적성에 맞지 않는다고 완강히 저항했지만 하나님은 그 길을 요구하셨다. 하루는 렘브란트의 그림, '탕자의 귀환'을 보다가 깊이 깨닫게 된다. 그림 속의 아버지는 한 눈이 멀었다. 아들을 기다리다 지쳤기 때문이다. 그의 두 손은 탕자를 끌어안았고, 아버지의 망토는 따뜻하게 그를 감쌌다. 그는 하나님의 사람으로서 마지막 삶을 주님께 드리기로 작정하고 하나님의 뜻을 받아들였다. 나 자신의 욕구를 채우기보다 남을 위한 삶의 길로 들어선 것이다. 나우웬의 삶은 많은 사람들에게 영향을 주었다. 물론 그가 쓴 여러 책도 영적인 도전을 주지만 하나님을 위해 자신을 던진 그의 삶의 실천이 오히려 우리를 감탄케 한다. 그는 화려한 경력에 자신을 매몰시키지 않고 하나님을 위해 소박한 삶을 택했다. 복잡한 당신의 삶을 단순화시키고, 오직 순수한 마음으로 삶에서 그리스도를 드러내는 것처럼 강한 리더십은 없다. 그것이 우리를 감동시킨다.

우리의 영원한 리더는 주님이시며, 우리는 그분을 섬기는 종일 뿐이다. 리더십이 존재하기 위해서는 팔로워십(followership)이 필요하다. 내가 진정한 주님의 팔로워(follower)가 될 때 주님의 리더십이 더 빛을 발할 것이다. 그것이 우리가 주님께 영광을 돌릴 수 있는 방법이다.

미국 역사가 찰스 비어드(C. A. Beard)가 역사를 통해 본 것 4가지가 있다. 첫째, 개인이든 집단이든 권세욕이 클수록 망한다. 둘째, 하나님의 공의의 맷돌이 돌아가고 있다. 천천히 돌아가 안 도는 것 같지만 지금도 돌아가고 있다. 하나님이 가려낸다. 셋째, 벌이 꽃에서 꿀을 도적해가지만 그로 인해 기적이 일어난다. 넷째, 밤이 어두울수록 별은 더 똑똑히 볼 수 있다. 그의 이 말에서 가슴에 와 닿는 것은 하나님은 지금도 일하신다는 것이며 밤이 어두울수록 별이 더 총총 빛난다는 말이다. 하나님이 일하시는데 그의 백성인 우리가 누워 있을 수 없다. 세상이 아무리 어두워도 우리가 별이 되어 하늘에 뜰 때 세상은 빛이 얼마나 좋은가를 알 수 있다.

크리스천 리더는 오늘도 주님을 위해 그리고 주님과 함께 일하는 사람이며 어두운 세상을 비취는 별들이다. 세상은 우리를 필요로 하고 있으며, 우리는 그 사람들과 함께 주님의 구원을 보기 원한다. 이제 일어나 가자. '바야 콘 디오스'라 외치며. 주님의 영광을 위해 당신의 리더십이 요구된다. 당신의 작은 움직임이 나비효과를 일으켜 세상을 변화시킬지 누가 아는가.

제2장 교회지도자와 자기경영

1. 드러커의 인생을 바꾼 7가지 이야기: 내 이야기로 바꾸기

최근 학생들과 함께 드러커의 책 「프로페셔널의 조건」을 다시 읽었다. 읽을 때마다 나의 시선을 끄는 대목은 그의 자전적 고백이 담겨 있는 제6장의 "인생을 바꾼 7가지 지적 경험" 이야기였다. 자기로 하여금 보다 고상하게 나이 먹는 법을 가르쳐준 7가지 경험이 담겨 있다.

그 첫 번째는 베르디에 관한 이야기다. 드러커가 대학생 때 베르디가 1893년 최후로 작곡한 오페라 '폴스타프'(Falstaff)를 관람했다. 폴스타프에 완전히 매료된 그는 오페라에 관련된 자료를 찾아보는 동안 베르디가 80세 때 이 곡을 작곡했다는 사실에 더 놀라게 되었다. 그리고 "나도 나이를 먹더라도 결코 포기하지 않고 계속 정진하리라"는 마음을 먹게 되었다. 드러커는 95세의 나이가 되어도 열심히 책을 쓰고 강의를 하다 죽었다. 최근 목회자들 가운데 65세에 은퇴하는 일이 잦아졌다. 물론 후배 목회자들에게 길을 열어준다는 점에서 바람직하다. 그러나 그것으로 하나님의 일을 그만 두어서는 안 된다. 더 열심히 주의 일을 해야 한다. 하나님의 일에는 정년이 없기 때문이다. 과거에 충성했던 것으로 만족하지 말고 죽는 날까지 주님의 종으로 살아야 한다.

두 번째는 그리스의 위대한 조각가 퓌디아스(Phidias)에 관한 이야기다. 드러커가 함부르크에서 견습생으로 일하고 있을 때 '완벽'의 중요성을 깨닫게 하는 이야기에 접하게 되었다. 기원전 440년경 퓌디아스는 여러 조각 작품을 만들어달라는 주문을 받았다. 작품을 완성하자 사람들이 작품을 보고 칭찬을 아끼지 않았다. 그런데도 아테네 재무관은 작품료 지불을 거절했다. 그의 조각들은 아테네에서 가장 높은 신전, 그것도 지붕 위에 올려질 것으로, 사람들은 그저 조각의 전면만 볼 수 있을 뿐이므로 조각 전체의 값을 지불할 수 없다는 것이 이유였다. 그리고 말했다. "아무도 볼 수 없는 그 작품에 그 많은 작품료를 지불할 수 없소!" 그러나 퓌디아스의 생각은 달랐다. "아무도 볼 수 없는 작품이라고? 당신은 틀렸어. 하늘의 신이 볼 수 있지." 비록 사람은 보지 못하고 하늘의 신만 그것을 보게 될지라도 완벽을 추구하지 않으면 안 된다는 것이다. 2,400년이 지났어도 그 작품은 지금도 아테네 파르테논 신전의 지붕 위에 서 있다. 그렇다. 하나님은 보고 계신다. 이 땅에서 당신의 목회만큼 귀중한 작품이 또 있을까? 모든 일에 완벽을 기하라.

세 번째는 프랑크푸르트 신문사 기자로 있을 때 경험 이야기다. 신문사의 금융 및 외교 담당 기자가 되자 여러 주제에 대해 글을 쓰게 되었다. 글을 쓸 때마다 주제에 대해 어느 정도는 알아야 한다는 생각이 들어 공부를 하기 시작했다. 그 나름대로 터득한 것은 3-4년마다 다른 주제를 택해 도전하는 것이었다. 3년 정도 그 주제를 파고들면 완벽하지는 못해도 어느 경지까지는 들어갈 수 있었다. 그런 식으로 60년 이상 주제를 바꾸어가며 공부를 계속하니 상당한 지식을 쌓을 수 있었다는 것이다. 목회자는 한마디로 연구하는 사람이다. 목회자의 설교 영역은 넓고 때로는 깊어야 한다. 교인이 다 똑같지 않다는 것을 알아야 한다. 연구하지 않으면 바닥을 보이기 쉽다. 목회자는 언제나 공부하고 정진해야 한다. 한꺼번에 모든 것을 알 수 없다. 드러커처럼 관심 주제를 바꿔가며 끊임없이 연구하는 것도 하나의 방법이다.

네 번째는 50대 편집국장으로부터 배운 이야기다. 그 편집국장은 부하직원을 훈련시키고 제대로 가르치기 위해 무척 고생을 했다. 매주 기자들이 쓴 기사를 가지고 각 기자와 함께 토론을 벌였다. 나아가 토요일 오후와 일요일 하루 종일 6개월 거쳐 평가 작업이 계속 되었다. 국장은 먼저 기자들이 잘한 일부터 이야기를 꺼내고, 그다음에는 잘하려고 노력한 일, 그다음에는 잘하려고 충분히 노력하지 않은 일 그리고 마지막으로는 잘못했거나 실패한 일에 대해 날카롭게 지적했다. 그 뒤 기자들은 다음 6개월간의 새로운 업무계획과 학습계획을 국장에게 제출해야 했다.

편집국장으로부터 이 같이 훈련받은 드러커는 미국에 와서도 비록 잘했지만 더 잘할 수 있었거나 더 잘했어야 하는 일을 먼저 검토하고, 그다음에는 내가 잘못한 일, 내가 했어야만 했는데도 하지 않은 일을 검토하는 버릇이 생겼다. 이를 바탕으로 그는 컨설팅업무, 저술활동 그리고 강의에 있어서 우선순위를 결정하여 계획을 수립했다.

목회자는 후배목사를 길러야 한다. 그들의 잘한 것과 개선해야 할 사항들을 지적하고 더 잘할 수 있도록 가꿀 필요가 있다. 나아가 목회자 스스로 자기 일에 대해 정기적으로 검토하고 평가함으로써 자신의 목회가 더 나아질 수 있도록 채찍질해야 한다.

다섯 번째는 런던 은행에서 시니어 파트너 수석 비서로 근무하면서 경험한 이야기다. 하루는 창업자가 드러커를 불러 닦아세웠다. "지금 자네는 시니어 파트너들의 수석 비서인데도 여전히 증권분석사 시절에 하던 것처럼 일하고 있군 그래. 지금 자네가 무엇을 해야 하는지 생각해보게. 다시 말해 자네의 새로운 직무에서 효과적인 사람이 되려면 무엇을 해야 하는지 생각해보게." 드러커는 한 대 맞은 기분이었다. 그 후 그는 새로운 일을 할 때마다 스스로 질문했다. "새로운 일을 맡은 내가 지금 효과적인 사람이 되기 위해 무엇을 할 필요가 있는가?" 목회자는 주님의 사람이다. 일반 회사의 사람도 회사를 위해 무엇을 새롭게 할 것인가를 생각한다. 그렇다면 오늘 우리가 주님을 위해, 그 나라를 위해, 교회를 위해, 교인의 삶의 질을 위해 무엇을 새롭게 할까, 어떻게 해야 효과적인가 생각하는 것은 당연한 일이다.

여섯 번째는 교회사 연구를 통해 얻은 이야기다. 15-16세기 근대 유럽의 지배적인 두 세력으로 가톨릭이 지배하는 남부 유럽의 예수회와 프로테스탄트가 지배하는 북부 유럽의 칼빈주의 교회가 있다. 비록 종교적 배경은 다른 두 교단이었지만 피드백에 바탕을 둔 운영방법을 사용했다는 점에서 공통점이 있다. 즉 예수회 신부나 칼빈주의 목회자들은 어떤 중요한 의사결정을 할 때마다 자신이 예상하는 결과를 기록해 두었다. 그리고 9개월 후에는 실제 결과와 자신이 예상했던 결과를 비교해 보는 피드백 활동을 한다.

이 활동을 통해 그들이 잘한 것이 무엇인지, 그들의 장점은 무엇인지, 무엇을 배워야 하는지, 어떤 습관을 바꿔야 하는지, 소질이 전혀 없는 분야가 무엇이며 잘할 수 없는 일이 무엇인지를 파악한다. 이를 통해 자신이 개선해야 하는 것이 무엇인지, 자신이 할 수 없는 일, 심지어 시도하지 말아야 할 일을 알게 된다. 이러한 태도는 지속적인 학습이 얼마나 중요한가를 가르쳐준다. 현대사회는 지식사회요 학습시대다. 개인도 학습하고, 조직도 학습한다. 이 일에 있어서 자신을 어떻게 개선해야 할지를 아는 것처럼 중요한 것은 없다.

끝으로, 드러커의 아버지 친구 슘페터를 통해서 얻은 교훈이다. 드러커의 아버지는 조용하고 예의 바른 인물이었고, 슘페터는 활달하고 외향적인 인물이었다. 대조적인 성격에도 두 분은 오래도록 가깝게 지냈다. 당시 슘페터는 유명한 경제학자였다. 아버지가 "자네는 어떤 사람으로 기억되기 바라는가?" 물었다. 그때 슘페터는 "내가 무슨 책을 썼고 나의 이론이 무엇인가로 기억되는 것으로는 충분치 않다는 것을 알만한 나이가 되었어. 지금 내가 원하는 것은 대여섯 명의 우수한 학생을 일류 경제학자로 키운 교사로 기억되길 바라는 거야. 진정 사람의 삶을 변화시킬 수 없는 책이나 이론이라면 아무런 소용이 없다는 것을 알았다는 것이지"라고 답했다. 목회자여, 당신은 어떤 사람으로 기억되기를 바라는가? 자신의 업적만 기억되기 바랐다면 이제 그 대답을 바꿔야 한다. 사는 동안 다른 사람의 삶에 얼마나 많은 변화를 일으켰는지, 주님의 사람을 길러냈는지.

2. 지도자, 나는 누구인가?: 자기의 정체성 다시 확인하기

1) 주님의 교회를 살려야 하는 청지기

흔히 목회자들이 설교를 하면서 강조하는 말이 있다. "교회는 조직(체)이 아니다. 생명의 공동체다." 말하고자 하는 뜻을 이해하지 못하는 것은 아니지만 조직을 전공하는 사람으로 듣기에 매우 민망한 말이 아닐 수 없다. 조직(organization)이란 '기관화', 곧 살아 있는 생명체로 만들기, 유기체화를 뜻한다. 교회가 조직이 아니라면 살아 있기를 포기한 사체이기를 바란다는 말과 같다. 교회는 단순한 생명체가 아니다. 그리스도의 생명과 연관된 영적 생명체. 지도자는 주님의 교회를 위임받은 청지기로서 주님의 교회를 살아 있도록 만들 책임이 주어져 있다. 주님은 오늘도 새것을 창조하는 새로운 길로 목회자 당신을 이끄시며, 이 세상에서 좀더 진리와 정의를 창조하고자 자신의 창조적 에너지를 드러내는 도구로 당신을 사용하고자 하신다.

이런 의미에서 지도자는 어떻게 살아가야 하는가? 단면적인 신앙이 아니라 입체적 신앙을 보여주어야 하고, 정태적 신앙이 아니라 동태적 신앙을 드러내야 한다. 그 대표적인 보기로 갈렙을 들 수 있다. 정탐꾼 대부분이 보여주었던 신앙은 메뚜기 신앙이었다. "우리는 저들 보기에 메뚜기 같았을 것이라." 이에 비해 갈렙은 좌절 상황에서도 결코 넘어지지 않는 오뚝이 신앙을 가졌다. 빌라도 앞에 서신 예수님을 생각해보라. 예수님은 자신이 어떤 죽음을 죽게 될 것을 아셨지만 당당하였다. 하지만 빌라도는 오히려 기가 죽어 있었다. 당신의 말부터 변화시켜라.

당신과 주변을 살리는 언어생활 10계명

- 항상 긍정적인 말을 하라.
- 감사하는 말을 하라(엡 5:20).
- 덕스런 말로 은혜를 끼치라(엡 4:29).
- 유순한 말로 노를 쉬게 하라(잠 15:1).
- 자신의 말과 하나님의 말을 일치시켜라(골 3:16 - 17).
- 부정적인 말, 무익한 말을 삼가라(고전 10:10).
- 말을 적게 하고(약 5:9), 잘 듣는 사람이 되라.
- 사람이나 하나님을 원망하는 말을 하지 말라(약 5:9)
- 흥보기나 헐뜯는 말을 삼가라(잠 26:21 - 22, 마 7:1 - 2).
- 입술에 파수꾼을 세우라(시 14:3)

오늘, 이 땅에서 살아가는 당신은 과연 당당한가? 당신을 통해 주님의 능력이 힘 있게 나타나고 있는가? 현대를 가리켜 '능력을 상실한 세대'라 한다. 미래에 대한 불확실성으로 인해 모두 자신이 없는 표정을 하고 있다. 이런 때일수록 목회자는 나의 능력이 아니라 주님의 능력을 보여줘야 한다. 그래야 교인들도 삶의 험준한 파고를 넘을 수 있다.

그리스도인은 죽은 사람이 아니라 오늘도 패기 있게 살아 움직이는 사람이다. 주님은 내 실력으로, 내 힘으로 일하기를 원치 않으신다. 주님은 내 자아가 깨어지고 내 속에서 주님이 일하시기를 원하신다. 목회자 자신은 물론 교인을 수동적이고 수세적이며 현상유지에 만족하는 그리스도인으로 만들지 말자.

2) 언제나 기본으로 돌아가

그리스도인은 세상과는 다른 삶의 방식을 가지고 있다는 점에서 독특하다. 인간이 살아가는 방식에는 크게 두 가지가 있다. 하나는 죽음의 방식(midus moriendi)이요 다른 하나는 삶의 방식(modus vivendi)이다. 죽음의 방식을 택하는 것은 세상으로 가는 것이요 삶의 방식을 택하는 것은 하나님의 길을 택하는 것이다. 교회는 죽음의 방식에서 벗어나 주님이 가르쳐주신 삶의 방식으로 살아가도록 가르치고 이끄는 곳이다. 지도자는 자신에게 맡겨진 교회를 통해 그리스도인의 삶의 방식을 이 땅에서 보여주는 사람이다.

교인들이어, 구원은 보장되었으니 이제는 나의 방식대로 살아도 좋다는 생각을 버리라. 목회자여, 이젠 내가 당회장이니 내 마음대로 하겠다는 욕심을 버리라. 당신의 주인은 당신이 결코 아니다. 우리의 주인은 하나님 단 한 분밖에 없고, 우리 모두는 그분 말씀에 철저히 순종해야 할 종이다. 하나님은 지금 목회자에게 나의 방식이 아니라 하나님 자신의 방식을 요구하신다. 이 방식을 따라야 우리가 하나님 앞에서 살 수 있다.

하나님 방식은 무엇인가? 그것은 우리에게 기본적으로 요구하시는 삶의 방식이다. 그것은 mode 또는 form이라 말한다. 이 form은 하나님이 우리를 위해 만드신 것이다. 그 form을 유지할 때 우리는 하나님과의 관계가 바로 서고 평화를 누릴 수 있다.

우리는 때때로 "기본이 되어 있어야 한다."고 하고, 무슨 일이 있으면 "기본으로 돌아가자"(back to the basics)고 말한다. 북쪽 사람의 대접에 "감사합니다."라고 인사하면 으레 "그건 기본입네다."라고 대답한다고 한다. 삶에는 다 기본이 되는 방식이 있다. 일반인들도 기본이 안 되어 있는 사람을 보면 그가 아무리 돈이 많고 지위가 높아도 결코 곱게 보이지 않는다.

하나님은 우리가 이 땅에 살면서 기본을 지키며 살라고 하나님 나라의 삶의 방식을 기본으로 제시해 주셨다. 그 기본은 아담에서부터 현재를 살아가는 우리 모두에게 적용되는 법칙이다. 하나님은 성경을 통해 삶의 법칙, 삶의 형식을 제시해 주셨다. 우리는 그 form을 지켜야 할 책임이 주어져 있다.

그러나 우리가 살아오면서, 신앙생활을 해오면서 그 form에 문제가 발생하기 시작한다. 하나님의 방식과는 거리가 먼 것이다. 노회에서 목사고시를 치르고 목사가 되었을 때 그 감격을 잊지 못한다. 그때 각자는 앞으로 주님의 신실한 종이 되겠다고 얼마나 다짐했던가. 그러나 그 다짐은 오래 가지 못한다. 목회자 생활을 하다 보면 말씀보다 다른 것에 눈이 간다. 목회자를 유혹하는 것은 대부분 세상적인 것들이다. 목회자든 교인이든 그 유혹으로부터 자유로운 사람은 거의 없다. 그렇다 보니 하나님이 우리 안에서 세우시기를 바랐던 원형(formation)이 자꾸만 다른 유형으로 바꾸어진다. 변형(deformation)이 된 것이다. 종교개혁의 개혁도 form을 바꾸기 위한 것이다. 종교개혁을 reformation이라 한 것은 이 때문이다.

가톨릭에서는 한때 종교개혁을 개혁(reformation)이 아니라 기형 또는 변형(deformation)라 비꼰 적이 있었다. 그때 그렇게 말하는 것을 개신교에서는 비웃었다. 그러나 현재 기형적 불구의 모습으로 전락하고 있는 증세가 곳곳에서 나타나고 있어, 교회 및 기독교에 대한 질타가 계속되고 있다. 그래서 이제는 개혁의 차원을 넘어 변혁되지 않으면 안 된다고 말한다. 우리가 현재 가지고 있는 form에 질적인 대변혁을 일으키지 않으면 안 된다는 말이다. 그래서 요즘은 reformation이라는 단어보다 transformation이라는 단어를 선호한다.

1904-5년 영국 웨일즈에서 일어난 부흥운동은 질적인 변혁운동이었다. 이른바 '대각성운동'(Great Awakening Movement)이었다. 교인들이 크게 달라졌다. 교인들이 얼마나 질적으로 변화되었는가에 관해 이런 일화가 있다. 탄광에서 광부들이 쓰던 불경스러운 표현들이 자취를 감추어, 터널 속에서 석탄 마차를 끌던 조랑말들이 광부들의 명령을 알아듣지 못하고 제자리에 멈춰 서서 혼란스러울 정도였다. 사람들의 언어가 바뀐 것을 말들이 알아들을 정도였다면 얼마나 변했겠는가. 한국은 지금 1907년 평양대부흥 100주년을 맞아 새로운 전기를 마련하고자 노력하고 있다. 한국교회가 새롭게 변화되기를 기대한다. 무엇보다 기본으로 돌아가는 것이 급선무다.

3) 나 자신부터 변해야

교회가 질적으로 변하지 않으면 한국에 미래는 없다. 지도자가 변하지 않으면 한국교회의 미래는 어두울 수밖에 없다. 변혁을 위해서는 남이 아니라 나 자신부터 바뀌어야 한다.

지도자는 무엇보다 사람의 영혼을 죽이는 바이러스가 되어서는 안 된다. 나 한 사람의 잘못으로 인해 인간관계에 문제가 발생하고 교회에 도움을 주지 못하는 일이 발생하는 것도 문제지만 목회자의 작은 잘못이 많은 영혼을 죽일 수도 있다는 점에서 문제다. 에볼라 바이러스는 아프리카인을 수없이 죽게 한 바이러스다. 세계는 이 바이러스의 숙주를 찾기 위해 노력했다. 에볼라는 바이러스 발생지역을 딴 이름이다. 한국전쟁 때 쥐가 옮기는 바이러스 때문에 양쪽 군사 상당수가 죽었다. 알고 보니 시골 쥐가 폭격을 피해 도시로, 이리저리 옮겨 간 까닭이었다. 한탄강 유역에서 발생해 한타 바이러스라 이름을 지었다. 바이러스는 눈에 보이지 않을 만큼 작지만 많은 인명을 앗아간다. 목회자는 스스로 작은 실수도 용납해서는 안 된다. 에볼라 바이러스가 되어서도 안 되고, 한타 바이러스가 되어서도 안 된다.

실수를 벗어나기 위해서는 도박사의 오류에서 벗어나야 한다. 도박사의 오류(gambler's fallacy)란 돈을 계속해서 잃은 도박사가 자신이 돈을 잃은 횟수만큼 돈을 딸 확률이 높아진다고 생각하며 도박장을 벗어나지 못하는 것을 말한다. 딸을 계속해서 낳은 사람이 이번에는 아들일 것이라고 생각하며 또 아이를 낳는 경우도 도박사의 오류에 해당한다. "이번으로 끝이다."라고 말하면서도 자신을 옭아매는 오류로부터 자유롭지 못하다. 이제 끝을 내야 한다. 단호하게.

지도자여, 시간을 아껴라. 너무 흔한 말이라고 말하지 말라. 당신이 지도자로서 사역을 담당할 시간은 그리 많지 않다. 지도자이면서 실상 지도자로서 할애하는 시간은 그리 많지 않다. 그러므로 당신의 시간을 소중하게 생각하라. 몽테뉴는 말한다. "누가 당신에게 돈을 빌려 달라면 당신은 주저할 것이다. 그런데 어디로 놀러 가자고 하면 쾌히 응할 것이다. 사람은 시간을 빌려주는 것을 쉽게 생각한다. 만일 사람이 돈을 아끼듯이 시간을 아낄 줄 알면 그 사람은 남을 위해 보다 큰일을 하며 크게 성공할 것이다." 사람은 나면서부터 시간 속에서 살아간다. 쉼 없이 달리는 시간의 속도를 두고 화살이라 하며 시간의 귀중함을 우리에게 가르쳐 준다. 시간을 돈을 주고 살 수도 없고 저축할 수 없으며 누구도 붙잡아 둘 수도 없고 남에게 빌려주거나 빌려 쓸 수도 없다. 우리 인생은 내일 일을 자랑하지 못하며 하루 동안에 무슨 일이 일어날지 알 수 없다. 시간은 그만큼 중요하다. 하나님을 위한 시간은 너무나 중요하다. 그래서 지도자, 당신은 중요한 존재다.

3. 당신 자신을 경영하라: 자기관리를 위한 제언

지도자는 항상 교회를 염려한다. 교회 일에 그만큼 몰두해 있다는 증거이기도 하다. 교회문제에 시달릴 때는 종종 교회경영이 필요하다는 말도 한다. 그러나 교회경영에 앞서 중요한 것이 바로 목회자 자신의 경영이다. 자기를 경영하지 못하면서 교회를 경영할 수 없기 때문이다.

1) 오늘 당신의 미래를 준비하라

오늘 당신의 내일을 준비하라(Shape tomorrow today!). 내일은 당신의 미래다. 그 내일을 내일 준비하는 것이 아니라 오늘 준비한다. 그러기 위해서는 당신의 인생을 오늘 역전시켜라. 주님의 힘으로.

일본 오오미야 교회에 히키다 쿠니마로 목사가 있다. 그의 증언에 따르면 그가 교회에서 세례를 받았을 당시 그가 다니던 교회의 교인은 모두 3명이었다. 설교하시는 목사님, 피아노 반주를 하시던 사모님 그리고 히키다 자신이었다. 세례를 받았을 때 사모님은 자기를 찾아와 진정으로 감사하였다. 교인이 없어 목회를 그만둘까 생각하던 차에 히키다 군이 교회를 찾아왔고, 이제 세례까지 받았으니 목회자로서의 의욕을 다시 찾게 되었다는 것이다.

그러나 정작 감사할 사람은 히키다였다. 그는 18살 때 자살을 생각하였다. 죽기 전 그는 교회를 찾았다. 소망을 발견하면 살고, 아니면 자살을 결행할 생각을 가지고 교회를 찾은 것이다. 그런 그가 예수님을 영접하고 삶의 소망을 다시 찾게 된 것이다.

자살을 결심한 젊은 청년, 목회를 그만 두고자 했던 목회자. 그 모두는 어쩌면 인생의 낭떠러지에 자리하고 있었다. 그러나 하나님은 그들을 마지막 순간에 만나게 하심으로써 인생을 완전히 역전시켰다. 히키다는 지금 목사로 다른 사람을 구원하는 사역자가 되었다.

어찌 히키다뿐이랴. 빌리 그래햄은 원래 트럭운전사였으나 회심하고 세계에 복음을 전파하는 놀라운 사역자가 되었다. 인생을 역전시키는 분은 하나님이시다.

장요나 선교사도 빼놓을 수 없다. 그는 현재 라오스, 베트남, 캄보디아, 미얀마 등지에서 매우 활력적인 사역을 하고 있다. 100여 개의 교회를 세우고, 여러 곳에 병원을 설립했으며, 신학교를 운영하고 있다. 작은 병원선을 운영하며 오지인의 치료에도 앞장서고 있다. 그가 돈이 많아서 그렇게 한 것은 결코 아니다. 그의 사역에 감동한 분들이 한 사람 두 사람 자원하면서 일이 커지게 되었다.

그는 오늘도 관 위에서 잔다. 언제나 주님께 갈 준비가 되어 있다. 그가 이렇게 된 데는 인생의 큰 전환이 있었기 때문이다. 그는 스스로 '요나'였다고 고백한다. 그는 벽산그룹에서 요직을 맡았다. 직업상 술을 너무 많이 먹게 되어 회사에서 목사님을 강사로 초청해 놓고서도 다른 행사인지 알고 "국기에 대한 경례!"를 외친 적이 있다고 했다. 술이 덜 깬 것이다.

그는 귀만 살아 있고 전신을 움직일 수 없는 희귀병을 얻어 10개월을 병원에서 지내야 했다. 산소마스크를 하고 있던 어떤 날 장모님이 병원에 찾아와 아내에게 마스크를 떼자고 했다. 장모님까지 그를 내치도록 권유할 만큼 아내 또한 힘든 삶을 살았다. 지금도 그때 일을 생각하면 장모님이 밉고, "절대 그럴 수 없다"며 우기던 아내가 그렇게 고마울 수 없었다고 한다. 다시 일어난다면 주님을 위해 살기로 다짐을 했다. 하나님은 그의 간절한 기도를 들어주셨다. 그러나 한쪽 눈의 시력을 잃고 연골이 없는 가운데 걸어야 하는 아픔은 남겨두셨다. 그는 결국 수영로 교회로부터 파송을 받은 선교사가 되었고, 오늘의 선교기적을 이루게 되었다. 집을 떠나 사는 관계로 아이들을 잘 돌볼 수 없었다. 하루는 한 아들이 아버지에게 불만을 토하러 라오스에 왔다가 오히려 아버지가 하시는 일을 보고 감격해 한국행을 포기하고 아버지를 돕고 있다. 장 선교사는 한국에 와도 집에 가지 않는다. 한국을 떠나는 날 공항에서 왔다 간다고 전화한다. 집에서는 으레 그럴 줄 안다. 하나님 앞에 바친 몸이기 때문이다.

김요셉 목사의 이야기도 우리를 감동케 한다. 그는 독일에서 박사학위를 받고 귀국했다. 친구 목사의 소개로 간 곳이 한센씨 병자들이 있는 교회였다. 밤중에 찾아가 교인 집에서 저녁을 먹고 골아 떨어졌는데, 아침에 깨어보니 주인아주머니는 손가락이 없는 주먹으로 밥을 하고 있었다. 그는 놀랐다. 아침만 먹고 도망치려고 했는데 그는 그곳에 남아 한센씨 병자들을 위한 목회자로 남았다. 그는 한국의 한센씨 병자뿐 아니라 중국의 병자들도 돌보기를 원했다. 처음에 중국 관리들은 중국에는 그런 병자는 없다고 했지만 김 목사의 정성에 놀라 병자들을 소개해주었다. 그는 오늘도 두 나라를 오가며 그들을 섬기고 있다. 그분이 합신대학원대학교에서 집회를 가졌을 때 학생들은 그분의 모습만 보아도 은혜가 된다고 했다. 학생들은 김 목사와 함께 뒷산에 올라 기도를 드렸고, 학생들은 오늘도 그 시간을 잊지 못한다.

우리 곁에 이런 분들이 있다는 것이 자랑스럽다. 하나님은 지금도 자신의 종들을 불러 일하게 하신다. 당신을 향한 하나님의 기준은 높다. 하나님은 당신에게 더 높은 것을 원하신다. 당신의 수준을 하나님의 수준으로 올려놓으라. 내게 능력이 없다고 말하지 말라. 내려갈 준비만 되어 있으면 하나님은 당신을 사용하신다. 김요셉 목사의 말처럼 "은혜 받으면 더한 일도 할 수 있다." 하나님의 사랑을 실천할 때는 내 능력이 아니라 하나님의 능력이 나타난다. 이제 하나님과 사람을 감격시킬 수 있는 당신으로 변하라. 주님은 당신을 변화의 주인공으로 세우기를 원하신다.

2) 푸념일랑 떨쳐버리고

지난겨울 강순명 목사와 이준묵 목사에 관한 전기를 읽었다. 강 목사님은 큰 교회의 목사도 아니요 부한 목사도 아니었다. 그러나 주님을 위해 치열한 삶을 사신 분이다. 식구가 많았는데도 불쌍한 사람을 보면 집으로 데려와 음식을 대접하고, 옷도 기꺼이 벗어주었다. 헐벗고 가난한 시대에 목회자가 어떤 삶을 살아야 하는가를 보여준 분이었다. 이준묵 목사도 가난한 자에 대해 긍휼한 마음을 가지고 몸소 실천하신 분이다.

전기에서 강 목사님이 평소 하시던 말씀 가운데 두 가지가 나의 시선을 끌었다. 첫째, 성자는 남을 성자로 보는 자이며, 악마는 남의 단점을 과장하며 선전하기를 좋아하는 자다. 둘째, 너무 많은 옷을 입지 말라. 몸의 동작이 느리게 된다. 재산을 너무 많이 쌓아두지 말라. 정신의 동작을 방해한다.

강 목사를 소개하는 이유가 있다. 요사이 어렵게 목회하시는 목사님들이 많다. 최근 어떤 목사님이 00지역에 교회 수가 약 700되는데 그중 약 200 교회의 목회자는 교회 사정이 어려워 택시운전을 하는 등 다른 직업을 가지고 있다는 것이다. 그분들의 소원은 교인들이 100명 되는 것이라고 했다. 주변에 큰 교회가 들어오면 작은 교회 목회자들은 염려가 많다고도 했다. 그러다 보니 자연 큰 교회 목사님에 대한 불만이 높아질 수밖에 없다. 그리고 하나님이 나에겐 왜 한 달란트만 주셨는지 불만하곤 한다는 것이다.

우리는 한 달란트에 대해 무시하는 경향이 있다. 그러나 주님은 한 달란트를 무시하지 말 것을 당부하셨다. 달란트는 무게개념이다. 어깨에 질 수 있는 무게요 돈으로 치면 어마어마한 양이다. 6,000 데나리온이니 16년 반어치의 임금에 해당한다. 주님은 때로 한 달란트로 당신에게 자신의 모든 것을 걸으셨다. 왜 나는 이것밖에 받지 않았는지 푸념하지 말자. 푸념하면 할수록 당신의 목회에 빨간불이 켜진다. 그것을 땅에 묻을 우는 범하지 말자. 한 달란트가 얼마나 큰가를 생각하라. 당신을 향한 하나님의 기대를 생각하라. 하나님은 특별한 사람을 들어 쓰시는 것이 아니다. 약한 자를 들어 강한 자를 부끄럽게 하신다. 건축자의 버린 돌로 건물의 모퉁이 돌로 사용하신다. 주님은 작은 것으로 큰 것을 대적하게 하고, 약한 것으로 강한 것을 이기게 하신다. 언제 어떻게 당신을 들어 쓰실지 아무도 모른다.

안산 동산교회의 김인중 목사님도 안산의 셋집 지하실에서 교회를 시작했다. 시작은 미약했지만 자신에게 부여한 달란트를 결코 무시하지 않고 열심히 전도하고 최선을 다했을 때 하나님은 그에게 아름다운 결과를 허락하셨다. 돈 없고 가난해 공부하기 어려웠던 그가 가난한 학생들에 대해 긍휼의 마음을 잊지 않자 안산동산고등학교를 허락하셨다. 그 학교는 이미 명문학교, 학생들이 가고 싶은 학교로 자리잡았다. 하나님이 자신의 영광을 드러내기 위해 당신을 사용하기로 결심하시면 당신의 상황도 얼마든지 달라질 수 있다. 문제는 당신이 지금 주님을 향해 얼마나 준비되어 있는가 하는 점이다. 불평과 원망이 당신 안에 뿌리를 내리지 않게 하라. '부모의 70% 행복론'5)에서 벗어나 오히려 박수를 치라.

3) 이것 없으면 안 된다는 생각을 버려

광선에는 가시광선, 자외선, 적외선이 있다. 우리는 가시광선을 볼 수 있지만 자외선이나 적외선은 보지 못한다. 자외선과 적외선이 있다는 것을 잊지 말자. 보이는 것만 가지고, 이것 없으면 죽는다는 생각을 버려라. 보이는 세상적인 요소에 목을 매지 말고 보이지 않는 하늘의 것에 최선을 다한다. 세상의 것을 상대화하고, 하나님의 것을 절대화하는 삶이 바로 목회자의 삶이다. 목회자들이 자주 돈 문제, 성 문제, 명예 등에서 도덕적 인테그리티(integrity)를 잃는 것은 세상의 것에 미련을 두기 때문이다. 그것이 지도자를 미혹하게 만든다. 지도자는 세상의 것으로 사는 사람이 아니다. 세상 것을 멀리하도록 설교하는 자신이 그 문제에서 깨끗하지 못하다면 교인들이 어떻게 보겠는가.

지도자에게 필요한 것은 하나님을 향한 깊은 영성과 그분을 위한 사역이다. 영성이 안으로 향하는 여행(inward journey)이라면 사역은 밖을 향하는 여행(outward journey)이다. 내 안과 밖을 철저히 하는

---

5) 엄마도 딸의 행복에 짜증날까? 답은 그렇다. 현실에 만족을 느끼지 못하는 엄마의 행복도를 100으로 잡으면 엄마는 딸에게 70 정도의 행복을 바란다고 한다. 딸의 행복이 60 이하가 되면 엄마는 딸을 동정하고 도와주려 한다. 딸이 불행해지기를 바라지 않기 때문이다. 하지만 딸의 행복도가 70을 넘어서면 점점 짜증이 나기 시작한다. 그러다가 100을 넘으면 폭발한다. 이것을 부모의 70% 행복론이라 한다. 딸의 불행을 바라는 부모는 없다. 그러나 너무 잘살면 질투를 느낀다는 것이다.

것이 중요하다는 말이다. 그 모두 만질 수 있는 것이 아니다. 그러나 그것은 우리로 하여금 영원을 향하게 한다는 점에서 다르다. 목회자는 세상이 줄 수 없는 하늘의 행복을 오늘 안고 살아가는 사람들이다.

4) 자기의 사람이 아닌 주님의 사람을 길러야

공산주의 원조 마르크스는 원래 독실한 기독교인이었다. 문제는 그가 좌파 신학교수에게 배우면서 달라지기 시작했다. 선생이 얼마나 중요한가를 보여준다.

작은 수를 결코 작게 여기지 말자. 3%! 얼마나 작은가? 미국에서 유대인은 3%에 불과하다. 하지만 미국대학 교수의 35%를 차지하고 있다. 로마 인구 중 기독교인이 3%일 때 기독교 국가로 선포되었다. 그리스도인 처녀들은 몸과 마음이 깨끗하다 소문났을 정도였다. 그들을 아내로 삼고자 하는 사람도 늘었다. 그리스도인 아내들은 자녀를 참된 그리스도인으로 만들었다. 무엇보다 인격적인 그리스도인으로 만드는 데 관심을 두었다. 오늘 당신은 얼마나 많은 수의 주의 사람을 인격적으로 길러내고 있는가?

최근 코칭(coaching)에 대한 관심이 높아지고 있다. 로리 베스 존스는 「인생 코치 예수」에서 인생초점, 인생균형, 인생생산성, 인생성취 등 4가지를 강조한다.

- 인생초점: 인생에서 가장 중요한 것을 정의하고 그 길에서 벗어나지 않는다.
- 인생균형: 불안정한 세상에서 안정하는 법을 깨닫는다.
- 인생생산성: 지속적으로 가능성을 확대하여 열매 맺고 생동감을 갖는다.

• 인생성취: 최고의 인생 코치인 예수님 앞에서 기쁨을 느낀다.

이 4가지의 가장 중심에 예수님이 있다. 예수님을 당신의 코치로 삼을 때 삶은 달라진다. 목회자는 교인들로 하여금 예수님을 인생코치로 삼고 주님을 닮으며(imitating) 살도록 도와주는 역할을 잘 수행해야 한다. 이것이 바로 주님의 사람을 길러내는 방법이다. 사람을 기를 때 자기의 사람을 기르는 데 초점을 맞추지 말고 주님의 사람을 기르는 데 초점을 맞춰야 한다.

나아가 사람만 키우는 데 관심을 두지 말고 주님의 교회를 키우는 데 관심을 가져야 한다. 키운다고 자기교회만 키우는 것이 아니다. 큰 교회라면 욕심 부리지 말고 분가를 시키거나 연약한 교회를 힘써 도움으로써 주님이 일하시는 영역을 넓혀야 한다.

성실교회 이야기

성실교회(우희영 목사)는 다이어트 교회다. 교회 규모가 커질 만하면 분가해 교회를 개척해오고 있다. 1972년 설립된 이 교회는 20년간 14개 교회를 개척했다. 2년마다 한 교회씩 개척한 셈이다. 그렇게 여러 차례 분가시켜 왔음에도 불구하고 모 교회는 현재 출석성도가 2000여 명이나 되는 대교회로 남아 있다. 우 목사는 교회 개척에 대해 남다른 애착을 갖고 있다. 그는 성도 숫자가 300명에서 500명 정도일 때 목회하기가 가장 좋으며 교회 개척이야말로 영혼 구원의 가장 확실한 방법이라고 믿는다. 우 목사는 자신의 이러한 철학이 교회의 목회자 수급문제를 해소해 주는 대안이라고 설명한다.

교회 개척은 쉬운 일이 아니었다. 그동안 개척에만 힘을 쏟아온 데 대한 성도의 불만도 적지 않았다. 많은 예산이 지출되고 알짜 성도가 빠져나가기 때문이다. 그러나 이제 성도들은 자기 교회는 못 자라도 새로운 지역에 교회를 개척, 그 교회가 더 잘 성장하도록 하는 일에서 보람을 찾는 데 익숙해졌다.

교회 개척에는 몇 가지 원칙이 있다. 부교역자들에게 개척의 기회를 준다는 것이다. 그래서인지 이 교회 부교역자 선발에는 유능한 이들이 많이 지망해온다. 또 부교역자들은 목회를 하는 동안 최선을 다한다. 그래야 개척 목회자로 선발이 되기 때문이다.

개척 목회자로 선발이 되면 우선 기존 성도 중에서 개척에 필요한 인재들을 데려갈 수 있다. 이 문제로 갈등이 일어나기도 하지만 우 목사는 이 점에도 매우 개방적이다. 개척 지원금도 지급한다. 분가시마다 5000만 원씩 지원해왔으나 얼마 전부터는 1억 원으로 인상했다. 1~3년간 목회자 매월 생활비도 지원해준다.

우 목사는 개척교회에 대해서는 일절 영향력을 행사하지 않는다. 그는 개척교회를 독립교회로 여기고 담임목사도 '다른 교회의 담임목사'로 존중한다. 그러나 두 가지만은 예외다. 받은 만큼 다른 교회를 지원하라는 것과 매년 8월 첫 주 함께 수련회를 갖는 것이다.

개척교회들은 이 두 가지 약속을 잘 지켜오고 있다. 매년 8월이면 14개 교회 성도들이 경기도 포천 성실교회 수련관에 함께 모여 산상부흥회를 갖고 정을 나눈다. 부흥회나 전도행사 등이 있으면 달려가 돕는 것은 물론이다.

4. 전략적으로 사고하라: 당신의 미래를 전략적으로 준비하기

1) 당신의 강점과 약점을 찾아라

기업은 현재 자신이 처한 문제점을 알아보기 위해 그리고 새로운 전략을 짜기 위해 SWOT분석을 한다. 강점(S)과 약점(W), 기회(O)와 위협요소(T)를 분석하여 강점과 기회를 살리는 한편 약점을 보완하고 위협요소를 축소해 나간다. 교회지도자도 전략적인 사고를 할 필요가 있다. 이를 위해 자신의 강점과 약점, 기회와 위협요소를 파악하는 일이 중요하다.

무엇보다 강점을 파악하고 하나님이 내게 주신 달란트를 잘 사용했는
지 점검하라. 컴퓨터의 마우스를 쥐고 일하면서도 그 나라를 바라보며
일했는지 생각한다. 강점이라고 다 좋은 것은 아니다. 자신의 강점이 오
히려 주님이 하시고자 하는 일에 방해가 된다면 과감히 개선하라. 주님
을 위해 높은 역량을 발휘할 수 있는 것이 있다면 그것에 집중하라.

약한 것을 감추려 하지 말라. 그것을 드러내고 주변으로 하여금 자
신의 나쁜 습관을 고치는 데 도움을 받도록 한다. 아무리 해도 성과가
나지 않는 일은 중단하라. 위협요소 때문에 걱정이 되는가? 그것을 오
히려 변화의 기회로 삼으라. 기드온은 밀을 포도타작 마당에서 숨어
타작하고 있었다. 한 알이라도 빼앗기지 않기 위해서였다. 하나님은 약
한 기드온을 지도자로 택하셨다. 사람이 아니라 하나님이 일하신다는
것을 확증시키기 위해서이다. 광야의 한복판이 바로 하나님이 일하실
곳이다. 우리가 약하고 위협요소가 큰 만큼 하나님은 우리를 도우신다.

2) 영적 얼라인먼트는 했나요?

지도자에게 필요한 것은 얼라인먼트(alignment)를 하는 삶이다. 얼
라인먼트는 중심이 잡힌, 균형 있는 삶의 태도를 말한다. 치우침보다
균형이 있어야 한다. 청교도들은 한마디로 균형 있는 삶의 태도를 가
지고 있었다. 신앙의 자유와 물질의 풍요, 정신주의와 물질주의, 이상
주의와 상업주의는 서로 상충되지만 그들은 그것들의 조화와 균형, 공
존을 강조했다. 그것은 물질과 이상의 균형, 평등과 자유의 공존, 다양
성 속의 공존으로 구체화되었다. "살면서 돈은 필요하다. 그러나 그것
을 우상화해서는 안 된다."

드라이저가 쓴 소설 미국의 비극은 이 균형이 깨어지면 어떻게 되

는가를 잘 보여주고 있다. 정신적 이상보다 물질을 더 추구하게 되는 것은 영성을 잃은 것이다. 보잉회사의 사원인 주인공은 회장 딸과 결혼하는 것이 꿈이 되었다. 돈 많은 사람과의 결혼으로 상류사회의 진출을 꿈꾸던 주인공은 오래 전부터 사랑하던 여인을 죽게 함으로써 배반의 길을 걷는다. 신분상승욕구가 사랑하는 사람을 죽게 한 것이다. 균형을 잃으면 넘어진다. 대기업이 문어로 변신하는 것이나 목회자가 대기업의 회장행세를 하는 것도 마찬가지다. 자동차를 가진 사람은 이따금 휠 밸런스를 위해 얼라인먼트를 한다. 그렇지 않으면 자동차가 균형을 잡지 못해 쉽게 사고를 낼 수 있다. 목회자, 당신에게도 얼라인먼트가 필요하다. 이를 위해 골방으로 들어가 주님으로부터 영적 교정을 받으라. 주님의 말씀에 경청하라.

3) 영적 양극화현상에 주목하라

잉글하트 교수의 조사에 따르면 한국은 세대 간 격차가 가장 심한 곳이다. 구세대와 신세대의 사고와 행동이 그만큼 다르다는 것이다. 이제는 컴퓨터에 따라 BC(Before Computer)와 AC(After Computer)가 갈라진다. 요즈음 노인들의 블로그나 카페가 폭발적으로 늘어가고 있다고 한다. 새로운 흐름에 뒤쳐지지 않겠다는 안간힘을 보게 된다. 세대차는 단지 컴퓨터를 얼마나 사용하는가에 달려 있지 않다. 중요한 것은 삶을 보다 순수하고 유연성 있게 볼 수 있느냐에 달려 있다. 이를 위해 구세대는 Banking system에서 벗어날 필요가 있다. 이것은 깔때기로 머리에 지식만 넣고 사람은 없는 주입식 시스템을 말한다. 사람은 기계가 아니다.

영적인 면에서도 세대차는 존재한다. 지도자가 주목해야 하는 것은 앞으로는 더욱 영적 욕구가 강해진다는 점이다. 학교에서의 주입식 교육, 인터넷에서의 서핑교육으로 영성이 채워지지는 않는다. 우리는 지금 빈부의 양극화를 말한다. 그러나 신앙적으로 볼 때 더 심각한 것은 영성의 양극화다. 영성을 자꾸만 잃어가는 사람들, 영성에 관심이 없는 사람들, 심지어 반그리스도적 집단도 있지만 더 하나님을 찾고 그 앞에 철저해 지고자 하는 사람들도 늘어가고 있다. 교회는 시대와 아픔을 함께한다. 과거 냉전시대에 교회는 이데올로기문제로 심각한 후유증을 앓았다. 그러나 지금은 테크놀로지의 발전, 여가의 증진, 삶의 질 향상 등으로 영성의 그림자조차 보기 힘들다. 영적 양극화를 줄이려면 당신이 삶에서 그리스도를 보여주어야 한다. 당신의 가슴이 주님의 가슴이 되고, 당신의 팔이 주님의 팔이 될 때 세상은 변하게 된다.

4) 당신의 리더십에 변화를 주라

빌 하이벨스 목사가 윌로우크릭 교회를 시작하면서 교회에 다니지 않는 주변의 여피(Yuppies)를 대상으로 설문지 조사를 했다. "왜 많은 사람들이 교회에 다니지 않는다고 생각합니까? 당신이 다닐 교회를 찾는다면 어떤 종류의 교회를 원하십니까? 내가 당신을 위해 할 수 있는 일이 무엇이겠습니까?" 그는 이 조사를 바탕으로 교회를 바꾸어 나갔다. 목회자는 리더다. 주님의 교회를 위해 먼저 자신을 변화시키는 리더 그리고 자기의 주변을 변화시키는 리더다. 오늘 당신의 리더십에 변화를 주라. 다음은 변화를 일으키는 데 도움이 되는 몇 가지 리더십이다.

첫째, 목회자는 준비된 리더십(equipped leadership)으로 협력의 리더십(collaborative leadership)을 이끌어 가야 한다. 하이벨스 목사는 팀 리더십과 사역의 전문화를 통해 교회를 성공적으로 이끌어갔다. 교회는 혼자 하는 것이 아니다. 주님과 함께하고 구성원과 함께한다. 팀목회(team ministry)다. 이를 위해 목회자는 친숙한 그룹(affinity group)을 개발할 필요가 있다. "너희가 날마다 성전에 있든지 집에 있든지 예수는 그리스도라 가르치기와 전도하기를 쉬지 아니하니라."(행 5:42). 당신과 함께 주님의 일을 할 사람들이다.

둘째, 진실성 있는 리더십(authentic leadership)을 발휘하여 따르도록 한다. "자녀들아 우리가 말과 혀로만 사랑하지 말고 오직 행함과 진실함으로 하자"(요일 3:18). "저희 행실의 종말을 주의하여 보고 저희 믿음을 본받으라."(히 13:7).

셋째, 영적으로 함께 성장하도록 하는 리더십(spiritually-growing-together leadership) 한다. "우리가 다 하나님의 아들을 믿는 것과 아는 일에 하나가 되가 온전한 사람을 이루어 그리스도의 장성한 분량까지 충만한 데까지 이르리니……우리가 이제부터 어린아이가 되지 아니하여 오직 사랑 안에서 참된 것을 하여 범사에 그에게까지 자랄지라 그는 머리니 곧 그리스도라"(엡 4:13-15).

끝으로, 말씀을 행동으로 옮기게 하는 리더십(acting leadership)을 발휘한다. "너희는 도를 행하는 자가 되고 듣기만 하여 자신을 속이는 자가 되지 말라"(약 1:22). 크리스천 리더십은 다른 것에 있지 않다. 오직 말씀에 따르기만 하면 된다.

5) 끝까지 섬김으로

교회지도자는 섬기는 사람이다. 섬기기를 싫어한다면 이미 지도자이기를 포기한 것과 다름이 없다. 안산동산고등학교에서는 3S운동을 전개한다. 이것은 가정의 소중함 깨우치는 운동으로 'Smile Always'(웃음이 넘치는 가정), 'Say Yes'(서로 화답하는 가정) 그리고 'Serve Each other'(서로 섬기는 가정)이다. 웃고 긍정적으로 화답하는 것도 중요하지만 무엇보다 서로를 위해 헌신하고 섬기는 아름다움이 있어야 가정이 살 수 있다. 학교도 가정이라는 점에서 다르지 않다. 교회도 마찬가지다. 하나님의 가정은 달라야 한다.

섬기는 자는 자기의 것을 기꺼이 나눈다. 기업에서는 '제2의 기사도 정신'을 강조한다. 기업이 경영을 제대로 해서 흑자를 내고 정정당당하게 사회를 위해 쓴다. 마샬은 이를 '경제기사도'라 말한다. 교회도 이웃을 섬기는 일에 더 많은 시간과 돈을 할애해야 한다.

차라리 물걸레가 되라

목회자들이 목회를 하면서 신조처럼 지키며 살아오는 자신의 지침이 바로 목회철학이다. 상당수 목회자는 성경철학을 말한다. "성경이 가는 곳에 가고, 성경이 서는 곳에서 선다."는 것이다. 성경이 말하는 것만 말하고 그 선에서 절대 벗어나지 않겠다는 것이다. 어떤 목회자는 이를 주님철학으로 바꾸어 말하기도 한다. "주님께서 말씀하시는 데까지 가고, 주님이 가시지 않는 곳에는 가지 않는다."는 것이다. 이것은 목회자들이 성경중심, 그리스도중심으로 목회를 하겠다는 의지를 보여준다.

좀더 색다른 목회철학으로 물철학이 있다. 대구의 L 목사는 물철학을 말한다. 오른쪽이 막히면 왼쪽으로 비켜가고, 왼쪽이 막히면 오른쪽으로 비켜간다. 그리고 앞이 꽉 막히면 물이 찰 때까지 기다렸다가 넘어간다. 이것은 결코 무리를 하지 않고 비켜가고 넘어가는 순리를 보이겠다는 것이다. 이 철학에서 우리는 양보와 기다림의 미덕을 볼 수 있다.

물은 생물의 생존에 없어서는 안 되는 중요한 요소이다. 인체는 약 70%, 어류는 약 80%, 그 밖에 물속의 미생물은 약 95%가 물로 구성되어 있다. 생물의 생명현상도 여러 가지 물질이 물에 녹은 수용액에 의해서 일어나는 화학변화가 복잡하게 얽힌 것이다. 그리스 철학자 탈레스는 물을 우주의 모든 것의 기본적인 원소이며 모든 물질은 물이 형태를 달리한 것이라고 했고, 엠페도클레스는 흙·공기·불과 함께 물을 만유의 4원소라 하였다. 철학자들이 물을 놓고 사색을 했듯이 우리도 물을 놓고 신앙적 사색을 할 수 있다.

물은 무엇보다 색·냄새·맛이 없는 액체이다. 그렇다고 물이 맛이 없다고 생각하면 오산이다. 물이 맛을 내면 이미 깨끗한 물이 아니다. 그러므로 목회자는 언제나 순수하고 깨끗한 물이 되어야 한다.

물은 강, 바다, 지하 할 것 없이 도처에 존재한다. 이 물들이 태양열을 흡수하여 수증기가 되어 대기 속에 확산하고, 그 수증기는 응축되고 모여서 구름이나 안개가 되고, 다시 비·눈·우박 등이 되어 지표면에 내린 다음 모여서 하천이 되어 해양·호소로 흘러간다. 이것을 물의 순환이라 한다. 목회자는 보이지 않는 곳곳에 주의 말씀이 스며들도록 말씀을 순환시키는 역할을 해야 한다.

물이 순환하는 사이에 강의 흐름을 바꾸고, 산을 깎고, 깊은 골짜기를 만들듯 그리스도인들을 바꾸고 깎고 다듬어야 한다. 밀려오는 격랑이 끊임없이 해안선을 침식하여 섬이나 대륙의 형태마저 변화시키고, 끊임없이 떨어지는 물은 결국 바위를 뚫는다. 끊임없이 노력하면 변화가 온다. 목회자는 주님의 말씀으로 그리스도인의 삶에 변화를 주어야 한다.

물은 기후를 좌우하며, 모든 식물이 뿌리를 내리는 토양을 만드는 힘이 되고, 증기나 수력전기가 되어 기계를 움직이게 한다. 목회자들은 주님의 말씀이 교인들이 자라는 근원적 힘이 되고, 살아 움직이게 할 수 있도록 노력해야 한다.

대만의 한 목사는 걸레철학을 강조한다. 그는 자신이 걸레가 되어 교인들의 아픈 곳, 더러운 곳, 냄새나는 곳을 구석구석 닦아 깨끗하게 하고자 한다. 걸레는 결코 자신을 생각하지 않는다. 철저히 남을 위해 산다. 아무리 비틀어도 참고, 처박아도 화를 내지 않는다. 하지만 주님의 일이라면 기꺼이 자신을 맡긴다.

걸레도 물이 없으면 안 된다. 산소와 수소가 합하여 물이 되듯이 걸레와 물이 합하여 목적을 이룬다. 이왕 물철학일 바에야 물로 씻어주는 적극적인 걸레철학도 한번 생각해볼 만하다. 목회자의 철학은 그 어느 것도 아름답지 않은 것이 없다. 성경철학, 주님철학, 물철학, 걸레철학 이 모두 하나님의 길을 가고자 하는 사람들의 한결같은 마음일 것이다.

5. 당신의 삶에 변화를 허하라: 자신의 변화관리

경영은 변화요 혁신이다. 자기 경영은 자기를 변화시키는 것이다. 자기의 변화 없이는 다른 것을 변화시킬 수 없다. 교회지도자의 자기 경영은 주님을 위해 자신을 변화시키는 데 목적이 있다.

1) 당신의 목적은 주님에 있다

새들백교회의 릭 워렌 목사가 경영학의 대가라 불리던 피터 드러커를 찾아갔다. 여러 대화 끝에 어떻게 하면 교회를 잘 경영할 수 있는지 물었다. 그러자 드러커는 "목적을 바로 세우고 그 목적에 충실하세요." 라고 말해주었다. 지금 릭 워렌 목사는 '목적이 이끄는 삶'(Purpose-driven life)으로 유명하다. 교회도 목적이 이끄는 교회가 되어야 하고, 개인의 삶도 목적이 이끄는 삶이 되어야 한다고 말한다. 그 목적은 무엇인가? 나 자신이 목적이 되는 것이 아니라 주님이 목적이 되는 것이다. 주님이 나를 이끌고, 교회를 이끌어야 성공할 수 있다. 내가 교회를 이끌려 하면 그것은 나의 자랑이 될지언정 하나님의 교회를 만들 수 없다. 내가 아니라 주님이 주인이 되는 교회, 주님의 비전(뜻)에 이끌리는 교회가 바로 하나님께 기쁨을 드릴 수 있는 교회이다.

지도자여, 당신의 목적은 주님에게 있다. 당신이 지도자가 되기 위해 마음을 먹었던 그 순간부터 이미 당신은 당신이 아니다. 당신은 주님의 것이 되었다. 그러므로 나의 주인이신 주님께 최선을 다하는 것, 나의 생명까지 아끼지 않는 것이 본분이다. 그런데 우리 모습을 보면 하나님의 목적에 이끌리기(orientation)보다 나 자신의 목적에 이끌리는 모습(disorientation)을 보이고 있다. 이제 다시 본 목적에 이끌림을 받는 삶으로 재정립(reorientation)되어야 한다.

2) 두려울 때마다 하나님과 함께 춤을

사람들은 대부분 부정적인 생각을 가진 상대를 싫어하는 경향이 있다. 만약 지도자가 매사에 부정적인 생각을 가지고 섬기는 교회의 미래를 어둡게 말한다면 교인들이 어떻게 생각할까? 그러한 지도자를 믿고 따르지 않을 것이다. 당신에 대한 하나님의 생각도 마찬가지다. 미래에 대한 확신을 가지라. 기독교는 부정을 긍정으로 바꾸는 힘이 있다. 미래를 주관하시는 이는 우리 하나님이시기 때문이다. 그리스도인은 아무리 어려운 환경에서도 희망을 놓지 않는다. 우리를 이끄시는 주님이 있기 때문이다. 하나님의 사역은 우리의 생명을 바쳐도 될 만큼 가치가 있다. 두려워하지 말라. 확신을 갖고 하나님의 일을 하라.

Vanier의 자유에 이르는 7가지 단계

- 두려움은 오히려 지혜로운 선생이 될 수 있음을 인식한다.
- 스스로의 한계와 장애물을 인식한다.
- 뜻밖의 사건(죽음, 병, 사고)으로부터 오는 지혜를 배운다.
- 동반자, 곧 자유에 이르는 길에 우리 옆에 서 있을 수 있는 사람, 우리를 사랑하고 이해하는 이를 만난다.
- 본이 되는 사람들을 찾는다. 그들은 참증인이 되며 분명한 비전을 가진 사람들이다.
- 자유에로의 길은 노력이라는 것을 인정하는 것이다. 피하지 않고, 찾아가고, 귀를 기울인다.
- 우주의 근원이신 하나님과 교통하라.

헨리 나우웬은 「춤추시는 하나님」을 통해 나의 슬픔이 변하여 춤이 되게 하시는 하나님을 보여준다. 우리는 사력을 다해 고난을 피하려고 한다. 그러나 그는 고난은 피해야 할 불청객이나 저주가 아니라 우리

를 더 깊고 온전한 삶으로 나아가는 통로라고 말한다. 우리가 문제와 고통을 안고 슬퍼하거나 두려워 할 때 주님은 "다른 사람이 너를 뭐라고 말하든 나는 너를 사랑한다. 내가 네 안에 있는 것처럼 너도 내 안에서 살아라."고 말씀하신다. 춤은 기쁠 때만 추는 것이 아니다. 내가 약할 때, 고통 가운데 신음하고 있을 때, 슬픔이 나를 엄습할 때 그리고 죽음이 다가온다 해도 하나님은 우리에게 더 깊게 그리고 길게 손을 내미신다. 그리고 우리가 전혀 기대하지 못했던 미래, 곧 하나님의 세계로 우리를 이끄신다. 그것은 하나님이 나와 함께하는 미래요 춤이 있는 미래다. 하나님은 우리의 고통과 두려움을 만지면서 춤을 추자고 말씀하신다. "Shall we dance?" 목회자는 자신뿐 아니라 그 거룩한 춤을 교인들에게 가르쳐 주는 하늘의 교사이다.

3) 때로는 빠르게, 때로는 느리게

지도자는 항상 느림의 삶과 빠름의 삶을 함께 공유하고 있다. 주님이 오시기 전에 빨리 할 일(전도, 봉사)을 해야 한다는 점에서 행동이 빨라야 하고, 주님이 언제 응답하실지, 언제 오실지 모르기 때문에 기다리고 또 기다릴 줄 아는 느림(기도의 응답, 재림의 기다림)도 중요하다.

지도자는 신중한 결정을 해야 할수록, 나이가 들수록 느림의 삶이 중요하다. 나이가 들수록, 지위가 높아질수록 A형의 성격보다 B형의 성격이 요구된다. 기도하고 묵상하며 깊은 영성에 들어가고자 하는 목회자, 교인들을 더욱 이해하고자 격려하고자 하는 목회자일수록 느림의 미학이 필요하다. 그렇다고 목회자로 하여금 영적인 게으름에 빠지라는 것은 결코 아니다.

피에프 쌍소는 모든 것이 빨리 움직이는 사회일수록 느림이 중요하다고 말한다. 쌍소에 따르면 느림은 개인의 성격문제가 아니라 부드럽고 우아하고 배려 깊은 삶의 방식이다. 느림은 살아가면서 겪는 모든 나이와 계절을 아주 천천히 주의 깊게 느끼면서 살아가는 것이다. 느림은 빠름의 반대편에 있거나 빠름에 적응할 수 없는 무능력을 의미하지 않는다. 느림은 시간을 급하게 다루지 않고 시간의 재촉에 떠밀리지 않으면서 나 자신을 잊어버리지 않는 능력을 갖는 것이다. 느림은 개인의 자유를 일컫는 가치이다. 이것은 빠른 현대 리듬 속에서도 굼뜨게 사는 능력이다. 천재나 예술가의 특이한 성격들 중의 하나는 고급스런 게으름뱅이 기질이다. 느림의 지혜를 갖기 위해 쌍소가 제안한 방법은 다음과 같다(쌍소, 2000).

- 나만의 시간을 갖고 발걸음 닿는 대로 풍경이 부르는 대로 한가로이 거닐어 본다.
- 신뢰하는 주변사람들의 말에 완전히 집중한다.
- 권태를 즐길 수 있는 능력을 기른다.
- 우리의 내면에 자리잡고 있는 예민 의식, 즉 꿈을 일깨운다.
- 가장 넓고 큰 가능성을 열어두고 기다린다.
- 지나간 낡은 시간, 추억의 한 부분을 다시 떠올려 본다.
- 내면에서 조금씩 진실이 자라나도록 글쓰기를 한다.
- 절제보다는 절도를 가지도록 한다.

느리게 산다는 것은 세차게 흘러가는 강물이나 거세게 휘몰아치는 회오리바람 속에서도 휩쓸리지 않고 나만의 리듬을 잃지 않는 것이다. 매일 되풀이되는 하루의 분주함이 아니라 하루의 감성적이고 시적인 형태를 포착해야 한다. 아침에는 햇살이, 저녁에는 어둠이, 사랑하는 사람의 얼굴에서는 웃음이나 불만이 어떻게 자신에게 말을 거는지를 알아야 한다. 그러면 사람을 이해하게 된다. 때로는 느린 걸음으로 주님과 함께 걸으라. 그 걸음을 통해 조금씩 자신을 변화시킬 때 당신은 주님의 미소를 보게 될 것이다.

4) 과시욕에서 자유 하라

우리 주변에는 많은 교회가 있고, 그 교회보다 더 많은 목사가 있다. 그러다 보니 교회는 교회대로, 목회자는 목회자대로 비교하고 과시하는 심리에 빠지게 된다. 참다운 지도자라면 비교나 과시에서 자유로울 수 있어야 한다. 그리고 그러한 분위기를 만드는 노력이 있어야 한다.

심리학자들은 여러 효과에 대해 말한다. 과시에 연관해 종종 밴드왜건 효과, 속물 효과, 베블렌 효과를 말한다. 밴드왜건 효과(bandwagon effect)는 남이 하니까 쫓아가는 것을 말한다. 그리 가지 않으면 나만 돌리고 뒤처지는 느낌이 들기 때문이다. 속물 효과(snob effect)는 내가 다른 사람과 다르다는 것을 보여주기 위해 남과 다른 특출한 물건을 사고 입고 먹는 것을 말한다. 좋은 옷, 좋은 차를 타는 것도 마찬가지다. 교회의 크기(how much), 연간 교회예산이나 많은 수의 교인(how many)을 자랑하는 것도 속물근성 때문이다. 그리고 베블렌 효과(Veblen effect)는 2배의 요금을 물면서 비행기 비즈니스 좌석을 타는 것은 그것이 편해서이기도 하지만 나는 그것을 탈 수 있다는 우월감을 보여주기 위해서일 수 있다. 날이 갈수록 고급화되는 당회장실, 당회장 자가용 그리고 잦은 해외출장과 설교에서의 자랑은 다 과시심리에서 벗어나지 못했음을 보여주는 것이다. 진정 목회자가 되고 싶은가? 그러면 과시심리에서부터 벗어나라.

신학교 때 구약학 교수이신 김희보 목사님의 말씀이 생각난다. 그분을 아는 목사님도 계시겠지만 요즘 젊은 목사님들은 "누구신가?" 말할 수 있다. 김 목사님은 강의시간에 전도서를 읽으신 다음 "자네들은 나 김희보를 기억하겠지만 오래지 않아 나를 기억하지 못하는 사람들이 많을 것이야." 하셨다. 지금 자기를 과시하고 싶은가? 김 교수님의 말처럼 세상의 과시는 오래가지 못한다.

나아가 김 교수님은 구약사 강의 때 '하나님 나라 가치관'(Kingdom value) 확립과 수행을 강조했다. 이스라엘이나 유다의 왕들이 세상의 나라(Kingdom of the world)를 쌓으려 할 경우 하나님은 그를 징벌하셨으며 하나님의 나라(Kingdom of God)를 세우고자 했을 때 축복하셨다는 것이다. 이 말을 목회자에게 적용하면 다음과 같이 표현된다. "당신이 이 땅에서 세상의 나라를 쌓으면 망한다. 그러나 하나님의 나라를 세우면 흥한다." 오늘을 사는 목회자에게 절실하게 요청되는 말씀이다. 목회자는 하나님의 사람이다.

5) 인내하라

참나무는 '참아라'라는 말에서 나왔고, 쑥은 아무 데서나 쑥쑥 잘자란다는 데서 붙여진 말이라고 한다. 참나무는 최고의 나무라는 뜻도가지고 있다고 한다. 우리의 삶은 인내를 필요로 한다.

주님은 참으셨다. 자신이 어떤 죽음을 죽을지 알면서도, 십자가를 질 줄 알면서도, 제자가 배반할 줄 알면서도. 성만찬을 마친 후에도 예수님은 "찬송하며 가니라"고 기록하고 있다. 세상적으로는 그럴 수 없을 것이다. 제자들에게 기도하라고 부탁했다. 그러나 제자들은 오는 잠도 쫓지 못했다. 기도하지 못했어도 주님은 "자 이제 가자"라고 말씀하셨다. "너희들 그럴 수 있어"라고 말씀하지 않으셨다. 배반한 제자들을 향해 혼 지검을 내주고 싶을 것이다. 그러나 주님은 그렇게 하지 않았다. 우리가 배워야 하는 것은 주님의 인내다.

브라질 상파울루에서 빈민을 대상으로 선교활동을 하는 한국인 목사님이 계신다. 그곳 사람들은 그를 가리켜 '파스토르 리'라 부른다. 그가 걸인을 상대로 그들을 도우며 선교활동을 할 때 강도를 만났다. 강도는 이 목사에게 칼을 들이대며 돈을 강탈해 갔다. 강도가 간 후 목사님은 이런데도 선교를 해야 하는가를 생각하며 허탈해 있었다.

그런데 돌아갔던 강도가 다시 나타났다. 목사는 할 말을 잃었다. 다시 오다니. 그런데 강도는 잘못했다며 눈물을 흘렸다. 목사님은 그에게 있는 것 모두 내주며 가져가라고 했다. 그리곤 "교회 일을 도와 달라."고 부탁했다. 그 후 강도는 교회 일에 헌신적이었다. 사람들을 향해 "파스토르 리는 좋은 사람"이라며 교회에 열심히 나오도록 했다. 전과4범이 달라진 것이다. 하나님은 절망을 희망으로 바꾸어 놓으셨다. 이 목사는 선교에는 긴 인내가 필요하다고 말한다. 인내, 어찌 이 목사에게만 필요한 것일까.

6. 오늘 주님을 위해 변화를 원하는 당신에게

이제 당신은 주님을 위해 무엇을 할 것인가 생각한다. 주님을 위한 자기결단의 시간이다. 이 시간을 의미 있게 가질수록 당신의 미래도 가치 있게 달라질 것이다.

1) 책을 가까이 하라

장학생을 선발하는 인터뷰에서 나는 학생들에게 "자네가 읽은 책 가운데 가장 귀하게 생각하는 책이 있으면 말해보게" 주문을 했다. 목회자 당신의 삶에 영향을 끼친 책은 무엇인가?

목회자의 방에는 책이 많다. 당회장실도 책으로 둘러싸여 있다. 목회자만큼 연구 많이 하고, 책을 가까이 하는 사람도 드물다. 그러나 이따금 책을 가장 읽지 않는 사람 가운데 목회자를 꼽고, 심지어 성경을 읽지 않는 목사도 있다는 말을 들을 때 속상한다. 이런 말이 더 이상 들리지 않았으면 한다.

19세기 스펄전 목사, 20세기 로이드 존스 목사는 교회사에서 위대한 설교자로 꼽는다. 두 사람은 모두 신학교를 나오지 않았다. 스펄전은 대학도 나오지 않았고, 로이드 존스는 의학박사 출신이기는 하지만 역시 신학교를 나오지 않았다.

그들은 기도를 통한 하나님과의 깊은 만남과 체험, 성령의 기름 부어주심을 경험함도 있지만 그들은 당대의 최고의 독서가들이었다. 이들은 독서를 통해 당대 최고의 신학자 못지않은 성경과 신학에 대한 지식을 가지고 있었다.

"내가 이 세상 도처에서 쉴 곳을 찾아보았으되, 마침내 찾아냈! 책이 있는 구석방보다 나은 곳은 없더라." 움베르토 에코가 좋아하는 토마스 아 켐피스의 말이다. 물론 토마스와 켐피스가 책읽기만 강조한 것은 아니다. 기도와 묵상 모두 중시했다. 하지만 우리가 책읽기를 중단하거나 싫어한다면 그것은 미래를 가꾸겠다는 것을 포기하는 것과 다름이 없다. 거룩한 책읽기를 하라. 당신의 서재는 책을 사 꽂아두는 것으로 만족하지 말라. 바울은 물론 여러 믿음의 선배들이 정신적으로 도움이 될 양서들을 읽으려 노력했다. 세상에서 가장 좋은 책은 성경이다. 성경을 늘 가까이 하되 그 밖에 당신의 영성을 키우는 좋은 책들을 읽으라. 오늘 당신이 집은 책이 당신의 미래를 결정한다.

2) 하나님의 스텝에 주목하라

연리지(連理枝)라는 자연현상이 있다. 서로 이웃하는 나뭇가지가 바람이나 산짐승에 상처를 입어 속살이 그대로 맞붙어 버리는 현상이다. 처음에는 단순히 맞닿아 있는 것처럼 보인다. 하지만 결국에는 붙어 하나의 나무처럼 변한다. 일단 연리지가 된 나뭇가지는 다시는 떨어지지 않는다. 더 신기한 것은 가지가 한 몸처럼 살아도 애당초 하얀 꽃이 피던 가지는 하얀 꽃이, 빨간 꽃이 피는 가지는 그대로 빨간 꽃이 핀다는 것이다. 사람도 살아가면서 수많은 옆 가지를 만나게 된다. 부모와 자식, 부부 사이, 친구, 동료……. 그래서 사람들은 서로서로 연리지로 살아갔으면 좋겠다고 말한다. 따지고 보면 그리스도인들처럼 연리지로 살아가는 사람도 드물다.

교회지도자가 어려울 때 주변의 여러 사람들이 필요하다. 믿음의 형제들끼리 가까이 지내며 대화하고 기도해주는 친밀한 교제도 필요하다. 하지만 지도자만큼 외로운 사람도 없다. 쉽게 말붙일 상대가 아니기 때문이다. 교인들은 많지만 실상 지도자의 고독과 외로움을 이해하는 사람은 많지 않다. 그럴 때 목회자는 누구를 찾아야 할까? 상담자인가? 그 누구도 아니다. 궁극적으로는 나를 세우고 일으키시는 분은 하나님이다. "내 너를 일으키리. 마지막에." 이 말은 궁극적으로 우리가 누구를 의지해야 하는가를 보여준다. 킬케골도 종국적으로는 하나님 앞에 선 존재로서의 나를 상정한다. 하나님이 있음으로 우리는 결코 외롭지 않다.

나우웬은 「춤추시는 하나님」에서 하나님과 춤을 추기 위해서는 하나님의 움직이심에 익숙해지는 연습이 필요하다고 말한다. 이른바 스텝연습이다. 그는 기본스텝으로 다섯 가지를 제안한다. 작은 자아에서 더 넓은 은혜로, 움켜쥠에서 내려놓음으로, 운명론에서 희망으로, 감정의 조정에서 순전한 사랑으로 그리고 두려운 죽음에서 환희의 삶으로. 목회자, 당신은 주님과 춤을 추는 사람이다. 주님과 춤을 추기 위해서는 언제나 주님의 스텝에 주목해야 한다.

주님의 스텝을 익히기 위해서는 자주 하나님을 만나야 한다. 그리고 하나님의 손을 잡아야 한다. 그래야 외롭지 않다. 하나님 앞에 설 수 있는 시간은 하나님의 말씀을 읽고 기도하는 시간이다. 성경을 대할 때 우리는 하나님 앞에 선다. 성경을 열 때 나는 바로 하나님의 말씀을 듣는다. 그 말씀을 붙잡고 묵상할 때 주님의 세미한 음성을 듣는다. 그리고 나는 그 음성을 따르면 된다. 하나님의 움직이심에 의지하면 하나님은 나의 스텝을 보다 넓게 밟도록 하신다. 목회자가 하나님의 스텝을 밟을 때 교인들도 배운다.

하나님이 보이지 않는다고 우리의 생활까지 하나님을 멀리할 수 없다. 빙산을 보라. 남극에는 빙산이 3만 개나 떠다닌다. 그것이 암초역할을 한다. 빙산의 7분의 1은 보이는 부분이고, 7분의 6은 보이지 않는다. 우리의 생활은 보이는 부분이지만 하나님의 관계는 보이지 않는다. 보이는 부분, 곧 생활면에서도 하나님의 거룩함을 드러내야 하지만 보이지 않는 하나님과의 관계에서도 거룩함을 드러내야 한다.

예수님은 이 땅에 계실 때 하나님의 열심을 가지고 목회를 하셨다. 열심히 하나님의 스텝만 밟은 것이다. "'제자들이 성경 말씀에 주의 전을 사모하는 열심이 나를 삼키리라' 한 것을 기억하더라."(요 2:17)는 말씀은 그 열심이 어떠했는가를 보여준다. 목회자는 주님의 그 뜨거운 열정을 담고 사는 사람들이다. 주님은 항상 전환점에서 당신을 만나고자 하신다. 주님과의 관계를 다시 세우고, 주님의 스텝을 따름으로써 당신이 꿈꾸는 교회의 미래를 오늘 만들어라.

3) 오늘 당신의 삶에서 그리스도를 드러내라. 조금씩

지도자는 누구인가? 그리스도를 존중하고, 보이지 않는 하나님을 드러내는 사람이다. "나를 존중히 여기는 자를 내가 존중히 여기고 나를 멸시하는 자를 내가 경멸히 여기리라"(삼상 2:30). 당신의 삶에서 그리스도를 드러내라.

곽선희 목사가 김일성대학을 방문했다. 그곳 철학과 교수가 "목사님, 보이지 않는 하나님을 믿을 수 있습니까?"라고 물었다. 그리곤 몇 가지 질문을 덧붙여 곽 목사의 말문을 더 힘껏 막고자 했다. 곽 목사는 예의로 그분의 말을 들어주었다. 그것을 보고 주위에 있는 사람들이 자기들이 이겼구나 하며 생각하는 듯했다.

곽 목사는 조용히 "우리가 못 본 것은 없는 것인가요? 보이지 않는 것은 없는 것인가요?" 물었다. 그러자 철학교수는 "그렇지 않지요."라고 대답했다. 보이지 않는 것은 더 근본적인 것이다. 하나님은 보이지 않지만 그분은 모든 것의 근원이 되신다. 보이는 것보다 보이지 않는 것이 더 많고, 더 중요하다.

우리의 인격은 보이지 않지만 그 인격에 따라 그 사람의 평가가 달라진다. 그리스도인은 그 보이지 않는 하나님을 믿고 매일의 삶에서 예수 그리스도를 닮아가고자 한다. 그분의 인격이 우리 삶의 모범이 되기 때문이다.

닮아가는 것으로 만족하지 말라. 그 주님을 행동으로 드러내야 한다. 이를 위해 목회자뿐 아니라 교회도 그리스도 안에 다시 서야 한다. 최근 교회에 대한 책이 쏟아져 나오고 있다. 책마다 자신의 주장점을 담고 있어 한국교회가 앞으로 어떻게 달라져야 하는가를 보여준다. 그중에 몇 저자는 한국교회가 서야 할 좌표를 잘 그려주고 있다. 교회가 어려울수록 우리 모두 예수님 앞에 바로 설 필요가 있다. 정치보다는 "주님이 원하시는 교회가 무엇인가?"에 관심을 가지고 한국교회를 새롭게 하는 데 앞장서야 한다. 한국교회는 보다 건강한 교회, 주님이 기뻐하시는 교회가 되어야 한다. 목회자 자신이나 개교회의 이름을 드러내려는 유혹을 벗어나 오직 이 시대의 소망이신 예수를 붙잡고, 그 주님을 힘 있게 드러내야 희망이 있다.

주님의 향기를 드러내라. 꽃에는 향기가 있다. 우리의 인격에는 꽃향기보다 짙고 넓게 퍼지는 향기가 있다. 홀란드는 터키 꽃인 튤립을 가져다 길러 세계 꽃시장을 장악하고 있다. 목회자는 목회를 통해 세상의 꽃보다 더 진한 하나님의 능력을 나타내야 하는 책임을 가지고 있다. 세상에서 맡을 수 없는 이 향기를 전할 때 사람들을 교회를 다시 보게 된다. 그 향기를 처음부터 크게 나타내려 하지 말라. 그 욕심이 자신을 무너뜨릴 수 있다. 오히려 작은 것부터 시작하라. 겨자씨는 점점 커가 새들이 깃들 수 있을 만큼 큰 나무가 된다.

"나를 본받는 자가 되라." 말할 수 있는가? 아니면 "내가 본받고자 하는 것을 본받으라." 말할 수 있는가? 그 본은 무엇인가? "인격적 본, 신앙적 본, 총체적 본으로 닮아간다."는 말이 있다. 이를 위해서는 인격이 먼저 되어야 한다. 성경은 "복음으로 너를 낳았다."고 말한다. 우리가 본받아야 할 분은 오직 예수님이다. "예수를 본받으라." 예수의 인격을 본받고, 그분의 신앙을 본받고, 우리를 향하신 삶의 모든 것을 본받는다. 예수를 본받기 위해서는 우리의 내적 존재가 변화되어야 한다. 현대는 감성시대다. 감에 죽고 감에 산다. 감이 다르다 하고 "감이 오냐"고 말한다. 인격과 인격이 만나면 감이 통한다. 갈수록 더 가깝게 느낀다. 심지어 저 사람을 위해 죽어도 좋다는 생각마저 든다. 이것이 총체적 헌신(total commitment)이다. 주님은 오늘도 우리에게 이 차원의 헌신을 요구하신다.

4) 지금보다 마지막을 생각하라

태어날 때 아기가 운다. 그 울음소리에 식구들은 기뻐 어쩔 줄 모른다. 그러나 죽을 때는 그 반대다. 우리가 죽으면 식구들이 운다. 그때 나는 기뻐하며 주님을 향해 간다. 과연 당신은 웃으며 갈 수 있을 것인가? 지금보다 마지막을 생각하라. 지금 사람이 알아주지 않아도 실망하지 말라. 하나님이 알아주시는 것으로 만족한다. 그것이 궁극적인 것이다.

하나님은 우리와 함께 계신다. 하나님은 나의 산성이요 피난처시다. 주님은 우리의 목자시다. 양들은 내일을 염려하지 않는다. 목자가 우리와 함께 있는 것으로 만족하며 하루하루를 충실하게 살아간다.

오늘도 하루를 주신 하나님께 감사하라. 하루하루를 감사하며 소중하게 살 때 하나님은 더 많은 기회를 주실 것이다. 쌍소는 말한다. "그 어떤 사건들보다 가장 나를 흥분케 하는 것은 하루의 탄생이다. 하루의 탄생을 지켜볼 때마다 나는 충만감을 느낀다. 왜냐하면 하루는 24시간 동안 매순간 깨어나서 자신의 모습을 드러내기 때문이다. 나의 눈에는 하루의 탄생이 어린 아기의 탄생보다 더 감동적으로 다가온다. 내일은 또 다른 하루가 태어날 것이다. 내일 나는 다시 한번 미래를 내다보는 사람이 될 것이다." 하나님은 우리에게 매일 경이로운 새날을 주신다. 그 새날을 주님의 날로 만들라. 그러면 당신은 하나님으로 인해 기뻐하고, 하나님은 당신으로 인해 기뻐하실 것이다.

끝으로 나우엔의 말을 당신에게 전하고자 한다. "오직 당신의 몸과 정신과 마음을 하나님께 드릴 때 교회는 희망이 있다." 한 번밖에 없는 이 세상, 주님을 위해 당신의 모든 것을 바치기 바란다. 섬길수록 귀한 주님이기에.

제3장 팀 목회, 왜 안 되는가?

한국교회가 권위주의적인 모습에서 벗어나려면 팀 목회(team ministry)를 활성화할 필요가 있다. 교회가 성장하고 발전하면서 팀 목회에 대한 관심이 높아지고 있다. 목회사역이 보다 전문화되면서 팀 목회는 바람직한 것으로 평가되고 있다. 그러나 우리나라의 경우 팀 목회를 말하기는 하지만 같이 일한다는 팀 목회의 기본정신보다는 당회장을 밑에서 돕는다는 권위주의 의식이 앞세워지고 있어 사실상 팀 목회는 어려운 실정에 있다. 팀 목회의 필요성과 이것을 가로막고 있는 한국교회의 문제를 생각해보면 다음과 같다.

1. 팀 목회는 왜 필요한가?

팀 목회는 목사 한 사람이 다양한 기능을 수행한다는 것이 어렵기 때문에 각기 전문 영역에 있는 교역자들을 확보하여 하나님의 일을 보다 효과적으로 수행한다는 데 목적이 있다. 기능이 전문적으로 분화되면서 일의 효과는 더욱 높아진다는 것은 여러 경영활동을 통해서 입증되고 있다. 더욱이 전문가 시대가 도래하면서 교회도 이러한 측면의 흐름을 수용하고 활용하는 것이 바람직한 것으로 평가되고 있다. 왜냐하면 목회는 주님의 일을 하는 것이며 그 일을 효과적으로 하는 일은 무엇보다 중요하기 때문이다. 목회자가 교회를 자기의 왕국으로 간주하고 자기 방식만을 고집하며 자기의 주장만을 앞세운 나머지 일의 성과를 그르친다면 그것이야말로 주님으로부터 판단을 받아야 할 첫 번 대상이 되기 때문이다. 예수님은 바리새인들을 자기도 천국에 못 들어가고 남도 못 들어가게 하는 훼방꾼으로 묘사하셨다. 한국교회의 목회자들이 이러한 바리새인들이라는 주님의 지적을 결코 무시해서는 안 된다.

팀 목회는 무엇보다 나 자신의 무능을 고백하는 겸손한 목회 자세에서 출발해야 한다. 내가 모든 것을 할 수 있다고 생각하는 것은 교만이다. 모든 것을 하실 수 있는 분은 하나님밖에 없다. 인간이 그 자리에 이를 수 없을 뿐 아니라 인간이 하나님을 대신할 수도 없다. 하나님은 성막이나 성전에서 하나님의 일을 수행하도록 할 때 여러 제사장들을 세워 모두가 힘을 합쳐 하나님이 기뻐하시는 바대로 봉사할 수 있도록 하셨고 여러 레위 족속으로 하여금 각기 전문화된 분야에서 그 일에 참여하도록 하였다. 이른바 팀 목회의 원형이 바로 구약의 교회이다. 제사장들은 자기 차례가 오면 온 정성을 다해 기도하고 제사를 드렸다. 모두가 주님을 위한 봉사자로서 임했지 군림하려는 태도를 가지지 않았다. 하나님의 종이라는 철저한 의식이 그들 속에 있었다. 어느 제사장도 이 성전은 나의 것이다. 그러므로 내 마음대로 하겠다는 생각을 하지 않았다. 그저 묵묵히 봉사자로서의 임무만을 수행했다.

목사는 바로 봉사자라는 뜻을 가지고 있다. 그러나 사실상 봉사자라고 생각하며 겸손과 겸양이 넘치는 목회를 하는 사람은 그리 많지 않다. 보다 사람들로부터 인정받고 싶어 하고 군림하고 싶어 하는 목회자들이 늘어가고 있다. 이러한 목회자일수록 권위주의적이고 자만에 차 있다. 이러한 태도들을 수정하고 바르게 목회를 하기 위해서 팀 목회는 무엇보다 필요하다. 목회의 원형을 회복하는 일은 주님의 일을 바르게 함에 있어서 무엇보다 중요하다. 그 원형이 바로 팀 목회이다.

2. 수직적 목회와 수평적 목회

팀 목회의 정신은 함께함, 나눔에 있다. 누구의 밑에서 일한다는 것보다 하나님의 일을 함께한다는 정신이 팀 목회에서는 무엇보다 중요하다. 팀 목회는 종속관계의 수직적 목회가 아니라 같이하는 수평적 목회이다.

진정한 의미에서 우리나라 교회에서는 팀 목회를 찾아볼 수 없다. 우리나라는 대부분의 교회들이 담임목사 아래 부목사, 교육목사 등을 두고 있다. 어떤 이는 이것을 가리켜 팀 목회라고 말하지만 이것은 진정한 의미에서 팀 목회가 아니다. 왜냐하면 담임목사는 부목사나 교육목사를 동등한 목사로서 하나님의 일을 하는 것이 아니라 담임목사의 아랫사람들, 심하게 말하면 종이나 부하 정도의 취급을 받고 있기 때문이다. 어느 교회이고 부목사를 목사다운 목사로서 취급하는 것을 보지 못했다. 담임목사는 교회의 다른 교역자들을 좀처럼 인격적으로 대하지 않는다. 행정은 지시위주이며 잘못했을 때는 사랑으로 감싸기보다 욕설이 앞선다. 때로 이러한 장면을 목격하면서 이것이 목회현장인지 사회조직인지 구별할 수가 없다. 이럴 때마다 나는 교역자들의 관계 속에서 하나님의 나라를 이루지 못하는데 어떻게 교인들에게 하나님의 나라를 이루라고 말할 수 있느냐고 반문하게 된다.

팀 목회는 교회 안의 여러 전문 교역자들을 인격적으로 대하고, 그들의 전문성을 인정하며, 군림이 아니라 함께 일한다는 정신으로 철저히 무장하지 않으면 안 된다. 교회에 대표가 필요할 경우 돌아가면서 대표를 할 경우 성숙한 교회이다. 그러나 대표 목사 한 분을 두어야 할 경우 그 목사는 교회를 대표하고 다른 여러 전문영역의 교역자들이 서로 힘을 합쳐 사역을 효과적으로 조정하는 일을 맡도록 할 뿐 지배와 군림의 목회를 허용하도록 해서는 안 된다. 대표 목사가 있을 경우 다른 교역자들이 대표 목사를 힘써 도와야 함은 물론이다. 하지만 그 협력은 결코 종속과 지배관계의 협력이 아니라 상호존중과 하나님 나라의 궁극적인 성취라는 점에서의 협력이다.

3. 이런 생각들은 고쳐야

팀 목회를 위해서는 수직관계의 목회가 아니라 수평관계의 목회로 사고체계를 전환해야 한다. 이를 위해서는 우리의 의식 속에 박혀 있는 지배와 종속의 틀을 깨지 않으면 안 된다. 몇 가지의 보기를 통해 이 문제를 살펴보기로 한다.

• 보기 1: 목사라면 담임목사를 가리킨다는 생각

몇 년 전에 부목사를 지낸 분과 이야기를 나눌 기회가 있었는데 그는 부목사 시절의 고충을 한마디로 다음과 같이 표현했다. 그는 어느날 한 집사님 댁에 심방을 가게 되었다. 심방예배를 마치고 몇 마디말을 나누게 되었다. 그런데 그 집사님이 몹시 서운해하는 눈치여서왜 그러시느냐고 물었다. 그 집사는 앞에 있는 목사의 인격을 전혀 의식하지 않은 채 목사님의 심방이 아니기 때문이라는 것이었다. 부목사의 심방은 심방이 아니라는 것이다.

우리나라 교인들은 모두 담임목사위주이다. 모든 것을 담임목사가주관해주기를 바라고 다른 목사가 그 일을 할 경우 성이 차지 않는다. 심지어 담임목사가 다시 해주어야 한다고 우긴다. 담임목사가 아니면복을 못 받거나 덜 받기 때문인가. 목회에 있어서 담임목사만 목사이고 다른 목사는 목사가 아니라는 식의 사고방식이 잠재해 있는 한 팀목회는 어렵다.

• 보기 2: 당회장 목사는 100점, 부목사는 90점, 교육목사는 80점이
라는 사고

어느 교회에서 구역장, 구역권찰, 구역강사를 위로한다는 명목으로 하루를 잡아 남이섬으로 야유회를 떠났다. 두어 시간 가는 버스길에서 한 장로님이 일어나 문제를 풀어 점수를 얻는 게임을 리드하기 시작했다. 점수는 각자 속으로 계산하기로 했다. 문제가 제시되기 시작했다.

"성경은 몇 권으로 되어 있나요?"

"66권이라 생각한 사람은 100점이고 나머지는 0점입니다."

그다음 문제.

"우리 교회 교역자님들은 몇 분인가요?"

"여덟 분이면 100점이고 나머지는 0점입니다."

그다음 문제.

"각자 속으로 좋아하는 교역자를 마음에 그리십시오."

"그분이 당회장 목사님이면 100점, 부목사님이면 90점, 교육목사님이면 80점, 협동목사님이면 70점, 심방전도사님이면 60점, 교육전도사님이면 50점입니다."

그 버스 안에는 당회장 목사님, 다른 목사님들 그리고 몇 사모님들과 전도사님이 있었다. 당회장 목사님을 위한다는 생각을 나무랄 수 없으나 다른 교역자들까지 점수로 환산하여 인격을 모독하는 게임을 하면서도 어느 누구 항의를 하는 교인은 없었다. 이것은 한국교회가 얼마만큼 당회장 중심적 사고를 가지고 있는가를 단적으로 보여주는 것이다. 이런 사고가 지배적인한 팀 목회는 불가능하다.

• 보기 3: 부교역자들은 자기 부하라는 생각

한국교회의 담임목사들은 일반적으로 자기는 교회의 주인이고 부교

역자들은 자기 명령에 전적으로 순종해야 하는 부하들이라는 생각을 가지고 있다. 담임은 부교역자들에 대해서 비인격적이고 모멸적인 언어와 태도를 보일 때가 종종 있으며 장로와 집사들마저 이를 닮아 자기들도 그렇게 대해도 당연한 것처럼 생각한다. 당회장에 대해서는 하나님 모시듯 하면서 부교역자에 대해서는 사실상 안중에도 없는 인식은 한국교회가 얼마나 권위주의적이고 위계적인가를 보여준다. 조직적으로 말하여 한국교회는 극단적인 기계적 관료주의 사회(extreme machine bureaucracy)이다. 담임목사 중심의 이러한 주종관계 사고는 수평적 팀 목회를 불가능하게 만든다.

이러한 태도와 생각들은 오늘날의 한국교회가 주님을 중심으로 한 교회가 아니라 인간 중심의 교회로 변질되어 가고 있음을 보여주고 있다.

4. 하나님 나라의 목회방식으로 바꿔야

한국교회가 의식개혁을 하지 않는 한 구조적으로나 실제적으로 팀 목회는 어렵다. 팀 목회는 오직 예수 그리스도 한 분만을 교회의 주인으로 모시고 담임목사를 비롯해서 모든 목회자들이 하나님의 종이라는 겸손한 자세를 가져야 가능한 것이다. 종은 오직 주인에게 충성을 다할 뿐이지 자리다툼이나 하고 그 안에서 위세를 부리고자 한다면 그것은 종으로서 가져야 할 태도가 아니다.

교회 안에 인간중심의 서열과 지배와 복종이 자리잡고 있는 한 팀 목회란 성립되지 않는다. 담임목사가 단지 여러 교역자들을 둔다고 해서 그것이 바로 팀 목회라고 생각한다면 그것은 잘못된 생각이다. 팀이란 각자의 영역을 인정하고 서로 인격적으로 존중하는 가운데 하나님이 우리에게 명령하신 일을 서로 나누어 능률적으로 한다는 인식에서 출발한다. 모두가 힘을 합쳐 주님을 위해 일하는 것이지 어느 개인 한 사람의 명예를 위한 것은 결코 아니다. 팀 목회를 가능하게 하려면 담임목사는 권위주의적 태도를 버려야 한다. 업무의 분담은 전문성에 따라야 하며, 보수는 수행능력과 기여도를 따라 정해져야 한다. 담임 목사라 할지라도 기여도가 적을 경우 다른 목사보다 보수가 적어야 한다. 담임목사라는 권위주의적 용어를 다른 용어로 바꾸어야 하며 그 지위에 대해 전혀 정치적 매력이 없어야 한다. 그래야 비로소 모두들 똑같은 목사로서 힘써 일할 수 있기 때문이다.

　팀 목회가 성공을 거두려면 수직적 목회관이 아니라 수평적 목회관 으로 전환해야 한다. 모두가 주님 앞에서 죄인임을 늘 고백하면서 겸 손한 가운데 주님을 위해 힘쓰는 자가 되어야 한다. 누가 누구보다 위 고, 누가를 통해야만 한다는 것은 인간적인 것이다. 하나님의 나라에 서는 결코 인간적인 삶의 모습을 허용하지 않는다. 한국교회는 권위주 의적이고 냄새나는 인간주의적 목회방식으로부터 하나님 나라의 목회 방식으로 새롭게 거듭나지 않으면 안 된다. 교회는 하나님의 영광을 위해 일하는 곳이지 사람의 영광을 위해 일하는 곳이 아니기 때문이 다. 그런데 지금 한국교회는 사람이 세력을 잡고 있으며 하나님보다 사람을 위한 모임이 되고 있다.

제4장 뒤틀린 교회 재정관리 바로잡으려면

1. 교회 일을 하는 데 물질이 필요하다

김진홍 목사는 자주 이런 이야기를 한다. 청계천에서 넝마주이를 입고 근근이 연명하던 30대 때, 하루는 스물세 살짜리 청년이 아랫배를 안고 아프다고 뒹굴었다. 택시에 태워 제일 가까운 H대학 부속병원 응급실에 갔더니 배 사진을 찍어 오라고 했다. 그래서 사진 찍는 X레이 실에 갔더니 수납창구에 가서 돈을 내고 오라고 했다. 그런데 그 당시 엉겁결에 챙겨간 돈이 몇 푼 안 됐다. 그래서 "이거 외상으로 좀 해주소. 환자 사진만 찍으면 돈은 구해 올 테니까 지금 좀 해주세요."라며 사정을 했다. 그랬더니 X레이가 무슨 외상이 있냐며 수납에 돈 낸 영수증을 가져와야 된다고 했다.

아무리 사정해도 안 되자 결국 수납 창구 밑에 있는 긴 의자에 그 청년 환자를 눕혀 놓고 동네에 가서 어렵게 돈을 구해왔다. 그 돈을 구하는 데 3시간이 걸렸고 돈을 들고 숨이 턱에 닿도록 급하게 올라가서 병원 수납창구 앞 그 의자에 닿았는데 청년이 막 숨을 거두고 있었다. 너무 불쌍해서 그 청년에게 자기 무릎을 베고 죽도록 해주면서 눈을 감겨 줬는데 죽어가든 친구가 벌떡 일어나서 허공을 쳐다보며 "돈! 약값! 약값!" 하며 죽는 것이었다.

얼마나 속이 뒤집히고 화가 나든지 이런 놈의 병원은 왕창요절을 내야 된다고 생각했다. 세상에 병원수납창구 앞에서 기다리다가 얼마나 지치고 한이 되었으면 돈, 돈 그러고 죽었겠는가? 넝마주의패들을 전부 데리고 와 유리창 박살내고 원장을 찾아내 다리를 분질러 버리겠다는 생각이 앞섰다. 대학 언덕을 내려가서 성동교 다리를 건너다 넝마주의 센터가 있는 그곳으로 숨이 턱에 닿도록 달렸다. 가서 몽땅 불러와서 "아무애가 이렇게 돈, 돈 그러고 죽었어. 야, 우리가 가만히 있어서 되겠냐?" 하리라고 이를 갈며 달려갔다. 그러나 막상 저만큼 일꾼들이 보이는 자리에 이르렀을 때 숨을 몰아쉬며 가만히 생각을 했다. "과연 그렇게 하는 것이 성경적일까? 우리 예수님이 기뻐하실까? 뭐니 뭐니 해도 내가 하는 일이 선교인데 선교하는 사람이 병원 유리창 깨고 병원장 다리 분지르는 것을 우리 예수님이 기뻐하실까?" 조용히 생각해 보니 자신이 없었다. "그건 아닐 것이다"는 생각을 하고 교회로 가서 이렇게 기도했다.

"예수님, 저로 하여금 병든 세상을 향해 돌 던지고 파괴하는 사람 되게 하지 마옵시고 이 세상을 고치는 사람 되게 하여 주시옵소서. 썩은 세상을 썩었다고 손가락질하는 사람, 침 뱉는 사람 되게 하지 마시고, 대안을 주는 사람 되게 해 주시옵소서."

김 목사는 그런 체험들을 30년간 거치면서 마음속 깊은 곳에서 "재물이라는 것은 엄청 중요하다. 경제는 중요하다"고 생각하게 되었다. 교인들 중에 "나는 믿음이 좋고 성령 충만하니까 재물은 별거 아니야!" 이렇게 말하는 사람이 있으면 한참을 쳐다본다고 한다. "뭘 몰라도 한참 모르는 소리하네, 재물이 없으면 하나님 일도 못 해. 그 존귀한 사람의 영혼이 재물 때문에 얼마나 고통을 당하고, 죽어가는 사람이 눈앞에 있어도 재물 없어서 손 못 대고, 어린 자식 재물 없어서 굶기는 부모의 눈물과 한숨을 옆에서 안 헤아려봐서 그런 소리하지, 왜 재물이 중요하지 않니? 그러나 그렇게 소중한 재물과 경제를 내 욕심이나 내 가치관 중심이 아니라 하나님 말씀에 기초하여 재물에 대한 바른 인식, 바른 경영이 세워질 수 있기를 간절히 바랍니다."

2. 한국교회가 욕먹는 이유

물질이 교회에서 바르게 사용되었다면 얼마나 좋은가? 그러나 그렇지 못했다는 것이 솔직한 고백이 될 것이다. 이만열에 따르면 한국교회가 참기독교 정신을 한국 사회에 뿌리 내리기보다는 오히려 자본주의의 병폐적 요소인 돈과 쾌락 그리고 성장주의에 함몰된 채 헤어 나오지 못하고 있다. 우리 사회의 특징인 개인과 세대 빈곤층과 부유층 노조와 사용자 집단 등 여러 개체집단의 이기적 욕구가 여과 없이 표출되는 시대적 흐름을 거슬러 올라가기보다는 오히려 교회의 목표와 사회의 흐름이 함께 뒤섞여 교회의 본질을 잃어버리고 있다. 즉 한국교회가 하나님께서 금지한 풍요와 재물의 신인 바알과 아세라를 섬기고 있다는 비판을 자초하고 있으며, 실제 어느 순간부터 그런 비판을 들어도 부끄럽게 생각하지 않을 지경에 이르렀다는 것이다.

그는 교회가 성장이라는 이름으로 풍요와 재물에 대한 욕심을 정당화할 뿐 아니라 인간의 원초적 본능에서 싹튼 욕심을 교회의 목표처럼 생각하고 있다고 보았다. 그가 한국교회 현실을 이렇게 분석하는 것은 70년대 고도성장의 부산물인 재벌에 의한 경제구조가 한국 대형교회 성장사와 맥을 같이하기 때문이다. 특히 90년대 교회 성장이 멈춘 가운데 나타난 교회의 대형화 추세는 일종의 대기업의 문어발식 확장처럼 약육강식 현상이 기독교 내에서도 흡사하게 나타나고 있다고 지적했다. 이러한 지적은 한국교회가 재물의 사용에서 실패했음을 보여준다.

3. 하나님의 음성을 듣는 삶과 재정관리

한 선교단체가 제시하는 그리스도인의 올바른 재정원칙은 기본적으로 하나님의 음성을 듣는 것이고, 그다음 그 음성을 통해 우리의 사고방식을 바꾸는 것이며, 그렇게 되면 자연스럽게 재정은 따라오게 되어 있다는 것이다. 하나님의 음성을 듣는다는 것은 나의 삶의 초점이 하나님을 바라보고 있다는 것을 의미한다. 나아가 하나님의 음성을 들으면 사고방식이 바뀌게 된다. 사고방식은 어떤 문제를 궁리하고 헤아리는 방법과 태도를 가리킨다. 사고방식이 바뀐다는 것은 어떤 문제나 상황에 대해서 대처하는 방법과 태도가 바뀐다는 것이다. 사고방식이 바뀐다는 것은 그 사람의 삶이 바뀌는 것이다. 사고방식은 그 사람의 삶에 큰 영향을 미친다. 하나님의 음성을 듣는 사람은 하나님의 사고방식대로 살아가게 되고 하나님이 원하는 삶을 살게 된다. 그런 삶에는 재정은 당연히 따라오게 되어 있다. 왜냐하면 재정은 하나님의 것이고 하나님이 원하는 일을 한다면 하나님이 재정을 주실 것은 당연하기 때문이다. 단지 그 시기와 방법을 모를 뿐이다.

올바른 재정관과 잘못된 재정관

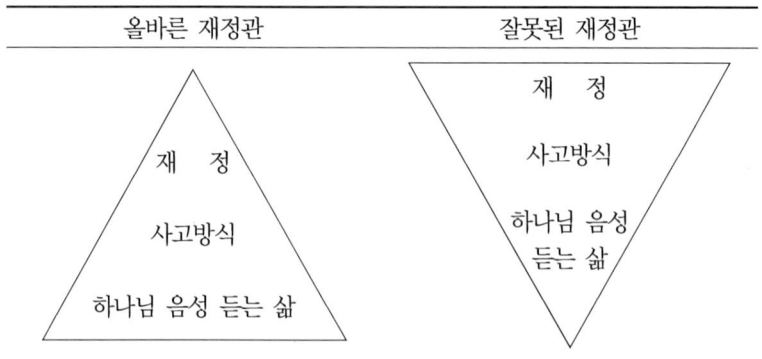

그러나 우리는 대부분 올바른 재정관보다는 잘못된 재정관을 가지고 살아가고 있어 문제다. 많은 그리스도인들이 위 그림처럼 역삼각형 구조의 재정관을 가지고 있다. 마음으로는 정삼각형의 구조를 원하지만 실제로는 역삼각형이 강하다. 하나님의 음성을 듣는 것에 관심과 노력을 기울이는 것이 아니라 그저 재정만 바라보고 재정의 문제가 생겼을 때 재정에만 집중하는 것이다. 하나님의 음성을 듣고자 하지만 그것은 아주 일부분에 지나지 않는다. 이렇듯 불안한 역삼각형 구조는 우리를 재정에 묶이게 하고 사태는 더욱 어렵게 된다.

결론적으로 우리 각자 그리고 교회는 재정문제 앞에 설 때 먼저 하나님의 음성을 듣는 태도가 중요하다. 재정이 어려울수록 우리가 하나님의 뜻에 합당하게 살아가고 있는가, 우리가 하는 일이 하나님이 원하시는 일인가 다시 한번 살펴볼 필요가 있다. 아무리 돈을 모으려고 해도 주님이 주지 않으시면 우리는 아무것도 할 수 없다. 그럴수록 더 묵상하고 기도하고 말씀에 따라 사는 삶이 중요하다.

4. 재정관리에도 민주화가 필요하다

루터는 우리에게 세 가지 종류의 회심이 필요하다고 했다. 가슴의 회심, 정신의 회심 그리고 돈지갑의 회심이다. 포스터는 현대인에게 있어서 이 세 가지 가운데 가장 어려운 회심이 돈지갑의 회심이라고 말한다. 교회는 재정을 필요로 한다. 교인들은 교회에 재정이 필요하다는 것을 안다. 기꺼이 헌금할 생각도 가지고 있다. 하지만 생각만큼 헌금이 걷히지 않는다. 그 이유야 여러 가지 있겠지만 가장 근본적인 것은 헌금이 목적에 바르게 사용되지 않고 있다는 데 있다.

한국교인들은 헌금 때문에 노이로제에 걸릴 정도로 부담감을 가지고 있다. 이만재가 쓴 「교회 가기 싫은 77가지 이유」에 이런 글이 있다(이만재, 1997).

"우리는 얼마 전 신도시 아파트로 이사를 왔다. 가난한 우리 집 살림에 조그만 아파트 하나가 당첨된 것이다. 그런데 부모님께서는 버스를 여러 번 갈아타고 멀리 옛날 교회를 다니신다. 어느 날 부모님의 말씀을 우연히 들으니 가까운 개척교회에 나가면 필경 건축헌금을 작정하라는 압박이 들어올 것 같아 옛날 교회를 다니신다는 것이다. 그 말씀을 듣고 난 이후 교회라는 데가 정말 두려웠다."

성전을 짓거나 교육관을 짓기 위해 심리적 부담을 주면서까지 헌금을 강요하는 사례가 빈번하게 발생하면서 헌금 때문에 교회 가는 것이 두렵고, 결국 교회가 영혼의 안식처가 되지 못하고 부담처가 되어 가고 있는 것은 안타까운 일이 아닐 수 없다. 강요된 헌금은 있을 수 없고 억지로 해서도 안 된다. 자기의 능력 안에서 자원하는 마음으로 드려야 한다. 하나님은 물질보다 마음을 보시기 때문이다. 헌금의 액수가 문제가 아니라 작은 것이라 할지라도 정성껏 그리고 기쁘게 드리는 그 믿음을 보시고 축복하신다. 헌금은 기도와 마찬가지로 하나님께 그리고 하나님 나라의 확장을 위해 드린다는 점에서 그리스도인이 가지는 기쁨인 동시에 축복이다.

바나바(행 4:36-37)는 자발적으로 밭을 팔아 사도들 앞에 내놓았다. 이에 비해 아나니아와 삽비라는 자원하지도 않으면서 이것을 흉내내 자신과 성령까지 속이다 죽임을 당하기도 한다(행 5:1-11). 좋은 선례와 나쁜 선례는 언제나 공존한다. 마귀는 돈을 가지고 우리를 시험하지만 하나님은 돈을 통해 우리의 신앙을 단련시킨다.

헌금은 근본적으로 성물이다. 성물은 단순한 돈이 아니라 거룩하게 구별해 드린 하나님의 것이다. 따라서 이 헌금은 하나님의 일에 그리고 하나님의 뜻에 맞게 사용되어야 한다.

교회가 주는 교회가 되기 위해서는 무엇보다 재정이 확보되어야 한다. 재정은 교인들의 일상적인 헌금, 행사나 이벤트를 통한 찬조금, 교회 내의 기부금(donations), 교회 밖의 기부금 제도의 확립 등 다양하다. 재정이 건전하게 확보되기 위해서는 교회의 비전과 목표 그리고 사명이 확고히 제시되어야 하고, 담임목사는 청빈, 검소, 투명한 생활을 통해 재정의 리더십을 발휘해야 한다.

교회재정은 작더라도 명세가 있어야 한다. 회계장부에 넣었다가 정당한 절차에 따라 합법적으로 지출한다. 개인의 것이 아니기 때문이다. 재정관리에 있어서 총회차원의 기준을 설정하여 전체 교회에 유리하게 그리고 가장 바람직하게 재정이 지출될 필요가 있다.

하나님의 것을 사용할 때는 소명감을 가지고 사용해야 한다. 교회는 재정을 관리함에 있어서 영적인 힘이 뒷받침되어야 한다. 교회의 재정은 일반 기업과는 달리 철저한 기도와 성령의 인도하심 속에서 이뤄져야 한다.

재정관리의 민주화가 필요하다. 교회가 예산을 세우는 과정에서 교인들의 자발적인 참여가 이뤄지도록 해야 한다. 예산을 세우기 전에 교회적인 논의, 제직회에서의 충분한 재정보고, 재정부 위원과 회계집사의 정기적인 순환, 교회재정의 공개원칙, 교회재정 관리에 대한 세미나 등은 교회재정의 민주화에 도움을 준다.

교회의 재정을 관리할 때는 자기의 선입견, 자기의 기분으로 결정하지 말고 '모든 헌금의 주인은 하나님이다'는 확고한 청지기 의식을 가지고 관리해 나가야 한다. 모든 헌금이 하나님의 뜻대로 사용되도록 신성하게 관리한다. 관리자는 두렵고 떨리는 마음으로 헌금을 대해야 하며, 일반 기업보다 더 정확하고 효율적으로 운용되어야 한다.

헌금은 무엇보다 하나님 나라의 확장을 위해 사용되어야 한다. 그것을 운용하는 것은 사람이지만 그것의 사용목적은 뚜렷하다. 교회의 재정은 궁극적으로 하나님께 최고도로 영광을 돌릴 수 있도록 활용되어야 한다. 기업은 이윤을 극대화하지만 교회의 재정은 하나님께는 영광의 극대화를 위해 그리고 사람에게는 은혜의 극대화를 위해 효율적으로 관리되어야 한다.

그럼에도 불구하고 교회재정이 하나님 나라보다는 인간의 목적과 명예, 교회 자체의 목적과 명예를 위해 더 사용되었다는 데 문제가 있다. 개인의 사사로운 여행이나 경비에 하나님의 것을 사용할 수 없다. 총회나 노회의 임원이 되기 위해 남용되는 일도 없어야 한다. 자기 교회를 과시하거나 생색을 내기 위해 사용하는 것도 문제다.

헌금의 사용에서도 거듭날 필요가 있다. 거듭나기 위해서는 헌금을 개인의 목적이 아니라 주님의 가르침에 맞게 사용되어야 한다. 하나님이 아니라 개인의 사사로운 욕심과 영광을 위해 사용한 것은 회개해야 한다.

한국교회는 헌금의 대부분을 자기교회 키우기에 사용한다. 이것은 근본적으로 헌금관리에 문제가 아닐 수 없다. 헌금은 또한 교회의 재산증식을 위해 존재하는 것이 아니다. 물론 교회를 운영하다 보니 경상비의 지출이 있을 수밖에 없지만 헌금은 대부분 나눔을 위해 사용되어야 한다. 경상비보다는 선교와 사회봉사를 위해 재투자되어야 한다. 교회재정은 축적에 목적이 있는 것이 아니라 하나님 나라를 위한 활용에 목적을 두어야 한다. 앞으로 사회 속에 하나님 나라를 확장하는 데 사용하는 교회가 발전한다.

재정은 신축성, 융통성이 있어야 한다. 상황이 바뀌었는데도 이미 짜놓은 것에 집착해 기회를 놓치는 것도 좋지 않다. 나아가 필요하지 않는데도 예산이 책정되었다고 쓰려 하거나 재정이 남는다고 낭비할 생각을 해서는 안 된다. 그 보다 더 좋은 일에 사용하기 위해 남겨둘 필요도 있다. 헌금은 하나님의 것이다.

이제 돈이나 재정관리도 우리가 '예수님의 이름으로' 마무리 기도를 하듯 주님의 가르침이 철저히 드러나도록 해야 한다. 기도와 예배가 형식적으로 드려질 수 없듯 헌금이나 재정관리도 형식적으로 드려지고 사용되는 것이 아니다.

5. 헌금 정신

우리는 헌금을 한다. 소득 중에 십일조도 드린다. 헌금을 드리는 것은 내 것을 드리는 것이 아니라 하나님께 그분의 것을 드리는 것이다. 그분은 우리의 주인이요, 우리는 그의 청지기이기 때문이다. 청지기는 결코 주인이 아니다. 돈도 나의 것이 아니요, 재산도 나의 것이 아니요, 자식도 나의 것이 아니다. 이 모두는 하나님의 것이요, 우리는 다만 그분의 청지기, 곧 관리인에 불과하다. 청지기는 주인인 것처럼 행세하는 것이 아니라 주인의 의도에 따라 재물을 선하게 관리해야 한다. 그렇지 못할 때 그것은 악의 도구로 전락해 버린다. 우리가 헌금할 때도 모든 것은 주님께로 왔다는 고백과 함께 드리는 것이 바른 헌금 정신이다. 십일조를 드릴 때 그분이 내 삶의 주인이심을 알 수 있다.

신학교에서 강의할 때의 일이다. 주제가 십일조에 이르자 학생들이 십일조를 드릴 때 세금을 떼기 전 액수의 십일조여야 하는지 세후 십일조여야 하는지 논란이 되었다. 서로 갑론을박했지만 그 답은 포스터에게서 쉽게 들을 수 있다. 그는 우리에게는 총수입의 10퍼센트 한계를 어떻게 정하는 것이 중요한 것이 아니고 어느 정도를 내는 것이 합당한가를 알고 계시는 성령님께 대한 깊은 영적 감수성이 필요하다고 말한다. 꼭 10퍼센트를 따져서 내는 것이 아니라 성령님의 도우심으로 그 양을 결정해야 한다는 것이다. 론 사이더는 누진적 십일조 개념을 제시했다. 이것은 평균의 생활수준에 맞춰 생활비 총액의 10퍼센트를 내는 방법을 말한다. 부가적인 수입이 매 천 달러를 넘을 때마다 5퍼센트를 더 추가하는 것이다. 어떤 사람들은 자기 수입의 절반 이상을 내놓기도 한다. 십일조 이상을 드리는 것은 그분께 산 제물을 드리는 것이다.

6. 헌금 활용의 눈을 높여라

현대교회가 돈을 가지고 해야 할 일은 많다. 관리도 하고 선교도 하며 교육도 해야 한다. 헌금 사용에 있어서 중요한 것은 돈은 하나님의 일과 이웃을 위해 쓰여야 한다는 것이다. 돈은 결코 우리 자신의 쾌락이나 만족을 위해 주어진 것이 아니라 오직 하나님과 이웃을 위한 사명으로만 주어진 것이다. 하나님께 드리는 헌물을 통해 나의 것을 부정하고 나의 모든 것을 하나님에게서 왔다는 것을 나타내고, 또 하나님이 잠시 맡겨두신 물질로 하나님이 기뻐하시는 일에 사용하는 것이 진정한 그리스도인 그리고 교회의 역할이다.

교회가 헌금을 사용할 때 이 정신을 기억해야 한다. 그리고 우선순위가 무엇인지를 각 교회가 살펴 기도하는 가운데 사용하는 것이 바람직하다. 헌금을 사용함에 있어서 교회가 보다 거시적인 차원에서 주목하지 않으면 안 될 다음과 같은 영역이 있다.

1) 세계화와 지역화의 조화

재정지출의 방향이 보다 미래지향적이어야 한다. 특히 세계화와 지역화를 조화시키는 차원에서의 예산이 세워지고 지출되어야 한다. 교회는 세계화에 대한 목표를 분명히 하고 재정을 그런 방향으로 투입할 필요가 있다. 지구촌의 기아에 허덕이는 사람들을 위한 돌봄, 에이즈나 문맹의 퇴치를 위한 자선기금 등 범세계적인 문제들에 대해 연구하고 예산을 세우는 교회들이 늘어나야 한다. 또한 각 지역의 특성에 맞는 문제도 아울러 관심을 가져야 한다. 총회는 각 교회가 세계화에 필요한 부분을 맡아 지도하고, 노회는 지역화에 필요한 부분을 맡아 노력한다면 더욱 효과를 거둘 수 있다(안영로, 1997).

2) 사회봉사

앞으로 교회는 사회를 위해 얼마나 헌신하는가에 따라 평가받게 된다. 이를 위해서는 지역사회와 긴밀한 관계를 맺어야 하며, 특히 그 사회가 절실히 필요한 욕구를 교회가 앞서 채워 주어야 한다. 이를 위해 교회가 우선적으로 관심을 가져야 하는 분야가 사회봉사이다. 일부 교인들은 교회의 존재이유는 사회봉사에 있지 않다고 말한다. 그러나 이런 생각은 크게 잘못된 것이다. 주님이 이 세상에서 하신 일 가운데 상당수는 이 세상을 위한 봉사였다는 것을 기억하지 않으면 안 된다.

예수님이 우리에게 주신 사명은 복음의 전파(전도)와 복음의 실천(봉사)으로 집약된다. "복음을 전파하라"는 말씀은 전도이지만 "분부한 것을 가르쳐 지키게 하라"는 말씀은 실천적 봉사를 강조한 말씀이다. "잃어버린 양에게 가라", "소경과 문둥이, 가난한 자에게 거저 주라"는 것은 교회 속에 실천적 봉사가 있어야 한다는 것을 보여준다.

그럼에도 불구하고 한국교회는 교회는 전도를 위해 존재하지 봉사를 위해 존재하지 않는다는 편견을 가지고 있다. 봉사활동은 교회가 과외적으로 하는 일이거나 개인적으로 하는 일로 간주한다. 이것은 신학적으로 볼 때 한국교회가 신앙적 실천이나 봉사의 면이 강조되지 않은 데 원인이 있다.

한국교회의 평균예산지출을 보면 교역자생활비 36%, 교회관리비 22%, 교육 사업비 16%, 선교 사업비 14%, 상회비 5%이지만 사회봉사비는 7%에 불과하다. 깬 교회들은 사회봉사비를 확대하고 있다. 15 -20%로 확대하는 교회가 늘고 있다. 본 교회를 위해서는 30% 정도 사용하고 나머지는 교회 밖에서 활용되도록 해야 한다고 주장하기도 한다. 사회봉사 영역과 대상 그리고 내용도 다양해지고 있다. 어린이에서부터 노인에 이르기까지 그 대상은 한계가 없다.

사회봉사영역

봉사영역	봉사대상 또는 내용
병든 자 봉사	병원
갇힌 자 봉사	소년원, 구치소
가정봉사	결손가정, 소년소녀가장, 독거노인
반찬봉사	외국인근로자
사랑교실	자폐증환자, 발달장애환자
노인학교	노인
시민학교	주역주민
미용봉사	병원, 양로원, 고아원
의료봉사	생활보호대상자, 외국인 노동자
어린이집	생활보호대상자의 자녀
공부방	지역주민

현재 소외계층의 삶의 질은 상대적으로 악화되고 있다. 세계적으로 절대빈곤 속에 처한 인구만도 4억이 넘는다. 그것을 정부와 시민의 몫으로 간주하고 교회가 등을 돌린다면 교회는 도리어 사회로부터 외면당할 것이다.

교회는 각 구청, 지역의 사회봉사단체, 기독교 사회단체 등과 연대하여 사회봉사가 보다 효과적으로 수행될 수 있도록 해야 한다. 네트워킹 목회(networking ministry)가 강조되고 있는 것도 사회봉사대상과 교인을 연결시키는 작업이 긴요하기 때문이다.

3) 정보네트워크화

현대교회가 필요한 것은 정보화이다. 아무리 경제가 어려워도 사회는 재빨리 정보화되어 가고 있다. 컴퓨터를 이용한 사이버공간이 세계적으로 급속히 확대되고 있다. 컴퓨터는 시간과 거리의 장벽을 넘어 정보를 제공하고 대화를 촉진함으로써 예배, 교육, 선교의 귀중한 도구가 되고 있다. 현재 인터넷선교, 인터넷방송, 인터넷신문 등 여러 활동들이 강화되고 있다. 목회자의 설교나 기독교관련 행사를 동영상으로 제공하는 일도 늘어가고 있다. 따라서 현대교회가 관심을 가져야 할 분야는 무엇보다 정보화이다.

정보화에 있어서 지금 각 교회가 무엇보다 관심을 가져야 할 분야는 정보의 네트워크화이다. 교회가 컴퓨터를 단지 교회의 문서제작과 워드프로세싱으로 만족한다면 그것은 네트워크가 아니다. 지금 앞선 교회는 인터넷에 교회의 각종 정보를 띄우고 참여를 유도하고 있다. 그곳에는 예배모임, 신앙 강좌, 선교는 물론 교회교육 그리고 전자우편을 통한 대화의 마당까지 설정되어 있다. 초고속정보망, 곧 정보고

속도로가 완성되면 정보의 네트워크화는 실생활로 다가서고, 교회도 이것을 적극적으로 활용하지 않으면 안 된다.

정보네트워크화는 정보고속화와 함께 더욱 발전될 것이다. 정보고속도로가 마련된 것으로 모든 것이 완성된 것은 아니다. 도로에 많은 자동차가 달려야 하듯이 각종 소프트웨어가 개발되고 그것을 이용하는 사람들이 늘어나며 정보가 효과적으로 활용될 수 있어야 한다. 이를 위해 교회가 가져야 할 것은 정보네트워크마인드이다. 앞으로 이 마인드가 강한 교회일수록 더 경쟁력 있는 교회, 곧 하나님의 일을 더 잘할 수 있는 교회가 된다.

이를 위해 필요한 것은 정보화 및 네트워크화에 대한 교회의 과감한 투자이다. 이것은 다가올 미래에 대한 투자이기도 한다. 이것은 지금까지 교회가 건물에 대한 투자해온 것에 대한 패러다임을 과감히 바꾸게 한다. 그것은 보이지 않는 공간과 시간에 대한 투자이기 때문이다. 이 네트워크화에 많은 시간과 자금을 투입하고 정보가 진정 살아 있는 정보, 심령을 움직이는 정보가 되도록 해야 한다.

제5장 경제가 침체하면 교회도 침체할까?

1. 경제가 너무 좋거나 나빠도 문제다

교회와 경제의 관계를 역사적으로 보면 주도적인 역할이 교회에서 경제로 바뀌어졌음을 알 수 있다. 중세기만 해도 교회는 정치는 물론 경제·사회·문화 모든 영역에서 막강한 영향력을 행사해왔다. 그러나 산업주의와 자본주의가 그 흐름을 장악하면서 경제가 정치·사회·문화 등은 물론 교회에도 크게 영향을 주었다. 경제의 영향력이 너무 커 경제가 모든 것을 좌우한다는 경제결정론(economic imperative)까지 나올 정도였다. 그러나 경제의 힘이 비록 막강하기는 하지만 그것만이 우리 사회 모든 것을 좌우하는 것이 아니라는 생각에서 경제영향론 (economic influence)이 대두되기도 했다. 지금은 교회가 경제로부터 영향을 받지만 아울러 바른 경제체제 확립에 교회가 영향을 주어야 한다는 점에서 상보론(interactionism)이 제시되고 있다.

베버(M. Weber)에 따르면 칼빈주의자 등 여러 종교적 혁신세력이 산업에 대해 적극적인 지원을 함으로써 자본주의가 확립되는 데 크게 기여했다. 당시 형성된 근대 자본주의에는 청교도정신이 깃들어 있었다. 그러나 지금의 자본주의 속에는 청교도정신이 잊혀진 지 오래다. 교회마저 그 정신을 잃어버린 자본주의의 막강한 힘에 눌려 있다. 경제 앞에 힘을 잃어버린 교회의 굴욕적 모습은 역사적 아이러니가 아닐 수 없다. 경제의 침체나 상승곡선이 교회의 침체나 상승에 어떤 관계가 있는가를 생각하는 것도 경제의 힘이 얼마나 큰가를 반영한다.

'기독교와 현대사회' 과목을 수강하고 있는 한양대학교 학생들을 대상으로 경제의 침체가 교회의 침체에 영향을 준다고 생각하느냐고 물어보았다. 이 과목을 수강하는 학생들은 대부분 기독교인이다. 영향을 준다고 생각하는 학생은 약 20%였고, 경제의 침체가 오히려 교회의 발전에 영향을 준다고 생각하는 학생은 35% 그리고 경제침체와 교회의 침체와는 무관하다고 생각하는 학생은 45%였다. 이것은 경제가 어떤 형식으로든 영향을 준다는 인식과 아니라는 인식 사이에 팽팽한 대립이 있음을 보여주는 것이다.

미국교회의 목회자들은 게임과 날씨에 신경을 쓴다. 슈퍼볼과 같은 주요 미식축구가 있는 날이면 교인들이 교회에 가기보다 TV에 더 집착하기 때문이다. 야구나 농구도 영향을 주지만 미식축구만은 못하다. 겨울눈이 내리는 주일에는 예배에 참여하는 교인 수가 크게 준다. 위험한 빙판길을 헤집고 가다 사고를 당하기보다 다음 기회를 보는 안정된 방법을 택하기 때문이다. 우리나라 목회자들은 봄가을 날씨가 너무 좋아도 걱정이다. 상당수 교인들이 야외로 빠져나가기 때문이다. 그래서 목회자들은 주일만큼은 주요게임이 없기를 바라고 날씨에도 신경을 쓴다.

교회는 지금 레저에 교인을 빼앗겨 침체되어 가고 있다는 의식이 팽배해 있다. 레저는 경제와 무관한 듯 보이지만 직간접으로 연결되어 있다. 교회가 레저라는 양식을 통해 경제의 영향을 받고 있기 때문이다. 겨울 눈보라가 대지의 가슴을 차갑게 식히고, 화창한 봄날이 대지에 생기를 불어넣듯 경제는 교회에도 영향을 준다. 교역자들은 이것을 가장 피부로 느끼고 있다.

국민들이 레저에 몰입하는 것은 경제생활에 여유가 있음을 반영한다. 경제적 여유가 있게 되면 사람들은 영적인 문제보다 일상의 즐거움을 만끽하려는 욕구가 강해진다. 영적인 문제는 그다지 절실하게 느껴지지 않기 때문이다. 국민들은 종교보다 여가에 더 관심을 갖게 된다. 그래서 여가산업은 종교를 밀어내고 그 자리를 차지하고 있다. 여가에 대한 관심이 커질수록 한국교회의 성장은 더욱 둔화되고 교인수의 감소경향이 두드러지게 나타날 것으로 전망되고 있다.

사람들은 경기에 매우 민감하다. 경제가 조금만 침체된다 싶으면 씀씀이도 줄이고 외식도 줄인다. 일도 열심히 한다. 전 같으면 불평부터 했을 일도 마다하지 않고, 자발적으로 시간을 늘려 마무리 지으려 한다. 임금이 동결되어도 참는다. 노사분규도 현격히 준다. 일에 대한 자세가 달라지는 것이다.

그러나 경기침체는 교회에 양면적 영향을 준다. 하나는 교회침체를 가져온다는 것이고, 다른 하나는 경제적 풍요 속에서 잃었던 신앙을 되레 찾게 되는 기회를 제공한다는 것이다. 일반적으로 경기침체는 후자의 경우보다 전자의 경우가 더욱 실제적으로 나타날 가능성이 높다. 경기침체로 잃었던 부분을 일을 통해 메우려는 심리가 강해지기 때문이다. 성수주일을 하기 위해 그동안 닫았던 공장이나 가게도 여는 비율도 늘어가고, 그러다 보니 자연 교회일보다 사업이나 회사 일에 매이게 된다. 교회에 앉았어도 공장에 무슨 일이 없는지 신경이 쓰이고, "경제가 풀려야 할 터인데"라는 생각 때문에 기도의 내용도 교인끼리의 대화도 경제에 대한 것으로 바뀌진다. 신앙문제보다도 "장사가 안되니 큰일 났다", "이렇다간 나라가 망하겠다."는 우려로 교회를 우울하게 만든다. 예배에 등한한 성도를 심방하게 되면 일터에 나갔다는 대답만 듣게 된다. 교인의 수는 자연 줄게 된다. 경제침체가 교회의 침체와 직결되어 있는 것이다.

2. 생활의 향상도 교회성장을 둔화시킨다

그러나 경제가 악화되었다고 해서 교회성장이 멈추는 것은 아니다. 지금까지 한국교회의 양적 성장은 교회사적으로 볼 때 경제적 난관이라는 긴 터널을 효과적으로 뚫고 나온 좋은 사례가 될 것이다. 그 속에는 나름대로의 독특한 사회문화적 배경을 안고 있다. 김영한은 70년대 후반 이후 한국교회의 급속한 성장배경은 정치 및 사회적인 불안감과 경제적인 소득분배의 불평등 문제 등 때문으로 보았다. 정치가 불안하고, 사회가 안정적이지 못하며, 소득분배가 불공정한 사회에 대한 비애감과 배신감이 많은 사람들로 하여금 교회로 발길을 향하게 했다. 교회에 마지막 기대를 건 것이다. 그들은 교회를 통해서 정신적 안정을 찾고 정의로운 사회를 구현코자 했다. 당시 국민들에게 있어서 교회는 희망이요 기대였다.

교회는 그들을 대신해 정부와 재벌을 향해 사회정의와 분배정의를 실현하라고 입을 크게 열었다. 이 일로 적지 않은 사제와 목회자들이 투옥되고 시련을 겪었다. 교회는 사회에 관심을 가지게 되었고 경제의 불균형으로 인해 소외를 당하고 있는 사람들에 대해서도 관심을 가지게 되었다. 목회자들이 가난하고 병들고 억압당하는 사회에 대한 관심이 높을수록, 약한 자들을 위해 고통을 당할수록 사람들은 교회에 박수를 보냈고, 아울러 교회는 양적으로 늘어갔다. 국민들은 교회가 달라졌다고 생각했고, 그들의 기대를 충족시켜줄 수 있는 곳이 바로 교회였음을 확인하게 되었다. 교회의 이미지 변환이 교회의 양적 팽창으로 이어진 것이다. 오늘날 개신교인보다 가톨릭교인의 수가 계속 늘어가는 것도 사제들이 사회정의를 구현하려 한 과거와 현재의 노력에 많은 국민들이 뜻을 같이 했음을 입증하고 있다.

그런데 현재 한국교회에는 성장둔화라는 위기감이 팽배해 있다. 개신교단의 경우 1960년대 연평균 16%, 70년대 8%, 80년대 7%의 높은 성장률을 유지해왔으나 90년대에 들어와 성장이 크게 둔화되고 있다. 91년에는 5.8%, 92년에 4%로 내려가더니 93년에는 0.6% 성장에 그쳤다. 94년이나 95년 각 교단은 모두 1% 미만의 성장을 보였다. 0.4% 증가한 교단도 있고, 심지어 0.005%의 증가만 보인 교단도 있다. 이 같은 통계는 한국기독교가 성장의 정체 내지 침체기에 접어들었다는 예측을 가능하게 한다. 지난 1960년대 이후 세계 교회사에서 유례없는 양적 성장을 거듭해온 한국교회가 성장정체의 위기를 맞고 있는 것이다.

김영한은 이 성장의 둔화는 80년대 후반 이후 정치적인 민주화로 사회심리적 불안요소가 제거되고 국민소득의 증대와 생활여건의 현저한 개선 등에 따른 필연적인 현상으로 보고 있다. 사회의 불안정이 안정으로 바뀌고, 국민소득의 전반적인 증대로 소득분배의 불균형의식도 줄었기 때문이라는 것이다. 이것은 사회 및 경제생활의 향상이 교회성장둔화와 연결되었음을 보여주는 것이다.

3. 교회도 경제적인 일에 거듭남이 필요하다

한국교회성장 정체의 이유로 여러 가지를 들 수 있지만 교회가 금전을 합목적적으로, 곧 하나님이 기뻐하시는 방향으로 사용했는가 하는 면도 무시할 수 없다. 경제적으로 풍족하든지 부족하든지 간에 교회가 영적인 문제보다 교회재산의 증식에 관심이 많고, 경제 마인드에 젖은 각 교회들이 경쟁적으로 세속화의 길로 들어서며, 이 과정에서 목회자 및 교인들의 윤리성 결여가 이따금 노출됨으로써 교회에 대한 사회적 신뢰가 실추되었다. 교회의 종탑이 높아갈수록 교회에 대한 괴리감, 배신감이 커진다. 이 때문에 한국교회성장이 둔화되고 있다는 지적이 높아지고 있다.

흔히 종교인은 경제문제에 초연해야 한다고 인식되고 있다. 그러나 목회자든 교인이든 한국교회는 경제문제에 민감하게 반응하고 있다. 경제가 침체될수록 목회자들은 경제에 대한 위기감을 목회에 반영한다. 위기감은 순수목회보다 교인하나라도 더 확보해야 교회재정을 확고히 유지할 수 있고 교회 일을 힘 있게 추진할 수 있다고 생각하기에 이른다. 재력이 있는 교인들에 대한 관심이 자연 높아질 수밖에 없다. 목회의식보다 경제에 대한 위기의식이 더 앞서는 것이다. 목회자들의 교인쟁탈전도 이런 맥락에서 이뤄지고 있다. 이렇다 보니 서울에 있는 교회가 수원이나 평택에까지 교구를 확장하고 심지어 그들을 버스로 모셔오고 모셔가는 웃지 못할 현상마저 발생한다. 수만 명의 교세를 자랑하는 대형교회가 이런 것쯤은 극복할 만한데 오히려 더 관심을 두고 있다. 한국교인들에게는 '내 교회'에 대한 집착력이 남달리 강한 점도 있지만 한 사람이라도 남의 교회에 빼앗기지 않으려는 목회자나 당회원들의 욕심도 크게 작용하고 있다. 교인의 숫자는 교회재정과 직결된다는 의식이 강하기 때문이다. 그들의 눈에 교인은 하나님이 사랑하시는 양이 아니라 돈으로 보이게 된다. 지금 한국교회는 금권교회로 타락해가고 있다. 한국교회의 성장둔화는 이러한 현상에 대한 국민들의 반감이 작용하고 있기도 하다. 돈만 아는 교회를 외면하기 시작하는 것이다.

경제성장의 둔화는 국민들의 소비생활과 직결된다. 경제사정이 좋다고 해서 과소비 및 호화생활을 추구하면 그 나라의 경제는 추락곡선을 그리게 된다. 과소비나 호화는 국민뿐 아니라 교회도 한몫하고 있다. 경쟁적으로 호화성전을 짓는 것이나 교회의 모든 것을 값비싼 것으로 장식하고자 한다면 나라의 경제는 흔들릴 수밖에 없다. 이제 교회부터 절제를 통해 경제를 바로 세워가야 한다. 소비생활에 건전하면 나라경제만 바로잡히는 것이 아니라 교회도 바로 세워진다. 교회를 보는 국민의 눈이 달라지기 때문이다. 교회가 달라지면 교인은 모이게 되어 있다. 문제는 달라지지 않는 교회, 달라지지 않는 목회자에 대한 국민들의 실망이 한국교회를 둔화시키고 있는 것이다. 따라서 지금 정체되어 가고 있는 한국교회에게 필요한 것은 과감한 변신이다. 교회에 대한 낡은 사진을 버리고, 추한 이미지를 바꿀 수 있도록 교회가 변하지 않으면 안 된다.

"대저 재물은 영원히 있지 못하나니 면류관이 어찌 대대에 있으랴" (잠 27:24). 교회는 재물을 영원한 것으로 간주해서는 안 된다. 그러나 그 재물을 어떻게 벌고 사용하는 것에 대해서 무관심하지 않으면 안 된다. 교회가 그것을 바로 사용하지 않을 경우 교회침체와 직결되기 때문이다.

현재 한국교회에 필요한 것은 경제적인 면의 거듭남이다. 교회가 재물을 필요로 하는 것은 사실이지만 그것을 너무 중시하고 있다. 그런 나머지 어떤 방식으로 벌었는가에 대한 물음을 심각하게 던지지 않고 있다. 심지어 부정한 방법으로 돈을 번 사람들의 편에 서서 그들의 행동을 비호하고 합리화하기까지 한다. 그러한 행동이 계속된다면 교인들은 교회를 등지게 될 것이다. 교회는 약한 자들의 팔을 붙들어 강하게 만들어야 한다. 이를 위해 교회는 부정한 방법보다 정당한 방법으로 땀 흘려 번 돈의 중요성을 일깨워야 한다. 교회는 정직한 돈을 하나님께 바치게 하고, 그 헌금이 어느 개인의 사사로운 유흥이나 만족을 위해 사용되기보다 하나님의 일을 위해 바로 사용되도록 해야 한다. 교인이든 교역자든 재물을 자신의 것이라 하지 않고 하나님의

것이라 하며 그것을 하나님이 기뻐하시는 방법으로 사용하는 것이 청
교도정신이다. 하나님의 것을 경제적으로 사용하지 않고 비경제적으로
사용하는 것은 죄다. 교회가 경제적인 일에 거듭나지 않고서는 이 땅
에서 하나님의 나라를 바로 세울 수 없다.

　경제침체는 교회와의 관계에 있어서 두 가지 얼굴을 가지고 있다.
하나는 부정적이요 다른 하나는 긍정적이다. 부정적인 얼굴은 교회의
침체와 직결된다. 그러나 긍정적인 얼굴은 교회의 발전과 연결될 수
있다. 포퍼(K. Popper)는 자기 성취적 예언(self-fulfilling prophecy)과
자기 패배적 예언(self-defeating prophecy)을 말한 바 있다. 경제침체
가 교회침체로 이어질 것으로 생각하고 행동하면 자기 패배적 예언에
따라 그대로 나타날 것이다. 그러나 아무리 경제가 침체된다 해도 그
것을 오히려 발전의 기회로 간주하고 그 위기를 극복하고 이겨 나간
다면 교회는 발전할 수 있다. '고난이 구원의 밧줄이었다', '고난이 짐
승의 우리에서 나를 끌어올려 주었다'는 고백처럼 교회가 경제의 침체
에도 불구하고 그 어려움에서 우리를 구원하시는 예수 그리스도의 빛
을 발견할 수 있을 때 새로워질 수 있다. 교회에게 있어서 예수 그리
스도는 언제나 희망이요 그 무엇보다 없어서는 안 될 영원한 존재다.

제6장 경제가 나쁠수록 선교하는 교회, 진짜교회

1. 불황 때마다 들려오는 선교현장의 급한 목소리

IMF사태처럼 한국경제가 흔들리고, 외환사정이 악화되면 선교계의 가슴이 타들어간다. 교회에서는 너나 할 것 없이 선교비를 감축한다. 선교프로젝트나 선교여행을 동결한다는 목소리가 높아지고 선교사 파송이 줄어들며 교회에 따라서는 선교후원을 중단하거나 선교사 철수론까지 나온다. 각 교단 선교부도 해외선교비의 불요불급한 부분축소와 선교정책 재검토를 연이어 발표한다. 외환을 많이 들여 진행하는 여러 선교프로젝트가 보류되고, 각 교회나 선교단체에서 매년 수백 명씩 파송하던 단기선교도 축소 또는 중단된다.

선교사들의 현지상황은 생각보다 훨씬 심각하다. 경제적 위기로 후원액수가 줄어든 데다 환율변동으로 해외에서 받는 후원금의 가치가 상대적으로 약화되기 때문이다. 한국의 선교사는 크게 국내교회의 재정후원에 기반을 둔 선교사와 해외 한인교회의 재정후원에 기반을 둔 선교사로 나눌 수 있다. 현재 전자가 입고 있는 타격은 후자의 경우보다 이만저만이 아니다. 게다가 선교사 경력이 짧은 선교사들은 경력이 많은 선교사보다, 개발지역의 선교사보다 미전도 종족 거주지역과 같은 오지의 선교사들은 다른 사역지의 선교사보다 심각한 타격을 받는다. 따라서 경제 불황이 지속될 경우 사역지에서 철수를 해야 한다는 말이 결코 남의 이야기가 아님을 알 수 있다. 이런 급박한 상황에서 우리의 선교재정정책은 어떻게 달라져야 하는가 생각해 보지 않을 수 없다.

2. 한국선교에 리스트럭처링이 필요하다

IMF의 한국개입은 한국경제를 위기에 빠뜨리는 데 목적이 있는 것이 아니라 한국경제의 체질을 바꾸어 보다 국제적으로 경쟁력 있게 만드는 데 목적이 있었다. IMF가 한국정부에 대해 관치경제에서 시장경제로 체질을 바꾸지 않으면 안 된다고 말한 것은 이 때문이다. 따라서 우리는 경제적 한파를 걱정만 하고 있을 것이 아니라 그것을 통해 보다 한국이 생산성을 높이고 경쟁력을 갖추는 데 힘을 쏟아야 한다. 한국교회 및 그 선교정책도 이러한 차원에서 근본적인 리스트럭처링, 곧 구조조정이 필요하다.

IMF사태를 맞기 전 우리나라는 거품경제에 대해 많은 논란이 있었다. 정경유착으로 부는 편중되어 있었고, 생산성은 낮으면서 인건비와 지대 및 부동산값 등이 오를 대로 올라 있었다. 사람들은 근검과 절약은커녕 사치와 향락, 퇴폐 등 물질을 잘못된 곳에 사용해왔다. 우리는 해외여행을 하면서 많은 돈을 뿌렸다. 그 사이에 우리의 자만과 허세는 커져만 갔다.

교회도 예외가 아니다. 그동안 한국교회에도 거품이 많았다. 교회성장을 대외적으로 선전하기 위해 교인 부풀리기에 앞장섰다. 따라서 어떤 기관에서는 신학생들을 파견하여 이를 확인시키는 웃지 못할 일까지 벌어지기도 했다. 선교사를 단독으로 파송하지 않았으면서도 단독으로 파송한 것처럼 선전하는 일도 일종의 거품이다. 교회지도자들은 귀족화되었고, 교인들은 세속화되었다. 연휴만 되면 교인 수가 줄어드는 것을 당연한 일로 여기게 되었고, 급기야 한국교회 성장정체에 대한 우려가 쏟아져 나오기 시작했다.

이런 가운데 IMF시대를 맞았다. 이러한 상황은 사실 갑자기 온 것이

아니고, 올 것이 온 것뿐이다. 그런 상황이 오면 어쩌나 하고 조마조마
하던 터에 하나님께서 드디어 IMF라는 매를 드신 것이다. 경제적 어려
운 시기를 맞을 때마다 우리를 향하신 하나님의 뜻으로 알고 이 기회를
변혁의 전기로 삼아야 한다. 불황으로 불안과 공포 그리고 패배의식에
사로잡혀 있을 것이 아니라 다시 일어서는 계기가 되어야 한다.

불황은 교회 속에 있는 과거의 많은 거품들을 과감히 제거하고 처
음부터 다시 시작하는 제로베이스 경영전략을 택하도록 요구하고 있
다. 기초부터 차근히 다져 실제 생산성 있는 교회운영과 선교를 하도
록 제안하고 있다. 교회의 구조조정은 선교 차원에서도 요구되고 있
다. 단지 선교사를 파송한다는 막연한 차원이 아니라 선교에 대한 근
본적인 계획과 운영 그리고 지속적인 관심과 열심이 요구되고 있다.

교회가 아무리 리스트럭처링을 한다 해도 한국교회에 주어진 선교
의 사명이 중단되어서는 안 된다. 선교는 교회가 담당해야 할 중요한
과업이기 때문이다. 현재 각 교단과 교회들은 어려운 경제난국에도 하
나님의 사업은 줄일 수 없다는 데 의견을 같이하고 있다. 최소한 선교
사 철수사태는 막아야 한다고 입을 모은다. 우리가 경제적으로 약화되
었다고 해서 하나님의 일까지 약화시켜서는 안 되기 때문이다. 오히려
경제가 어려울수록 하나님의 일을 강화시켜 나가야 한다. 특히 미전도
종족에 대한 선교는 적극적으로 추진해 나가야 한다. 다만 재정의 효
율적 사용과 절약운동은 강도 높게 전개할 필요가 있다. 선교정책도
과거의 타성을 반복하지 말고 모든 것을 새롭게 시작하는 제로베이스
전략을 택해야 한다.

불황은 영적으로 볼 때 선교에 대한 우리의 관심을 증대시키는 기
회이다. 어느 교회에서는 그동안 선교사들을 위해 더 많이 기도하지
못했음을 회개하고 앞으로 선교에 동참할 것을 다짐하는 기도회를 가

지기도 했다. 이런 때일수록 필요한 것은 기도이다. 한국교회가 민족과 나라를 위한 기도, 선교의 사명완수를 위한 기도의 횃불을 높이 들때 하나님은 우리의 기도를 절대 외면하지 않으실 것이기 때문이다. 아울러 필요한 것이 선교재정정책에 대한 다양한 모색이다.

3. 다양한 선교재정정책의 모색

첫째, 물질관의 바른 회복이 우선되어야 한다. 한국교회는 경제적으로 풍성했을 때 개교회 확장에 치중했으며, 선교는 한낱 치장에 불과했다. 그러나 지금 경제적으로 어려워지자 물질적으로 풍성할 때 하나님의 일을 위해 힘써 드리지 못한 것과 그것을 효과적으로 사용하지 못한 것을 후회하고 있다. 이제는 바른 물질관을 회복을 할 때이다. 하나님께서 다시금 우리 민족에게 경제적 복을 허락하시면 올바른 물질관을 가지고 하나님의 영광을 위해 사용해야 한다. 이를 위해 지금부터라도 절약을 체질화하고 국내외로 어려운 이웃을 도울 뿐 아니라 선교도 힘 있게 될 수 있도록 할 필요가 있다.

둘째, 자율선교정책을 위한 대책이 시급하다. 앞으로는 한국선교사의 파견에만 급급하지 말고, 선교현지 교회의 자율성과 자립정신을 고양시키고 현지 지도자를 육성하는 데 최선의 노력을 경주해야 한다. 한국인 선교사의 파견은 초기에 필요하지만 시간이 지날수록 그 초점은 한국인 선교사의 파견보다는 현지인 목회자 양성에 둬야 한다.

셋째, 장단기 지원정책이 확립되어야 한다. 각 교단과 교회는 선교재정을 단기적으로 확보하는데 급급할 것이 아니라 보다 장기적인 안목에서 확보하고 운용되어야 한다. 한국교회는 선교에 대한 필요와 의욕을 가지고 있지만 장기적 비전이나 운영계획이 부족하다. 그 부족은 특히 재정확보와 운영에서 특이하게 나타나 있다. 따라서 선교자금 확보와 운영은 보다 거시적으로 계획하고 통제할 필요가 있다.

경제가 어려워질수록 더욱 느끼는 것이지만 선교에 관한 한 재정은 앞으로 달러로 계산하고, 또 달러로 예치할 필요가 있다. 이를 위해 달라 등 주요 국제통화로 헌금도 하고, 운용을 하면 환차에 따른 손해를 사전에 막을 수 있을 뿐 아니라 그만큼 선교의 안정과 국제화에도 도움이 된다.

단기적으로는 재정적으로 위험에 빠진 선교사들을 해외의 한인교회들이 긴급하게 지원하는 일도 하나의 방법이다. 한국경제가 다시 회복될 때까지라도 한국교회가 담당해왔던 선교사역을 미국이나 유럽의 한인교회들이 접수하여 추진하는 것이다. 교회별 지원방식도 있지만 한 가정이나 몇 가정이 한 선교사를 지원하는 방법도 함께 고려해볼 필요가 있다.

한인교회의 이러한 지원은 교포교회들로 하여금 선교에 적극적으로 참여하는 전기가 될 수 있다. 그동안 한인교회도 선교사를 파송해왔지만 국내교회보다 관심과 열의가 비교적 적었다. 따라서 한인교회로 하여금 선교에 동참하는 기회를 제공하는 것은 한국선교의 역할분담 및 조직화에 크게 도움이 될 것이다.

국내교회도 환율문제가 지속될 경우 다른 여러 방도로 선교사를 돕는 방법을 찾아야 한다. 그 가운데 한 방법이 물품 또는 물자 보내기이다. 각종 의약품, 식품, 의복, 문구 등 선교사역에 필요한 여러 물자를 보내는 것도 중요한 일이다.

넷째, 선교행정도 효율화되어야 한다. 각 교단의 선교부도 자체적으로 선교비를 절감하여 그 절감한 만큼 실제로 선교비에 충당될 수 있도록 해야 한다. 경제가 어렵다고 행정의 효율성을 기대할 수 있는 전

산화 등에 대한 투자를 게을리 하라는 것은 아니다.

각 교단은 일부 선교사들이 대형 프로젝트의 선교를 위해 후원교회의 선교비를 투명하게 진행하지 못해 물의를 빚었음을 인식하고 이런 일이 재발하지 않도록 할 필요도 있다. 프로젝트 선교가 나쁜 것은 아니지만 전시 행정식 선교가 될 가능성이 높기 때문이다. 이런 일을 할 때는 목적도 뚜렷할 뿐 아니라 소요되는 비용지출도 투명해야 한다. 선교부의 감독소홀이나 통제력 약화로 선교사역 전체가 불신을 받는 일이 없도록 해야 한다.

다섯째, 선교사 자신의 각성과 긴축도 요청된다. 선교사 자신의 각성과 긴축도 필요하다. 그동안 한국교회는 선교비를 보내기만 했지 그 선교비가 현지에서 어떻게 사용되는지 감독해오지 못한 것이 현실이다. 따라서 헌금이 효율적으로 사용되는지 여부를 판가름할 수 없었다. 교회는 모든 것을 선교사의 인격에 맡기는 수밖에 없었다. 중요한 것은 선교사들도 선교비가 하나님의 사역을 위해 사용되어야 하는 하나님의 것이라는 것을 인식하고 사용에 있어 무엇보다 효율적이어야 하며 절제하고 긴축할 필요가 있다는 점이다.

선교사 가운데 일부는 선교 자체의 순수한 목적보다 다른 나라에 가서 공부를 하거나 평소 자녀들을 다른 나라에 유학을 시키는 등 선교사로서의 기회를 자신과 가족의 유익을 위해 활용하는 데 급급한 면이 없지 않았다. 선교사의 자기향상이나 가족의 안녕이 중요한 일이기는 하지만 그것이 목적이 되어서는 안 된다. 경제적 여건에 불문하고 선교사는 선교사로서의 본연의 임무에 더 충실해야 한다. 선교사가 기본적인 것에 충실하는 것처럼 보기 좋은 것은 없다.

그리고 경제가 어려울 때 불필요한 여행이나 모임을 자제하는 등 선교사 사역과 생활 전반에 대한 재정긴축의 노력이 있어야 한다. 또한 한국 내에 외화예금통장을 개설하고 긴급을 요하지 않은 선교비를 국내은행에 예치함으로써 경제회생에 협력할 필요가 있다.

끝으로, 선교사역을 미래지향적으로 전환한다. 또한 정보화 사회에 걸맞게 우리의 선교도 인터넷선교시대로 들어가야 한다. 지금 우리나라에 인터넷선교학회가 있고, 인터넷선교사를 배출하며, 인터넷선교방송도 하고 있지만 이런 일들이 조직적으로 더욱 확산될 필요가 있다. 과거에는 사람이 가는 선교가 주를 이루었지만 앞으로는 시공을 초월한 속도로 인터넷상의 전도가 주를 이루기 때문이다. 따라서 각 교단이나 교회도 인터넷선교, 유비쿼터스선교에 관심을 두고 이에 대한 투자를 게을리 해서는 안 된다.

4. 선교사에 대한 부정적 인식 문제

지금까지는 선교사를 무조건 존경하고 선교사역이라면 어떤 의문을 달지 않고 지원해야 한다는 것이 우리의 사고였다. 그러나 최근 한국선교사에 대한 부정적 인식이 싹트고 있어 문제가 되고 있다. 한국선교사가 선교지에서 너무 권위주의적이며 말씀의 선포도 기복주의적이고 물량주의적이라는 평가를 받아 선교지로부터 지탄을 받고 떠날 것을 요구받는 실정에 있다. 이런 소식은 그동안 한국선교가 비정상적이었음을 보여주는 것이다. 따라서 앞으로 한국선교사들의 권위주의, 물량주의, 기복주의에 대한 점검과 함께 복음의 순수성으로 돌아오도록 감독할 필요가 있다.

아울러 일부 사이비 선교단체들이 선교를 빌미로 사기를 자행하는 일도 있어 선교에 먹칠을 하는 것도 선교에 대한 관심을 저하시키는 요인이 되고 있다. 따라서 건전한 선교단체들을 적극적으로 육성하는 반면 사이비 단체들을 가려내고 이에 대한 지원을 중단함으로써 한국 선교가 바르게 자리 잡도록 해야 한다.

5. 한국선교와 세계화

우리는 불황을 한국뿐 아니라 한국교회를 새롭게 하는 계기로 삼아야 하며, 특히 선교에 대한 정책을 근본적으로 구조적으로 재조정함으로써 한국교회의 선교체질을 개선시킬 필요가 있다. 선교정책이 보다 세계화됨으로써 재정적으로나 정책적으로 달라지는 계기가 되어야 한다. 한국교회가 변혁에 앞장 설 때 다시 일어나 더 큰일을 할 수 있게 될 것이다. 경제가 어렵다고 주눅이 들어 아무것도 하지 못한다면, 특히 선교를 포기하는 사태가 일어난다면 그것은 한국교회의 파산일 뿐 아니라 하나님 나라를 우리 손으로 파산시키는 일이다. 그 일만은 우리 스스로 막아야 한다. 구미는 대공황 때일지라도 선교만큼은 결코 중단하지 않았다는 것을 기억할 필요가 있다.

세계는 지금까지 한국교회를 교회발전의 모델로 삼아왔다. 이렇듯 주목받던 우리가 가장 중요한 선교에서 지리멸렬한 모습을 보인다면 그것은 세계의 많은 교회들을 실망시킬 뿐 아니라 결국 하나님을 실망시키는 일이 될 것이다.

우리는 무엇보다 궁극적인 문제해결은 주님의 손안에 있음을 인식해야 한다. 경제난국을 타개하기 위해 정부나 기업에서 여러모로 힘을 쓰고, 교회도 고통에 동참하고 있지만 궁극적인 해결은 주님의 손안에 있음을 모두 인식해야 한다. 따라서 우리는 국가와 민족을 일으킬 힘이 하나님께 있다는 것을 잊지 말고 겸손히 그 앞에 나아가며, 세계를 향한 우리의 선교비전을 다시금 일으킬 수 있는 힘을 달라고 기도해야 한다.

제 5 부

신앙생활과

그리스도인의 참된 복

제1장 그리스도인과 생활

1. 무엇이 문제인가?

함께 신앙생활을 하면서 가장 보기 싫은 모습은 무엇일까? 한국대학
생선교회가 기독대학생 100명을 대상으로 조사한 결과 그들이 가장 싫
어하는 모습은 이기적인 행동, 언행불일치, 함부로 하는 말 등이었다.

- 자기만 아는 이기주의적 행동   21%
- 언행불일치의 행동   18%
- 함부로 하는 말   15%
- 혼자만 신실한 척하는 모습   13%
- 무질서한 모습   11%
- 단순히 교제를 위한 신앙생활   8%
- 끼리끼리만 어울리는 모습   6%
- 기타   8%

김지자 교수는 다음과 같은 그리스도인은 싫다고 말한다. 이것은
그리스도인들에게 여러 가지로 문제가 있음을 드러내고 있다.

- 믿는 사람들끼리만 위하고 어울리며 믿지 않는 사람들을 백안시하
  며 위화감을 조성시키는 배타적인 모습이다.
- 입으로는 "주여! 주여!" 하며 하루에도 수십 번씩 죄를 회개하면서
  도 일상의 생활 속에서는 전혀 예수님을 부인하는 세리나 바리새인
  그리고 타락한 제사장들처럼 자기 기만적이고 이기주의적으로 살아

가는 사람이다.
- 진실로 의와 진리를 위하여 목숨을 버릴 수 있을 만큼 충성하고 희
  생하는 삶을 택하겠다는 소명의식보다는 기복 신앙적 차원에서 연
  연하는 일천한 신앙의 모습이다.

하나님은 참된 그리스도인을 보고자 하신다. 위선으로 덕지덕지 풀
칠한 플라스틱 크리스천(plastic Christian)을 원하지 않으신다.

2. 실종된 윤리의식

조지 바나 연구소의 조사에 따르면 미국에서 진지한 그리스도인들,
곧 스스로 진지하게 신앙생활을 하고 있다고 한 사람들의 비율이
12%에서 6%로 격감하고 있다. 한국갤럽조사연구소가 실시한 한국인
의 종교와 종교의식에 관한 조사결과 개신교는 젊은이들에게 있어서
가장 매력 없는 종교로 나타났다. 가톨릭은 자강 사회적 공신력이 높
은 종교로, 반면 개신교는 가장 공신력이 낮은 종교로 비쳐졌다. 기독
교도에 대한 부정적 인상은 개교회주의, 배타적 성향, 교파분열, 헌금
강조 등에서 두드러졌지만 아울러 부패한 세상에서 윤리적으로 신선
한 매력을 찾을 수 없다는 것도 문제가 되었다. 윤리문제는 교회성장
의 중요한 장애요인 가운데 하나로 지적되고 있다. 1960년대 한국교회
는 15.7%라는 성장률을 기록했다. 그러나 1990년대에 들어와 3% 이
하로 낮아짐은 물론 마이너스 성장까지 예측될 정도이다. 교회가 사회
에 대해 공신력을 상실하고 있는 한 성장은 어렵다.

윤리문제의 책임은 목회자, 신학생은 물론 교인 모두에게 있다. 그
리스도인들이 말씀대로 살지 않았기 때문이다. 과거 목회자들은 가난
과 청렴이 상징이었다. 목회자가 된다는 그 자체가 큰 희생을 각오해

야 하며, 사명이 투철해야만 했기 때문이다. 그러나 이제는 목회자 되는 길이 희생의 길이 아니라 존경과 부와 명예를 누릴 수 있는 자리로 달라졌다. 그만큼 목회자도 세속화되었다는 증거이다. 목회자마저 물질과 명예에 빠져 있기 때문에 성경말씀을 올바로 전하기 어렵게 되었다. 신학생은 스타지망생으로 전락되었다. 신학교에서 커닝이 보편화되고, 도난사고가 많으며, 자신뿐 아니라 동료신학생들에 대한 윤리적 성숙도에 대해 기대 이하로 평가하고 있다. 교인들도 신앙과 생활이 분리되어 있다. 이러한 이분화 된 모습은 "믿음으로만 구원을 받을 수 있다"는 이신칭의(以信稱義)에 대한 지나친 강조 때문이라는 지적도 있다(이재수, 1998). 믿음, 은혜로 구원받을 수 있다는 것은 사실이지만 '믿음'만의 강조는 복음을 너무 가볍게 만들고 윤리적 삶을 격하시킬 위험이 있다. 믿음은 윤리적 삶의 방향성을 결핍한 맹목적인 것이 아니다. 무질서하고 무책임한 삶을 살면서 믿음만 있으면 된다는 것이 결코 아니다. 믿음은 하나님에 대한 전적인 순종과 헌신의 행위가 없이는 참믿음이 아니다.

예수님은 "그의 열매로 그들을 알리라"고(마 7:20-21) 하셨다. "주여! 주여!" 한다고 해서 천국에 들어가는 것이 아니라 하나님 아버지의 뜻대로 행하는 자라야 천국에 들어간다고 했다. 이제 그리스도인들에게 요구되는 것은 말과 행위, 믿음과 행실이 일치되는 삶이다. 이를 위해서 우리에게 필요한 것은 말씀으로 돌아가고 잃었던 윤리를 회복하는 일이다.

3. 그리스도인으로서 바람직한 생활

오늘날 복음전도는 제자가 되는 것이 아니라 쉬운 결단만을 목표로 한다. 이런 전도양상은 기독교를 안이한 믿음주의(easy-believism)로 만든다(Arn, 9). 조사에 따르면 세례받은 400명 가운데 1년 뒤에 교회에서 볼 수 있는 사람은 겨우 7명뿐이었다고 한다. 옥한흠은 이런 점에서 목사의 설교도 문제가 있음을 밝혔다.

현대 교회는 교인들에게 편안함을 주는 설교로 채워지고 있다. 자기가 져야 할 십자가를 생각하도록 하거나 그 십자가를 실제로 지도록 하거나 자신의 옛 성품을 죽게 하거나 하나님을 따라 의와 진리의 거룩함으로 새 사람이 되도록 하는 설교는 그리 많지 않다. 그저 사람들을 편안하게 만드는 것에 익숙해 있다. 그리스도인으로서 보다 바람직한 생활을 하기 위해서 어떻게 해야 하는가를 살펴보자.

1) 삶의 반성과 회개

회개 없이 흰 세마포 옷을 입을 수 없다. 회개는 '메타노이아'(metanoia)라 한다. 이것은 마음의 변화, 사고와 발상의 전환으로 죄의 결과를 뉘우칠 뿐만 아니라 죄 그 자체를 미워하고 삶의 방향을 전환하는 것이다. 과거의 어둠의 삶으로부터 새로운 빛의 삶으로 완전히 방향을 바꾸어 사는 것이다. 회개한 사람은 다시는 옛날로 돌아가지 않는다. 회개한 사람들의 간증을 들어보면 악의 모습은 생각하기도 보기도 싫어졌다고 말한다. 심지어 생각하고 본 것만으로도 회개꺼리가 생겼다고 말한다.

회개는 후회하지 않는다(stop regretting). "나는 못난 놈이다. 어쩔 수 없다." 자신을 비하하며 우는 것은 회개가 아니다. 그것은 자신을 슬퍼하는 것(earthly sorrow)일 뿐이다. 회개는 자기의 옛것을 과감히 벗어버리는 것이다. 그렇게 욕심 많던 야곱이 형 에서를 만나기 전 자기의 귀한 것을 에서에게 보냈다. 우리는 야곱이 형을 만나는 과정을 바라봄에 있어서 두려움에 찬 야곱, 꾀 많은 야곱 정도로 생각하지만 우리는 적어도 지금까지 자기의 생애를 바쳐 얻은 귀한 것들에 대해 미련 없이 버리는 야곱을 바라볼 수 있어야 한다. 야곱이 자기의 욕심을 벗어버렸음을 알았을 때 형 에서는 동생 야곱을 껴안고 눈물을 흘릴 수 있었다. 야곱이 죽이고 싶도록 미운 상대였지만 회개하는 동생까지 미워할 수 없었다. 회개의 눈물은 이처럼 미움과 질시와 증오를 녹인다.

회개하면 이웃에 대한 태도가 달라진다. 우리가 연보를 하는 것은 나누는 삶을 실천하는 것이요, 우리가 주일학교에서 학생을 가르치는 것은 남의 자식도 내 자식 못지않게 중요하게 생각하기 때문이다. 우리는 왜 사촌이 논을 사면 배가 아프고 이웃이 좋게 되면 배가 아픈가? 그것은 회개한 삶을 살지 못했다는 증거이다. 회개하면 이웃을 용서하게 되고 서로 복종하게 된다.

2) 변 화

거듭남을 뜻하는 헬라어 '아노덴(anoden)'은 근본적인 변화를 경험하기 때문에 새로운 탄생과 같다. 그 전 과정은 하나님의 은혜와 능력에서 나온다. 변화란 영어로 'transform'이다. 이것은 성질이 완전히 다른 것으로의 탈바꿈을 의미한다. 회개(repent)는 변화하는 것이다. 희랍어로 "마음을 변화시켜 새롭게 시작하게 한다."는 뜻을 가지고 있다. 회개의 본래의 의미는 '변화'에 있다는 것을 보여준다. 회개는 행동의 변화로 나타나야 한다. 그 변화가 바로 회개의 열매이다. 주님은 우리에게 회개에 합당한 열매를 맺으라고(마 3:8; 눅 3:8) 하신다.

3) 성장과 발전

회개는 필요한 것이지만 늘 회개만 하고 있으면 안 된다. 용서를 받았는데 계속 용서해 달라고 하는 것은 우스운 일이다. 히브리서 6장 1절을 보면 "그러므로 우리가 그리스도 도의 초보를 버리고 죽은 행실을 회개함과 하나님께 대한 신앙과 세례들과 안수와 죽은 자의 부활과 영원한 심판에 관한 교훈의 터를 다시 닦지 말고 완전한 데로 나아갈지니라." 하였다. 회개·세례·부활·심판의 교훈이 다 중요하지만 이미 이 단계를 거친 교인들은 다시 돌아와 그 교훈을 계속 반복하며 "어찌할꼬?" 하기보다 더 성숙한 경지로 나가라는 것이다. '더 완전한 데로 나아가라'는 것은 성장하고 발전하라는 뜻이다.

강영우 교수는 아내의 이름을 석은옥으로 지어주었다. 돌보다는 은이 귀하고, 은보다는 옥이 귀하기 때문에 날로 발전하는 삶을 살리라는 각오가 담겨 있었다. 그는 아내와 함께 살면서 처음 10년은 석의 시대를 살기로 했다. 시련과 역경을 믿음으로 극복하며 사는 시대라는 것이다. 그다음 10년은 은의 시대를 살기로 목표를 정했다. 은은 하나님께 영광을 돌리기 위해 준비하는 시간이다. 도미해서 박사학위를 받고 교수가 되는 등 은의 시대도 잘 마감되었다. 그리고 다음 10년을 옥의 시대로 정했다. 그 시대에는 하나님께 영광을 돌리며 사회에 유익을 주는 시기이다. 그는 로터리클럽에서 사회봉사를 열심히 한 공로로 표창까지 받았다. 그는 그 상을 받으면서 말했다. "앞으로는 주의 시대를 살겠습니다." 지금까지는 내가 목표를 세워 살아왔지만 앞으로는 주님의 인도하심대로 살겠다는 것이다. 그리스도인의 삶은 날로 성장하고 발전해야 한다. 달라져야 하는 것이다. 그리스도인에게 정체의 삶은 허용되지 않는다.

4) 증인된 삶

증인된 삶은 순교자적인 삶을 가리킨다. 예수님은 제자들에게 전도할 것을 마지막으로 부탁하시면서 "유대와 사마리아와 땅 끝까지 내 증인이 되라"고 명령하셨다. 여기서 증인이란 원래 '순교자(martyr)'를 뜻한다.

그리스도인의 삶은 회개와 변화가 있어야 하는 삶이며 이것에 대한 철저한 점검 없이 하나님 나라의 백성으로 자처하는 것은 참으로 잘못된 것이다. 나아가 증인된 삶을 실증해야 한다. 회개와 변화가 철저한 자기개혁이라면 증인된 삶은 자기 아닌 자기 밖, 곧 이웃을 위해 개혁의 삶을 사는 것을 말한다. 증인된 삶은 이웃을 변화시킴에 있어서 자기가 씨앗이 되는 삶을 말한다.

5) 하나님 편에 서기

헨리 소로는 "수가 많은가 적은가가 아니라 옳은가 그른가?"를 중시했다. 그의 말을 빌리면 하나님이 자신의 쪽에 있느냐 없느냐가 중요하다. 하나님과 같은 쪽에 있으면 누구든지 이미 '하나의 다수'이다. 그리스도인의 삶은 이 세상 사람들이 어떤 생각을 하고 어떤 말을 하든지 하나님 편에 서서 그분의 뜻대로 사는 것이 중요하다. 그는 매사추세츠 주에서 하나님 앞에 정직한 사람 백 명이, 열 명이, 아니 단 한 사람이 노예소유를 포기하고 감옥에 가려고 한다면 그것은 곧 미국 노예제도의 폐지라고 말한다.

그리스도인다운 삶의 운동으로 하나확운동이 있다. '하나님 나라 확장하기운동'(KGEM: Kingdom-of-God Expansion Movement)이다. 그리스도인이라고 모든 것에 완전할 수는 없다. 하나라도 확실히 잘해야 한다. 그것은 하나님을 확실히 붙잡는 일이며, 결국에는 우리의 행동을 통해서 하나님 나라를 확장해 나가는 것이다. 거창하지 못해도 잘못된 것 하나라도 바꾸자. 확실한 주님의 것 하나라도 확고히 붙잡자.

6) 성경중심

아무리 많은 책이 나오고 사이버정보가 넘쳐나도 그리스도인에게 있어서 가장 중심 되는 것은 하나님의 말씀이다. 따라서 교회의 가르침이 복음적이고 말씀의 원리에 서면 말씀은 어느 곳에서나 역사하게 되어 있다. 방법과 복음을 혼동해서는 안 된다. 복음은 결코 바꿔지지 않는다. 그러나 전하는 방법은 바꿔져야 한다.

7) 단순성

우리의 삶은 여러 모양의 단순성을 요구한다. 믿음도 마찬가지다. 복잡한 믿음보다 단순한 믿음을 가진다. 복잡한 믿음은 사변적이고 머리를 굴리는 믿음이다. 이에 반해 단순한 믿음은 순수한 믿음, 순결한 믿음, 전심전력하는 믿음이다.

삶의 양식에서도 단순성을 유지한다. 세상적인 것을 너무 많이 붙들고 살면 복잡한 삶을 살 수밖에 없다. 그리스도인은 단순성을 회복해야 한다. 단순하게 살려면 우리의 많은 것을 정리해야 한다. 이 세상의 재물, 명예도 내려놓는다. 그리스도인들은 세상에서 높아지기를 포기한 사람들이다. 세상 것보다는 하나님 나라의 것을 생각하며 산다. 예수님께서는 세상적인 것으로 어지러운 성전을 척결하셨다. 마찬가지로 우리에게도 이런 대담한 척결이 필요하다. 우리는 주님의 것이다. 그러므로 하나님만 붙들고 살면 된다.

"이스라엘아 너는 두려워 말라 내가 너를 구속하였고 내가 너를 지명하여 불렀나니 너는 내 것이라 내가 너를 보배롭고 존귀하게 여기고 너를 사랑하였은즉"(사 43:1 - 7).

퀴스텐마허의 단순하게 사는 법

퀴스텐마허는 그의 저서 「단순하게 살아라」에서 물건, 재정, 시간, 건강, 관계, 배우자, 자신의 내면 등을 단순화 대상으로 정의한다. 물건 단순화의 방법은 '버려라'이다. 1년 동안 한 번도 쓰지 않은 것이라면 과감히 버려야 한다. 그는 "정리하지 않는 물건은 사람을 과거에 묶어 둔다"고 지적한다. 버림으로 인해 생긴 공간은 앞으로 채워갈 미래를 위해 쓴다. 서류 가운데 보관할 것이 있다면 수직으로 쌓지 말고 수평으로 정리해야 나중에 찾기 쉽다.

재정 단순화를 위한 그의 제안은 단순하고 명확하다. 빚을 지지 말아야 하며, 마이너스 통장은 금지대상 1호. 갖고 있는 돈을 초과해 소비하지 않으려면 신용카드를 멀리하고 현금으로 물건을 사야 한다. 신용카드사용에 따른 잡다한 혜택은 과감히 무시한다.

시간 단순화를 위해서는 '아니오'라는 대답을 두려워하지 말아야 한다. 사람들은 부탁을 거절당했을 때보다 해 준다고 해 놓고 약속을 지키지 않았을 때 더 화를 낸다. '아니오'로 확보한 여유시간은 오늘 마쳐야 할 1순위 일에 투입한다.

건강을 위해서는 식사를 단순화해야 한다. 아침은 과일로, 양은 맘껏 먹어도 좋다. 점심은 풍성하게 먹고 저녁은 건너뛴다. 퀴스텐마허는 "사람은 하루 한 끼만 먹으면 충분하므로 나머지는 과일 같은 것으로 공복감을 채우는 전략을 쓰라"고 충고한다(Kustenmacher et al., 2004).

8) 자기절제와 근신

성경은 우리로 하여금 근신을 생활의 신조로 삼도록 했다. 근신은 기본적으로 자기절제이다. 정신을 바르게 하고 몸가짐을 다르게 한다. 그리고 절제가 생활에서도 나타나야 한다. 절약도 그중에 하나의 행위이다.

조선 중기 이후 부녀자들 사이에 얹은머리인 가체(가발)가 유행했다. 그 값이 중인 주택 열채에 해당하여 실학자들 사이에 비판이 많아 후에 족두리로 바뀌었다. 사치는 예나 지금이나 문제가 아닐 수 없다. IMF사태가 발생하자 서울남부초등학교에서 IMF를 놓고 학생들이 토론을 벌렸다. 학생들은 IMF의 발생 원인을 어른 들이 돈을 펑펑 써대다가 그렇게 된 것이라 규정한 다음 IMF 문제를 극복하기 위해서는 절제를 해야 한다고 했다. 이를 위해 어떤 학생은 긴 팔 옷이 반팔이 되도록 입어야 한다고 했고, 외국에 나갈 경우 쓴 것보다 두 배로 벌어 오라는 주문을 했다. 경제형편이 어려워지자 전국적으로 아나바다운동이 전개되었다. 예수교장로회 총회(합동) 사회부는 심각한 경제난을 극복하기 위한 운동의 일환으로 '바다물아나'운동을 전개하기로 결정했다. 바다물아나는 바꿔 쓰기, 다시쓰기, 물려 쓰기, 아껴 쓰기, 나눠 쓰기의 준말이다. 이 운동은 검소절제운동이자 환경운동이기도 하다.

인도의 테레사 수녀의 수도원에 있는 어느 방에도 가구가 없다. 수녀들의 재산이라고는 양동이 한 개와 인도 옷인 사리 두 벌씩밖에는 없다. 양동이는 사리를 세탁하기 위해 필요하다. 그 외에는 아무것도 필요하다고 여기지 않는다. 이것은 테레사의 가르침을 따른 것이다. 그렇게 함으로써 자기가 가장 강해질 수 있는 것이라는 것이 테레사 수녀의 말이다. 그녀에 따르면 부자가 기부를 많이 하는 것도 가난한 사람을 위한다기보다 기부를 함으로써 자신들의 마음이 흐뭇해지기 때문이다. 그만큼 몸이 가벼워지고 자유스러워진다는 것이다. 그리스도인의 삶의 기본은 근신과 자기절제에 있다.

9) 정 직

'12살 이하의 아이는 무료입장'이라는 공연장에서 13살 먹은 아이에게 한 어머니가 "12살이라고 하고 들어가라"고 다그친다. 아이는 주장하다시피 말한다. "나 13세 살인데." 어머니는 아이에게 거짓말과 부정직을 가르치고 있는 것이다. 예수를 믿는다며 이처럼 인간적인 방법으로 사는 사람이 많다. 말씀과는 거꾸로 살고 있는 것이다.

한 임금이 거짓이 없는 신하에게 공주와 결혼을 시키려고 생각했다. 하루는 씨앗을 삶아서 신하들에게 주면서 잘 심어 아름다운 꽃을 만들어 오라고 했다. 신하들은 꽃씨를 심고 싹이 나오기를 기다렸지만 삶은 씨앗에서 싹이 나올 리가 없었다. 그러자 신하들은 다른 씨앗을 심어 예쁜 꽃을 임금에게 가져왔다. 그런데 한 신하는 빈 화분을 가지고 왔다. 임금은 아름다운 꽃을 가지고 온 신하들을 꾸중하고 빈 화분을 가지고 온 신하에게 정직함을 칭찬하면서 공주와 결혼을 하게 했다. 하나님은 거짓말과 부정직을 미워하신다.

올바살운동이 있다. 이 운동은 김승연 목사가 1996년부터 시작한 것으로 성경의 가르침대로 살자는 의미에서 '올바로 살기'를 줄인 말이다(김승연, 1999). 그는 성경에 기초해 거짓말 안하기, 뇌물 추방 등 건전한 생활을 위한 방법들을 제시하고 있다.

10) 겸 손

베들레헴 예수 탄생교회는 문이 두 개 있다. 하나는 큰문이고 다른 하나는 좁은 문이다. 큰문은 일 년에 한 번 행사가 있을 때 열지만 보통 때는 좁은 문으로 다녀야 한다. 이 문은 하도 좁아 고개를 숙이지 않으면 들어갈 수 없다. 이 좁은 문은 예수님을 만나러 온 사람은 항상 겸손해야 한다는 것을 가르쳐 준다.

예수님이 하나님의 아들이 되는 결정적 증거는 그의 순종에 있다. 즉 자기 목숨까지 아버지의 뜻에 맡기는 순종을 통해 예수는 아들의 사명을 이루었으며 나아가 모든 사람들에게 하나님과의 올바른 관계에 대한 모범을 보였다. 따라서 기독교인이 된다는 의미는 예수를 본받아 하나님께 순종과 겸손을 드린다는 것이다. 오늘날 이 사명을 망각하고 교권주의, 금권주의에 집착하는 기독교인이 있다면 그들은 예수를 다시 십자가에 못 박는 사람들임에 틀림없다.

11) 최선의 삶

아인슈타인에 버금가는 학자로 스티븐 호킹을 꼽는다. 그는 대학원 1학년 때 근육수축성 경화증이라는 불치의 병에 걸렸다. 의사는 3년밖에 살지 못한다고 했다. 처음에 그는 우울증에 빠졌지만 얼마 후 생각을 고쳐먹었다. "시한부 인생이면 어떠냐. 짧은 시간뿐이라면 남은 인생을 값지게 살자." 그 결과 그는 의사의 진단과는 달리 지금까지도 살아있다. 그는 말한다. "나에게 주어진 삶의 시간이 얼마나 되는지 알 수 없지만 어쩌면 내가 생각하는 것보다 연구할 수 있는 시간이 내게 더 많이 남아 있을지도 모른다." 그는 매우 긍정적이었다. 어떤 사람이 그를 찾아가 청년들에게 필요한 말씀을 해달라고 했다. 그러자 그는 "우리는 최선을 다해야 합니다."라고 말했다. 믿음이란 결과를 하나님께 맡기고 하나님의 허락하신 조건 아래서 최선을 다하는 것이다(이찬수, 28-29).

4. 바람직하지 못한 생활

1) 경건의 모양은 있으나 경건의 능력은 부족한 생활

20세기 한국교회는 양적인 부흥이 있었으나 질적으로는 문제가 많았던 시기였다. 급격한 수적 성장은 질적인 성장을 뒷받침해주지 못했다. 각종 부정부패사건에 교인들이 연루되지 않은 곳이 없을 정도였다. 이것은 한국교인들에게 경건의 모양은 있으나 경건의 능력은 부족했음을 나타내는 것이다. 우리에게 부족한 것은 기도나 찬양이나 예배나 성경공부가 아니다. 생활 속에서 나타나는 그리스도의 인격이다.

2) 차 별

미국에서 한 백인 지도자가 흑백평등을 주장하고 다녔다. 차별하지 말고 서로 사랑하며 그것을 실천하자고 말했다. 그러던 어느 날 그의 딸이 아버지를 찾아와 폭탄선언을 했다. 흑인과 결혼하겠다는 것이었다. 그는 한마디로 흑인과의 결혼은 절대 할 수 없다고 잘라 말했다. 말만 앞선 사회운동가임이 드러나는 순간이다. 그의 딸이 아버지를 어떻게 생각할 것인가? 위선은 결코 멀리 있지 않다.

우리는 그리스도의 정신에 따라 차별 없이 모든 사람을 사랑해야 한다. 사람에 대한 편견이나 편애 그리고 고정관념을 가지고 있어서는 안 된다. 마틴 루터 킹 목사의 "나는 꿈을 가지고 있습니다."(I have a dream)라는 연설은 너무나 유명하다. 그는 흑인을 노예에서 해방시킨 링컨 대통령의 좌상이 있는 앞에서 수많은 군중을 향해 "나는 언젠가 미국의 흑인과 백인이 함께 손을 잡고 걷는 꿈을 가지고 있다"고 외쳤다. 당시 미국은 인종차별과 흑백대립으로 전국이 술렁이고 있었다. 흑인 데모대들은 '나는 사람이다'(I am a man)라는 피켓을 목에 걸고 행진하였다. 그 후 미국정부는 공식적으로 인종차별을 금하였다. 이러한 공식적인 선언에도 불구하고 문제는 아직도 완전히 해결되지 못하고 있다. 사람들의 실천의지가 약하기 때문이다.

중세기에는 흑인이든 백인이든 동등한 권리를 누리고 흑인의 문명도 인정을 받았다. 그러나 대서양을 중심으로 노예사냥이 시작된 때부터 흑인에 대한 차별이 발생하기 시작했다. 따라서 인종차별이 뚜렷하게 나타나게 된 것은 최근의 일이다. 지금은 공식적으로는 차별을 금지하고 있지만 차별적 인식은 매우 고도화되어 있다.

미국 내에서 인종적 편견과 폭력을 부추기는 집단의 수가 최근 급증하고 있는 것으로 조사되고 있다. 남부구빈법센터(SPLC)의 조사에 따르면 한 해 동안 474개의 조직화된 증오그룹이 활동했다. 이런 조직은 계속 늘어나고 있다. 날로 사람들 사이에 미움과 차별이 증가하고 있다는 것을 보여준다. 특히 백인우월주의 비밀결사단체인 큐클럭스클랜(KKK) 산하 지부가 127개로 조사되는 등 기존단체가 급속히 세력을 확장한 것으로 나타났다. 또 성경을 인종적 편견의 근거로 삼아 순수 백인만이 선민이고 유대인들은 사단의 무리라 여기는 크리스천 아이덴티티(CI)도 81개의 지부를 둔 것으로 조사되었다. 이 외에 신나치그룹 100개, 스킨헤드 42개 등도 준군사조직으로 소수인종에 대해 노골적인 폭력을 행사하고 있다. 이 조직들은 인터넷의 일반화와 백인파워를 공공연히 찬양하는 일부 록 음악 등을 통해 걷잡을 수 없이 동조자들을 만들어내고 있다.

우리나라는 흑백의 차별은 아니지만 보이지 않게 차별이 심한 나라이다. 남녀차별과 지역차별은 세계적 수준에 달하고 있다. 이 차별은 세상 사람들에 국한되지 않고 교회 안에서도 버젓이 작용하고 있다.

한국교회의 여성들은 하나님의 형상으로서의 권리를 전혀 누리지 못한 채 의무만 강요당하고 있다. 지역차별은 더욱 노골적이다. 많은 교회가 지역성을 띠고 있어 담임목사를 청함에 있어서조차 출신지역이 문제가 된다. 아무리 자격이 있는 인물이 지원을 해도 고려대상이 되지 않는 이유 가운데 가장 큰 것이 출신지역이다. 지역성은 장로를 선출하는데도 영향을 준다. 심지어 신학교 교수로 선발될 때 또는 신학교의 학장이 될 때도 출신지역이 문제가 된다. 아예 "어느 지역 사람은 안 된다"고 말할 정도이다. 다 하나님이 만드신 사람이요, 다 하나님이 창조하신 땅에서 태어났는데 성과 지역이 무슨 문제가 되는가. 이러한 차별적 사고와 행위는 우리가 그만큼 하나님 나라의 삶을 살지 못하고 있음을 보여준다. 그리스도인은 무엇보다 사람을 차별해서는 안 된다. 차별은 이웃을 사랑하라는 주님의 정신에 크게 위배된다.

3) 자기과시

한국교인처럼 큰 것, 최고를 좋아하는 사람도 많지 않다. 이것은 우리의 생각이 얼마나 이 세상적이고 물질적인가를 보여준다. 그리스도인이라면 달라야 한다. 우리나라 사람들은 큰 것을 좋아 한다. 집도 자동차도 가구도 크고 비싸야 한다. 불편해도 대학병원을 가야 안심하고, 속임수를 당해도 큰 백화점을 가야 자랑스럽고, 식당도 큰 곳엘 가야 먹은 것처럼 느낀다. 분당 신도시 아파트 분양 때 최고의 경쟁률을 보인 것은 70평짜리 초대형 아파트였다. 분양가 외에 5천만 원에 달하는 채권을 사야 하는데도 경쟁률은 백대 일이 넘었다. 그러나 놀랍게도 채권도 살 필요도 없는 17평 이하의 작은 아파트는 청약미달 사태를 빚었다. 자동차도 큰 것을 선호하기는 마찬가지이다.

왜 큰 것을 찾는가? 그것은 자기과시욕 때문이다. 큰 집을 가지고 있는 사람은 집 자랑을 통해 자기를 높이고자 한다. 한국교인들도 최고 병, 최대 병에 깊이 물들어 있다. 작자를 알 수 없는 다음의 시는 한국 목회자와 교회에 대해 용서를 구하고 있다. 용서를 구하고 있지만 용서할 수 없는 것이 무엇인가. 일반 교인들이 어떤 생각을 갖고 있는가를 이 시는 잘 보여주고 있다.

> "신도보다 잘 사는 목회자를 용서하시고
> 사회보다 잘 사는 교회를 용서하시고
> 제자보다 잘 사는 학자를 용서하시고
> 독자보다 배부른 시인을 용서하시고
> 백성보다 살쪄있는 지배자를 용서하소서."

　직장에서, 학교에서, 이웃에서 믿지 않는 사람들은 그리스도인들을 보고 있다. 그들은 우리가 어떻게 말하고, 스트레스 상황에서 어떻게 행동하는지 주시한다. 그들은 성경을 읽지 않는다. 그러나 그들은 그리스도인의 행동을 책처럼 읽고 있다. 그들은 우리의 행동을 통해 성경이 어떻게 말하는가를 읽고 있다. 우리의 행동 하나하나가 성경의 장절이 되는 것이다. 따라서 그리스도인은 삶에 모범이 되지 않으면 안 된다.

　성도는 잘못될 수 있다. 그러나 예수 그리스도는 잘못될 수 없다. 교회는 부패할 수 있다. 그러나 하나님의 나라는 부패하지 않는다. 그리스도인은 남이 먼저 변화되기를 강조하거나 기다려서는 안 된다. 우리 스스로 먼저 변화되어야 한다. 그리고 나서야 비로소 우리는 우리의 이웃을 변화시킬 수 있다. 로마 인구 중 기독교인이 3%밖에 되지 않았을 때 로마는 기독교를 국가의 종교로 선포했다. 그 3%가 그리스도인으로서 참다운 삶을 살았기 때문이다. 3%의 소금기가 바닷물을 정화하고 있다. 그리스도인의 삶이 먼저 달라질 때 사회도 달라질 것이다.

제2장 고난 명령

인간은 누구나 고난받기를 싫어한다. 인간의 역사는 한마디로 어떻게 하면 고통을 줄이고 행복을 증대시키느냐에 관심을 가져 왔다. 기업이 손해를 보지 않고 이윤을 많이 내는 데 관심을 많이 가지는 것도 인간의 이러한 쾌락 추구의 심리를 반영한 것이다. 더럽고 위험하고 어려운 일을 피하려 하는 3D 현상도 매양 마찬가지이다. 손으로 힘써 일하기보다 어떻게 하면 머리를 굴려 손쉽게 살아 볼까 궁리하며 사는 것도 여기에서 벗어나지 않는다. 심지어 교인들 가운데도 힘써 일하는 대신 하나님께서 큰 복을 넝쿨 채 안겨주기를 바라는 심정으로 신앙생활을 하는 사람이 있다.

그런데 성경은 고통을 피하라 하지 않고 오히려 고난을 받으라고 가르치고 있다. 고난을 받으라는 이 고난 명령은 편하기를 그토록 바라는 우리에게 정말로 언짢은 명령이 아닐 수 없다. 평안을 바라고 예수님을 찾았는데 오히려 고난을 받으라니 말도 되지 않는다고 말할 것이다. 그러나 성경은 이 땅에서 그리스도인으로서 받는 고난과 고통이 오히려 우리에게 좋은 결과를 가져다준다는 것을 가르쳐 주고 있다. 그래서 성경은 우리를 향해 기꺼이 고난을 받으라고 당부하고 있다. 성경을 통해 이를 생각해 보기로 한다.

1. 광야에서의 고난

이스라엘이 출애굽을 했을 때 그들의 마음은 이제 며칠 안으로 도달할 약속의 땅 가나안을 생각하며 마음이 들떠 있었다. 홍해를 기적적으로 건넜을 때 가나안이 바로 눈앞에 보이는 듯했을 것이다. 광야를 지나가는 것쯤은 아무 것도 아니라고 생각했을 것이다. 그러나 그 며칠로 모든 것이 끝날 줄 알았던 그들에게 그 며칠은 자꾸만 길어져 갔다. 며칠이 아니라 몇 달이 되고 몇 년이 되어 갔다. 광야는 그들에게 고통을 안겨 주었다.

그들은 모세를 원망하고 하나님을 원망하고 자꾸만 애굽에서 살았던 때가 좋았다고 말하기 시작했다. 하나님께서 공급하시는 만나도 신물이 났는지 "만나 외에는 보이는 것이 없으니 애굽에 있을 때 고기도 먹고 생선, 외, 수박, 부추, 파, 마늘을 먹었는데 이제는 정력이 쇠하여 지겠구나."(민 11:5) 울며 탄식했다. 현재의 고통을 견딜 수 없었던 것이다. 그들은 가나안을 향해 가기보다 차라리 뒤돌아 애굽으로 가고 싶어 했다. 하나님께서 단시일에 일을 끝내실 줄 알았는데 자기들의 기대와는 거리가 멀었기 때문이었다.

하나님은 그들에게 고통의 의미를 가르쳐 주시고자 했다. 그것은 바로 고난 가운데서 그들의 믿음을 더욱 단련시켜 정금 같은 믿음을 가지고 가나안에 입성하도록 하는 것이었다. "너를 낮추시며 너를 시험하사 마침내 네게 복을 주려 하심이었느니라."(신 8:16). 하나님은 그들의 성숙된 믿음을 보시고자 했다. 그러나 그들은 고통 그 자체만 생각하고 원망만 했다. 결국 그 고통의 의미를 모른 사람들은 끝내 가나안에 들어가지 못했다. 광야의 이스라엘 백성들은 "잘못 왔구나" 또는 "다시 뒤 돌아 갈까?" 이런 저런 생각을 하다 결국 망하고 말았다. 모두 광야에서 죽고 다만 여호수아와 갈렙 그리고 광야에서 다시 태어난 사람들만이 가나안에 들어갈 수 있었다.

이 광야에서의 고통은 우리가 이 세상에 살면서 하나님의 백성으로서 믿음을 지켜 나가기가 얼마나 어려운가를 적나라하게 보여주고 있다. 그뿐 아니라 그 믿음을 지키지 못할 경우 약속의 땅 가나안으로 입성하기조차 어렵다는 것을 실감 있게 가르쳐 주고 있다.

2. 예수님의 고난 명령

마태복음과 누가복음을 보면 예수님께서 산상수훈을 통해 하나님 나라의 삶을 소개하고 마지막 수훈에서 고난받을 것을 언급하셨다. "의를 위하여 핍박을 받은 자는 복이 있나니 천국이 저희 것임이라" (마 5:10). 이 말씀을 바꾸어 말하면 "의를 위하여 고난을 받으라 그러면 천국이 저희 것이 될 것이다."이다. 주님께서 "심령이 가난한 자는 복이 있나니"라고 말씀하시는 것은 우리로 하여금 가난한 마음으로 살라는 명령이기도 하다. 마찬가지로 주님께서 의를 위해 핍박을 받으라 하심은 우리를 향한 고난 명령이다.

주님은 산상수훈을 통해 하나님 나라의 삶과 이 세상 나라의 삶이 근본적으로 다름을 가르쳐 주신다. 고난을 받으라는 주님의 명령은 우리가 이 세상에서 하나님 나라를 살 때 당연히 고난받을 수밖에 없음을 보여준다. 세상은 교만하고 의를 저버리며 서로 싸우고 자기만 살고자 아귀다툼을 벌인다. 그러나 하나님 나라의 삶은 자기를 낮추고 이웃의 아픔을 생각하며 자기의 것을 내어 주고 자기보다 하나님의 의를 세우고자 한다. 극명하게 대립되는 삶의 모습이다. 성도가 세상 속에서 하나님 나라의 삶을 살고자 할 때 삶의 방식이 다르기 때문에 세상으로부터 미움을 받는다. "지가 뭔데", "그래봐야 별 수 있나", "별꼴이야, 언제까지 그러나 한번 보자." 이런 냉소는 약과이다. 성경은 그러한 삶을 살고자 할 때 핍박의 고통이 따르게 될 것을 보여주고 있다. "너희를 욕하고 핍박하고 거짓으로 너희를 거스려 모든 악한 말을 할 것이다."(마 5:11). "너희를 미워하고 멀리하고 욕하고 너희 이름을 악하다 하며 버릴 것이다."(눅 6:22).

그러나 우리가 주님이 요구하시는 삶을 살게 될 때 궁극적으로 승리할 뿐 아니라 주님으로부터 인정을 받게 된다. 고난을 받을수록 "너희에게 복이 있나니 기뻐하고 즐거워하라 하늘에서 너희 상이 큼이라 저희 조상들이 너희 전에 있던 선지자들을 이같이 핍박하였느니라." (마 5:11-12; 눅 6:20-22). 주님은 팔복 가운데 심령이 가난한 자와 의를 위해 핍박을 받는 자에게 천국이 저희 것이 되는 축복을 받게 된다고 말씀하셨다. 성도가 이 땅에서 그리스도인으로서 삶을 살면 고통이 따르게 된다. 그러나 그 고난은 주님을 위한 고난이요 궁극적으로 승리일 수밖에 없는 고난이라는 것을 기억하지 않으면 안 된다.

3. 베드로에 대한 고난 명령

예수님은 베드로를 향해 "내 양을 치라" 명령하심으로써 고난받을 것을 명령하셨다. 베드로는 결단적이지 못하고 주저하기를 잘한 사람이었다. 주님을 처음 따르게 될 때 몇 차례나 주저했다. 밤새 고기를 잡지 못한 그에게 주님이 찾아오셔서 그물을 바다 가운데 던지라는 명령을 했다. 그가 말씀에 의지하여 그물을 내렸을 때 많은 고기를 얻었다. 그때야 비로소 그는 주님을 따르기로 결심했다. 부활 후에도 확신을 가지지 못한 채 다시 어부로 돌아가고자 했다. 주님이 다시 고기 잡는 그를 찾아 배 오른편에 그물을 던지라 했을 때 많은 고기를 얻었다. 다른 제자들이 말씀하시는 이가 주님이라 했을 때 베드로는 창피하여 바다에 뛰어 들어갈 수밖에 없었다. 쥐구멍에서 나온 베드로를 향해 주님은 세 차례나 "내 양을 먹이라"(feed my lambs), "내 양을 치라"(feed my sheep)는 명령을 내리셨다. 이것은 편하기만 바랐던 베드로에게 이제부터는 하나님 나라의 백성으로 결단하고 능력 있게 살아 그 삶을 다른 사람에게 전하고 성도들의 믿음을 굳게 하며 끝내는 순교의 삶을 살라는 명령이었다. 하나님 나라의 삶을 열심히 살고자 할 때 세상으로부터 고난이 따른다. 주님은 그가 어떤 고난을 받게 될 것인가를 다음과 같이 언급하고 있다. "젊어서는 스스로 띠 띠고 원하는 곳으로 다녔거니와 늙어서는 네 팔을 벌리리니 남이 네게 띠 띠우고 원치 아니 하는 곳으로 데려 가리라."(요 21:18). 성경은 이 말씀은 바로 베드로가 어떠한 죽음으로 하나님께 영광을 돌릴 것을 가리키는 것(요 21:19)이라고 밝히고 있다.

지금까지 베드로는 자기 원하는 대로 살아 왔다. 자기가 살기 위해 예수님마저 부인하며 살아 왔다. 그러나 그는 급기야 주님으로부터 고난 명령을 받은 것이다. 이제는 더 핑계할 수 없는 지경에 이른 것이다. "주여 내가 주를 사랑하는 줄을 주께서 아시나이다."라는 베드로의 고백은 그 고난을 달게 받겠다는 베드로의 주님을 향한 충성의 맹세이기도 하다. 베드로는 옥에 갇힘과 순교로써 그 맹세를 지켰다.

4. 디모데에 대한 바울의 고난 명령

바울은 스스로 주님을 위해 고난의 삶을 살았으며 그의 동역자들에게도 고난의 삶을 살 것을 가르쳤다. 바울은 아들처럼 사랑하는 그의 동역자 디모데에게 남긴 유언과 같은 서한, 곧 디모데 후서를 통해 여러 차례나 고난을 받으라고 명령하였다.

• "주를 위하여 갇힌 자 된 나를 부끄러워하지 말고 오직 하나님의

능력을 좇아 복음과 함께 고난을 받으라."(딤후 1:8).

- "네가 그리스도 예수의 좋은 군사로 나와 함께 고난을 받을지니 이는 군사로 모집한 자를 기쁘게 하려 함이라"(딤후 2:3-4).
- "무릇 그리스도 예수 안에서 경건하게 살고자 하는 자는 핍박을 받으리라"(딤후 3:12).
- "너는 모든 일에 근신하여 고난을 받으며 전도인의 일을 하며 네 직무를 다하라"(딤후 4:5).

그는 "군사로 다니는 자는 자기 생활에 얽매이는 자가 하나도 없나 니"(딤후 2:4)라고 전제하고 그리스도의 군사 된 자는 자기를 위한 삶을 살 것이 아니라 마땅히 그리스도를 위해 고난의 삶을 살아야 한 다고 가르쳤다. 나아가 그는 "경기하는 자가 법대로 경기하지 아니하 면 면류관을 얻지 못할 것이며 수고하는 농부가 곡식을 먼저 받는 것 이 마땅하니라."(딤후 2:5-6)라고 하였다. 경기하는 자가 법대로 경 기하는 것은 성도란 그리스도의 법을 따르는 사람들이지 세상 방식대 로 사는 사람들이 아니라는 것을 가르쳐 준다. 이것은 그리스도인으로 서 그만큼 수고와 고통이 따르게 됨을 의미한다. 힘써 노력하고 수고 하는 경기자에게는 면류관이 주어지고 이러한 농부에게는 좋은 수확 이 있게 된다. 그리스도인이 이 땅에서 하나님 나라의 삶을 열심히 산 다는 것은 고통이다. 그러나 그 고통은 주 안에서 승리를 가져다주는 놀라운 하나님 나라의 삶의 방법이다.

바울이 디모데에게 이 명령을 내리고 있는 때는 바로 복음 때문에 옥중에서 고통을 받고 있었던 때였음을 기억해야 한다. 62년경 로마의 연금 상태에서 풀려난 바울이 66-67년경 기독교를 핍박하던 네로에 게 다시 체포되어 로마에 수감되었을 때 디모데에게 이 명령의 편지를 쓴 것이다. 1차 투옥 때는 집을 세내어 거기에 거할 수 있었지만 2 차 투옥 때는 모든 자유가 박탈된 채 사슬에 묶여 있었다. 그의 동역 자들도 바울이 어디에 있는지 찾기 어려울 정도였다. 옥에 갇혀 있는 바울은 자신의 일생이 거의 끝나가고 있음을 의식하면서 이 명령을 하였다. 당시 성도들에게는 매우 고통스러운 박해의 시기였고 바울은 더욱 외로운 상태에 있었다. 부겔로와 허모게네를 포함한 아시아에 있 는 모든 사람들이 그를 버렸고(딤후 1:15) 그를 도왔던 데마도 이 세 상을 사랑한 나머지 그를 버리고 데살로니가로 떠나 버렸고 디도와 두기고도 그의 곁에 있지 않았으며(딤후 4:10-12) 오직 누가만 그의 곁에 있으면서 도와주었다. 바울은 많은 사람들이 자기를 떠나는 그토 록 외로운 가운데 사랑하는 믿음의 아들 디모데 보기를 사모하면서 그에게 복음을 지키고 확신한 일에 거하며 때를 얻든지 못 얻든지 말 씀을 전파하고 복음을 위해 고난을 받으라고 당부하고 있는 것이다.

5. 계속 유효한 고난 명령

성도는 주님으로부터 고난을 받으라는 명령을 받고 있다. 이 명령 은 과거에 국한된 명령이 결코 아니다. 이 명령은 제자들이나 디모데 에게만 해당되는 것이 아니라 현대를 사는 그리스도인 모두에게 요구 되는 하나님의 고난 명령이며 앞으로도 계속 유효한 명령이다.

성도는 사단의 방식을 따르는 사람이 아니라 비록 이 세상에 몸담 고 산다 할지라도 하나님의 방식대로 살아야 할 사람들이다. 사단의 방식과 하나님의 방식은 서로 다르다. 그래서 세상 방식과 하나님 방 식은 서로 부딪힐 수밖에 없다. 우리가 그리스도를 믿고 그 믿음을 생 활 가운데서 나타내며 하나님 나라를 이루고자 하는 것이나 하나님의 나라와 그 의를 전하는 삶은 하나님 방식의 삶이다. 그러한 삶을 이 땅에 구현하는 것은 결코 쉬운 일이 아니다. 그것은 고통과 고난과 핍박이 따르는 삶이다. 그러나 그 고난은 주님을 기쁘시게 하는 것이요, 궁극적으로 하나님 나라를 얻는 귀중한 삶의 과정이다. 바울은 고난, 곧 믿음의 선한 싸움을 싸우고 달려갈 길을 마친 다음 주님이 자기를 위해 예비하신 의의 면류관을 바라보았으며 이 면류관은 자기뿐 아니라 주의 나타나심을 사모하는 모든 자에게 주는 상임을(딤후 4:8) 분명히 하였다.

세상을 사랑하여 세상으로 갈 것인가 아니면 믿음의 선한 싸움을 다 싸워 주님으로부터 의의 면류관을 얻게 될 것인가는 바로 우리 각자에게 달려 있다. 주님은 지금도 세상을 바라보며 편안하게 살고 편안하게 믿음 생활을 하고 있는 우리들에게 경고하고 있다. 고난을 받으라.

제3장 경건에 이르는 여섯 가지 길

1. 우리의 목표는 실천적 신자가 되는 것

"오직 너 하나님의 사람아 이것들을 피하고 의와 경건과 믿음과 사랑
과 인내와 온유를 좇으며 믿음의 선한 싸움을 싸우라 영생을 취하라
이를 위하여 네가 부르심을 입었고 많은 증인 앞에서 선한 증거를 증
거하였도다"(딤전 6, 11-12).

여기서 '이것들'은 자족하지 못하는 삶, 돈만 아는 삶, 곧 세상에 매
인 삶이다. 이런 삶에서 벗어나라는 것이다. 바울은 믿음의 아들 디모
데에게 경건에 관한 교훈을 하면서 이렇게 명령했다. "우리 주 예수
그리스도 나타나실 때까지 점도 없고 책망 받을 것도 없이 이 명령을
지키라"(딤전 6:14). 바울은 디모데에게 명령어를 쓸 땐 매우 준엄하
다는 것을 느끼게 한다. 전도의 필요성을 강조할 때도 "때를 얻든지
못 얻든지 전도하라" 할 정도다. 이 명령은 디모데에게만 해당되는 것
이 아니라 이 시대를 살아가는 우리 모두에게 내린 하나님의 명령이
라는 점에서 심각하게 받아들일 필요가 있다.

이 시대에 우리에게 필요한 것이 무엇일까? 그것은 경건이 아닐까
생각한다. 특히 1907년 평양대부흥회 100주년을 맞으면서 이제는 과거
와는 다른 삶을 살아야 한다는 생각이 커지고 있다. 신앙생활을 한다
하면서도 실행력이 약하여 '말 따로, 행동 따로'라는 지적을 당하고 있
기 때문이다. 이젠 이런 우리 모습을 정리하고 하나님과 사람 앞에 변
화된 모습을 보여주지 않으면 안 된다. 나아가 우리는 보다 헌신된 삶
을 살고자 한다. 헌신은 부르심에 응답하여 몸을 바치는 것이다. 그것은

과거의 삶을 청산하고 하나님 앞에 나 자신을 온전히 드리는 것이다.

신자를 나누는 방법은 여러 가지지만 최근 주목을 받는 분류로 지식 신자, 순응 신자, 변혁 신자가 있다.

지식 신자(informed Christian)는 성경 말씀을 머리, 곧 지식적으로만 이해하고 있는 수준의 신자이다. 머리로는 알지만 행동이 따르지 못한다는 점에서 문제가 많다. 대부분 신앙적 연륜이 짧은 분들이 여기에 속할 것이라 생각하지만 그것은 잘못된 인식이다.

순응 신자(conformed Christian)는 말씀이 어느 정도 녹아내려 가슴으로 이해하는 수준의 신자이다. 구원의 확신을 가지고, 말씀에 따라 살려고 하지만 '마음은 원이로되 육신이 약하여' 문제가 남아 있다.

변혁 신자(transformed Christian)는 말씀을 자기의 것으로 소화(체화)하여 속사람이 변화된 성숙한 수준의 신자이다. 몸과 마음 모두 말씀에 반응하고 실천한다는 점에서 최상의 수준이다. 이제 우리의 목표는 말씀을 실천하는 성숙한 신자다. 우리는 모두 하나님의 사람이기 때문이다.

2. 하나님의 사람이 좇아야 할 것들

바울은 "너 하나님의 사람아!" 부른 다음 '의와 경건과 믿음과 사랑과 인내와 온유'를 좇으라 하였다. 하나님의 사람이란 하나님의 형상을 가진 자, 성령이 충만한 자를 가리키는 말이다. 또한 우리가 추구하도록 한 6가지는 성령의 9가지 열매와 매우 유사하다. "9가지를 6가지로 줄인다면 바로 이것이다."는 말씀과 같다. 그 하나하나를 묵상해보도록 한다.

1) 의(dikaiosune)

디카이오수네는 나의 의가 아니다. 우리는 원래 의인이 아닌데 십자가에서 흘리신 예수 그리스도의 피로 인해 의롭다 함을 얻은 의, 곧 하나님의 의이다. 그 얻은 의로 인해 과거와는 전혀 다른 삶을 사는 의가 바로 디카이오수네이다.

바울은 빌립보 교회 형제들에게 감사하면서 이렇게 기도한다. "예수 그리스도로 말미암아 의의 열매가 가득하여 하나님의 영광과 찬송이 되게 하시기를 구하노라"(빌 1:11). 이것은 그가 의의 열매를 얼마나 강조하고 있는가를 보여준다.

여기서 바울은 의의 열매는 예수 그리스도를 통해 오는 것임을 분명히 하고 있다. 그 의의 열매가 주님으로부터 오지 않는다면 그것은 거룩할 수 없음을 말한다. 우리는 원래 하나님의 의를 드러낼 만큼 의로운 사람이 아니다. 그러나 하나님의 사랑과 은혜로 의롭다 칭함을 얻게 되었고, 이제 의로우신 하나님의 자녀로서 그 의를 드러낼 힘을 얻게 되었다. 경건은 바로 연약한 우리가 예수 그리스도로부터 힘을 얻어 하나님의 의를 드러내는 것이다. 그리스도인 속에는 주님의 의를 드러내고자 하는 DNA가 있다. 그래서 먹든지 마시든지, 살든지 죽든지 주님을 높이고, 그분의 의를 드러냄으로써 주님께 영광을 돌린다.

어떻게 하면 우리가 삶에서 의의 열매(the fruits of righteousness)를 맺을 수 있을까? Amplified 성경은 하나님과 함께 바로 서고, 바른 행동을 하는 것이라 말한다. 하나님과 함께 서면 달라진다. 김익두 목사가 깡패시절 주님을 영접한 후 거리에서 과거의 술친구를 만났다. 친구들은 그를 술자리로 데리고 가고자 했다. 그때 그는 단호히 말했다. "나는 지금 신약, 구약 두 첩을 먹고 있어 술은 마실 수 없어. 너

희도 이 약을 먹어보게." 이 짧은 말 속에서 우리는 그가 얼마나 변화
되었고, 주님의 의를 드러내고자 했는가를 읽을 수 있다.

2) 경건(usebeia)

경건은 알 것 같으면서 쉽게 말할 수 있는 성격의 것이 아니다. 유
세비우스에 따르면 경건은 하나님을 우러러 보는 것이며 하나님이 원
하시는 가장 적합한 삶을 사는 것이다. 바울은 "경건의 모양은 있으나
경건의 능력은 부인하는 자니 이 같은 자들에게서 네가 돌아서라"(딤
후 3:5) 말한다. 경건의 모습이 외적인 모습이라면 경건의 능력은 하
나님의 형상됨을 내적으로 잘 나타내는 것이다. "내가 거룩하니 너희
도 거룩하라" 하신 말씀처럼 하나님의 거룩함을 우리 삶에서 드러내
는 것이다. 경건의 비밀은 이 내면의 삶에서 더욱 빛난다.

예수님은 바리새인의 외식, 특히 구제와 기도와 금식에서의 외식 모
습을 비판하며 그들이 '사람에게 보이려' 했음을 여러 차례 지적했다.
바리새인들은 사람들로부터 경건하다는 말을 듣고자 했다. 경건을 인기
의 도구로 사용하고자 한 것이다. 이것은 경건의 정신에서 어긋난다. 참
된 경건은 사람을 기쁘게 하는 것이 아니라 하나님을 기쁘게 하는 것이
다. 사람의 평가와 하나님의 평가는 다르다. 하나님은 외면보다 내면의
진정성을 보신다. 우리는 외적인 것보다 내면세계를 잘 가꿔야 한다.

이를 위해 경건의 훈련을 쌓는 것이 중요하다. 훈련을 받을 때는
어렵고 힘들지만 그것을 통해 유익을 얻고 선한 열매를 맺는다. 경건
훈련에서 가장 중요한 포인트는 초점 맞추기(focusing)이다. 오직 하
나님만을 바라보는 것이다. 이를 위해 먼저 우리 삶을 더 단순화할 필
요가 있다. 세상의 군더더기로 인해 우리의 영적인 행보가 더디다면
결단을 내릴 필요가 있다. 특히 내적인 단순성(inner simplicity)을 유

지한다. 세상에 대해 나는 죽었다고 생각한다. 세상에 대해 죽음을 선 포한 사람이 세상에 대해 무슨 욕심을 내겠는가.

나아가 하나님 나라의 차원으로 나간다. 그 방법은 먼저 용서하고 사랑하는 것이다. 사랑과 용서는 경건의 능력, 거룩함을 드러내기에 매우 적합한 방법이다. 경건은 현실의 삶과 깊은 관계가 있다. 경건 생활은 결코 속세를 떠나는 것이 아니다.

그리스도인의 용서는 도저히 용서할 수 없는 사람을 용서하는 것이 며, 그리스도인의 사랑은 도저히 사랑할 수 없는 사람을 사랑하는 것 이다. 이것은 용서할 조건을 채운 사람을 용서하고, 사랑할 만한 사람 을 사랑하는 세상에서의 용서와 사랑의 차원을 넘어선다. 예수님은 예 배를 드리러 가다가 형제를 화목하지 못한 일이 생각나거든 가서 화목 하고 와서 제사를 드리도록 했다. 이때 용서는 용서할 수 없는 사람을 용서하는 것이다. "난 도저히 용서 못해!" 하며 분노한 마음을 담고 주님께 나와 예배할 때 그것은 완전한 예배가 될 수 없다. 용서 없는 예배, 용서 없는 제사는 허용하지 않으시겠다는 것이다. 용서의 바탕에 는 사랑할 수 없는 사람을 사랑하는 하나님 나라 차원의 사랑이 있다.

3) 믿음(pistis)

믿음은 바라는 것에 대한 실상이요, 보이지 않는 것에 대한 증거다. 지금 눈으로 볼 수 없다 할지라도 하나님이 말씀하신 것을 그대로 믿 고 확신하는 것이다. 히브리서 11장에는 여러 믿음의 조상들을 소개하 고 있다. 그중 아브라함의 경우를 보자. 하나님은 이삭을 낳기도 전에 그의 이름을 아브람에서 아브라함으로 바꿨다. 그것은 열국의 아비라 는 뜻을 가지고 있다. 그의 아내 사래도 사라로 바꿨다. 사라는 열국의 어미라는 뜻이다. 아이도 갖기 전에 "열국의 아비야", "열국의 어미야"

부르도록 하신 것이다. 그 뒤 아이를 많이 낳은 것도 아니다. 이삭을 하나 낳고서도 하나님은 아브라함에게 그의 후손이 밤하늘의 별처럼, 바다의 모래처럼 많을 것이라 했다. 그래도 그들은 믿었다. 성경적으로 볼 때 그 후손은 그리스도를 통해 구원받을 자를 의미한다. 지금 수십억의 사람들이 주님을 믿고 있다. 하나님의 말씀이 성취된 것이다. 그 당시 아브라함이 이런 믿음을 가지는 것은 결코 쉽지 않다.

믿음의 조상들은 하나님이 약속하신 것에 대해 아직 어떤 모습이 보이지 않았지만 하나님의 말씀을 믿고 나갔다. 그들은 이 땅의 장막에 거하면서 하나님이 설계하신 그 거룩한 성을 바라보며 꿈을 키웠다. 이 세상에서 그 약속한 바를 받지 못한다 할지라도 성취될 미래를 기쁨으로 바라보며 기다렸다. 그들은 이 세상에 뜻을 두지 않았다. 자신을 이 세상의 나그네로 여겼고, 자신의 본향은 하늘나라라 생각했다. 그들은 그 나라를 꿈꾸며 이 세상에서 기꺼이 고난을 받았다. 하나님은 우리가 약속하신 것을 이 땅에서 받지 못한다 할지라도 더 좋은 상을 준비하고 우리를 기다리신다.

믿음 생활한다 하면서 맨 날 고도(Godot)를 기다리는 것처럼 무료하게 바라고 기다리기만 하면 안 된다. 기다리면서도 이 땅에서 바쁘게 주님의 일을 해야 한다. 우리가 바라는 그 나라의 삶을 이 땅에서 실현해야 한다. 미래를 오늘 사는 것이다. 이를 위해 우리가 해야 할 일이 있다. 신앙생활의 참모습이 현실의 삶에서 나타나도록 하는 것이다. 무엇보다 베푸는 삶을 산다. 믿음의 사람은 받기만 하는 사람이 아니다. 하나님의 복을 나누어주는 사람이다. 이때 당신은 복의 근원이 된다. 나아가 세상이 사는 방식대로 살지 말라. 그리스도인은 세상과는 거꾸로 사는 사람이다. 거창고등학교 설립자 전영창 교장은 학생들에게 직업선택의 십계명을 가르쳤다. 이것은 우리가 이 땅에서 어떤 삶을 살아야 하는가를 진솔하게 가르쳐 준다.

- 월급이 적은 쪽을 택하라.
- 내가 원하는 곳이 아니라 나를 필요로 하는 곳을 택하라.
- 승진의 기회가 거의 없는 곳을 택하라.
- 모든 조건이 갖추어진 곳을 피하고 처음부터 시작되는 황무지를 택하라.
- 앞을 다투어 모여드는 곳을 절대 가지 말라.
- 장래성이 전혀 없다고 생각되는 곳으로 가라.
- 사회적 존경 같은 것을 바라볼 수 없는 곳으로 가라.
- 한 가운데가 아니라 가장자리로 가라.
- 부모나 아내나 약혼자가 결사반대를 하는 곳이면 틀림없다. 의심치 말고 가라.
- 왕관이 아니라 단두대가 기다리고 있는 곳으로 가라.

이 가르침을 곰곰이 생각해보라. 자기를 위해 더 가지려고만 하면 그 나라의 유업을 받을 수 없다. 날마다 하나님과 동행하라. 악이 창궐할수록, 당신의 삶이 힘들수록 하나님이 필요하다. 하나님과 함께 가면 믿음이 보인다.

4) 사랑(agape)

아가페는 희생을 요구한다. 나는 먹지 못하더라도 이웃을 위해 내놓는 사랑이 바로 하나님이 가르치는 아가페다. 한양대학교에 다솜 채플이 마련되었다. 채플 실에 들어서면 성경의 글귀가 들어온다. "자녀들아 우리가 말과 혀로만 사랑하지 말고 오직 행함과 진실함으로 하

자"(요일 3:18). 하나님은 우리에게 사랑하라는 계명을 주셨다. 그 사
랑은 하나님을 향한 사랑과 이웃을 향한 사랑으로 나뉜다. 십계명 중
6계명이 이웃을 향한 사랑에 속한다. 하나님은 이웃 사랑의 방법으로
살인하지 말라, 도적질 하지 말라, 간음하지 말라, 이웃의 것을 탐내지
말라 하신다. 이웃에 대해 잘못을 저지르는 바탕에는 인간의 탐심이
자리하고 있다.

　탐심을 조절하지 못하면 경건생활에 전혀 도움이 되지 못한다. 디
모데전서 6장 6절은 자족하는 마음이 경건에 큰 유익이 된다 말하고,
7-10절은 탐심으로 인한 여러 시험과 올무에서 자유 하도록 가르친
다. 이것들을 피하면 성령의 열매를 아름답게 맺을 수 있다는 것이다.
바울은 말한다. "피차 사랑의 빚 외에는 아무에게든지 아무 빚도 지지
말라 남을 사랑하는 자는 율법을 다 이루었느니라."(롬 13:8). 우리는
주님을 통해 많은 자유를 얻었다. 그러나 그리스도인은 그 자유를 육
의 기회로 사용하지 않는다. 서로 사랑의 종이 되는 기회로 자유를 사
용한다. 그 사랑으로 우리는 육체의 열매를 맺지 않고 성령의 열매를
맺는다(갈 5:13-16). 요한은 "우리가 서로 사랑하면 하나님이 우리
안에 거하시고 그의 사랑이 우리 안에 온전히 이루느니라."(요일
4:12) 말한다. 서로 사랑할수록 우리는 그만큼 하나님 안에서 경건한
삶을 살 수 있다.

5) 인내(hupomone)

　인내는 '휘포모네'(hupomone), 곧 '도저히 참을 수 없는 것까지 아
주 잘 견디어 내는 것'이다. 하나님을 생각하며 사단의 시험을 이겨
내는 것이다. 야고보는 "인내를 온전히 이루라" 말한다. 이때 '온전
히'(teleioi)는 하나님의 계획과 창조목적(teleo)을 완벽하게 이루는 것

이다. 우리가 얼마나 하나님의 뜻을 이루기 위해 인내하는가에 따라 신앙의 진가가 드러난다.

그리스도인으로 바르게 살고자 하면 고난과 고통을 받게 되어 있다. 이때 필요한 것은 참고 인내하는 것이다. 다른 사람으로 인해 문제가 발생했을 경우 나를 내세우기보다 자신을 죽인다. 상대방을 피하기보다 끝까지 받아들이고, 그를 위해 변함없이 인내의 자리를 유지한다. 그리하면 언제가 진가를 알아줄 날이 오게 된다. 주님을 생각하며 참는 것만큼 중요한 것은 없다.

어느 정도까지 참을 것인가? 죽기까지 참으라. 주님 오실 때까지 참으라. 주와 함께 죽었으면 또한 함께 살 것이다. 사람들이 나이가 들어 하는 3걸이 있다. '좀더 베풀 걸' '좀더 용서할 걸' '좀더 참을 걸.' 참으면 하나님께 영광을 돌리게 된다. 모세는 참지 못하고 "패역한 너희여 내가 이 반석에서 물을 내랴" 분을 내며 지팡이를 치다가 '거룩함을 드러내지 못한' 죄를 범함으로써 가나안에 들어갈 수 없게 되었다. 삶에서 거룩함을 드러내자. 그래야 구원과 함께 영원한 영광을 얻게 된다. 디모데후서 2장 12절은 말한다. "참으면 또한 함께 왕 노릇 할 것이요." 오래 참음으로 하나님의 거룩함을 드러내자.

6) 온유(praotees)

온유와 겸손은 우리 내면의 속사람을 가꿔주는 기둥과 같은 단어들이다. 그리고 주님을 따라 배울 때 나타나는 우리의 변화된 모습이다. 온유(gentleness)는 '부드럽다', '인내한다', '보복을 하지 않는다'는 의미를 갖고 있다. 보복하지 않는다는 의미는 아주 새롭다. 세상의 관점에서 볼 때 보복해야 마땅하지만 주님 생각하며 보복하지 않기 때문이다. 온유는 결코 연약함을 의미하지 않는다. 그리스어로 온유는 '강

하지만 절제하는 힘'(strength under control)을 가리킨다. 그래서 온유
는 흔히 야생종마(wild stallion)가 훈련을 받아 주인을 위해 일하는
모습에 비유된다. 자신을 쳐 예수님 아래 내려놓을 때 비로소 우리는
온유할 수 있다. 온유는 우리의 거친 마음까지 다스리는 성령의 열매
이다(갈 5:23).

온유를 삶에서 어떻게 실행해 나갈까? 무엇보다 자기감정을 누르고
절제할 수 있는 힘이 있어야 한다. 상대를 이기려 들지 말고 이해하는
태도를 가지며 상대를 판단하지 않고 사랑으로 대한다. 인내하며 책망
을 달게 받는다. 끝까지 그리스도 예수의 마음을 닮는다. 온유는 인간
관계에서만 필요한 것이 아니라 하나님의 말씀을 받을 때도 필요하다.
야고보는 말한다. "마음에 섬긴 (그리스도의) 도를 온유함으로 받으
라."(약 1:21)

3. 경건의 삶의 모범, 장기려 박사

부산복음병원 원장을 지내다 병원을 고신대에 기증한 장기려 박사
는 경건의 삶을 산 대표적인 인물이다. 그는 이 땅에 살면서 늘 하나
님을 의식하며 정직하고 성실하게 살고자 했다. 하나님 앞에서(Coram
Deo) 자신의 삶이 과연 정당한가를 생각했다.

그는 평소 가난한 사람의 친구가 되었다. 그들에게 유익이 된다고
생각하면 궂은일도 마다하지 않았다. 주머니에 돈이 있으면 그냥 두지
않고 주위의 헐벗은 사람들에게 주곤 했다. 제자들로부터 양복을 선사
받은 일이 있었는데 그것조차 옷차림이 남루한 환자에게 주었다. 회갑
때 승용차를 선물 받았지만 그는 끝내 타지 않았다.

한때 그는 척추결핵환자를 수술하다 의료사고를 낸 적이 있었다.

수술하던 중 신경을 다쳐 그만 하반신 마비가 되었다. 굳이 장 박사만의 책임이라 할 수 없었지만 그는 결코 자신을 합리화하지 않았다. 자신이 부주의해서 생긴 사고이므로 평생 그 환자를 돌보겠다고 했다. 그는 죽는 날까지 봉급을 떼어 그 환자에게 생활비로 보냈고, 자주 찾아가 위로해 주었다. 그 환자는 장 박사의 이러한 모습에 감동하여 주님을 영접했다.

무엇보다 그분은 아내를 북한에 두고 남하한 것으로 잘 알려져 있다. 하지만 평생 재혼하지 않고 수절했다. 비록 몸은 떨어져 있지만 날마다 하나님 안에서 아내와 만난다고 했다. 그리움을 알고 있던 재미의료인들이 그로 하여금 중국이나 제3국에서 가족을 만날 수 있도록 주선하고자 했다. 그때마다 그는 한 마디로 거절했다. "이산가족이 어찌 나쁩니까. 나 혼자만 가서 가족을 만나면 다른 이산가족의 슬픔을 어떠하겠습니까. 통일이 되면 그때 함께 가서 만나지요." 그는 자신의 그리움보다 다른 사람의 아픔을 먼저 생각했다.

그리스도인은 하나님 앞에서 사는 사람이다. 나보다 남을 먼저 생각하고, 자신의 유익보다 다른 사람의 유익을 먼저 생각함으로써 하나님의 나라를 이 땅에서 이루는 사람들이다. 경건한 그리스도인은 결코 세상의 방법을 따르지 않고 하나님의 방법을 따른다. 세상을 거꾸로 사는 사람, 그래서 세상이 감당할 수 없는 사람이 바로 경건한 사람이다.

4. 믿음의 선한 싸움을 싸우라

바울은 이것들을 좇으라 하면서 결론적으로 이렇게 말한다. "믿음의 선한 싸움을 싸우라 영생을 취하라 이를 위하여 네가 부르심을 입었고 많은 증인 앞에서 선한 증거를 증거하였도다." 믿음의 선한 싸움을 싸우라. 경건의 열매를 맺기 위해서는 영적 전쟁을 해야 한다는 말이다. 그것은 악을 위한 것이 아니라 선을 위한 것이다. 우리는 이 전쟁을 승리로 이끌어야 할 주의 핵심군사들이다. 영생을 취하라. 이 열매를 맺어야 영생의 길을 확고히 닦을 수 있고, 다른 사람도 이 길을 따라 올 수 있다. 이것의 성취를 위해 우리가 부르심을 입었다. 이것의 완수가 우리의 소명이다. 많은 증인 앞에서 선한 증거를 증거하라. 끝까지 주님을 드러내는 사람이 되라.

경건은 결코 쉽게 얻어지는 것이 아니다. 경건의 모양은 있으나 경건의 능력을 부인하는 자가 되지 말자. 주님은 오늘도 당신이 믿음의 선한 싸움에서 주님과 함께 승리하는 전사가 되자. 우리가 좇아가야 할 길은 확실하고, 그 길을 갈 때 얻어질 열매도 확실하다. 우리가 세상이 감당할 수 없는 사랑과 참된 경건으로 나가면 세상은 우리를 달리 볼 것이다. 우리가 풍성한 열매를 맺을수록 복음의 진보를 가져올 것이다. 우리는 세상과 파트너가 된 사람이 아니라 주님과 파트너가 된 성숙한 그리스도인이다. 변화된 그리스도인은 열매를 맺는다. 팻 맥라건이 쓴 경영서로 「바보들은 항상 결심만 한다」는 것이 있다. 우리가 믿음 생활을 한다 하면서 만날 결심만 하고 실행하지 않으면 결국 바보소리를 듣게 될 것이다. 이젠 이 소리에서 벗어날 때가 되었다.

제4장 하나님으로부터 오는 복

1. 기복주의는 안 된다는데

어떤 종교든 복을 무시하지 않는다. 적극적으로 복을 추구하기도 한다. 그러나 복은 신앙의 중심이 될 수 없다는 것이 대부분의 생각이다. 불교신자의 9할 이상이 복을 빌기 위해 절에 나오고 있으며 사찰도 이를 당연한 현상으로 받아들이고 있다. 심지어 택일, 작명, 관상, 사주 등 점복 행위조차 포교의 방편이라는 이름으로 이상해 보이지 않는 것이 한국불교의 현실이다. 백일기도, 방생법회, 영가천도, 각종 불사 등 대부분 사찰에서 널리 이루어지고 있는 기복적인 행사들이 불교의 가르침에 맞는가? 불교계에서도 기복신앙에 반대하는 목소리도 높다. 기복신앙은 불교가 아니라는 것이다. 부처나 보살을 신과 같은 존재로 인식하고 그 앞에서 복을 비는 것은 모든 존재가 인(因)과 연(緣)의 상관관계에 의해 생겨난다는 연기법(緣起法)에 어긋나기 때문에 불교적이지 않다. 부처는 구복의 방법으로 선행을 통한 작복(作福)을 강조했지 기복을 말한 적은 없다. 기복신앙을 옹호할 것이 아니라 과감하게 버려야 할 것이라고 주장한다.

그러나 일부에서는 수용적인 태도를 보이기도 한다. 기복신앙의 토대는 민간에 광범위하게 퍼져 있는 미륵신앙, 정토신앙, 관음신앙 등 타력신앙이며 이는 대승불교 경전들도 권장하고 있다는 것이다. 기복은 절대자에의 귀의나 자력의 포기가 아니라 선배에게 조력을 구하는 것으로 할 수 있는 노력을 경주하면서 나머지 부분에 대해 의지하는 것을 비난할 수 없다는 것이다. 기복, 작복, 공덕의 구별은 학자들이나 하지 일반

불자에게 기복행위는 공덕 짓기의 일부로 간주하고 있다는 것이다.

기복 불교를 애써 부인하기보다 제대로 하자는 주장도 있다. 현실에서 복락을 구하는 기복 자체는 불교의 근본목적과 배치되지만 목적과 방법에서 잘못된 모습이 드러나는 것이 문제이므로 이기적이고 개인적인 복락을 추구하는 목적을 당장 고치려 하다가는 대중적 신행의 원동력을 약화시킬 우려가 있기 때문에 우선은 기복의 방법을 불사(佛事) 위주에서 자비의 실천, 중생에 대한 희사 등으로 바꾸어나가는 노력을 기울이는 것이 바람직하다는 것이다.

브루스 윌킨스가 쓴 「야베스의 기도」가 오랫동안 베스트셀러의 리스트에 올랐다. 이 책은 한국에서만 돌풍을 일으킨 것이 아니다. 온라인 서점 아마존에서도 기독교서적부분 1위를 차지했다. 이 책의 내용은 하나님이 채우시는 복으로 기적 같은 삶을 살 수 있으며 하나님이 당신에게 주실 수 있는 풍성한 복을 간구하거나 잘 알려지지 않았지만 성경에 나타난 한 영웅의 탁월한 기도를 통해 어떻게 하나님의 축복과 능력과 보호를 경험할 수 있는지를 담고 있다. 간단히 말해서 기도의 능력에 관한 책이다. 윌리스는 "하늘나라에는 박스가 있다. 그 속에는 아직도 요청하지 않은 축복(unclaimed blessings)이 담겨 있다"고 말한다.

이 책이 이처럼 잘 팔리는 이유는 무엇인가? 출판관계자들은 경제 불황을 꼽고 있다. 이 책이 다소 기복적인 내용을 다루고 있고, 기도의 능력을 통해 현실적인 어려움을 타개할 수 있다는 저자의 주장이 현재의 개인적인 어려움을 극복하고 싶어 하는 독자들에게 공감을 불러일으켰다. 독자들은 이 책을 읽고 나서 하나님은 마치 원할 때마다 나타나서 자기의 소원을 들어주시는 마술사와 같은 분으로 느꼈다고 말한다. 이것은 「야베스의 기도」가 기도를 너무 기복적인 측면으로 끌고 갔다는 비판을 면키 어렵다. 기도할 때 먼저 하나님의 뜻을 구해야 하는 것이 최우선이 되어야 하고, '내 생각대로 내 기도대로' 되지 않는다 해도 따르는 것이 믿음이 아니겠는가.

2. 하나님으로부터 오는 복

복(福)은 의복, 하늘, 먹을 것, 밭을 조합해 만든 글이다. 복에 무엇이 들어있는가를 보여준다. 종래 동양에서는 5복이 있었다. 동양의 5복은 수, 부, 강령, 수덕, 고종명이다. 수(壽)는 오래 사는 복이고, 부(富)는 많은 물질을 소유하는 복이며, 강령(康寧)은 몸이 건강하고 마음이 편안한 복이다. 수덕(守德)은 도덕을 지키는 것을 낙으로 삼는 복이다. 남을 도우며 사는 것을 복으로 생각한다. 그리고 고종명(고終命)은 제명대로 살다가 편히 죽는 복이다. 임종 때 식구들이 모이는 가운데서 죽는 것을 최고로 삼는다.

기독교에서의 복은 하나님이 함께하는 복이라는 점에서 세상의 복과 다르다. 복의 원어 '바라크'는 나 혼자 사는 것이 아니라 하나님과 함께 사는 것이다. 하나님이 함께하는 것만으로도 복이다. 복의 근원은 하나님이다. 하나님은 복되신 분(딤전 6:15)이자 복을 주시는 분(히 6:17)이다. 마찬가지로 예수님은 복을 빌어 주시는 분(히 7:1)이고, 예수를 믿으면 반드시 복을 받는다. 예수님의 충만한 복을 가지고 간다(롬 15:29). 하나님은 인간에게 복을 줄 뿐 아니라 채소 등 식물에도 복을 준다(창 1:22). 인간은 하나님의 복을 받은 것을 먹을 수 있다는 점에서 복된 존재이다. 따라서 여호와를 의지하는 것이 복(시 2:12)이고, 우리는 여호와를 경외함으로 즐거워한다(시 2:11). 조지 6세는 "등불을 들어 하나님의 손을 잡으라." 하였다.

빌리 그래함 목사의 딸이자 세계적인 여성사역자로 활동하고 있는

앤 그래함 롯츠(Anne Graham Lotz)는 예수를 믿음으로 얻는 축복을 세어보았다. 알파벳을 따라 쓰여 있어 알파벳 축복이라 불리기도 한다.

알파벳 축복

I am: Accepted by God(받아들여짐)
　　　Beloved by God(사랑받음)
　　　Chosen by God(선택됨)
　　　Delivered by God(구원받음)
　　　Enlightened by God(깨우쳐짐)
　　　Forgiven by God(용서받음)
I have: Grace of God(은혜)
　　　Hope for the future(희망)
　　　Inheritance in heaven(천국상속)
　　　Justification(의로워짐)
　　　Knowledge of God(하나님의 지식)
　　　Love(사랑)
　　　Mercy of God(자비)
　　　Nearness to God(하나님께 가까이)
　　　Oneness with God(하나 됨)
　　　Peace(평화)
　　　Quickening of the Spirit(성령에 대해 민감함)
I am: Redeemed(구속받음)
　　　Sealed with the Holy Spirit(성령으로 인침 받음)
　　　Treasured by God(보화로 여기게 됨)
　　　United with other believers(다른 성도와 연합함)
　　　Validated as an authentic child of God(하나님의 자녀로 인정받음)
I have: Wisdom of God(하나님의 지혜)
I will be eXalted with Him in Heaven
(천국에서 주님과 더불어 높임을 받게 됨)

3. 받는 복보다 주는 복으로

하나님은 우리로 복의 근원이 되게 하셨다는 점에서 특색이 있다. 하나님은 아브라함으로 하여금 "복의 근원이 될지라." 하셨다. "너는 복의 근원이 되라"는 것은 "너는 복이 되라", "네가 복이 되라"는 것이다. 이것은 그리스도인이라면 받는 복보다 주는 복에 더 관심을 둬야 한다는 것을 가르쳐 준다. 주는 복은 받는 복에만 집중해온 우리에게 발상을 전환하도록 만든다. 이로써 하나님은 아브라함에게 꿈을 심어주셨다. 우리로 하여금 "나를 축복의 도구가 되게 해 주소서."라 할 수 있는 꿈과 비전을 갖게 하신 것이다.

예수님은 "받는 자보다 주는 자가 복이 있다." 하셨다. 이 말씀은 "복에 있어서도 변화의 주인공이 되라. 기쁨과 축복을 전하는 도구가 되라"는 것이다. 교회는 가정, 직장, 세상을 위해 존재한다. 세상이 교회 때문에 복을 받아야 한다. 그리스도인도 다른 사람에게 복을 끼치며 살아야 한다. 나 때문에 가정과 직장이 복을 받아야 한다. 그리스도인은 peacemaker여야지 troublemaker가 되어서는 안 된다. 그리스도인이 이 시대의 복이요 중요한 존재라는 것을 보여준다.

복을 주는 방법은 무엇인가? 무엇보다 부지런히 복음을 전하는 것이다. 찬송가 209장은 "주의 말씀 받은 그날 참 기쁘고 복 되도다"라 하였다. 복음 전하는 것이 복을 주는 통로이고, 복음 전하는 것이 인간 존재의 최대 이유가 되기 때문이다. 우리는 예수님을 만남으로 변화되었다. 구원받으면 주의 권능이 나의 권능이 된다. 우리는 전도를 통해 주의 권능에 동참할 수 있다. 또 다른 방법은 남을 성공시키는 사람이 되는 것이다. 자신이 성공하는 사람이 되려면 남을 세워줘야 한다. 남을 짓밟아서는 안 된다. 야고보는 "싸움은 정욕 때문에 나오

는 것"이라 하였다. 기운 센 붕어 이야기를 보자. 기운 센 붕어가 얼
마 남지 않은 물웅덩이를 독차지하기 위해 약한 붕어를 몸으로 밀어
내 물 밖으로 쫓아냈다. 약한 붕어는 결국 죽어 독을 풀어냈다. 그 독
이 물속으로 스며들자 기운 센 붕어도 죽게 되었다. 그리스도인은 남
이 잘 될 때 기뻐하는 사람이다. 이웃과 W-W을 추구하는 그리스도
인이 될 때 이 나라에 희망이 있다.

4. 고난까지 축복으로

사람들은 고난받는 것을 복이라 생각하지 않는다. 그러나 성경은
고난까지 축복으로 간주한다. 다윗은 시편 23편을 통해 사망의 음침한
골짜기를 지나는 상황을 언급하고, 그때에도 "부족함이 없으리로다."
(시 23:1)라고 고백했다. 주님이 함께하심을 확신하기 때문이다. 그는
환난받는 것을 복으로 간주했다. 이것은 매우 성숙한 신앙이 가질 수
있는 경지이다.

고라 자손도 이런 선상에서 다음과 같이 노래했다. 시온의 대로가
있는 사람은 고난에서도 하나님의 축복을 본다. 그런 사람이 실로 복
있는 사람이다.

"주께 힘을 얻고 그 마음에 시온에 대로가 있는 자는 복이 있나이
다 저희는 눈물골짜기로 통행할 때에 그곳으로 많은 샘의 곳이 되게
하며 이른 비도 은택을 입히나이다 저희는 힘을 얻고 더 얻어 나아가
시온에서 하나님 앞에 각기 나타나리이다"(시 84:5-7).

5. 복을 복되게 하시는 하나님

복을 복되게 하시는 분은 하나님이다. 자식에게 "너는 훌륭한 피아니스트가 될 거야."라 축복하면서 그가 어떤 자질을 가지지 못한다면 어떻게 될까? 창세기 27장 25-29절은 이삭이 야곱을 축복하는 과정을 통해 축복이 가정 속에서 어떻게 이루어지는가를 잘 보여준다. 과정 하나하나가 중요하지만 궁극적으로는 복을 복되게 하는 하나님이 함께하셔야 한다.

이삭은 야곱을 가까이 오도록 하고 입 맞추며 축복했다. 입 맞추고 축복했다는 것은 '사랑한다.'는 의미를 가지고 있다. 그는 의미 있는 터치를 통해 하나님의 축복이 임하도록 했다. 이삭과 야곱은 자식들을 축복할 때, 예수님은 아이들을 축복할 때 입을 맞추셨다. 의미 있는 터치는 어둠을 밝은 빛으로 인도한다.

그다음 이삭은 입을 열어 축복했다. 27절에서 29절은 축복의 내용을 언급하고 있다. 입을 열어 통해 축복을 선포한 것은 언어가 중요한 역할을 한다는 것을 보여준다. 언어는 창조적 능력이 있다. 축복의 말을 하면 그 말을 믿고 그대로 하려 노력하고, 결국 이루어진다. 그리스도인은 다른 사람을 축복해주는 언어가 필요하다.

말로만이 아니라 진정한 가치를 인정해 주어야 한다. 야곱을 가리켜 '밭의 향취'라 한 것은 추수 때 곡식 더미에서 나오는 향기로 상대를 인정함에 의미를 담고 있다. 여호와 밭의 향취는 상대를 고귀한 존재로 인정한다는 것이다. 그것도 아버지가 아들을 인정하는 말이다. 이삭은 하나님의 관점에서 아들을 존중했다. 당신은 자녀를 진정 귀하게 보고 있는가?

이삭은 비전을 그리며 축복했다. 그는 자식이 땅에서 받을 축복, 세상을 다스릴 축복, 하나님이 지키고 보호해주실 축복 등 이 축복의 비전을 안고 살아가게 했다.

그리고 하나님의 헌신이 축복을 이루게 했다. 이삭은 야곱에게 재산을 물려준 것은 아니다. 그러나 야곱은 무엇보다 "내가 너와 함께하리라 내가 너를 떠나지 아니 하리라"(창 28:15)는 하나님의 약속을 의지했다. 야곱은 라반에게 속고 빼앗기고 멸시를 당했음에도 불구하고 이겨나갔다. 그가 믿음으로 이겨나갈 수 있었던 것은 바로 이 약속의 말씀이었다. 이삭이 그를 도울 수 없었지만 하나님은 "내가 너를 떠나지 아니 하리라"는 약속을 지키셨다. 이것은 야곱을 향한 하나님의 헌신이 그를 지키셨다는 것을 보여준다. 성공에는 실패가 있다. 그러나 하나님의 축복에는 실패가 없다.

제5장 전도, 복 중의 복

1. 무익한 종이 되지 않는 비결, 전도

복 중의 복은 전도다. 전도할 수 있다는 것도 복이고, 전도로 인한 결과도 복이다. 왜 그럴까? 전도는 하나님이 가장 기뻐하시는 일이요 천국의 모든 사람들이 관심을 갖고 있기 때문이다. 오죽하면 한 사람이 회개하여 하나님 앞에 돌아오면 천국에서 잔치가 벌어진다 할까. 나아가 리더 중의 리더는 전도하는 사람이다. 하기 쉬워 보이지만 하기 어려운 것이 전도이고, 리더치고 참으로 전도하는 사람이 적기 때문이다.

목사님이 죽어 옆집 사람과 하나님 앞에 나란히 섰다. 하나님이 그 사람을 향해 "당신은 왜 믿지 않았소? 당신 옆에 서 있는 사람이 유명한 목사인데."라고 묻는다. 그 사람이 "저에게 예수 믿으라고 전도한 사람은 아무도 없었습니다. 10년이나 이웃에 살았지만 저분도 저한테 아무 말도 하지 않던데요"라고 말한다. 하나님은 당신을 향해 무엇이라 말씀하셨을까? "이 무익한 종아"라고 하지 않았을까. 무익한 종이 되지 않는 비결은 바로 전도에 있다.

부산대학교 교수가 안식년에 위스콘신대학에 공부하러 왔다 휘튼대학에서 열린 코스타에 참석해서 처음으로 복음을 접한 뒤 예수님을 영접하게 되었다. 그분 왈. "너무했다. 지난 53년 동안 나에게 복음 전하는 사람이 어째 한 사람도 없었단 말인가. 이제 나는 BA degree 하나를 더 땄다." 그가 말하는 BA degree란 Born Again degree이다.

또 다른 이야기. "왜 그렇게 좋으신 하나님이신 줄 알면서 20년 동안 왜 나한테 전도하지 않았니." 하나님을 뒤늦게 안 그 사람은 그동안 자신에게 전도하지 않았던 친구를 원망스런 눈으로 바라보았다. "나야, 자네는 절대 예수를 믿지 않을 사람이라 생각해 이미 재껴 놓았지." 총은 적군을 향해 쏘아야 하는데 평생 총 한번 못 쏘고 준비만 하며 닦고 조이고 기름만 치면 무슨 소용이 있을까.

병을 치료할 수 있는 약을 가지고 있는 사람이 그 병에 걸린 사람에게 약을 주지 않아 죽게 내버려 두었다면 그것은 범죄 행위다. 지금 전하지 않으면 영원히 기회를 놓칠지도 모르는 사람에게 영원한 죽음에 떨어지도록 내버려 두는 것은 어떨까. 번연은 "우리가 예수님을 통해 구원을 받았으므로 예수를 전하지 않을 수 없다"고 했다. 우리가 그 소식을 전하지 않고 잠잠하면 우리에게 화가 미칠 것이다.

전도는 중요한 일이다. 전도는 파수꾼의 경고이며 전도자는 영생의 길로 인도하는 자이다. 그러나 전도는 결코 쉽지 않다. 왜 힘든가? "거절당하면 어떡하지?"라는 두려움도 있고, 막연하게 전도해야 하는데 하는 강박관념 때문에 두려울 수도 있다. 그것은 약과다. 마귀의 손에 있는 자를 끄집어내야 하므로 어렵다. 복음제시에 거부하는 태도를 취하는 것은 복음을 거부하는 것이다. 전하는 자를 거부하는 것이 아니다. 전도자에게는 주님이 있고, 전도처럼 하나님 나라를 위해 부가가치가 가장 큰 사업은 없다. 전도는 이 위대한 사업에 참여하는 귀한 일이다. 그러므로 전도자는 자부심을 가져도 좋다.

2. 전도, 크리스천 리더의 필수요건

리더십은 '가다'(to go)는 동적 의미를 가지고 있고, 그것에는 목적 지향의 방향성(directing)과 에너지(energizing)가 담겨 있다. 전도는 바로 하나님이 우리에게 맡겨주신 사명을 향해 나아가는 것이며, 불신자를 구원하는 목적을 지향하고 있고, 이 일을 담당하기 위해서는 주님이 주시는 힘이 필요하다. 따라서 전도가 곧 리더십이라 해도 과언이 아니다. 전도는 누구나 할 수 있지만 아무나 할 수 없다. 그래서 전도하는 자가 리더이다.

전도는 크리스천 리더의 필수요건이다. 주님이 기뻐하시는 일은 구원이며, 그 사역에 동참하는 일이 무엇보다 중요하기 때문이다. 나아가 전도자는 리더 중의 리더이다. 그리스도인의 사역 모두가 중요하지만 전도를 넘어설 사역은 없다. 전도는 과연 무엇인가?

• 좋은 것을 좋다고 열정적으로 선전하는 것

전도에는 궁극적인 삶에 대한 열정이 필요하다. 나일즈(D. T. Niles)에 따르면 전도란 쉽게 말해서 "한 거지가 다른 거지를 향해 어디를 가면 빵을 얻을 수 있는가를 말해 주는 것"이다. 전도는 내가 경험한 좋은 것을 남에게 좋다고 선전하는 것이다. 그러나 전도자가 말하는 그 좋은 것은 세상의 것과는 다르고, 세상이 줄 수 없는 생명의 떡이다. 그 영원한 것, 우리가 영원히 사모해야 할 그것이 이 세상 어느 것보다 좋다고 간증하고, 하나님 나라의 삶으로 인해 행복하다고 열정적으로 말하는 것이 전도다.

열정이 없으면 전도하기 어렵다. 25세에 인디언 선교에 헌신하여 29세의 나이로 세상을 떠났던 데이비드 브레이너드(D. Brainerd)는 이렇게 말했다. "한 영혼을 주님께 인도할 수 있다면 내가 어디에 있든지, 어떻게 살든지, 또 무엇을 견디게 되든지 나는 관계치 않노라." 기회만 되면 나 자신이 어떻게 되든지 관계치 않고 오직 예수 그리스도를 전하고자 하는 열정을 가진 사람, 그 사람이 바로 전도자다.

주님을 향한 열정이 당신을 전도자로 만든다. 복음과 하나님을 향한 뜨거움이 있으면 소망한다. 전하고 싶은 소망이다. 기도를 하면 할수록, 말씀을 알면 알수록 그 주님을 전하고 싶어 우리 마음은 뜨거워진다. 주님을 사랑하는 열정이 없으면 전도는 불가능하다. 전도하지 않으면 안 될 만큼 강하게 동기부여 되지 않으면 그 일에 뛰어들 수도 없고 성과를 낼 수 없다.

• 전도는 하나님을 만나게 하는 것, 영혼을 살리는 것

전도와 설교의 공통점은 하나님을 만나게 하는 것이다. 하나님은 당신에 대한 계획을 가지고 계시고, 하나님과 함께 죄의 문제를 결산할 필요가 있으며, 주님을 영접하면 생명의 길이 있음을 전하는 것이다.

전도는 죄가 죄인 줄 모르는 이웃에 대한 영적인 도전행위이다. 전도가 리더십인 또 하나의 이유는 도전(challenge)한다는 데 있다. 전도는 상대에게 부담을 주는 것이다. 우리는 지금 죄가 죄인 줄 모르는 세대와 싸우고 있다. 그들은 "내가 왜 죄인이야, 그것이 왜 죄야?"라고 묻는 세대와 맞서고 있다.

하나님은 만나면 죽은 영혼도 살 수 있다. 전도는 영혼을 살리는 운동이다. 한 사람도 빠짐없이 한 영원 구원운동에 동참하자는 의미에서 사랑의 교회는 전도를 1.1.9운동이라 한다. 아담 한 사람이 범죄 함으로 인하여 많은 사람이 영적으로 죽었다(롬 5:15). 그러나 예수 한 사람을 믿음으로 영적으로 산다. 죄악을 먹고사는 사람들에게 아름다운 소식, 곧 복음을 전해야 한다. 그들을 성 밖으로 나오게 해야 한다. "내가 복음을 부끄러워하지 아니하노니 이 복음은 모든 믿는 자에게 구원을 주시는 하나님의 능력이 됨이라 첫째는 유대인에게요 또한 헬라인에게로다"(롬 1:16).

가족 중에 병이 들면 재산을 팔아서라도 고치고자 한다. 한 생명이 그만큼 귀하기 때문이다. 우리의 생명은 모든 것을 투자해서라도 건질 만큼 귀중한 것이다. 병을 고치는 것이 이처럼 중할진대 이보다 더 중한 영혼구원을 위해서는 더더욱 노력해야 하지 않을까. 전도는 우리의 생명을 바쳐도 좋을 하나님 나라의 사업이다.

박 장로가 전도하게 된 사연

박 장로는 원래 믿지 않은 사람이었다. 형이 목사였지만 말도 하지 않았다. 기독교인이라 하면 왠지 미웠다. 그는 교회와는 아주 담을 쌓고 살았다. 그런 그가 하루는 자기를 빚도 갚지 않고 애를 태우기만 하는 한 친구를 작살내기 위해 전철을 탔다.

눈을 감고 있었는데 꿈을 꾸게 되었다. 꿈에 예수를 믿다 돌아가신 삼촌이 나타났다. 병으로 고생하다 가셨는데 그분이 있는 곳은 너무나 아름다운 천국이었다.

박 장로는 또 지옥을 방문하게 되었다. 불길이 넘치는 지옥에서 그는 너무나 고생하고 계시는 아버지를 보았다. 아버지는 믿지 않고 가신 분이셨다. 너무 보기 민망해서 "아버지" 부르다 잠을 깼다.

박 장로는 그 뒤부터 교회를 찾게 되었고, 지금은 열심히 전도하는 일꾼이 되었다. 그는 말한다. "내가 본 천국은 너무 아름다웠습니다. 지옥엘 가서는 안 됩니다."

• 전도는 하나님 나라에 속한 자를 향한 지고의 명령

전도는 예수님의 지상 명령이자 그리스도인의 사명(mission)이다. 전도자는 그 사명을 이 땅에서 수행한다는 점에서 리더 중의 리더이다. 전도는 하나님의 비전을 마음속 깊이 품은 사람, 이웃을 불쌍히 여기는 마음을 가진 사람들에게 내려진 하늘의 위대한 사명이다. 이

사명이 이루어질 때마다 천국에서는 잔치가 일어난다. 그러므로 전도
는 이 땅에서 천국잔치를 준비하는 것이다. "많은 사람을 옳은 대로
돌아오게 한 자는 별과 같이 영원토록 비취리라"(단 12:3). 전도자,
당신은 별이다. 진정한 스타다.

세상 사람들은 전도를 세련되지 못한, 미련한 것으로 생각한다. 우
리도 때로는 하나님이 큰 목소리로나 외치시면 끝날 일이 아닐까, 큰
재난을 내리시면 될 일 아닌가 생각 들기도 한다. 하나님은 이미 선지
자들을 보내어 외치게 했으나 세상은 그들을 죽였고, 재난을 보냈지만
그 순간뿐이었다. 전도자는 미련하다는 그 비난에 개의치 않는다. 하
나님이 기뻐하시는 방법이므로.

- "십자가의 도가 멸망하는 자들에게는 미련한 것이요"(고전 1:18)
- "육에 속한 사람은 하나님의 성령의 일을 받지 아니하나니 저희
  에게는 미련하게 보임이요 깨닫지도 못하나니"(고전 2:14)
- "하나님의 지혜에 있어서는 이 세상이 자기 지혜로 하나님을 알
  지 못하는 고로 하나님께서 전도의 미련한 것으로 믿는 자들을
  구원하시기를 기뻐하셨도다."(고전 1:21).

나아가 이 명령의 수행은 주님이 오실 '그날'을 앞당기기 위해서 필
요하다. "이 천국복음이 모든 민족에게 증거 되기 위하여 온 세상에
전파되리니 그제야 끝이 오리라"(마 24:14).

전도가 활성화되면 교회도 달라진다. 한국교회는 80년대에 급성장
했다. 그러나 90년대에 들어와서는 정체 또는 둔화되는 현상을 보였
다. 그 원인은 80년대에 한국은 전도에 열심이었지만 90년대에 들어와
교회는 양육과 교육에만 전념했기 때문이다. 나가서 전도하는 대신 주

저앉아 배우고 은혜받는 것에만 힘쓰다 보니 성장정체를 보이게 된 것이다. 갤럽조사 결과도 한국교회의 위기는 기도하지 않고, 전도하지 않는 데 있다고 말하고 있다. 이제 한국교회가 눈을 떠야 할 것은 전도이다. 주님의 지상명령을 수행하지 않고서는 교회발전은 없다.

전도하는 교회는 성장한다. 주님의 심장으로 무장한 교회는 성장한다. 미국의 교회가 쇠퇴한다 해도 전도하는 윌로우 크릭교회나 새들백교회는 성장했다. 21세기를 준비하는 교회는 어떤 환경에서도 복음을 전하는 교회이다. 하이벨스 목사는 떠나고 싶지 않은 교회를 만들고자 했다. 한 영혼의 구원을 위해 열정을 가진 교회, 변화하고 갱신하는 교회, 복음의 본질로 돌아야 한다. 교회는 끝까지 하나님의 소망이어야 한다.

3. 전도에 관해 잊어서는 안 될 것들

• 예수님도 전도하셨다

예수님은 공생애 동안 하나님 나라를 전파하셨고, 부활하신 후에도 하나님 나라의 일을 보이셨으며, 승천하시면서 제자들에게 땅 끝까지 전도하도록 부탁하셨다. 예수님은 전도 리더십에서 일관되게 모범을 보이셨다. 자기는 전도하지 않으면서 남에게 전도하라고 하신 것과는 차원이 다르다.

예수님은 '오라' 하지 않고 그들을 향해 직접 찾아가셨다. 이것은 민주적 리더의 중요한 모습이다. 주님은 자신을 배척하는 사람을 향해 갔다. 그 사람들은 어둠의 길에 있었던 사람들이었고, 구원을 필요로 하는 사람들이었기 때문이다. 주님은 그곳에 구원이 필요하다는 것을 가장 잘 알고 계셨다. 예수 아니면 회복될 수 없는 사람들, 그 사람들에게 예수는 오늘도 들어가기 원하신다. 세리 마태는 세리들 속으로 들어 갔다. 세리는 배부르지 못할 것을 위해 수고하는 사람들이다. 우리도 그 속으로 들어가야 한다. 거리의 전도자는 그들을 향해 들어가는 사람 들이며 거리의 회복을 위해 그 길을 걸어 다니는 하나님의 사람들이다.

주님은 숨어서 하지 않으시고 공개적으로 전도하셨다. 갈릴리 호숫 가는 물론 산 위에서도 선포하셨다. 성전이라는 좁은 공간이 그 모두 를 수용할 수도 없었다. 오늘날 교회 문턱이 너무 높다는 말이 들린 다. 교회는 그들을 향해 들어오라고 하지만 들어갈 수 없다. 이제 교 회는 나가는 구조(go structure)로 전환될 필요가 있다.

• 전도 기회는 항상 있는 것이 아니다

전도는 하나님이 각자에게 주신 기회이다. 전도는 우리가 이 땅에 사는 동안 해야 할 위대한 사명이기 때문에 기회가 많은 것 같지만 인생이 아침에 보이는 이슬과 같다고 생각한다면 그 기회도 한순간일 뿐임을 인식해야 한다. 우리가 전도할 기회도 한정되어 있고, 전도를 받을 기회도 한정되어 있다. 복음 전하는 것을 미루다가 그 사람이 이 순간 죽는다면 나는 전도할 영혼을 잃어버린 것이다. 또한 내가 만약 오늘이나 내일 죽는다면 전도할 기회를 놓치는 것이다. 나아가 주님께 서 "전도 끝!"이라 하실 땐 하늘의 문은 닫힌다. 더 이상 기회도 없 고, 들어갈 수도 없다. 따라서 우리는 복음에 대한 절박함을 가지고 전도의 기회를 놓치지 말아야 한다.

• 아무나 복음을 영접하지는 않는다.

복음을 받는다는 것은 하나님의 아들이 되는 복을 받는 것이다(엡 1:3-6). 그러나 아무나 하나님의 아들이 될 수 없다. 하나님 아버지께서 택하고 이끄셔야 올 수 있다. '이끈다'는 것은 '헤푸'로 우리가 어떤 분의 뜻에 '강하게 끌린다'는 뜻을 갖고 있다. 하나님이 이끌면 어느 누구도 거부할 수 없다.

하나님은 창세전에 정해진 사람들을 끌어다 예수님께 붙여주신다. 이것은 하나님의 엄청난 역사이다. 하나님이 이끄셔야 우리가 주님께 올 수 있다. 하나님이 이끌지 않으면 복음을 들어도 받아들이지 않는다. 전도자는 현장에서 이것을 잘 느낄 수 있다. 그러므로 우리가 예수를 믿게 된 것은 우연이 아니다. 하나님의 강한 이끄심이 있었기 때문에 가능한 것이다. 그러므로 복음을 영접하고 그리스도인이 된다는 것은 너무나 감사한 일이다.

• 실망해서는 안 된다

바울은 언제나 어떤 방법으로든 전도할 것을 가르친다. 우리가 씨를 뿌리면 하나님께서 그 열매를 맺게 하신다. 전도는 나 홀로 하는 것이 아니라 주님과 함께한다. 그리고 주님이 그를 변화시키고, 주님의 사람으로 사용하신다. 전도자는 그 일까지 걱정할 필요는 없다. 주님이 어떤 방식으로든 역사하시기 때문이다.

인도의 성자 썬다싱이 한 역전에서 전도지를 나눠주고 있었다. 그런데 한 승객이 전도지를 받자마자 반으로 찢어 창밖으로 던지는 것이었다. 우리 전도자도 이런 일을 당하곤 한다. 그런 땐 황당하고 주변의 따가운 시선에 숨고 싶을 것이다. 그 모습에 썬다싱도 당황하지 않을 수 없었다. 한마디 해주고 싶었지만 참았다. 그러나 역사는 다른 데서 일어났다.

마침 한 청년이 인생을 비관하여 차에 자신의 몸을 던질까 생각하며 얼굴을 돌리는 순간 날아온 종이쪽지가 그의 얼굴에 붙은 것이었다. 청년은 그 쪽지를 읽어보았다. 그 속에는 생명의 떡, 생명의 양식에 대해 소개하고 있었다. 생명의 양식이 무슨 말인지 몰라 수소문한 끝에 기독교에서 하는 말이라는 이야기를 듣고 교회를 찾아가게 되었다. 그 후 생명의 양식에 접한 그는 그리스도를 영접한 후 훌륭한 그리스도인이 되었다.

4. 누구에게 전도해야 하는가?

60억 세계 인구 가운데 이슬람교도들이 11억 8천만 명, 로마 가톨릭이 10억, 힌두교도가 8억, 불교도가 3억 6천 그리고 개신교신자들이 약 2억 9천에 이른다. 나머지는 종교를 갖지 않은 사람들이다. 예수님은 말씀하신다. "들을 보라. 희어져 추수하게 되었도다." 주님 보시기에 이 땅에는 복음을 들어야 할 사람, 구원받아야 할 사람이 많다.

지금 전도하지 않으면 안 될 사람은 누구일까? 첫째, 지금 복음을 듣지 않으면 안 될 사람이다. 인간은 언제 죽을지 모른다. 인생은 무상하다. 무상하고, 언제 죽을지 모르는 상황에서 복음을 접하지 못하고 죽는다면 얼마나 억울한가. 그들이 하나님을 모르고 죽게 되었다면 그것은 우리의 직무유기다.

둘째, 복음을 듣지 못하면 원통해할 사람이다. 주님은 가난한 자, 세리, 창녀 등 소외된 자, 귀신 들린 자들을 찾아가 복음을 전했다. 이들은 이 세상에서 한을 가진 사람들인데 복음을 듣지 못해 저 세상에서마저 한을 품고 살아야 한다면 어찌 되겠는가. 주님은 그래서 그들에게 먼저 복음을 전해주셨다.

셋째, 아까운 사람이다. 세상적으로는 성공했다 해도 영원한 가치가 무엇인지 모르고 살아가는 사람이다. 자기가 최고인 줄 아는 사람이다. 이런 사람은 세상에서는 부자일지 모르지만 하나님 앞에서는 가장 가난한 사람이다.

하나님은 전도라는 방법을 통해 낙타로 하여금 바늘귀로 들어가게 하신다. 우리의 생각에 도저히 믿지 않을 것 같은 사람에게 믿을 마음을 주시고 그들을 하나님의 자녀로 이끄신다.

5. 희생 없는 전도는 없다: 희생의 리더십

생명을 살리는 일에는 희생이 따른다. 우리의 생명을 위해 삼위 하나님의 희생이 있었다. 성부 하나님은 자기의 아들을 우리에게 주시고 그 아들을 십자가에 달리게 하시는 아픔을 겪으셨다. 성자 하나님 예수 그리스도는 자신이 하나님임에도 불구하고 이 땅에 육신을 입고 오셔서 우리를 위해 고난을 당하셨다. 성령 하나님은 하늘의 영광을 버리고 성자 하나님을 이 땅에 오시게 하시고 그분의 십자가 고통을 지키셨으며 지금도 탄식함으로 우리와 함께하신다. 우리 모두도 누구의 희생에 의해 믿는 자가 되었다. 우리에게 복음을 전한 자들의 희생이 없었다면 오늘의 우리도 없었다. 누군가의 희생이 있었기에 우리가 믿게 되었다.

복음이 전해지기 위해서는 희생이 따른다. "나와 및 복음을 위하여 집이나 형제나 자매나 어미나 아비나 자식이나 전토를 버린 자는 금세에 있어 집과 형제와 자매와 모친과 자식과 전토를 백배나 받되 핍박을 겸하여 받고 내세에 영생을 받지 못할 자가 없느니라."(막 10:29, 30). 사람들은 복음의 기쁜 소식을 기쁜 소식으로 받지 않는다. 복음을 전하기 위해서는 '버림'과 핍박이 요구될 때도 있다. 지금은 부모를 버리고 자식을 버릴 만한 때가 아니지만 초대교회 당시에는 그런 어려움이 있었다. 지금도 시간과 돈, 지속적인 관심, 크고 작은 고난 등 여러 형태의 어려움이 있다.

전도에는 투자가 필요하다. 한 영혼을 위해 1000번 기도하고 100번 만날 각오를 한다. 한 영혼에 대해 최소한 3년간 투자할 각오를 한다. 쉽게 오는 사람은 쉽게 나간다. 전도하며 쓰는 헌금은 저축이다. 전도인은 베푸는 은사만 있지 받아서는 안 된다.

황수관 교수가 어느 날 위급에 처한 병자를 보고 급히 입원을 시키고 안정을 취하게 했다. 병자는 큰일 날 번했는데 너무 감사하다며 고마워했다. 황 교수는 그에게 전도할 마음이 생겼다. 부인에게 그 뜻을 전하며 환자에게 먹을 것을 5일간 마련해 주도록 부탁했다. 음식을 가져간 첫날 환자는 교수님이 자기를 위해 먹을 것을 가져왔다면 어찌할 줄 몰라 했다. 둘째 날도 그렇게 했다. 셋째 날 그 환자는 "저도 황 교수가 믿는 예수를 믿겠습니다."라고 말했다.

이 전도 경험을 법조계 모임에서 말하자 한 법조인도 이 방법을 사용하고 싶은 마음이 들었다. 부인에게 아파트에서 어려움이 있는 사람이 없는가 묻고 그 사람을 전도 대상으로 삼았다. 병석에 있는 그분에게 음식을 마련해갔다. 높으신 판사님이 오셨다며 결국 네 번째 방문 때 주님을 영접했다.

6. 전도와 관계 리더십

전도는 관계에서 출발한다. 전도자가 가져야 할 제일 중요한 관계는 하나님과의 관계이다. 하나님과의 관계를 바로 가져야 전도도 바르고, 그 자세도 바를 수 있다. 또한 하나님도 그의 전도를 기뻐 받으신다. 따라서 전도자가 가장 힘써야 할 부분은 날마다의 삶 속에서 하나님과 함께하는 일이다.

그다음 중요한 것은 이웃과의 관계이다. 전도는 이웃을 향한 것이다. 따라서 이웃에 대한 관심 그리고 그들에 대한 자세가 남달라야 한다. 전도는 그리스도의 사랑을 전하는 것이다. 불신자에 대한 연민과 사랑 없이 전도할 수 없다. 전도는 테크닉으로 하는 것이 아니다. 전도는 테크닉이 아니라 하나님의 방법, 곧 사랑으로 해야 한다. 그리스도인은 종일 이웃에게 은혜를 베푸는 자(시 37:26)이다. 이웃의 구원을 위해 전도하는 자는 무엇보다 우리의 행실을 바로 가져야 한다. '너희 착한 행실을 보고', 우리의 착한 행실도 전도가 된다.

전도에서 빠질 수 없는 부분이 성령님과의 관계이다. 전도는 나의 힘으로 하는 것이 아니라 주님이 주시는 힘, 곧 성령의 힘으로 한다. "오직 성령이 너희에게 임하시면 너희가 권능을 받고 예루살렘과 온 유대와 사마리아와 땅 끝까지 이르러 내 증인이 되리라 하시니라"(행 1:8). 우리에게 권능을 주시는 분은 성령님이시다. 제자들도 성령의 권능을 받고 달라졌다. 이런 점에서 전도는 임파워링(empowering)이다. 따라서 우리도 전도할 때 우리는 자신을 의지하지 말고 성령의 능력을 의지해야 한다. 인간의 설득이 그를 변화시키는 것이 아니라 복음의 능력, 성령의 크신 능력이 그를 변화시킨다.

전도자는 성령님을 바로 알고 믿어야 한다. 예수님을 능력 있게 만드신 분은 성령님이시다. "하나님이 나사렛 예수에게 성령과 능력을 기름 붓듯 하셨으매"(행 10:38). 우리가 전도를 능력하게 하실 분도 성령님이시다. "그 능력이 그리스도 안에서 역사하사 죽은 자들 가운데서 다시 살리시고"(엡 1:20). 성령의 능력이 죽은 자들을 다시 살릴 수 있다. 나아가 "그러므로 내가 너희에게 알게 하노니 성령으로 아니하고는 누구든지 예수를 주시라 할 수 없느니라."(고전 12:3) 하신 말씀처럼 우리로 하여금 예수를 그리스도로 고백하게 하시는 영도 성령님이심을 깨달아야 한다.

성령님을 믿고 찾기 위해서는 기도해야 한다. 바울은 성령님의 능력이 얼마나 큰가를 알기를 기도했다. "너희를 인하여 감사하기를 마지아니하고 내가 기도할 때에 너희를 말하노라 그의 힘이 강력으로 역사하심을 따라 믿는 우리에게 베푸신 능력의 지극히 크심이 어떤 것을 너희로 알게 하시기를 구하노라"(엡 1:16,19). 우리도 그 크신 능력이 어떤가를 알도록 기도해야 한다. "여자들과 예수의 모친 마리아와 예수의 아우들로 더불어 마음을 같이하여 전혀 기도에 힘 쓰니라."(행 1:14). 우리가 온전히 기도에 힘쓸 때 성령님이 찾아오신다.

전도는 단순한 커뮤니케이션이 아니다. 마귀와 대적(confrontation)해야 하는 영적 전쟁이다. 따라서 우리는 그것과 이기기 위해 기도해야 한다. "그 중에 이 세상 신이 믿지 아니하는 자들의 마음을 혼미케 하여 그리스도의 영광의 복음의 광채가 비취지 못하게 함이니"(고후 4:3, 4). 이 세상 신, 곧 사단, 마귀, 귀신, 각종 악령들이 복음이 역사하는 것을 막고, 눈을 가리며, 사람들로 복음을 이해하지 못하게 한다. "우리의 씨름은 혈과 육에 대한 것이 아니요 정사와 권세와 이 어두움의 세상 주관자들과 하늘에 있는 악한 영들에게 대함이라"(엡 6:12). 전도는 보이지 않는 영과 싸우는 것이다. 따라서 전도자는 회개로 헌신되고, 기도로 순종하고, 예민한 영으로 분별하고, 말씀의 검으로 무장하며, 그리스도의 마음으로 그 영혼을 갈망하며, 주의 권능을 믿는 강한 믿음으로 전진하는 그리스도의 군사가 되어야 한다. "모든 기도와 간구로 하되 무시로 성령 안에서 기도하고 이를 위하여 깨어 구하기를 항상 힘쓰며 여러 성도를 위하여 구하고"(엡 6:18-19). 우리는 성령 안에서 쉬지 않고 기도해야 하고 항상 깨어 기도해야 한다.

전도는 지상 최대의 명령이며 주님이 책임지시는 사역이다(마 28:

18-20). 내게 능력주시는 자 안에서 모든 것을 할 수 있다(빌 4:13). 말씀을 붙들고 기도하라. 그래도 자신이 없다면 "주여, 나의 믿음 없는 것을 도와주소서."(막 9:23-24) 기도하라.

7. 전도와 프로페셔널 리더십

1) 프로다운 확신

프로와 포로는 어떤 차이가 있을까? 문자적으로는 점 하나 있고 없고의 차이다. 하지만 속성은 완전히 다르다. 프로는 적극적이고 스스로 행동하지만 포로는 마지못해 끌려간다. 주님은 전도에서도 포로가 되지 말고 프로가 되라고 말씀하신다.

프로는 프로페셔널의 준말이다. 전문성을 가지라는 말이다. 어느 선교사에 따르면 전도란 배불리 먹은 거지가 동료 거지에게 어느 집에 가면 먹을 것이 있더라고 전하는 것과 같다고 했다. 전도가 효과가 있으려면 그 집의 밥맛을 잘 알아야 한다. 자기가 맛있게 먹어야 남에게도 맛있다고 전할 수 있다.

전도는 선한 싸움이다. 영적 전투를 해야 하기 때문이다. 전도자들은 하나님의 전사들이다. 훌륭한 군인이 되기 위해 기초훈련을 받아야 한다. 마찬가지로 영적인 군사도 기본훈련을 받고 영적 전사들로서 기본자세를 확고하게 갖추어야 한다.

- 구원의 확신을 가져야 한다.(예수를 주님으로 시인하면 구원받을 수 있다는 사실을 확신 있게 전한다). 구원의 확신이 없으면 "예수를 믿으십시오."라고 말하기 어렵다.

- 죄 사함을 받았다는 확신을 가져야 한다.(용서함을 받았으므로 용서하는 삶을 산다)
- 승리에 대한 확신을 가져야 한다.(사단은 부정적인 생각과 행동을 하게 한다. 그러나 주안에서 승리하는 사람은 긍정적이고 선한 마음, 생각, 말을 한다)
- 하나님이 우리의 기도에 응답하신다는 확신을 가져야 한다.
- 하나님이 내 인생, 장래를 인도하신다는 확신을 가져야 한다.

2) 불신자 유형 파악하기

불신자는 크게 A형 불신자와 B형 불신자로 나눌 수 있다.

A형 불신자는 그리스도인을 좋아하는 사람들로 쉽게 다가갈 수 있다. 교회에 가본 적이 없다 해도 교회에 대해 긍정적인 생각을 가진 사람들이다. 그들 가운데는 이미 하나님을 믿으며, 성경을 받아들이고 예수님이 하나님의 아들이라는 것을 이해하고 있으며, 성경의 사실들에 대해 어느 정도 깨닫고 있다. 이미 교회에 다녀본 적이 있는 사람도 있다. 지금은 마음이 내키지 않아 몇 년 동안 교회를 멀리하고 있으며 무엇인가를 찾고 있다. 그들은 예수님께서 자신들을 사랑하신다는 것에 대해 충분히 알지 못할 수도 있다. 성경공부나 구원의 계획을 설명하는 것과 같은 활동은 그들과 함께할 수 있다.

B형 불신자는 쉽게 다가갈 수 없는 사람들이다. 기독교 신앙에 대해 전혀 관심이 없다. 그들은 하나님을 믿지 않거나 성경을 받아들이지 않거나, 예수님이 하나님의 아들이라는 사실을 알지 못하고, 성경에 대해 거의 알지 못한다. 교회에 다녀본 적도 없다. 그들의 생명을 살리시려는 주님의 목적에 관심이 없고 교회에 가고 싶은 마음도 없다. 이들

에 대해 구원계획이나 성경에 대해 말해준다 해도 관심이 없다.

B형 가운데는 크게 그저 관심이 없는 사람과 적대시하는 사람으로 나눌 수 있다. 이들은 예수님보다는 아내나 직장, 사회조직에서 먼저 믿은 사람들에 대한 실망에서 이런 태도를 갖는 경우도 많다. 이런 사람들에게는 우리 자신의 삶 속에서 살아계신 그리스도의 모습을 계속 보여줌으로써 보다 긍정적인 관계로 발전시킬 수 있는 적절한 때를 찾는 것이 바람직하다.

전도할 때 불신자는 다양한 형태로 전도자를 대한다. 따라서 전도자는 그들이 어떤가를 살펴 전도할 필요가 있다. 다음은 그 보기이다.

- 호인형: 최대한 예의바르게 대하고 각별하게 생각한다.
- 거만형: 충분히 뽐내게 하고 만족감을 준다.
- 꾸물거리는 형: 귀찮게 생각하지 말고 꾸준히 말 상대가 된다.
- 말이 없는 형: 구체적으로 요점만 요령 있게 설명한다.
- 수다형: 좋은 기분으로 상대의 말을 경청하고 적당히 들은 후 복음을 제시한다.
- 수줍은 형: 상대의 태도에 맞추어 천천히 부드럽게 대하면서 복음을 제시한다.
- 귀찮게 구는 형: 상대에 동조하지 않으면서도 충돌하거나 거역하지 않고 목적을 달성한다.
- 성급한 형: 너그러운 태도를 취하고 신속히 대처한다.
- 신경질형: 명확한 이유가 증거를 보여주지 않으면 만족하지 않기 때문에 납득이 가도록 설득력 있게 전한다.
- 희롱형: 감정의 노출을 억제하고 말려들지 않도록 냉정하고 재치 있게 응대한다.

3) 자기 스타일 파악하기

전도를 하기 위해서는 자기가 어떤 스타일인지 파악할 필요가 있다. 전도에는 여러 유형이 존재한다.

• 직선형:

정면대결형이다. 자신감이 넘치고 직선적이다. 상대를 두려워하지 않을 뿐 아니라 자신의 자존감마저 상관하지 않고 도전한다. 단정적이고 직접적이다. 그만큼 상대의 영혼을 불쌍히 여기는 마음이 크기 때문이다. 이 유형은 불필요하게 공격적이 되지 않도록 주의할 필요가 있다. 보다 온유한 마음을 가지고 복음을 조리 있게 전달하는 능력을 키우는 것이 중요하다.

• 지성적 대화형:

지식이 많고 호기심이 강하며 분석적이고 논리적이다. 질문이 많고 논쟁을 좋아한다. 개념을 가지고 누구와 씨름하기를 좋아한다. 이 유형은 전도 때 "왜 믿어야 하는가?" 등 의문에 대해 잘 설명하고 설득할 수 있다는 장점이 있다. 이 유형은 자칫 토론의 함정에 빠질 위험이 있으며, 하나님보다 자신의 열정이 앞설 수 있는 단점을 가지고 있다. 복음보다 자신의 논리적인 답변을 들려주려는 유혹에 빠지기 쉽다. 대인관계 능력을 키우면서 논쟁보다 복음의 핵심을 전하는 것에 전념할 필요가 있다.

• 대인관계형:

이 유형은 따뜻한 성격에 대화를 즐기고 우정을 중시한다. 자신이 손해를 봐도 상대에게 초점을 맞춘다. 많은 사람과 관계를 가지고 친화력을 동원해 교회에 잘 초청한다. 문제는 복음 전하기보다 우정에 더 치중할 수 있다는 데 있다. 우정보다 중요한 것이 진리를 말하는 것을 잊어서는 안 된다. 이들이 필요한 것은 담대하게 복음을 제시할 수 있는 훈련이다. 우정보다 중요한 것이 본질이라는 것을 잊어서는 안 된다.

• 간증형:

자신의 체험을 전해주며 전도한다. 상대의 체험에 대해 잘 들어주고, 기쁨과 슬픔을 함께 나눈다. 서로 감동을 주고받는 것은 좋지만 그 체험을 하나님의 말씀보다 앞세우면 안 된다. 체험이 전도의 모든 것이 아니기 때문이다. 복음을 효과적으로 전달할 수 있도록 연습하고, 상대를 만났을 때 그 사람이 영적으로 어떤 상태에 있는지 분별해, 복음을 통해 자신이 어떻게 변화되었는지 확신을 가지고 전할 수 있어야 한다.

• 초대형:

초대를 통해 복음을 전하기를 즐겨한다. 이 유형은 사교적이고 친절하며 이벤트 지향적이다. 분위기가 있는 사람일 수 있다. 그러나 자신의 초대를 거절할 경우 실망하고 나약해질 위험이 있다. 초대를 했을 경우 자신의 말만 하지 말아야 하며, 상대에 초점을 맞추고, 복음을 적절히 제시할 수 있어야 한다.

• 섬김형:

섬기기를 기뻐하고 말보다 행동으로 일한다. 나보다 상대를 높게 여기고 상대의 필요성을 잘 이해한다. 타인 중심으로 인내심이 강하다. 말하기보다 상대의 말을 경청하며 행동으로 감동을 준다. 그러나 말하는 것을 즐겨하지 않기 때문에 오해가 생길 수도 있다. 이 유형의 경우 행동이 말을 대신할 수 없는 것이므로 기회가 되면 복음을 명백하게 말로 전할 수 있어야 한다.

바울의 전도 스타일

- 홀로 다녔다. 다른 이들처럼 동부인하지 않고 오직 주신 사명에만 충실했다.
- 항상 자비량하고 복음 전도에 장애가 되지 않기 위해 힘썼다.
- 십자가만 전했다. 바울은 주님의 십자가 외의 것을 생각하지 않았다. 오직 십자가만 자랑했다.

전도는 내 스타일에 따라 한다. 다른 스타일로 하려다 부작용만 커진다. 아울러 자신의 처지에 따라 전도를 쉽게 한다. 부유한 이는 부유한 대로, 가난한 이는 가난한 대로, 시간이 많은 사람은 있는 만큼, 바쁜 사람은 시간을 쪼개며 자신의 형편과 처지에 맞게 노력한다. 내 모습 그대로 다가가 하면 쉬워진다.

4) 자신에 대한 점검

광성교회 엄호섭 집사는 전도하기 전에 자신에게 다음과 같은 세 가지 질문을 던진다고 한다.

첫째, "--하셨습니까?" 자신이 기도로 준비했느냐는 것이다. 전도에 앞서 하나님 앞에 무릎 꿇는 것이 중요하기 때문이다.

둘째, "--하고 있습니까?" 저 사람을 사랑하고 있는가 하는 질문이다. 인간적으로 사랑할 수 없는 사람도 있다. 그러나 인간적인 사랑이 아니라 그리스도의 사랑으로 나가야 한다. 그리스도의 사랑을 가지면 손해를 손해로 보지 않게 된다. 그리고 주님의 것을 나누게 된다.

셋째, "--하시겠습니까?" 전도대상자를 최소한 3년 동안 포기하지 않고 그를 위해서 기도하고 만나 계속 씨를 뿌리겠느냐는 질문이다. 전도에는 이러한 각오가 필요하기 때문이다.

이 세 질문을 통해 우리는 전도의 의미를 깨달을 뿐 아니라 자신의 믿음의 모습을 돌아보게 된다.

5) 불신자에 대한 열린 태도

불신자들을 대할 때 상대를 거부하거나 낮춰보는 태도를 취하지 말고 존경하는 태도를 취하라. 신자는 불신자들에 대해 우월감을 가지고 대해서는 안 된다. 존경의 태도는 그들의 생각과 사고를 받아들인다는 뜻이 아니다. 서로에 차이가 있음을 인정하고 그를 가치 있는 인격체로 인정하는 것을 말한다.

달걀껍질에서 달걀을 꺼내는 방법은 그것을 깨뜨리는 방법과 따뜻하게 해서 부화시키는 방법이 있다. 첫 번째 방법을 사용하면 병아리를 죽이지만 두 번째 방법은 병아리를 살린다. 마찬가지로 불신자의 머리를 복음으로 내리칠 수도 있지만 그들을 사랑함으로써 하나님의 식구로 받아들일 수도 있다. 불신자와 복음을 나누는 가장 효과적인 방법은 사랑과 수용으로 그들을 항복하게 만드는 것이다. 온유하게 대하라.

불신자를 사랑하고 존중하면 전도자의 태도가 다르다. 생면부지의 그들에게 예의 바른 모습으로 다가가고, 상대방 위주로 대화를 짜가며, 복음의 핵심을 한시바삐 전해 버리고 짐을 벗으려 하기보다는 상대의 필요를 깨달아 하나님의 도우심을 함께 발견하려는 등 인내하는 마음을 가진다.

전도자는 자신을 복음의 빚진 자, 십자가 구속의 빚진 자로 인식해야 한다. 빚진 자는 주의 종으로서의 인식을 갖고 종으로서 철저하게 살아야 한다. 전도에 생명을 걸 수 있을 만큼 종으로서 헌신적이어야 한다.

6) 전략적 전도

전도도 전략이 필요하다. 한국대학생선교회(CCC) 사역연구소는 대상중심적 관계 전도의 필요성이 대두되고 있다며 맞춤형 관계 전도를 위한 7단계 'PROMISE'를 제언했다. 상대방의 필요에 따라 전도하는 '맞춤형 전도'는 신입생, 예비역 휴학생, 여학생, 단과대별 졸업반 등 각각의 특성을 고려해 전도하는 것으로 대상들의 실제적 필요를 파악하고 이들과 좋은 관계를 맺고 있는 사람들을 통해 접촉점을 만들어 복음을 전하는 것이다. 일종의 눈높이 전략이다. 예를 들어 신입생을 대상으로 맞춤형 전도전략인 '여우사이'(여기 우리들의 사랑 이야기)가 있다. 젊은이들의 코드에 맞춘 파워댄스, 크로스오버 뮤직, 드라마, 감동 영상 메시지, 축제 분위기 등을 통해 복음을 전함으로써 캠퍼스마다 역동적인 관계전도운동이 일어나도록 하는 것이다. 맞춤형 관계전도를 'PROMISE' 7단계 전략은 다음과 같다.

- Pray(기도하라): 전도를 위해 기도로 먼저 심으라. 무슨 일을 하든지 우리는 기도한다. 성령보다 앞서지 말아야 한다.
- Remember(기억하라): 약속의 말씀, 한 영혼을 위한 주님의 마음을 기억하라. 당신이 주님을 만났던 첫사랑의 현장을 기억하라.
- Observe(관찰하라): 기도 속에서 복음을 전할 대상을 찾고 그 사람의 실제적 필요가 무엇인지를 관찰해보라.
- Meet(만나라): 복음을 전하고 싶은 친구를 자주 만나 좋은 관계

와 신뢰감을 형성하라. 온·오프라인의 만남을 통해 차츰 감동을 만들어가라.

- Invite(초대하라): 맞춤형 관계 전도 모임에 초대하라. 정성스럽게 만든 초대장에 마음을 담아 친구에게 건네고 함께 갈 것을 약속하라.
- Say(전하라): 대상자 중심의 고품격 프로그램으로 준비된 맞춤형 관계 전도 모임에서 구체적인 복음을 듣게 하라. 모임 이후에는 개인적으로 4영리 다시 한번 더 전하라.
- Expect(기대하라): 성공적인 전도는 성령의 능력 안에서 그리스도만을 전하는 것이다. 그 결과는 하나님께 맡긴다. 최선을 다하고 하나님께서 하실 일을 기대하라.

프로 전도자를 위한 팁

- 전도자는 사명을 위해 아프지 말아야 한다. 건강해야 한다.
- 기도를 쉬지 말아야 한다. 말씀을 붙들고 기도하면서 전도한다.
- 복음을 전하는 사람은 세계관이 달라야 한다. 세상을 넓고 깊게 봐야 한다.
- 일하는 것도 전도 차원에서 한다. 먹든지 마시든지 무엇을 하든지 하나님의 영광을 위해서 한다.
- 나의 병이 낫지 않아도 전도가 되면 그것으로 성공한 것이다.
- 삶으로 전도한다. 하나님은 지금 여기에 계시고, 내가 이렇게 일하는 것을 기뻐하신다.

7) 대화기술의 훈련

접촉점을 찾는다. 전도가 처음부터 잘 안 되는 것은 접촉점을 찾지 못한 채 복음을 들이대기 때문이다. 서로 공감할 수 있는 화제로 대화를 시작하거나 상대방의 장점을 칭찬하는 방법을 사용하면 좋다. 그렇다고 전도의 본론을 잊은 채 그 사람에 관한 이야기로 너무 많은 시간을 **빼앗겨서는** 안 된다.

고구마 원리를 사용한다. 상대가 어떤 신앙상태인지, 복음 제시를 잘 받아들일 수 있는 상태인지 알아보기 위해서는 일단 찔러보는 수밖에 없다. 상대의 반응이 좋으면 곧바로 그리스도를 영접하고 교회에 정착하도록 이끌어준다.

대화를 주도하되 잘 이어나간다. 대화가 일방적으로 진행되다 보면 자칫 말이 끊어져 분위기가 어색해지고 전도자 자신도 당황하게 된다. 자연스럽게 상대방의 반응이 나올 수 있도록 한다.

8. 반대질문에 대한 철저한 준비

• 나이 들어 믿겠다, 죽기 전에 믿겠다

사람들에게 전도를 해보면 대부분 "나이 들어 믿겠다."고 말하는 사람이 많다. 기독교에 대한 거부의 태도보다 젊어서부터 믿으면 세상 재미도 못 볼 것 같은 생각이 더 앞서기 때문이다. 경제적이고, 타산적인 이 생각은 매우 현명한 듯 보인다. 그러나 그것은 아주 잘못된 계산이다. 인간은 언제 죽을지 모르기 때문이다. 늙어서 죽는다고 생각하지만 늙을 때까지 남아 수를 다하는 사람은 그리 많지 않다.

나아가 "늙어서 믿겠다."고 말하는 것에는 구원을 내세적인 것에 국한시키는 잘못이 있다. 이것은 기독교인들이 너무 내세만을 강조한 데서도 연유한다. 그리스도인은 내세도 중요하지만 현세의 삶도 매우 중요하다는 것을 잊어서는 안 된다. 그리스도인은 주님으로부터 영혼의 빛을 받아 생동감 넘치는 하늘나라의 삶을 이 땅에서도 살아야 한다. 현세에서 하나님 나라를 이루며 사는 것이다. 이 땅에서 사단에 얽매인 삶을 살면서 저 세상에서의 꿈같은 세월만을 기다리는 것은 잘못된 것이다. 예수를 믿어 구원받음으로써 하루라도 빨리 사단의 세계에서 벗어나 하나님 나라로 들어와야 한다. 그 나라에 들어와 하나님이 주시는 평강 가운데 지속적으로 머물며 살아야 한다. 우리가 그리스도 안에 있는 한 우리 안에 생수와 같은 강이 흐를 것이며, 우리는 새로운 피조물로서 하나님과 하나 된 삶을 살 수 있다. 그러므로 "나이 들어 믿겠다", "죽기 전에 믿겠다"는 것은 얼마나 손해나는 계산법인지 깨닫지 않으면 안 된다.

• 우리는 모두 죄인이다

"내가 무슨 죄를 지었나요? 저는 선하게 살려고 노력했습니다. 그래도 죄인인가요?" 대부분의 사람은 자신이 죄인이라는 전도자의 말에 당황한다. 그럼에도 불구하고 우리는 죄인이다. 인간은 아담과 하와의 허리에 있었다. 인류의 대표인 그들이 죄를 범함으로 우리도 죄인이 되었다. 다음은 이에 관한 옥한흠 목사의 이야기다.

옥씨 집안 가운데 일부는 옥씨는 원래 왕씨였다고 생각한다. 조선조에 들어와 왕씨에 대한 핍박이 일자 옥씨로 성을 갈았다는 것이다. 물론 아닐 수도 있다. 그럼에도 불구하고 이런 생각을 떨치지 못한다. 이 가정이 맞다 할 때 고려조에는 양반이었지만 조선조에서는 상놈 취급을 당한다. 조선시대에 옥씨 집안에서 태어난 사람이 자기와는 상관없이 주위의 싸늘한 시선을 피할 수 없다. 단지 옥씨 집안에서 태어났다는 이유 하나만으로. 마찬가지로 하나님 앞에 죄를 범한 아담가문의 일원으로 태어났다는 이유로 죄인 취급을 받는다.

옥 목사는 어머니가 아무리 태교를 잘해도 태어난 아기가 언제나 선한 행동을 하지 않음을 볼 때 인간은 죄인인 것을 깨닫게 된다고 말한다. 천진하던 아이가 어느 날 갑자가 거짓말을 하고, 욕을 하며, 때린다. 태교를 열심히 했는데도. 이런 것들을 보면 인간은 모두 죄인 이었음을 말하지 않을 수 없다.

• 천당과 지옥은 있다

믿거나 말거나 천당과 지옥은 있다. 감옥에 들어간 사람이 간혹 탈출하기도 하지만 지옥에 한번 떨어지면 탈출할 수 없다.

• 목숨과 생명은 다르다.

목숨은 육체에 관계되며 생명은 영혼에 관계되므로 서로 다르다. 영생은 우리의 목숨이 영원히 사는 것을 의미하지 않는다. 생명이 영원히 산다는 것을 의미한다. 육체는 밥을 먹어야 살고, 혼은 문화의 지식을 먹지만 영은 하나님의 말씀을 먹는다. 영원한 존재는 하나님의 말씀을 먹어야 살 수 있다. 우리가 하나님을 믿는 것은 생명 때문이다. 예수님은 "나는 길이요 진리요 생명이라"고 말씀하셨다. 우리가 예수 안에 있어야 생명을 얻을 수 있으며 예수만이 생명길이다.

• 선행이 문제가 아니다

많은 사람들은 '이 세상에 살면서 좋은 일을 많이 한 사람은 천당 가고, 나쁜 일을 많이 해 죄를 지은 사람은 지옥 간다.'고 생각한다. 선행이 기준이다. 그러나 성경은 다르다. "의인은 없나니 하나도 없다"고 말한다. 예수의 피로 죄 사함 받은 사람만이 천당에 들어갈 수 있다. 그렇다고 선행을 무시하는 것은 아니다. 죄 용서함을 받는 것이 먼저요 용서함 받은 사람은 당연히 선행을 해야 한다. 죄 용서함 받지 못하고 선행을 하는 것은 선행 자체가 문제가 되는 것은 아니지만 순서가 잘못되었다.

• 예수 천당 불신지옥

사람들은 '시간이 없어서', '돈 좀 벌어 놓고' 믿겠다고 말한다. 예수는 우리의 시간, 돈, 명예 어느 것도 **빼앗는** 사람이 아니다. 주님은 하늘나라의 영원한 시간, 하늘의 부유 그리고 하나님의 자녀라는 엄청난 명예를 주시기 위해서 우리를 부르신다. 천당은 돈으로 가는 나라가 아니다. 예수를 믿어야 갈 수 있는 나라이다.

• 예수님은 구주시다

예수님은 단지 4대 성인 가운데 한 분이 아니라 구주시다. 예수를 믿으면 구원, 영생, 축복이 있다.

• 구원과 속죄는 다르다

구원은 예수 그리스도의 속죄와 인간의 믿음으로 이루어진다.

예수를 믿으면서도 다시 죄를 지을 수 있다.

사람들은 예수 믿어도 헛것이라고 말한다. 다시 죄를 짓기 때문이다. 그러나 그리스도인도 육신을 가지고 있는 한 육신의 정욕을 따라 자범 죄를 짓는다. 자식이 부모에게 불효를 한다 해도 자식은 자식인 것처럼 우리가 아무리 죄를 짓는다 해도 한번 하나님의 자녀가 되면 끝까지 자녀가 된다.

이상은 간단한 보기이다. 이 밖에도 이단에 대한 연구도 필요하다.

9. 전도방법의 다양성

전도는 획일적인 것이 아니다. 개별적인 상황과 사람에 따라 적절한 방법을 사용한다. 구체적인 사례제시를 통해 성도들이 응용할 수 있는 다양한 방법을 제시한다.

• 복음 전도

엄호섭 목사는 전도를 동구 밖 전도, 앞마당 전도, 뒷마당 전도로 나누었다. 동구 밖 전도는 교회 밖 전도로 예수님이 많이 하셨다. 먼저 대상을 찾으라. 그들에게 좋은 인상을 심으라. 그리고 복음의 손을 내밀라. 앞마당 전도는 교회에서 말씀으로, 설교로, 기도로 복음을 전하는 것이다. 그리고 뒷마당 전도는 새 신자를 돌보는 것, 곧 양육을 말한다.

안드레는 전도의 명수이다. 그의 방법은 '와 보라'는 것이었다. 그 말 한마디로 다른 제자들을 복음의 실체이신 주님께 인도했다. 어거스틴은 집에서 나가다가 담장 너머에서 "들어서 읽으라! 들어서 읽으라!."는 아이들 소리에 붙들려 더 나가지 못하고 방에 들어가 성경을 펼쳤다. 말씀이 그의 마음을 뚫고 들어와 어둠의 옷을 벗고 그리스도의 옷을 입는 변화가 생겼다. 어떤 형식으로든 말씀이 그 사람을 변화시키면 말씀 전도이다. 전도자는 알지 못하지만 그를 변화시키는 하나님의 때가 있다.

복음제시에는 사영리가 일반적이지만 복음에 바탕을 둔 여러 전도문이 가능하다. 아래는 요한복음 3장 16절을 바탕으로 한 보기와 순복음교회의 전도문이다. 두 전도문을 비교하면 접근방법이 다른 것을 알 수 있다. 따라서 나름대로의 복음제시 문을 개발해보는 것도 의미가 있다. 단 복음적이어야 한다.

요한복음 3장 16절을 바탕으로 한 전도문 보기

하나님은 이 세상을 사랑하셨습니다.
하나님은 당신을 사랑하십니다.

하나님은 우리에게 좋은 것을 주셨습니다.
에덴을 주시고 가정을 주셨습니다.
우리를 지으신 아버지이시기 때문입니다.

그러나 최초의 인간은 마귀의 유혹을 받아 죄를 지었습니다.
그 후손인 우리는 그 죄성을 벗어나지 못하고 어둠 가운데 살았습니다.

하나님은 죄성을 벗어나지 못하고 사는 우리를 불쌍히 여겨
그 죄 값을 대신 치르기로 하셨습니다.
예수님은 이 땅에 오셨고 십자가에서 죽으심으로
대신 그 값을 치르셨습니다.
십자가 사건은 하나님이 우리를 얼마나 사랑하시는가를 그대로 입증하신
것입니다.
하나님은 자신의 아들딸들이 아버지에게 돌아오기를 기다리고 계십니다.
죄의 무거운 짐을 예수님 앞에 벗어버리고 하나님의 자녀로서 살기를 원하
십니다.
하나님의 나라의 삶이 바로 영생의 삶입니다.
어둠에 살지 않고 빛 가운데서 사는 것입니다.
하나님은 예수를 자신의 구세주로 믿고 고백하기를 원하십니다.
그리하면 '너와 네 집이 구원을 얻으리라' 약속하셨습니다.
이제 예수님을 믿으십시오. 주님을 구주로 영접하십시오.
그러면 영육 간에 풍성한 삶을 주실 것입니다.
하루를 살아도 주님 모시고 사는 것이 중요합니다.

형제님. 예수를 구주로 영접하십니까?
하나님이 필요하고
예수님이 나의 영원한 동반자가 되어야 할 것을 믿습니까?

하나님은 당신을 사랑하십니다.
'너와 네 집에 구원이 이르렀다'고 선포하시기를 기뻐하십니다.

주님
사랑하는 형제가 하나님을 알고 주님을 구세주로 고백하며
이제부터 하나님 나라의 백성으로서 그 나라의 삶을 살기를 원하고 있습니다.
주님, 이 형제를 받아주시고
남은 생애 우리에게 약속하신 삶을 풍성하게 누리며 살 수 있게 하여 주옵소서.
병약한 부분에 주님의 치료의 손길이 닿게 하시며
마음에 평안을 주시옵소서.
위로를 주시옵소서.

여의도 순복음 교회 전도문

당신은 지금 어디로 가십니까?
"수고하고 무거운 짐 진 자들아 다 내게로 오라 내가 너희를 쉬게 하리라"(마 11:28).

1) 하나님은 당신을 사랑하시고 당신이 하나님의 풍성한 복을 누리며 살기를 원하십니다.
하나님이 당신을 사랑하신 증거를 성경은 이렇게 말씀하십니다.
"하나님이 세상을 이처럼 사랑하사 독생자를 주셨으니 이는 저를 믿는 자마다 멸망치 않고 영생을 얻게 하려 하심이니라"(요 2:16).
"사랑하는 자여 네 영혼이 잘됨같이 네기 범사에 잘되고 강건하기를 내가 간구하노라"(요삼: 2)

2) 그런데 많은 사람들이 이러한 하나님의 사랑과 축복을 누리지 못하고 있는 것은 사람이 하나님께 죄를 지어 하나님으로부터 분리되었기 때문입니다. 죄의 결과로 사람에게 모든 삶의 문제, 곧 질병, 고통, 허무, 무의미, 고독, 좌절과 죽음이 왔습니다.

"모든 사람이 죄를 범하였으매 하나님의 영광에 이르지 못하더니"(롬 3:23).

"죄의 삯은 사망이요"(롬 6:23)

3) 사람들은 인생의 문제를 해결하려고 선행, 고행, 과학, 철학, 종교 등 여러 방법으로 노력해왔지만 아무도 죄의 문제를 해결하지 못했습니다.

그렇다면 어떻게 이 죄의 문제를 해결할 수 있을까요? 오직 예수 그리스도만이 우리의 죄를 용서해주시고 영원한 생명과 삶의 행복을 주실 수 있는 유일한 분이십니다.

예수 그리스도는 우리의 죄를 대신하여 죽으시고, 부활하심으로 죄의 문제를 해결하셨습니다.

"그가 찔림은 우리의 허물을 인함이요 그가 상함은 우리의 죄악을 인함이라 그가 징계를 받으므로 우리가 평화를 누리고 그가 채찍에 맞으므로 우리가 나음을 입었도다"(사 53:5).

예수 그리스도를 통해서만 하나님께서 주시는 영원한 생명과 삶의 행복을 얻을 수 있습니다.

"다른 이로서는 구원을 얻을 수 없나니 천하 인간에 구원을 얻을 만한 다른 이름을 우리에게 주신 일이 없음이라"(행 4:12).

4) 그렇다면 어떻게 예수님과 관계를 맺어야 할까요? 당신이 예수 그리스도를 인정하고 당신의 주인으로 모셔 들이면 구원을 얻을 수 있습니다. 당신이 지금 예수 그리스도를 영접하면 인생의 모든 문제와 죽음에서 구원을 받고 영원한 하나님의 생명을 얻을 수 있습니다.

"영접하는 자 곧 그 이름을 믿는 자들에게는 하나님의 자녀가 되는 권세를 주셨으니"(요 1:12).

마음으로 믿고 입으로 시인하십시오.

"사람이 마음으로 믿어 의에 이르고, 입으로 시인하여 구원에 이르느니라"
(롬 10:10).
"누구든지 사람 앞에서 나를 시인하면 인자도 하나님의 사자들 앞에서 저
를 시인할 것이요"(눅 12:8).

기도하십시오.
"예수님, 저는 죄인입니다. 어디에서 와서 무엇 때문에 살며 어디로 가는지
알지 못하고 방황했습니다. 예수님의 보혈로 저를 씻어 주시고 저의 죄를
용서하여 주옵소서. 저를 위하여 죽으시고 저를 위하여 부활하신 예수님을
제 구주로 모셔 들입니다. 하나님은 나의 아버지가 되시고 나는 하나님의
자녀가 되었습니다. 지금부터 천국 갈 때까지 저를 인도하여 주옵소서, 저
를 구원하여 주시니 감사합니다. 예수님의 이름으로 기도합니다. 아멘."

• 편지나 쪽지

누가는 편지로 전도했다. 누가복음과 사도행전은 데오빌로에게 편
지로 전도한 내용을 담은 것이다. 「빙점」의 작가 미후라 아야꼬는 오
랜 병상생활을 하면서 매일 종이쪽지에 "예수를 믿으세요."라는 전도
문을 써서 창밖으로 던지곤 했다. 규장의 '사랑의 편지'도 우리에겐 널
리 알려진 편지전도 중 하나이다.

• 무릎전도

상대를 위해 기도한다. 상대가 보이지 않는다 할지라도 멀리 있는
그를 위해 기도한다.

• 섬김의 전도

봉사를 통한 섬김의 전도도 매우 좋은 방법이다. 인간이 필요로 하

는 것들 충족시키면서 확실하게 복음을 전할 때 전도의 효과가 크기 때문이다. 전도도 섬김으로 할 때 리더십이 발휘된다.

• 생활 전도

우리의 삶 전체가 전도가 되어야 한다. 우리의 삶 전제, 곧 우리의 일상이 복음전도의 기회여야 한다.

• 전화 전도

전화 전도는 텔레마케팅(tele-marketing) 전도라 한다. 훈련된 전문 요원이 필요하며, 전화방법에 따른 대화법에 익숙할 필요가 있다. 첫 번째 자기소개가 중요하고, 최대한 예의를 갖춘다. 어려운 질문은 하지 말고 단순하고 쉬운 것으로 하며 누구나 동감할 수 있는 것을 질문하고 대화한다. 대화는 가능성 있는 말로 긍정적으로 답변하고 상대의 말에 "좋은 생각입니다", "좋은 판단입니다"라며 칭찬을 아끼지 않는다. 마무리가 중요하며 다음에도 규칙적으로 전화할 수 있는 관계를 맺는 것이 좋다.

• 네트워킹 전도

네트워킹 전도는 친분관계를 이용해 전도하는 것으로 관계 전도라 하기도 한다. 당신에게 그물과 같은 친분관계나 사회조직망을 그려보고, 접촉 가능한 대상을 물색한다. 이 방법은 성경에서도 나타난다. 요한복음 1장에 따르면 세례 요한은 자신의 제자였던 안드레에게 예수님을 소개했고, 안드레는 그의 형제 시몬 베드로에게 인도했다. 이튿날 예수님은 빌립을 찾았는데 그는 안드레 및 베드로와 한동네 사람이었다. 빌립이 구세주를 만날 수 있었던 것은 친구 덕분이었다. 빌립은 즉시 친구 나다나엘을 찾아 예수께 데려옴으로써 네트워킹 원리를 적용했다. 기독교신앙은 하나님과의 관계를 맺는 것이다. 사람들을 그리스도께 인도하는 효과적인 방법은 바로 인간관계 전도법이다. 있는 그대로의 친분관계를 통해 혹은 새로 관계를 맺음으로써 전도하는 방법이 성경적이기도 하다.

이천수의 전도방법

2002 한·일 월드컵이 끝난 7월 21일 대표선수 이천수가 출석하는 울산시 J교회는 '가짜' 신도들로 북새통을 이뤘다. 월드컵 스타 이천수와 현영민을 보려는 소녀 팬들로 장사진을 이루었기 때문이다. 사건의 출발은 울산 김정남 감독으로부터 시작된다. 독실한 기독교 신자인 김 감독은 팀에 복귀한 두 명의 스타를 일요일마다 자신이 다니던 교회에 데리고 다녔다.

냉혹한 승부의 세계를 떠나 마음의 평정을 찾으라는 것이 김 감독의 목적이었다. 감독과 신앙생활을 하게 된 이천수는 경기마다 사인을 받으러 몰려드는 여학생 팬들에게 무심코 한마디 던졌다. "너희들도 교회 다녀라." 이후 구단 사무실 전화는 불이 났다. "천수 오빠가 다니는 교회가 어디냐"는 문의전화 때문이다. 구단을 통해 교회를 확인한 팬들은 다시 114에 전화를 걸어 교회 위치를 확인한 뒤 구름처럼 몰려갔다. 결국 J교회는 몰려드는 신도들을 보며 행복한 비명을 지를 수밖에 없었다.

이천수의 전도는 여기서 끝나지 않았다. 자신이 내뱉은 말 한마디의 위력을 실감한 이천수는 또 다른 모험을 했다. 소녀 팬들에게 "나에 대한 극성적인 응원은 싫다. 오빠가 바라는 것은 너희들이 공부를 열심히 하는 것이다"고 진심어린 충고를 했다. 약발은 곧 나타났다. 24일 울산 문수축구경기장에는 '아기천사 이천수'라는 조용하고 경건한 응원문구가 걸려 있을 뿐 광적인 응원은 없었다(크리스천 뉴스위크, 2002).

10. 전도는 인도와 다르다

전도는 인도와 차원이 다르다. 인도는 교회에 오게 하는 것이라면 전도는 교회에 오게 할 뿐 아니라 성경말씀을 지키게 하는 것까지 포함되어 있다. 인도가 사람을 교회로 인도해 등록을 시키는 것이라면 전도는 복음을 전할 뿐 아니라 그것이 삶 속에 완전히 뿌리 내릴 때까지 돌보는 것이다.

뿌리를 잘 내리려면 우선 새 신자를 위한 양육이 잘 되어야 한다. 아무리 전도를 많이 해서 사람들을 데려왔다 해도 그 사람들이 교회에 제대로 적응하지 못하고 가버린다면 무용지물이다. 따라서 교회는 새 신자 양육을 위해 전면적으로 변화해야 한다. 뿌리가 내려지면 전도를 받던 사람이 전도하는 사람으로 바뀌진다. 사람이 변화되고(변혁적 리더), 전도자로 변신되는(셀프 리더) 것이다.

11. 전도의 모빌리티

전도는 움직이는 것이다. 전도에는 항상 모빌리티(mobility)가 필요하다. 교회도 전도에 관심을 집중시킬 때 사명에 철저하고 살아 움직이는 교회가 된다. 윌로우 크릭교회는 믿지 않는 사람에게 관심을 크게 두고 성장해온 교회이다. 이 교회는 예배, 전도, 봉사, 교육, 교제 등 5가지에 20%씩 균등하게 시간과 노력을 배분하여 그 모든 요소가 조화롭게 발전하도록 했다. 나중에 살펴본 결과 전도가 제일 안 되었다. 그래서 비율을 수정해 전도에 40%를 투입하고 나머지를 균등하게 배분했다. 이것은 전도란 힘쓰지 않으면 안 된다는 것을 보여준다. 살아 움직이는 전도가 되기 위해서는 재정적 지원(실탄)이 필요하다. 교회는 전도비용을 할애하고, 이 금액이 전액 전도만을 위해 사용되도록 한다. 전도지를 만들고, 전도할 때 사용할 여러 비품을 전적으로 지원하기 위해 사용한다.

사랑의 교회에서 제시하는 전도자 십계명은 다음과 같다. 이것은 전도가 얼마만큼 모빌리티가 필요한가를 보여준다.

- 자신감: 전도는 누구나 할 수 있다는 자신감을 가진다(빌 4:13).
- 사명감: 모든 그리스도인은 전도자이어야 한다.
- 순종: 교회의 머리되신 주님의 최대명령은 전도이다(막 16:15).
- 관심: 당신 주변에 반드시 전도대상자가 있다.
- 정보수집: 전도대상자를 도울 관심사를 찾으라. 자녀, 질병, 불안, 직장 등
- 중보기도: 매일 그 영혼을 위해 1.1.1 기도를 한다. 식사 때마다.
- 접촉: 10번 접촉한다. 만나는 사랑, 띄우는 사랑, 베푸는 사랑
- 확신: 내가 작정한 영혼을 하나님이 구원하실 것을 확신한다.
- 초청: 반드시 새 생명 초빙축제에 모시고 온다.
- 축복: 하나님은 반드시 전도자를 축복하신다.

자신감을 키우는 방법

전도의 가장 큰 방해요소 가운데 하나는 자신감이 없다는 것이다. 다음은 자신감을 키우는 단계별 훈련 방법이다.
- 매일 전도쪽지 30장씩 대문에 붙이기 훈련: 일주일만 하고나면 전도에 대한 기본적인 자신감이 살아난다.
- 매일 전도지 30장씩 나누어주기 훈련: 210명을 접하게 된다. 처음 하기가 어렵지 한 번 입이 떨어지면 할 수 있다. 전도를 통해 성령이 함께하심을 느낄 수 있다.

- 이야기를 하며 전도지 나누어주기: 말없이 주는 것이 아니라 "예수 믿으시죠", "예수 믿으세요" 말하며 준다. 전도는 발이 먼저 가고, 손이 드려져야 하며, 입이 열리는 훈련이다.
- 전도지 나누어주며 한 사람 이상에게 복음제시하기: 열린 대화로 시작해 복음을 제시한다. 이러면서 내게 맞는 복음제시 유형을 개발하게 되고, 그 결과 놀라운 효과를 보게 된다.

전도의 모빌리티가 보다 효과적으로 나타나려면 교회든 개인이든 대내외적으로 모범이 되어야 한다. 시어머니가 며느리를 달달 볶으면 며느리는 결국 시어머니가 믿는 하나님을 믿지 않게 된다. 생활에 모범이 되지 않으면 전도가 되지 않는다. 바울은 "나를 본받으라."(고전 11:1)고 말한다. 이것은 그 자신이 생활에 모범이 되었기 때문이다. 그는 언제나 예수 그리스도를 닮는 생활을 했다. 우리가 쓰는 한마디 말과 행동에서 예수 그리스도가 나타나도록 해야 한다. 생활전도는 우리가 낮아질 때 가능하다. 자신을 비우신 주님처럼(빌 2:5).

쪽 믿음을 가졌을 경우 아내들이 남편에게 품고 있는 쓴 마음을 제거하고 남편의 구원을 위해 죽을 각오로 섬기며 봉사하고, 교회도 아내들과 공동 전략을 수립하여 남편에게 전도할 수 있는 공동 프로그램을 수립하는 것이 바람직하다.

남편 전도방법

가장 어려운 것이 집안사람, 특히 남편일 수 있다. 다음은 남편 전도를 위한 팁이다.

- 논쟁에서 지고 생활에서 이기라. 교회에 다닌다는 이유로 가정을 희생시키면 안 된다. 이 때문에 전도의 길이 막힐 수 있다.

- 자녀교육을 소중히 한다. 여기서 교육이란 일반교육보다는 신앙교육을 말한다. 자녀의 신앙교육을 통해서 남편도 감명을 받을 수 있다.
- 배우자의 나쁜 습관을 다른 사람 앞에서 문제 삼지 않는다. 계속 남편을 칭찬한다.
- 남편 앞에서 교회의 단점이나 문제점을 이야기하지 않는다.
- 자신의 흔들리는 신앙을 보여주지 않는다.
- 배우자의 구원을 위해 끊임없이 기도한다.

12. 갚으시는 하나님

"나와 및 복음을 위하여 집이나 형제나 자매나 어미나 아비나 자식이나 전토를 버린 자는 금세에 있어 집과 형제와 자매와 모친과 자식과 전토를 백배나 받되 핍박을 겸하여 받고 내세에 영생을 받지 못할 자가 없느니라."(막 10:29, 30).

바울은 복음을 전하다 식구들로부터 멀어지고, 사회적 명성도 잃고, 순교하게 되었다. 그러면 그가 받은 백배는 무엇인가? 백배는 상징적인 것이다. 꼭 수자적인 백배를 의미하지 않는다. 예수와 복음을 위해 치를 수 있는 희생을 포괄적으로 표현한 것이자, 희생하면 크든 작든 복을 주신다는 것을 포괄적으로 나타낸 말이다.

복음이 전파되는 곳마다 달라진다. 자유, 평등, 인간다운 삶이 펼쳐진다. 언더우드의 전도로 한국은 100배 이상의 축복을 받았다. 언더우드가는 4대에 걸쳐 한국을 위해 헌신했다. 그들이 한국을 떠나면서 마지막으로 한 말은 "다 주고 떠납니다."라는 것이었다. 전도자는 다 주고 떠나가는 자이다. 그 전도로 인해 나 자신뿐 아니라 내 이웃, 내 나라, 이 세계가 받을 엄청난 축복을 생각하라.

전도로 인해 자신에게 어떤 보상이 따르지 않았다 해도 실망할 것 없다. 우리는 이미 나 같은 죄인을 구원해주신 엄청난 복, 복 가운데 가장 큰 복을 받지 않았는가. 우리가 원하는 것은 세상적 보상이 아니다. 주님과 함께 누릴 영원한 복락이다. 그것이 너무 귀하기에 전도하고자 한다.

전도로 자신의 삶 모두를 드리고 싶어 했던 신앙의 선배들. 무엇이 이처럼 자기를 돌보지 않고 쇠붙이 같이 닳아 없어지는 삶을 살게 했을까. 그것은 주님을 사랑했기 때문이고, 그 주님을 전하지 않으면 견딜 수 없는 마음을 가졌기 때문이다. 주님을 위한 것이라면 견딜 수 없는 마음, 이 마음이 바로 전도자의 마음이다. 이 마음을 가진 자에게는 오늘도 하늘나라의 삶을 풍성히 누리게 하신다.

한국교회는 전도의 사명을 회복해야 한다. 그 사명을 잃으면 한국교회는 선진국형 교회로 전락될 것이며, 하나님은 새로운 밭으로 그 축을 옮기실 것이다. 촛대를 옮기시리라는 하나님의 경고를 가볍게 들어서는 안 된다. 교회는 은혜만 받는 곳이 아니다. 주님의 사명을 철저히 수행하는 하나님 나라의 전진기지이다. "기록된바 아름답도다 좋은 소식을 전하는 자들의 발이여 함과 같으니라."(롬 10:11-15)라는 말씀은 변함이 없다. "하루에 10명 이상 전도접촉하지 아니하면 식사를 하지 않겠다."는 한 전도자의 각오가 우리 속에 새로워져야 한다. 전도자는 리더이다. 하나님 나라의 리더가 되기 위해서는 무엇보다 자신에게 도전하라. 두려움을 떨치고 자기 밖으로 나가라. 도전하지 않으면 전도하지 못한다.

제 6 부

인간관계와 삶의 문제

제1장 그리스도인과 인간관계

1. 인간관계 때문에 면직되셨다?

생명의 기본은 사람이며, 그것은 사람들과 어떤 관계를 맺는가에 달려 있다. 우리의 성공, 성취, 행복은 인간관계를 얼마나 효과적으로 맺는가에 달려 있다. 교회에서 교회공동체의 결집력, 상호신뢰 관계망 구축, 사랑은 인간관계에서 비롯된다.

목회자들이 목회에서 실패하는 여러 이유 가운데 하나로 인간관계의 악화가 꼽힌다. 교묘한 수단, 가시 돋친 설교, 독재적인 스타일, 신뢰의 붕괴, 미숙한 감정표현 등으로 교인들의 반감을 살 수 있고, 교인들로부터 멀어질 수도 있다. 1988년에 실시한 미국 남침례교 조사에 따르면 18개월 동안 2,100명의 목회자들이 면직당했는데 이것은 매월 116명에 해당된다. 다른 교단도 예외가 아니다. 이 현상은 증가일로에 있다. 쫓겨난 목회자의 반수 이상이 다른 직종으로 옮겼는데 사직의 가장 큰 이유는 목회자와 평신도 지도자들 사이에 일어나는 인간관계 문제 때문이었다. 그러면 그리스도인의 인간관계법은 과연 무엇이어야 할까?

2. 인간관계를 통해서 하나님을 드러내라

그리스도인의 인간관계의 특징은 하나님을 기쁘시게 하는 데 있다. 일반사람들은 사람을 기쁘게 하는 것에 초점이 맞춰있지만 그리스도인은 다르다. 하나님을 기쁘시게 하면 자연 이웃 간의 관계도 회복될 수 있다. 우리의 태도가 근본적으로 달라지기 때문이다.

쉘던은 사람을 만나든가 사건을 만나면 "예수님이라면 어떻게 할 것인가?"를 생각하도록 가르친다. 예를 들어 신문사의 편집인은 폭력사건이나 담배광고를 싣지 않는다. 예수님이 편집인이라면 그렇게 하리라고 생각했기 때문이다. 재산도 내 것이 아니라 하나님의 것으로 간주하고 정직하게 관리해 나간다. 회사도 교회 같은 회사를 만들고자 한다.

사람을 대할 때도 진실하다. 바울은 어떤 경우라도 사람을 기쁘게 하기 위해 아첨의 말을 하지 아니했다(살전 2:4-6)고 말한다. 과장된 칭찬, 아첨은 그 가치를 떨어뜨린다. 그리스도인은 말을 통해서도, 모든 인간관계를 통해서 하나님을 드러내야 한다.

3. 먼저 이해하라

그리스도인은 '이해의 심리학'에 철저해야 한다. 하나님이 인간을 이해하지 않으셨다면 예수님을 이 땅에 보내지 않으셨을 것이고, 우리는 아직 어둠 가운데 있을 것이 확실하기 때문이다. 예수님도 이 땅에 오셔서 가난한 자, 억울함을 당한 자, 약한 자 편에 서시어 이해가 중요함을 몸소 보이셨다.

타골은 어느 날 하인 중 하나가 어디에 갔는지 알 수 없어 궁금했다. 정오가 지나도 보이지 않자 그에 대한 마음이 미움으로 바꿔지기 시작했다. 오후가 되었는데도 나타나지 않았다. 그래서 당장 해고하겠다는 마음으로까지 변했다. 기다리던 하인이 드디어 나타났다. 타골은 그를 보자마자 큰 소리로 "당장 꺼져. 넌 해고야"라며 분을 삭이지 못했다. 하인은 아무 말도 하지 않고 자기의 옷을 하나씩 가방에 챙겼다. 가방을 들고 문을 나서며 공손히 그동안 주인으로 섬겨왔던 타골에게 하직 인사를 했다. 그리곤 이 말을 했다.

"주인님, 저는 저의 사랑하는 딸을 잃었습니다. 오늘이 바로 장례를 치르는 날이었습니다. 그러나 주인님, 노여워 마십시오. 주인님이 그동안 저에게 보여준 사랑을 잊지 않겠습니다."

이 말을 듣자마자 타골은 크게 후회했다. 자초지종도 들어보지 못하고 소리치고, 해고한 자신이 초라해보였다.

고든 설리번은 미국 사령관 가운데 가장 예측력이 뛰어난 지휘관 가운데 한 사람이었다. 그는 미군이라는 조직을 변화시키기 위해 노력하는 가운데 이런 말을 했다(Sullivan & Harper, 1998). "부하들의 영혼을 이해하라, 그러면 거대한 조직도 변화의 물꼬를 틀 수 있다." 다산 정약용은 "사람들은 가마 타는 즐거움만 알지, 가마 메는 괴로움은 알지 못한다."(人知坐輿樂 不識肩輿苦)고 하였다.

인디언 속담에 "누군가를 평가하려면 먼저 그 사람의 신발을 신으라."는 말이 있다. 남의 신발을 신는다는 것은 그 사람의 처지에서 본다는 말이다. 상대방의 처지에 서 본다는 것은 상대방을 이해하는 데 대단히 중요하다. 지금 우리 사회는 악성 이기주의가 극단으로 치달으면서 대립과 갈등을 증폭시킨다. 상대와 처지를 바꿔 생각하는 역지사지(易地思之)의 정신이 사라지고 오로지 자기본위, 집단 및 지역주의가 판친다. 여당은 야당시절을 생각하고 야당은 자기들이 여당이었을 때를 돌아보아야 한다. 영호남은 과거 소외되고 핍박받던 시절을 돌이키면서 서로 껴안고 양보하여 지역화합을 도모하는 열린 자세가 중요하다. 사람은 자기본위의 욕망과 함께 남을 생각할 줄 아는 본성을 갖는 영장이다. 사악하고 탐욕스러운 욕망을 억제할 줄 모른다면 금수와 다를 바 없다. 그리스도인은 이해를 통해 자신을 경영하는 사람들이다.

4. 서로 축복하라

하나님은 창조하신 후 인간에게 제일 먼저 축복하셨다. 축복은 피
조물에 대한 하나님의 사랑의 방법이다. 우리도 하나님의 방법에 따라
서로 축복하는 삶을 살아야 가정에 사랑의 꽃이 피게 된다.

제사장은 "여호와는 네게 복을 주시고 너를 지키시기를 원하며 여호
와는 그 얼굴로 네게 비추사 은혜 베푸시기를 원하며 여호와는 그 얼
굴을 네게로 향하여 드사 평강 주시기를 원하노라"(민 6:24 - 26) 하며
하나님의 축복이 계속 이어지기를 기도했다. 백성을 위하여 축복(레
9:22)하는 것도 마찬가지다. 예수님도 축복하셨다. "축복하시고 명하
사"(막 8:7), "축복하실 때에 저희를 떠나"(눅 24:51)는 그 보기이다.

부모는 자녀를 축복한다. 청교도들은 부모가 자녀에 대해 선지자의
직책, 제사장의 직책, 왕의 직책 등 3가지 직책을 가졌다고 보았다. 선
지자의 직책은 자녀로 하여금 소망과 미래를 갖게 말하는 것이고, 제
사장의 직책은 자녀에게 영적으로 축복이 임하도록 하는 것이며, 왕의
직책은 믿음으로 다스리는 것을 말한다. 자녀에 대한 부모의 축복이
간과되어서는 안 된다. 에서는 복의 중요성을 간과하다가 크게 후회하
며 "내게도 그리 하소서"(창 27:34) 하며 대성통곡하였다. 때늦었지만
이삭은 에서도 축복했다(히 11:20).

축복은 중단되지 않는다. 아내도, 형제도, 부모도 축복한다. 아내를
축복하라. "그 아내에게 축복하여"(삼상 2:20). 아내를 축복하면 사랑
의 샘이 다시 솟는다. 형제가 형제를 축복한다. 라반과 브두엘이 리브
가에게 축복하였다(창 24:60). 자식이 부모를 축복한다. 잠언은 어미
를 축복하라(잠 30:11) 가르치고 있다.

성경은 축복을 의미하는 히브리어 '바라크'(barak)와 헬라어 '율로

게오'(eulogeo)를 풍성히 담고 있다. 후계자를 위해서도 축복한다. 여호수아는 갈렙을 위하여 축복한다(수 14:13). 백성이 왕을 위하여 축복한다(왕상 8:66). 야곱도 바로에게 축복했다(창 47:7). 이웃을 축복한다. "큰 소리로 그 이웃을 축복하며"(잠 27:14). 핍박하는 자를 축복하고(롬 12:14), 후욕을 당한즉 축복한다(고전 4:12). 떡을 떼기 전에 축복하고(마 26:26), 여호와의 이름으로 축복한다(시 129:8). 온전히 축복한다(민 23:11). 축복하는 입에서 미움과 저주의 말이 나오지 않게 된다. "어찌 한입에서 쓴물과 단물을 내리."

5. 주장보다 듣기에 힘쓰라

대화에 3:1의 원칙이 있다. 세 마디 듣고 한 마디 말하고, 삼 분 듣고 일 분만 말하며, 세 가지 듣고 한 가지만 말하라는 것으로 이 원칙은 "듣기는 속히 하고 말하기는 더디 하라"(약 1:19)는 말씀에 근거한 것이다. 하나님의 말씀은 속히 듣되 인간의 말은 더디 할 일이다.

남편은 아내에 비해 자기주장을 하기 일쑤다. 아내를 지배함으로써 남편으로서의 권위를 유지하고자 한다. 그러나 남편에게 있어서 필요한 것은 자기주장보다 상대방을 이해하고자 하는 태도이다. 의외로 부부 사이에 의사소통이 되지 않는 집안이 많은데 이것은 남편 또는 아내의 일방적 주장이 강하기 때문이다.

의사소통을 잘하기 위해서는 반드시 듣는 기술을 배워야 한다. 아무리 말을 잘한다 해도 듣지 않으면 그 노력은 수포로 돌아간다. 예수님은 "만일 들으면 네가 네 형제를 얻은 것이요"(마 18:15)라고 말씀하셨으며, 야고보도 "사람마다 듣기는 속히 하고 말하기는 더디 하며 성내기도 더디 하라"(약 1:19) 하였다. 여기서 듣기는 합리적인 것에 대해 개방적이어야 함을 말한다. 도를 행하는 자는 듣기를 잘해야 한다(약 1:22). 한국 사람은 특히 듣기 기술을 발전시킬 필요가 있다.

6. 말을 조심하라

필요한 말은 가장 적절할 때 해야 한다. 내가 절제하지 못하면 남을 죽이기도 한다. 무엇보다 혀를 긍정적으로 사용한다. 말은 권세가 있다. 저주하면 저주로, 축복하면 축복하는 대로 된다. 말에 권세가 있기 때문이다. 혀는 분명히 사용되어야 한다. 격려하기를 노력하라. 비판적인 말을 말하면 내 영도 함께 죽는다. 흔히 할 말을 다하면 스트레스를 푼다고 한다. 하지만 내 영은 더 곤고하고 괴롭다. 오히려 참고 인내하면 내 영혼이 산다.

야고보는 키(혀)를 잘 사용하라고 말한다(약 3:4). 키가 사공에 따라서 그 방향이 정해지듯 교회는 교역자와 지도자에 따라 교회의 방향이 달라진다. 교역자가 바뀌어야 성도가 바뀐다. 목회자는 성도(믿음의 자녀들)를 격노케 하지 말아야 한다. 바울은 너(믿음의 아들)를 낳았다 하였다(고 15). 부정적이 아니라 긍정적이어야 한다. 오순절 이후 바꾸신 것이 혀다(행 2:1). 성령의 사람은 혀를 바꾼다. 성령이 임할 때 우리가 예수를 주라 시인하듯(고전 12:3) 우리의 성령의 사람은 말이 달라야 한다.

사도시대에도 기도를 통한 험담행위가 있었다(갈 5:15). 우리가 흔히 "탈선한 형제를 위해 기도합시다. 죄 중에 빠진 형제를 위해 기도합시다. 남편의 무슨 잘못을 고치게 해 주세요" 등은 그 보기이다. 그러나 성경은 이러한 기도보다 직접 대화하도록 권하고 있다. "내 형제가 죄를 범하거든 가서 너와 그 사람과만 상대하여 권고하라 만일 들으면 네가 네 형제를 얻은 것이요"(마 18:15).

가급적 말을 적게 하라. 말이 많으면 허물을 면키 어렵기 때문이다(잠 10:19). 입술을 제어하는 자가 지혜가 있는 자이다. 지혜 있는 자는 말을 적게 한다. 남에게 도움이 되는 말만 한다. 미련한 자는 명철(하나님의 말씀을 이해하는 것)을 기뻐하지 아니하고, 자기의사를 드러내기를 기뻐한다(잠 18:2). 심중에 말하고 잠잠하라. 내 마음이 하나님의 영과 대화하도록 한다. 하고 싶은 말이 있다 해도 사람과 하지 말고 하나님과 대화하도록 노력하라. 그러면 그분이 도우신다(시 4:4).

유머도 필요하다. 유머에는 연상법과 발상역전법이 있다. 직설법보다 연상법을 사용해 간접적으로 표현하는 연습이 중요하다. 살벌한 상황이라 할지라도 전혀 예상 밖의 언어를 사용해 상대방을 웃게 만듦(발상역전)으로써 서먹한 분위기를 부드럽게 할 수 있다.

말씀에 집중하라. 사도행전 2장 42절을 보면 가르침, 교제, 떡을 뗌, 기도의 중요성을 강조했다. 교제는 말씀을 나누는 것을 의미한다. 떡을 떼는 것은 실천, 곧 믿음의 생활화, 말씀의 육신화(예수님을 드러내는 것), 육신의 말씀화(내가 말씀으로 달라지는 것)를 담고 있다.

7. 덕을 세우는 말을 하자

그리스도인은 말로서 날마다 영적 전쟁을 하고 치르고 있다. 그리스도인은 항상 덕을 세우는 데 소용되는 말을 할 필요가 있다(엡 4:29). 덕을 세우는 말을 들을 때 듣는 자가 은혜를 받고, 영적으로 승리할 수 있기 때문이다.

말을 다스리기 위해서는 먼저 생각을 다스려야 한다. 입에서 나오는 것은 마음에서 나오기 때문이다. 생각-마음-말은 서로 연결되어 있다. 생각이 뒤틀리면 사실을 지적한다고 하면서 '그런데, 그렇지만, 그러나'라는 말을 자주하기 시작하고, 우려감을 표명하는 차원에서 벗어나 비판, 비난, 증오로 이어나간다. 떠나가는 사람에게도 "나를 떠난다고. 어디 잘되는가 보자"라는 말을 해서는 안 된다. 상대의 영혼을 위해 기도하는 마음이 중요하다.

덕을 세우기 위해서는 자주 화내는 습관을 버려야 한다. 교회 안에서 한 번 화를 내면 성도들은 그 순간부터 그를 존경할 마음이 사라지게 된다. 자식들 앞에서도 마찬가지이다. 분을 억제한 냉정함 속에 지도해야 바른 자식교육을 할 수 있다.

덕을 세우기 위해서는 자기자랑을 삼가야 한다. 야고보서 3장 9-11절에 따르면 덕을 세우는 말은 자기를 자랑하지 않는 말임을 알 수 있다. 우리의 대화뿐 아니라 목회자의 설교에도 자기자랑, 자기교회자랑이 너무 많다. 자랑에는 '내가' 중심이다. 내가 교회를 크게 했고, 내가 교인 수를 늘렸다는 식이다. 교회가 내 자랑을 위한 수단이 되어서는 안 된다. 나는 빠지고 하나님을 앞세워야 한다. 나 중심이 아니라 하나님 중심이 되고, 하나님의 이름을 내고, 오직 하나님의 이름이 빛나야 한다. 잠언기자는 "네 입으로는 말라. 다른 사람으로 너를 칭찬케 하라"(잠 27:2) 말한다. 다른 사람이 자신을 칭찬하는 것은 몰라도 자신이 자기를 내세우는 것은 덕이 되지 못한다.

덕을 세우기 위해서는 상대를 존중해야 한다. 샘이 단물과 쓴물을 같이 낼 수 없듯이 한입에서 찬송과 저주가 나와서는 안 된다. 그리스도인의 입에서는 상대를 귀하게 보고 존중하는 소리가 나와야 한다. "진실한 질문은 진실한 대답을 낳는다." 프랜시스 쉐이퍼의 말이다. 우리가 덕을 세우는 말을 할 때 상대도 덕을 세우는 말로 응답한다. 그리스도인의 인간관계의 핵심요소는 사랑이다. 사랑은 자기 방식을

더 이상 고집하지 않는다(고전 13:5). 남편은 아내에게 순종을 강요할
수 없다. 순종할 수 있도록 사랑을 주어야 한다.

차창에 다음과 같은 글이 붙어 있었다. "'고맙습니다.' 하는 감사의
마음, '미안합니다.' 하는 반성의 마음, '덕분입니다.' 하는 겸허의 마음,
'그렇습니다.' 하는 유순의 마음." 이 글은 우리가 어떤 마음을 가져야
하는가를 일상의 필체로 가르쳐 주고 있다. 한 식당에는 식당가족의
심득사상이 이렇게 적혀 있었다. 앞의 내용과 매우 유사하지만 읽을
가치가 충분하다.

- "안녕하십니까?" 하는 밝고 명랑한 마음을 가집시다.
- "나 때문입니다." 하는 솔직하고 정직한 마음을 가집시다.
- "미안합니다." 하는 반성하는 마음을 가집시다.
- "제가 하겠습니다." 하는 적극적이고 솔선하는 자세를 가집시다.
- "감사합니다." 하는 진심으로 감사하는 마음을 가집시다.
- "당신 덕택에." 하는 겸허하고 겸손한 마음을 가집시다.

때로 우리는 어떤 마음을 가져야 하는가를 생각한다. 감사, 반성, 겸
허, 유순, 솔직, 솔선, 명랑, 적극 등 여러 가지를 들 수 있다. 우리의
일상 언어 속에 이 같은 표현이 담겨 있다는 것은 매우 바람직한 일이
다. 이런 마음을 일상에서 나타내야 한다. 진리는 그만큼 가까운 곳에
있다. 그리스도인은 이런 마음가짐을 생활화해야 할 책임 있는 존재들
이다. '고맙습니다', '미안합니다', '덕분입니다', '그렇습니다', '나 때문입
니다', '제가 하겠습니다' 이 얼마나 아름다운 마음, 천국언어들인가.

8. 인격살인을 하지 말라

꾸짖되 인격을 살인하지 말라. 사람은 누구나 자신의 인격을 지키고자 한다. 인격이 모독을 당하면 인간관계는 회복되기 어렵다. 상대가 쓴 뿌리를 간직하여 나와의 관계에서 해독으로 작용할 수도 있다(히 12:15).

모독은 대부분 인신 공격적이다. "당신은 예의의 예자도 모른다.", "당신은 당신 아버지를 닮아 뒷정리를 못한다.", "당신은 수다쟁이야." 습관적으로 남을 무안하게 만드는 사람은 말로 한 방 먹이는 일로 잠시 쾌감을 맛볼지 모르나 인신모독에 대한 갚아야 하는 힘든 작업이 필요하다. 주님께서도 "형제를 대하여 라가라 하는 자는 공회에 잡히게 되고 미련한 놈이라 하는 자는 지옥 불에 들어가게 되리라"(마 5:22) 하셨다. 진정으로 좋은 관계를 갖고자 한다면 인신공격과 모독행위를 중단해야 한다.

분노를 나타낼 때도 마찬가지다. 목사님이 분노에 대해서 설교를 했다. 예배가 끝나자 어떤 부인이 목사님께 다가가 이렇게 말했다. "목사님, 저는 작은 일에 가끔 폭발하지만, 금방 풀어버리고 뒤가 없습니다. 일 분도 안 걸려 그 자리에서 다 툭툭 털어 버리고 끝납니다." 목사님이 그 부인의 눈을 들여다보면서 정중히 말했다. "엽총도 그렇습니다. 한 방이면 끝나지요. 오래 안 걸립니다. 그러나 한 방만 쏘아도 그 결과는 엄청납니다. 다 박살나지요." 인격이 살인된 후 남는 것이 무엇일까?

9. 약자를 생각하라

　인간관계에 있어서 특징적으로 나타나는 것이 강자에게는 약하고, 약자에게는 강한 모습이다. 상사가 부하를 못살게 구는 상당수의 경우가 이에 해당한다. 자기는 하지 않고 모든 일을 부하에게 떠맡기고 결과만 기다리는 상사, 부하를 종처럼 다루는 상사, 상사는 부하에게 모질게 해도 된다고 생각하는 상사, 보기는 많다.

　학자들의 주장에 따르면 로드니 킹 사건으로 촉발된 LA 흑인폭동 사건 때 유독 한국인 상점들이 많이 당한 것도 다 이러한 이유 때문이다. 평소 한국인들의 생각과 행동에는 백인지향적이다. 백인에게는 상전 모시듯이 잘 대하면서도 흑인에게는 그렇지 않았다. 무시 내지 멸시를 다반사로 한다. 이따금 흑인들에 대한 한인들의 태도가 문제가 될 것이라는 지적도 있었다. 그러나 교포들은 주목하지 않았다. 한인교포들은 흑인을 대상으로 장사를 하면서도 흑인들을 차별하고, 돈을 벌어서 흑인을 위해 사용하기보다 좋은 차, 좋은 집을 사서 거들먹거리는 데 바빴다. 그래서 흑인들은 백인 경찰들에게 맞고서도 그 화풀이의 화살을 한국인들에게 돌렸다. 제이커브 현상이 나타난 것이다. 평소 한인들에 대한 아니꼬움이 축적되어 오던 중 참을 수 없는 한계점에서 드디어 폭발한 것이다. 물론 한인들이 장사를 많이 하기 때문에 그리된 것뿐이라고 말할 수도 있다. 그러나 한인들에 대한 흑인들의 반감은 그 사건 이전에도 자주 나타났었다는 사실을 잊어서는 안 된다.

　미국의 주요 도시에서 "한국인은 한국으로 돌아가라", "한국인이 경영하는 상점을 이용하지 말자" 등으로부터 시작해서 듣기에도 거북한 말들이 구호로 나붙었다. LA 사건 이후 흑인폭동 사건이 미국전역에 퍼져 한국인 상점에 대한 대대적인 보복이 있지 않을까 하는 우려마저 나온 것은 결코 우연이 아니다. 그만큼 한국인들은 흑인들에 대해 잘못했다. 히틀러가 유대인을 6백만이나 죽일 수 있었던 것은 독일 국민들이 상권을 쥐고 거들먹거리는 유대인에 대한 증오감이 컸기 때문이다. 히틀러는 다만 그것을 이용한 것뿐이다. 그는 이 증오심을 이용하여 흩어진 독일국민의 마음을 한데 모을 수 있었다. 우리는 이 역사적 교훈을 잊어서는 안 된다.

2차세계대전 당시 일본이 중국을 지배했을 때 중국에서 가장 친일적인 행세를 하며 중국인을 못살게 한 사람들이 바로 한국인들이었다. 그래서 해방이 되자 중국인들은 패퇴하는 일본인보다 한국 사람을 더 미워했다. 비록 일본인들은 잔인했지만 지배자로서 그럴 만한 이유가 있었다. 하지만 같은 피압박 민족인 한국인들이 중국 땅에서 일본인의 주구가 되어 일본인보다 더 중국인들을 못살게 한 것은 용서할 수 없다는 것이다. 당시 상당수 한국인들이 강자에게는 약하고, 약자에게는 강한 모습을 그대로 입증한 것이다.

지금 한국의 여러 기업들이 저개발국가에 진출해 있다. 학자들이 염려하는 것은 강자에게는 약하고, 약자에게는 강한 잘못된 모습들이 다시금 나타나지 않을까 하는 것이다. 안에서 새는 바가지가 밖에 나가서 새지 않는다는 보장이 없기 때문이다. 우리는 1970년대 이른바 종속이론이다, 해방신학이다, 민중신학이다 하면서 경제적, 정치적 중심세력을 향해 "비인도적인 착취를 중단하라"고 집중적으로 비난의 화살을 퍼부었다. 이제 우리 기업이 진출해 있는 국가들로부터 거꾸로 우리가 퍼부었던 비난의 화살을 모조리 받게 되는 역현상의 조짐이 조금씩 나타나고 있다.

이러한 현상은 기업들 사이에서도 그대로 나타나고 있다. 한국의 기업들은 강자에 대해서는 비굴할 정도로 약한 면모를 보이면서도 약자에 대해서는 자기의 위세를 지나칠 정도로 과시하고자 한다. 한국의 기업가들은 대부분 그동안 정치 권력가들에게 아주 나약했다. 잘못보이면 자금줄이 끊어진다는 위기의식 때문이다. 그러면서도 중소 하청업자들에 대해서는 무자비한 태도를 보였다. 금방 결제해야 할 것도 기한이 6개월이나 1년이 넘는 약속 어음을 끊어준다. 그것도 아주 생색을 내면서. 하청업자들은 그것도 감수해야 한다.

이러한 현상은 한 조직 안에서도 나타난다. 힘 있는 부서의 상사는 그렇지 못한 부서의 장이나 부원들을 백안시하면서 자기 마음대로 일을 추진한다. 봉급이나 승진도 이것의 세력관계에 의해서 결정된다. 능력보다 배경이, 합리성보다 힘이 더 지배한다.

교회라고 예외는 아니다. 세상과는 전혀 다른 모습을 보여야 할 교회가 세상보다 더 악랄한 방법으로 강자에게는 약하고, 약자에게는 강한 모습을 보이고 오히려 그것을 과시하고 있다. 이러한 모습은 대교회가 약한 교회들에 대해서, 당회장들이 부교역자들에 대해서, 이사회가 신학교 교수들에 대해서 등등 헤아릴 수 없이 많다. 교회 안에서마저 이렇듯 눌린 자, 억압받는 자가 발생한다는 것은 있을 수 없다. 그것은 하나님 나라의 모습이 아니기 때문이다.

일하는 곳이 어디든 사람을 공평히 대하고, 바르게 대하며, 나보다 그들의 입장에 서서 대하는 일이 중요하다. 이러한 태도는 그리스도인으로서 마땅히 가져야 할 태도이다. 우리가 그리스도의 사랑을 가지고 사람들을 대한다면 이 문제는 해결될 것이다. 그리스도인이 된다는 것은 단지 교회에 얼마나 출석하느냐, 연보를 얼마나 내느냐에 있지 않다. 얼마만큼 주님의 말씀대로 살아가느냐 하는 데에 있다. 강자에 대해서 약하고, 약자에 대해서 강한 모습이 아니라 강자에 대해서는 더 강한 담대함과 약자에 대해서는 더 약한 겸손의 모습을 보여주어야 한다. 그리스도인이나 크리스천 기업인들은 자기의 강함을 과시할 것이 아니라 오히려 약한 자를 도와주는 사람이 되어야 한다.

10. 기도하라

우리는 말이나 생각으로 순간순간 사람을 죽인다. 그러므로 말씀에 집중하고, 기도에 전념하지 않으면 안 된다. 영적으로 준비가 되어 있던 안 되어 있던 사단은 우리를 공격한다. 상대를 위해 기도하라.

무익한 기도가 되지 않도록 한다. 기도한다고 하지만 잡동사니 생각이 끼어들어 기도를 방해한다. 그 생각 속에는 자기의 마음속에서 일어나는 생각, 하나님으로부터 오는 생각, 마귀로부터 오는 생각 등 세 가지 종류의 생각이 있다. 하나님으로부터 오는 생각이라면 다행이지만 다른 생각이라면 문제가 크다. 우리의 기도 속에서도 영적 전쟁이 일어나고 있는 것이다. 심지어 잔소리도 많아진다. 중언부언이 바로 이에 속한다. 성경은 이를 가리켜 무익한 말(empty word)이라 한다(마 2:36-37).

기도에는 여러 종류가 있지만 크게 구하는 기도와 침묵하는 기도로 나뉜다. 전도서 3장 7절을 보면 말할 때가 있고 잠잠할 때가 있다. 몇 시간이고 달라고만 하는 일방적 기도는 구하는 기도의 모습이다. 이에 반해 침묵하는 기도는 세미한 음성을 듣는 기도이다. 침묵기도를 할 때는 하나님이 말씀하시도록 해야 한다. 고로 10분 기도하면 10분 침묵기도로 하나님의 음성을 들을 수 있어야 한다.

기도는 무조건 빨리 그리고 많이 아뢰는 것이 능사가 아니다. 하나님과의 관계에 깊이 들어가는 것이 중요하다. 이를 위해 스가랴 선지자는 하나님의 음성을 듣기 위해 잠잠해야 한다(슥 2:13)고 말한다.

우리가 잠잠해야 여호와께서 응답하기 위해 일어나신다. 우리가 침묵할 때 하나님의 음성을 들을 수 있다. 그래서 침묵이 중요하다. 침묵 속에서 하나님의 뜻을 분별하고 하나님의 음성을 듣는다. 상대의 말을 듣고 반응하는 것이 대화이듯 기도도 하나님과의 대화라는 것을 잊어서는 안 된다.

침묵하지 않으면 인격의 변화가 없다. 우리가 하나님께 말만 하고, 그분의 말씀을 듣지 않는다면 우리는 얼마나 고집이 센 사람들인가. 이젠 막무가내 신앙을 벗어나야 한다. 침묵의 기도를 하면 할수록 인격이 변한다. 기도의 사람은 말도 달라진다. 자기중심에서 벗어나 하나님 중심으로 말하는 패턴을 바꾼다. 패러다임의 전환이다. "내가 한다." 하면 안 된다. 그때 하나님은 침묵하실 수밖에 없다. 내가 아니라 하나님께서 나를 통하여 일하시도록 해야 한다. 나를 통하여 하나님의 뜻이 이루어져야 한다. 주님과 영으로 대화하는 사람은 영혼을 살리는 데 언어를 사용한다. 내가 침묵하고 하나님이 말씀하실 때 우리 안에 주의 평안이 넘친다. 그때 우리는 주의 뜻에 따라 이것도 하고 저것도 할 수 있다(약 4:13 - 16).

기도하지 않으면 하나님께서 주신 나의 영이 죽어간다. 하나님의 영이 죽으면 사단만 좋을 뿐이다. 영을 소생시키고 죽이는 것은 내게 달려 있다. 하나님은 우리에게 은혜를 주시고자 한다. 그러나 우리가 받기를 거부한다면 풍성한 삶을 살 수 없을 것이다.

11. 스킨십에 인색하지 말라

인간관계에서 몸으로 나타내는 언어(body language)도 매우 중요하다. 손잡음, 포옹, 입맞춤 등 몸으로 나타내는 언어는 행복한 분위기를 만드는 효과적인 언어이다. 반면에 한숨, 중얼거림, 손가락질, 필요 이상의 억센 동작 등은 행복을 깨뜨리는 동작언어이다. 부부간의 포옹이나 스킨십 등도 효과적인 대화방법이며 부부가 잠자기 전에 손잡고 드리는 기도야말로 가장 훌륭한 대화의 방법이다.

성경에 스킨십을 뜻하는 단어로 '만지다'가 있다. 히브리어로 '나가'(naga)라 하고, 헬라어로는 '할토'(halto)라 한다. 여호와는 땅을 만져 녹게(암 9:5) 했고, 다니엘을 어루만져 일으키셨다(단 8:18). 예수님이 그의 손을 만지시니 열병이 나았고(마 8:15), 저희 눈을 만지실 때(마 9:29) 나았다. 귀를 만져 낫게 하시었다(눅 22:51). 주님은 어린아이를 만지셨고, 사람들은 주님을 만지고자 했다(막 3:19). 뒤로 와서 옷 가를 만져도(마 9:20) 기적이 일어났다. 온 무리가 예수를 만지려 하기도 했다(눅 6:19). 예수님은 부활 후 제자들에게 "나를 만져보라"(눅 24:39) 하셨다. 신약의 성도들은 거룩한 입맞춤(holy kiss)으로 서로를 격려했다. 지금으로는 악수에 해당한다. 스킨십이 중요하다 해도 규모 없이 행해서는 안 된다.

스킨십이 모두는 아니다. 부부의 사랑은 얼마만큼 서로 스킨십을 했느냐(touch) 하는 것으로 측정되지 않고 얼마만큼 자주 마음의 접촉을 했느냐(reach) 하는 것으로 측정된다.

12. 언제나 주님을 닮자

그리스도인의 멘토는 예수님이다. 예수님은 우리의 영원한 멘토시다. 그리스도를 닮는 삶이 우리가 지향해야 할 목표지점이다. 목회자들이 성도를 향해 "여러분 나를 닮지 말고 주님을 닮으십시오."라는 말을 하곤 한다. 자신을 낮추는 말이라는 점에서 이해가 되지만 가급

적 이런 말을 해서는 안 된다. "저는 부족하지만 늘 주님을 따라 살려
고 노력하고 있습니다. 그러니 여러분들도 저를 따라 주님을 닮기 원
합니다."라고 바른 말이 될 것이다. 목회자가 그런 삶을 살려 한다는
것을 보일 때 교인들도 용기를 갖게 된다.

제2장 상담? 성령의 말씀에 귀 기울이라

1. 그리스도인도 때론 상담이 필요하다

"말씀드릴 것이 있습니다. 와 주십시오." 저녁 늦게 여성도로부터 심방을 부탁하는 전화를 받았다고 치자. 여러분은 어떻게 하겠는가? "못 가겠습니다"라고 말할 수도 있다. 그러나 아담스는 이렇게 권고한다. 우선 "가겠습니다."라고 대답한 뒤 장로에게 전화를 걸어 일어난 일을 간단히 알리고 "도중에 들릴 테니 같이 가십시다."라고 말한다. 두 사람은 가능한 빨리 그 집에 도착해야 한다(아담스, 269).

그리스도인에게도 문제는 발생한다. 관계가 꼬이고 문제가 발생하면 상담에 이를 수 있다. 대화로도 해결되는 문제라면 크게 문제랄 것도 없다. 정도가 심할 경우 상담이 하나의 대안일 수 있다.

상담에는 여러 접근방법이 있다. 일반적으로는 정신분석, 행동주의, 게쉬탈트, 인간주의 심리학 등 여러 사회심리학적 방법을 사용하지만 기독교의 경우 이러한 접근 이외에도 종교적인 접근을 택한다는 점에서 차이가 있다.

정신역동적 접근(pschodynamic approach)은 무의식에 초점을 맞춘 것이다. 무의식의 역동성을 중시한다. 통찰력 중심의 치료법(insight-oriented therapy)을 사용한다. 통찰력은 앎(knowing)의 방법이다. 융은 분석을 통해 그리고 호나나 아들러 등은 자아에 대한 인식의 방법을 사용한다. 행위지향적 접근(behavioral approach)은 앎보다는 행위(doing)에 초점을 맞춘다. 행위치료(behavior therapy)를 사용한다. 스키너나 밴듀라의 방법, 합리적 행동요법인 거래분석(TA)도 이에 속한다. 경험적 관계 지향적 접근(empirical/relationship-oriented approach)은 인간 주의심리학에 취하는 방법으로 존재(being)에 관심을 둔다. 로저스의 내담자중심 치료법, 프랭클의 의미치료, 펄즈의 게쉬탈트 치료법 등이 이에 속한다. 이 방법은 관계중심의 치료법(relationship-oriented therapy)에 속한다. 종교적 접근의 경우 칼슨(D. Carlson)은 예언자적 상담과 제사장적 상담 모두를 강조한다. 예언자적 상담이란 잘못된 것을 꾸짖는 것을 말하며, 제사장적 상담은 위로하는 것을 말한다. 잘못된 것은 꾸짖고 또 사랑으로 엮는 작업이 함께 이뤄져야 한다는 것이다.

상 담

종 류	초 점	치료법	주창자
정신역학	앎, 무의식	통찰중심	융, 호니, 아들러
행동주의	행 위	행동치료	스키너, 밴듀라
경험, 관계적	존 재	관계중심	로저스, 프랭클, 펄즈, 매슬로우
종교적	정의, 사랑	질책과 위로	아담스, 크랩, 메이, 콜린즈

기독교 상담과 일반 상담이 구체적으로 어떤 차이를 보이는가? 인간은 변화를 받을 필요가 있다. 정신분석적 상담은 자기 행동에 대한 책임을 묻기보다 무의식의 작용에 관심을 둔다. 그러나 기독교는 인간은 변화를 받을 필요가 있는 죄인임을 확실히 한다. 변화되기 위해 성령님의 도우심이 필요하다. 로저스와 같은 인간주의적 상담자들은 인간이 스스로 변화의 주체임을 강조한다. 그러나 기독교는 다르다. 변화되기 위해 인간은 성령의 능력 안에서 믿음으로 상담을 받을 것을 강조한다. 변화를 통해 하나님의 형상을 회복한다. 행동주의적 상담에

따르면 인간은 다른 동물과 다름이 없다. 그러나 기독교는 다르다. 모
든 사람은 하나님의 형상으로 지어졌다. 따라서 상담을 통해 설득하고
변화를 받아 잃어버린 그 형상을 회복하도록 한다.

상담과 변화

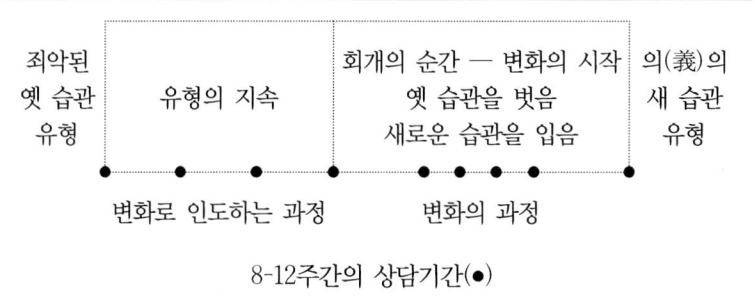

출처: Adams, 194쪽.

2. 문제가 발생할 때 어떻게 할까?

먼저 그리스도를 생각한다. 이 기회를 통해서 어떻게 함으로 그를 섬
길 수 있고 영화롭게 할 수 있을까 스스로 물어본다. 이런 생각을 하면
문제에 대한 적절한 방법을 생각할 수 있다. 나아가 그리스도의 지혜와
능력을 구한다. 기도하면서 성경을 연구할 때 그 문제에 있는 하나님의
뜻을 확신하게 된다. 그리스도는 그의 말씀 속에 문제에 대한 해결책을
갖고 계시며 성령을 통해서 그 해결책을 실천할 수 있는 능력을 주신다.
그리고 목회자의 도움을 구한다. 한두 단계에서 계속할 수 없을 때 목
회자의 도움을 구한다. 상담이나 그 후의 상담의 진행이 잇따르게 될
것이다. 교회의 사역에 참여한다. 특별한 종류의 도움을 위해 목회자의
제안에 따라 다른 신자들과의 상호활동이 이루어질 수 있다.

3. 여성 상담을 할 때 주의하라

아담스는 목회자가 여성도를 상담할 때 다음 사항에 유의하도록 한다(Adams, 267－268).

- 항상 남편과 함께 오도록 한다.
- 자신에게 온당치 못한 관심을 가지고 있다고 생각되는 여성을 혼자서 상담해서는 안 된다. 그런 경우 항상 장로를 청하여 팀 상담을 하도록 한다. 여기에 대해 어떤 설명을 할 필요도 없다. 만일 질문을 받는다면 간단하게 상담정책의 문제라고 말한다.
- 어떤 이유, 예를 들어 장로가 알아서는 안 될 일 때문에 미혼여성이나 부인이 홀로 상담을 받지 않으면 안 될 경우 비서로 하여금(그런 경우 잠시 도움을 청해야 한다면) 옆방 응접실에 있도록 한다. 만일 교회의 방들이 적절하게 배치되어 있지 않다면 그 상황에 맞는 새로운 장소를 생각한다. 은비서가 그 시간에 근무하는 방과 연결된 다른 방에서 상담을 할 수 있다. 항상 교회서재에서 상담해야지 피상담자의 집에서 상담하는 것은 금물이다.
- 상담의 주가 되는 문제를 주의 깊게 다루어 나간다. 성적인 문제를 다루어야 할 때는 남편이나 다른 사역자 또는 장로를 참석시키는 것이 필요하다. 어떻게 상담을 진행시키느냐가 아주 중요하다. 이때는 의사가 진료 때 흰옷을 입는 것과 마찬가지다. 감정적으로 고민하는 말투나 예화가 아니라 실질적으로 말해야 할 것을 말하게 하고 불필요한 것은 자세히 말하지 않게 한다. 이야기가 횡설수설하기 시작할 때는 즉시로 상담을 끝낸다.
- 옷, 머리, 스타일 등 개인적인 모든 언급을 피한다. 그와 같은 말

들은 쉽게 로맨틱하거나 성적인 진전으로 오해될 수 있다.

• 요셉과 보디발의 아내를 기억한다. 그와 같은 시험에서 보호해 주시도록 정규적으로 하나님께 기도한다.

4. 조그만 것에도 관심을 가지라

기독교상담자는 청소년, 장년, 노년 등 여러 연령층에 대해 폭넓은 관심을 기울일 필요가 있다. 어떤 세대든 조그만 것이라 지나치지 말고 미세한 움직임에도 관심을 가지는 것이 바람직하다.

최근에는 그동안 간과되어 왔던 중년층에 대한 관심이 높아지고 있다. 성경은 중년에 대해 3번 언급하고 있다(시편 102:23-24). 중년은 인생의 가을에 해당한다. 제2의 사춘기로 사추기라 불린다. 사춘기에 정체성혼란을 갖듯 사추기에도 정체성혼란을 갖는다. 성인이면서도 아이와 같다 하여 성인아(成人兒)라 하기도 한다. 이 시기에는 신체의 급격한 변화를 경험한다. 뱃살이 늘어나고 시력이 나빠진다. 감정의 변화가 생긴다. 얻은 것도 없다 생각하고 좌절과 허무감을 경험한다. 가정과 직장에서의 스트레스도 쌓인다. 신세대와 쉰 세대 사이에 낀 세대라며 샌드위치 감정을 가진다. 자녀들이 떠남으로 인해 빈 둥지 위기를 느낀다. 성의 혼란도 일어나 남자는 변강쇠 콤플렉스에 빠지고, 잃어버린 힘(젊음)의 회복을 위해 성적 에너지에 관심을 쏟기도 한다. 상담자는 이런 변화를 인식하고 그들의 아픔을 이해하고 도와줄 필요가 있다.

5. 성령의 말씀에 귀를 기울이라

상담은 단지 내담자의 말을 듣고 처방하는 일로 그치는 것이 아니다. 그리스도인은 상담과정을 통해 성령의 말씀하시는 것을 듣는 태도가 필요하다. 성령의 인도가 해답이 될 수 있기 때문이다.

후안 카를로스 오르티즈 목사는 "우리 안에 거하시는 성령님의 말씀대로 행하면 사실상 상담이 필요 없다."고 말한다. 하루는 한 여성이 찾아와 상담을 하기 원했다. 내용인즉 "중절수술을 해야 하는지 하지 말아야 하는지요."였다. 목사님은 "성도님 안에 계시는 성령님이 뭐라고 말씀하시는가요?"라고 물었다. "그야 하지 말라시지요." 목사님은 말했다. "그것이 바로 정답입니다. 상담이 다 된 것 같군요."

제3장 성이 문제가 될 때

양치기 청년 안키세스에 반한 여신 아프로디테는 처녀로 변장해 안키세스와 사랑을 나눈 후 "누군가 아이 어머니를 묻거든 숲에 사는 꽃 같은 요정이라고 답해야 한다."고 일러준다. 이 신화에서 성의 파트너는 인간 이상의 존재라는 암시를 읽는다(무어, 1999). 마찬가지로 사랑을 할 때 서로의 상대는 '보통 이상의 존재'로 변신한다.

포스트모더니즘 철학자들의 성에 관한 묘사를 보면 다소 엉뚱한 데가 있다. 라캉은 인간의 발기기관을 '루트 −1'과 동일시하고, 이리가레이는 아인슈타인의 E＝MC2를 성에 관한 방정식으로 해석한다. 어려운 과학용어로 성을 어떤 미묘한 힘을 가진 것으로 묘사하고 있는 것이다. 그러나 포스트모던 사회는 성에 대한 신비나 순결함을 무서운 속도로 해체시키고 있다. 이것은 단지 육체적 성에 대한 해체에 국한되지 않고 우리 정신의 해체, 사회의 해체까지 몰고 와 문제가 되고 있다.

불교가 인도에서 쫓겨난 이유는 무엇일까? 일부주장에 따르면 불교가 타락해서 성을 숭배했기 때문이다. 특히 티베트불교는 성숭배불교로 이 종교가 몽고로 가서 칭기즈칸의 몽고족이 성병으로 망했다는 설도 있다. 종교가 성에 대해 거룩하지 못하면 사회가 어떻게 되는가를 보여준다.

1. 그리스도인이기 때문에 성과 멀어져야 하는가?

성에 대한 그리스도인의 생각은 때로 이중적이다. 좋은 것이기도 하고 나쁜 것이기도 하다. 그래서 성에 대한 오해와 편견도 자주 본다.

예를 들어 마음속에 있는 성욕과 싸우는 것도 죄라고 생각하는 오해다. 마음속에 있는 성욕과 싸우는 것은 죄가 아니다. 그렇게 하는 것은 신앙이 약한 탓도 아니다. 자연적인 것이다. 사람이 완전히 성숙되면 성욕은 느끼지 않는 생각도 잘못된 것이다. 어떤 사람은 자기가 완전하게 성숙하면 성욕조차 느끼지 않을 것으로 생각하지만 그것은 죽은 후에나 가능하다. 살아 있는 육체를 가지고 있는 한 성욕은 죽지 않는다. 성은 더러운 것으로 영성을 흐리게 한다는 생각도 잘못이다. 성은 하나님이 주신 선물이다. 결혼 안에서 맛볼 수 있는 만족과 즐거움은 당연히 누릴 수 있는 권리이다. 영적인 충만이 강해질수록 성의 신비로움을 느끼는 정도도 깊어진다. 성은 영성의 적이 아니고 친구다.

그러면 그리스도인에게 있어서 성은 무엇인가? 세속적 세계관에서 볼 때 성은 즐기는 것이지만 기독교 세계관에서 볼 때 성은 자신을 드리는 헌신의 사건이다(추부길과 김정희, 290). 따라서 성에 대해서도 적극적인 관점을 가질 필요가 있다.

성에 대한 세계관의 차이

기독교 세계관	세속적 세계관
성관계는 결혼을 통해서만 이루어짐	욕구를 채우기 위해 경계선 없이 성에 탐닉함
영적인 면을 비롯하여 여러 면을 고려	물리적 행동이나 보살핌의 관계 속에서 봄
한 배우자에 대한 사랑과 헌신	성을 욕구충족의 도구로 간주
성은 섬기는 것(자기희생)	성은 즐기는 것(자기 탐닉)

무엇보다 성을 나쁘고 더럽다고 생각하는 것에서 벗어나야 한다. 성에 대한 부정적인 생각, 우리의 잘못된 금기를 깨뜨리고 성은 하나

님이 우리에게 주신 귀한 선물이라는 적극적인 생각을 가진다. 하나님이 주신 선물이라 해서 부도덕하게 사용되는 것까지 허용되는 것은 아니다. 결혼이라는 테두리 안에서 사용될 때만 거룩하고 선하다. 자신의 몸에 대한 권리를 배우자에게 부여한 것은 이 때문이다. 성은 목적을 위한 수단이지 목적 그 자체가 아니다. 성을 사용함으로써 하나님을 더욱 사랑하고 가정의 평화를 이루게 해야 한다.

성경이 금하는 성행위는 여러 가지다. 음행으로 간주되는 것으로는 간음(마 5:32), 혼외정사(고전 7:2;살전 4:3), 창녀와의 성교(고전6:13), 계모와의 동침(고전 5:1) 등이 그 보기이다. 간음은 결혼하지 않은 사람과 동침하는 것(마 5:28)을 의미한다. 동성연애(레 18:22;20:13; 롬 1:27; 고전 6:9), 불순과 방탕, 혼음, 성매매, 음담패설(엡 4:29;5:4), 근친상간(레 18:7 – 18;20:11 – 21) 모두에 대해 엄한 경고를 하고 있다. 불순과 방탕은 처녀성을 잃어버리거나 세속적 또는 이방인의 생활양식에 따라 살게 됨으로써 더렵혀지는 것을 말한다(고후 7:1; 계 22:11). 혼음은 다른 부부들과의 혼음을, 매춘은 성을 위해 돈을 지불하는 것을 말한다. 성경은 성에 대해 매우 엄격함을 보여준다. 이에 따라 빅토리아시대 정신병원에서는 환자들의 자위행위를 막기 위해 기구를 고안하기까지 했다.

2. 혼전 계약결혼과 혼전 순결운동

프랑스에서는 혼전 동거가 다섯 쌍 가운데 한 쌍이라 할 만큼 흔하다. 따라서 법적인 결혼 없이 살면서 결혼했을 때와 같은 권리 의무를 보장받다가 이혼절차 없이 갈라서는 계약 동거제도를 합법화했다. 프랑스 집권사회당을 비롯해 좌파연합이 발의한 시민연대협약(PACS)

이 프랑스의회를 통과한 것이다. PACS는 전통적 결혼이 아닌 모든 형태의 결합관계의 계약을 의미하는 것으로 결혼식을 올리지 않은 남녀 간의 동거, 성적 관계를 갖지 않는 또 다른 형태의 동거 듀오(duo) 등 모든 형태의 동거를 인정한다.

두 성인이 이성이든 동성이든 공동살림을 차린 뒤 PACS 계약자로 법원에 등록하면 된다. 동거 3년 이상 안정적으로 지속적 결합을 유지한 사실을 인정받으면 연간 소득에 대한 과세에서 보통 부부와 똑같은 대우를 받는다. 배우자 간 유산상속권, 재산증여권, 거주권, 사회보장 혜택 등도 누린다. 배우자의 사망 또는 제3자와의 혼인이 발생하면 계약이 끝난다. 사르트르와 보부아르의 계약결혼이 개인적 차원의 선택이었다면 PACS는 사회공동체 차원의 계약결혼 결정이다.

이혼이 급증하자 실험결혼이라 할 수 있는 계약결혼이 확대되고 있다. 철학자 사르트르와 작가 보부아르가 2년의 동거계약을 하고 살기 시작했는데 종신 해로했다. 물론 외도하지 않은 것은 아니다. 인류학자 마거릿 미드는 2단계 결혼을 제창했다. 1단계는 아이를 낳지 않는다는 합의 아래 시한동거를 하는 것이고, 문제가 없다고 생각될 때 2단계에 들어가 정식 결혼을 하고 아이를 갖는다. 1단계에서 얼마든지 갈라질 수 있다. 버트런드 럿셀도 혼전 계약 동거를 지성인들에게 권장했다. 독일의 문호 괴테도 계약 동거를 저작 속에서 자주 주장했다. 재클린과 오나시스의 재혼도 170개항을 준수하기로 한 계약 동거였다는 설도 있다. 동거 계약은 천태만상이다. 어떤 동거자는 변기의 변좌를 올리고 소변을 볼 것까지 계약하였다. 작가 새뮤 홉킨스는 2년 동거 후에 1년 별거하여 그리움을 축적시킨 다음 다시 동거하는 것으로 계약했다.

이에 반해 청교도들은 혼전 순결을 강조했다. 이것을 지키기 위해 고안한 특수 커플 침대도 있다. "교회에서 서약식을 하고 결혼하기 전까지는 손을 잡아서도 안 된다." 영국 빅토리아시대의 이야기처럼 들리는 데이트 문화가 지금 미국 기독교 청소년들 사이에서 유행하고 있다. 뉴욕타임스는 보수적인 기독교인들 사이에 번지고 있는 성풍속도를 보도하며 세계에서 가장 개방된 성문화와 높은 이혼율을 가지고 있는 미국의 이 같은 분위기를 소개하였다.

지금까지 미국 신세대들 사이에서는 데이트와 동거는 결혼을 위해 필수라는 인식이 지배적이었다. 그런데 지난 몇 년간 이들 사이에서 약혼식을 하고 데이트를 자제하며 혼전 순결을 지키는 운동이 일부 교회를 중심으로 시도되었다. 교회에서 목사와 부모, 친구들이 지켜보는 앞에서 약혼식을 열어 반지를 교환하고 결혼으로 맺어질 때까지 서로에게 신실한 관계를 유지하는 것은 필수조건이다. 그다음으로 부모의 허가가 나야 손을 잡을 수 있다. 이들은 데이트와 사랑이라는 기존의 사랑관을 무너뜨리며 순결운동을 펼치고 있다. 혼전 성관계를 금지할 뿐만 아니라 결혼 전의 감정 소모적인 데이트도 신중히 검토해야 할 부분으로 고려하고 있다.

3. 동성애

바티칸의 루이스 마리넬리 신부는 교황청 관료들의 부패와 음모, 동성애 등 치부를 들춰낸 책, 「바티칸에서 바람과 함께 사라지다」를 써 종교재판소 출두명령이 내려지는 등 화제를 불러일으켰다. 그는 교황청도 자기처럼 죄 많은 사람이 모인 곳이라는 것을 지적하고, 교회 개혁의 필요성을 강조하기 위해 이 책을 썼다고 했다. 마리넬리 신부의 고발뿐 아니라 여러 매스컴을 통해 신부들 사이에 동성애가 적지 않게 행해지고 있음을 알 수 있다.

서울대 동성애자 모임인 '마음 006'이 주최한 '서울대에 딴스 홀을 허하라'가 서울대 내에서 공개적인 모임을 갖고 공연도 했다. 동성애자를 이해하고자 하는 사람들도 초청되었다. 그들은 이 모임을 통해 공개적으로 커밍아웃(coming-out)을 했다. 커밍아웃이란 동성애자로서 자신을 떳떳하게 밖으로 드러내는 것을 말한다. '마음 006'의 006은 아직도 소수일 수밖에 없는 동성애자들의 수를 나타내기도 하고, 소수이지만 동성애자로서 커밍아웃을 한 지 6년이 되었다는 뜻을 나타내기도 한다.

현재 동성애는 지탄의 대상이 되고 있기 때문에 커밍아웃을 하기는 매우 어렵다. 그들은 이성애자(一般人)와 동성애자(異般人)를 구분하고 소수의 동성애자를 '왕따'시키는 사회에 대해 일반인들의 이해를 구했다. 역사적으로 동성애가 사회문제화된 것은 100년을 넘는다. 그러나 동성애자들이 커밍아웃을 하면서 자신들을 드러내며 사회에 문제를 제기한 것은 50년을 넘지 않는다. 구미에서는 40-50대들이 주류를 이루어 그 문제를 일찍이 드러냈다. 하지만 우리나라에서는 최근에야 대학생을 중심으로 목소리를 조금씩 내고 있다. 탤런트 홍석천이 커밍아웃을 하기도 했다. 그러나 그들에 대한 사회의 이해는 아직 멀다.

클린턴 미국 대통령이 1999년 6월 '게이-레즈비언 자부심의 달(Gay and Lesbian Pride Month)'로 지정하고 미국을 위해 공헌한 동성애자들을 기리자고 선포했다. 이에 앞서 그는 상원의 반대에도 불구하고 동성애자인 제임스 호멜을 룩셈부르크 대사로 임명했다. 이에 대해 미국남침례회(SBC)는 대통령의 동성애자의 달 선포는 하나님의 말씀에 반하는 것을 가장 공개적으로 인정한 행위라며 선포철회는 물론 호멜 룩셈부르크 대사 임명취소를 요구했다. 나아가 클린턴의 모교회인 임마누엘침례교회에 대해 클린턴을 징계할 것을 요구했다. 남침례회 총회 회의장 밖에서는 "하나님은 동성애자를 증오하신다."는 팻말을 든 기독교인들의 시위가 있었다. 미 남침례회의 이 같은 태도에 비해 미국개혁교회(RCA)는 동성애를 인정하고 있는 교단, 예를 들어 연합그리스도교회(UCC)와 단교해야 한다는 일부 노회의 주장을 받아들이지 않기로 했다. 플로리다 노회는 동성애에 대해 두 교단 사이에 이견이 존재한다는 이유로 연합그리스도교회와 단교할 것을 헌의했다. 그러나 이 문제를 다룬 총회 교회일치위원회는 사회윤리적 문제에 대한 성경해석 차이로 다른 교단과 단교하는 전례를 피해야 한다는 권고안을 총회에 제출했다.

미국개혁교회는 교단 내 동성애 문제를 논제로 포럼을 개최하자는 제의도 총의는 불필요하며 위험성이 잠재해 있다며 수용하지 않았다. 나아가 성윤리에 관한 신앙고백(status confessionis)을 하자는 헌의안도 받아들이지 않았다. 그동안 개혁교회에서 윤리적으로 심각한 현안에 대해 신앙고백을 한 사례는 나치에 대한 독일교회의 신앙고백과 인종차별에 대한 남아공교회의 신앙고백 두 건뿐이다.

월스트리트 저널과 NBC방송이 99년 성인 2025명을 대상으로 한 공동여론조사에 따르면 21세기에는 동성결혼이 합법화될 것으로 보는 사람들이 65%나 되었다. 이것이 현실화되는 법이 프랑스에서 통과되었다. 프랑스의회는 동성연애자 간 결합도 법적으로 인정하는 시민연대협약(PACS) 법안을 통과시킴으로써 프랑스는 20세기를 마감하면서 새로운 가족혁명을 인류사에 기록했다.

프랑스 정신분석학자 자크 라캉의 탄생 100주년을 맞은 2001년 학문세계에서는 그의 사상에 대한 재조명이 활발했다. 특히 라캉이 동성애를 정신질환으로 보지 않고 성적 성향으로 인정했다는 점이 주목을 받았다. 그는 지난 52년부터 동성연애 환자들을 분석하기 시작했다.

그러나 그는 치료를 통해 그들을 이성연애자로 바꾸려 하지 않았다. 그의 주장은 인간은 근본적으로 양성연애자이지만 오이디푸스 콤플렉스를 넘어서면 정상적 이성연애자로 인도된다는 프로이트의 주장과도 다르다. 동성연애자임을 고백한 사회당 정치인 베르트랑 들라노에가 파리 시장에 선출되고, PACS 실시 등 최근의 사회적 변화가 라캉을 선구적 성이론가로 다시 보게 만들었다. 이러한 흐름들은 동성애에 대한 사회의 인식이 폭넓게 변화하고 있음을 보여주고 있다.

그러나 보수적인 미국인들은 동성애에 대해 부정적이다. 부시와 케리가 접전한 대선 때 부시는 동성애를 반대했지만 케리는 동성애를 옹호했다. 이에 대해 미국의 보수적인 기독교인들은 부시를 옹호했다. 이것은 동성애에 대한 사회적 수용이 얼마나 어려운가를 보여준다.

의학적으로 동성애는 에이즈의 확산의 원인 가운데 하나라는 점에서도 문제가 되고 있다. 80-81년 미국 LA에서 동성애자 2명이 폐렴 치료 중 사망하면서 에이즈(AIDS) 공포가 모습을 드러내기 시작했다. 에이즈는 아프리카 침팬지에게서 사람에게 전염되었다는 것이 정설이다. 30-40년 일로 추정되고 있다. 지금은 주로 성관계와 수혈로 감염되지만 당시에는 침팬지 사냥과정에서 감염된 것으로 알려졌다. 앨라배마대학 연구팀은 84년 출산 중 사망한 침팬지의 조직 검사 결과 이 조직에서 발견된 바이러스가 HIV의 원조임을 밝혀냈다. 에이즈에 감염되면 체내 면역 담당 세포가 사라져 사소한 질병에도 목숨을 잃게 된다. 미국이 에이즈를 심각하게 인식하기 시작한 것은 85년 10월 영화배우 록 허드슨이 에이즈로 사망하면서부터이다. 인간에게 내린 천형이자 현대판 흑사병으로 불리는 이 전염병은 지금까지 1200만 인류의 목숨을 앗아갔다. 현재 3천5백만으로 추산되고 있지만 앞으로 20년 후 세계 7천만이 넘을 것으로 예측되고 있다. 환자의 70%가 아프리카에 몰려 있으며 중국, 인도도 급속도로 파급되고 있다. 유엔에이즈기구(UNAIDS)는 아프리카 에이즈 환자 2300만 명이 10년 내 모두 사망할 것이라는 전망을 내놓고 있다. 에이즈는 인류사망원인 중 상위를 차지하고 있다. 정도를 벗어난 성행위가 재앙을 불러오고 있는 것이다.

교회는 성경에 입각해 동성애에 대해 매우 비판적이다. 그러나 교회는 자녀가 동성애자가 되는 것에 상당수는 부모나 형제들의 책임이 크다는 연구들에 주목할 필요가 있다. 너무 권위주의적인 아버지, 막가파 형들 속에서 주눅이 든 동생이 서야 할 자리가 무엇일까? 결국 동성애로 탈로를 찾게 된다는 것이다. 그들을 무조건 질타하기보다 그들에 대한 우리의 이해와 태도가 올바른 것이었는가를 점검할 필요가 있다.

4. 성전환

남성에서 여성으로 성전환 수술을 한 영화배우 하리수의 호적상 성을 여성으로 정정하는 것이 법원에 의해 허가되었다. 인천지법은 그가 낸 호적 정정 및 개명신청에 대해 호적상 성별을 '남'에서 '여'로 정정하고, 이름도 '이경엽'에서 '이경은'으로 개명하는 것을 허가하였다. 판사는 결정문에서 "이(하리수) 씨가 남성과 여성을 구분 짓는 성염색체가 남성이긴 하지만 군 입대를 위해 받은 신체검사에서 부적격 판정을 받는 등 신체적으로 여성으로 보는 게 타당하다"고 밝혔다. 또 "이 씨가 연예활동 등 그동안 여성으로서 활동해온 점을 감안할 때 이 씨를 남자로 살아가게 하는 것은 지나치게 가혹하다고 판단돼 여성으로 인정하게 됐다"고 덧붙였다. 아울러 "남성에서 여성으로 성전환 수술을 한 뒤 실제 여성으로 살고 있는 이 씨의 인간적 존엄과 가치, 행복추구권 등 헌법이념에 따라 이 씨의 신청을 받아들이는 것이

타당하다"고 밝혔다.

이 사건은 트랜스젠더에 대한 사회적 인식이 크게 변하고 있음을 알려준다. 트랜스젠더는 기독교적인 관점에서도 한번 짚고 넘어가야 할 부분이다. 하나님이 정하신 성을 인간이 변경시켰기 때문이다. 이 문제는 성의 결정권을 하나님으로부터 인간으로 전환시켰다는 점에서도 논란의 여지는 충분하다. 성전환은 하나님이 그를 만드실 때 실수를 하신 것을 의미하는 것인가? 하나님은 결코 실수하시는 분이 아니다. 인간적으로는 비정상으로 보일 수 있을지 모르지만 그렇게 태어나도록 한 것은 분명 하나님의 뜻이 개재되어 있다는 것을 잊어서는 안 된다. 그럼에도 불구하고 자신이 성전환을 택해야 인간으로서의 존엄과 가치를 인정받을 수 있다고 결정했을 경우 그것까지 교회가 거부해서는 안 될 것이다. 중요한 것은 일단 전환의 삶을 택했다면 그 선택을 통해서 하나님이 기뻐하시는 삶의 모습을 더 크게 드러내야 할 것이다.

5. 베드로 후서 2장의 가르침

소돔과 고모라 성은 어느 날 갑자기 심판을 받았다. 성의 죄악이 하늘을 찔렀기 때문이다. 소돔과 고모라는 불심판을 받았으며, 지금은 사해남부에 수장되었다. 그 도시들이 사해 밑바닥에 묻힌 것은 그러한 타락한 도시들이 다시는 이 땅에 존재해서는 안 된다는 하나님의 경고를 담고 있다. 성경은 이 사건을 놓고 "후세에 경건치 아니할 자들에게 본을 삼으셨다"(벧후 2:6)고 적고 있다. 심판의 목적이 경건치 아니할 후세들에게 본이 되기 위한 것임을 알 수 있다.

심판의 직접적인 원인은 무법한 자의 음란한 행실에 있다. '무법한'이란 자연과 양심을 거스른 음란행위를 말한다. 혼전 성행위, 결혼 후 탈선, 변태적이고 도착적인 성행위, 동성연애 등이 포함된다. 소돔과 고모라 성 사람들은 이런 행위를 당연시하고 받아주었다. 소도미(sodomy)란 동성애를 의미할 정도이다.

롯은 소돔의 행실을 보고 가슴아파했다. "날마다 저 불법한 행실을 보고 들음으로써 의로운 심령을 상하니라." 그는 의인이었지만 소극적인 의인이었다. 심령이 상하기는 했지만 그들을 구원시킬 만큼 적극적인 행동을 하지 못했기 때문이다. 그는 그들의 행동을 관용하고, 묵인하고, 침묵했다. 소돔성은 그로 인해 어떤 도움을 받지 못했다. 그는 소돔에서 의인 10사람, 곧 하나님의 사람 10을 만드는데도 실패했다. 이것은 이 땅에서 전도가 왜 중요한가를 보여준다.

그는 심판에서 모든 것을 잃었고, 딸들과 함께 몸만 간신히 빠져나올 수 있었다. 그 모습은 그의 구원이 얼마나 부끄러운 구원인가를 보여준다. 이 땅의 그리스도인은 가슴만 아파하는 소극적인 의인이 되어서는 안 된다. 적극적인 의인이 되어야 한다. 지금 우리 주변을 돌아보자. 우리 주변은 소돔화되고 있다. 현대를 살아가는 그리스도인은 자신을 거룩하게 만들고 이 사회를 적극적으로 변화시켜야 한다.

이를 위해 순간순간 거룩함으로 무장해야 한다. 우리의 몸은 그리스도의 지체이자 성령의 전이며 하나님의 것이다(고전 6:15, 19, 20). 피로 값 주어 사시고 "너는 내 것"이라 하셨다. 음란한 자, 간음하는 자, 탐색하는 자, 남색 하는 자는 하나님 나라에 들어가지 못한다(고전 6:9,10). 우리는 성령을 좇아 행해야 한다. 그리하면 음행과 더러운 것과 호색 등 육체의 욕심을 이루지 않는다(갈 5:16).

음란한 성문화를 부추기는 세력에 적극적으로 대응해야 한다. 전문지식, 공직, 시민운동, 매스컴, 인터넷, 저술 등을 통해 악을 대적하고 자정능력을 갖도록 해야 한다. 악에게 지지 말고 선으로 악을 이겨야 한다(롬 12:21).

의인 10사람 만들기에 최선을 다해야 한다. "내가 십 인을 인하여도 멸하지 아니하리라"(창 18:32). 소돔은 의인이 없어 망한 도시이다. 우리는 열심히 전도하여 죄 많은 세상을 구원하는 데 동참해야 한다.

주님은 경건한 자를 시험에서 건지시고 불의한 자는 형벌 아래 두어 심판 날까지 지키신다. 불의한 자를 형벌 아래 두겠다는 것은 하나님의 경고이다. 하나님은 불의한 자를 마지막 때 심판하신다. 그러나 불법적 성행위는 현재 상황에서도 여러 모양으로 심판을 받는다. 음란 행위를 하게 되면 인격이 파괴되고, 영적으로 죽는다. 가정이 파괴되고, 남에게 상처를 주며, 자신도 건강하지 못하게 될 뿐 아니라 사회, 국가에까지 피해를 준다.

6. 어느 교수의 기도

도시를 건설할 때 기능만 앞세우고 아름다움은 염두에 두지 않는다면 어떻게 될까? 섹스가 넘쳐나지만 영혼이 빠진 껍데기 성에만 중독되면 어떻게 될까? 아름다운 성은 금욕을 통한 성이다. 다음은 황성철 교수가 제시한 '부부의 성생활을 위한 기도문'이다(황성철, 2001).

"주님, 어떤 이들은 종교와 성이 섞이면 안 된다고 말합니다. 그러나 당신은 성은 좋은 것이라고 가르치셨습니다. 그렇다면 성을 제 삶에서 건강하게 지킬 수 있도록 도와주소서. 성에 대해 우리 부부가 좀 더 솔직할 수 있게 도와주시고 그 신비를 계속 유지할 수 있도록 하옵소서. 성 자체가 악마적인 것도 신적인 것도 아니라는 것을 알 수 있도록 하옵소서. 상상 속의 사람을 상대로 성적 환상에 빠지는 일이 없도록 도와주시고 당신이 창조하신 이 세상에서 저희 곁으로 보내신이 사람만을 참으로 사랑할 수 있도록 지켜 주소서.

또한 그리스도인이라는 이유로 저희 영혼이 성에 대해 눈살을 찌푸릴 필요가 없다는 것을 가르쳐주옵소서. 주여, 많은 사람들이 '하나님. 제게 성을 즐길 수 있도록 해주셔서 감사합니다.'라고 말하는 것을 힘들어합니다. 왜냐하면 그들에게는 성은 선물이기보다는 문제꺼리이기 때문입니다. 오, 주여. 그들은 성과 복음이 하나로 다시 연결될 수 있다는 것을 알 필요가 있나이다. 그들 모두 성에 대한 복된 소식 곧 복음을 듣게 하소서. 또한 제게 어떻게 그들을 도울 수 있는지를 가르쳐 주소서. 제게 성을 주셔서 참으로 감사합니다. 아멘."

제4장 약혼, 이젠 필요 없는 것일까?

약혼과 결혼은 혼사에 있어서 중요한 위치를 차지하고 있다. 그러나 스피드를 강조하는 세상이 오면서 약혼을 생략하며 결혼으로 직행하는 예가 늘어가고 있다. 약혼, 과연 필요 없는 것일까?

그리스도인에게 있어서 약혼은 매우 색다른 의미를 가지고 있다. 왜냐하면 성도는 그리스도의 신부로서 신랑과 약혼 관계의 삶을 살고 있기 때문이다. 신랑 되신 예수께서 오시는 날이 바로 재림의 날이요 우리의 혼인날이 되기 때문에 신부 된 우리는 그의 오심을 대망하고 그날을 기다리며 사는 것이다. 그리스도 안에서 맺어지는 성도들 사이의 약혼도 이와 같은 맥락에서 이해되어야 하는 매우 중요한 사건이다.

1. 약혼의 의미

한자로 볼 때 約婚은 두 사람이 앞으로 결혼할 것을 약속하는 것을 말한다. 영어로는 engagement라 한다. 이것은 다음과 같은 의미를 가지고 있다.

첫째, 약혼은 약속 또는 계약을 의미하고 있다. 약속은 무슨 일이 있어도 지켜져야 할 것을 전제로 한 것이다. 인간은 약속을 하고 그것을 지킨다는 점에서 다른 동물과 다르다. 인간의 역사는 약속의 역사요 약속을 어길 때 어긴 자는 인간으로서 취급을 받지 못했을 뿐 아니라 어김으로 인한 불이익이나 불행을 당연한 것으로 받아들였다. 국가 간의 약속도 마찬가지였다. 국가 사이의 전쟁도 약속을 어김에서 비롯된다. 성경은 한마디로 하나님께서 우리에게 약속하신 것을 기록해 놓은 것이다. 구약이나 신약은 바로 성경이 하나님의 약속임을 나타내는 말이다. 우리가 하나님을 믿는다는 것은 그분이 우리에게 약속하신 말씀은 일점일획이라도 틀리지 아니하고 그대로 실현될 것을 믿는 것이다. 약속은 바로 말씀에 대한 전적인 신뢰를 바탕으로 한 것이며 그리스도인의 약혼은 바로 그리스도 안에서 맺은 약속이 실현될 것을 의미한다.

둘째, 약혼은 상대에 대한 적극적 개입을 의미한다. engagement를 불어로 앙가주망이라 하는데 이것은 소극적인 틀을 벗어나 적극적으로 참여할 때 사용하는 철학적인 용어이다. 지금까지 어떤 일이나 사람에 대해 비교적 소극적이었던 것이 잘못이라는 것을 인식하고 보다 능동적으로 그 태도를 바꾸는 것을 의미한다. 우리가 그리스도인이 되었다고 하는 것은 바로 주님에 대한 자신의 결단을 나타내는 것과 같다. 지금까지 자신만을 위해 살아 왔지만 앞으로는 주님만을 위해 살겠다는 것이다. 그러므로 약혼은 이런 의미에서 볼 때 앞으로 상대방에 대해 더 적극적으로 생각하고 능동적으로 행동하겠다는 결단과 의지의 표현임을 알 수 있다. 약혼 기간에 상대방의 생각과 태도 그리고 상대방 집안의 풍습을 더 잘 이해하고 익히려 하는 것은 이 때문이다. 그래서 약혼 기간이 인생에 있어서 어느 기간보다 귀중하고 아름다운 것으로 간주되고 있다.

셋째, 약혼은 서로를 묶는 것이다. 두 사람이 계약을 하면 그 순간부터 계약이 서로를 묶어 놓는다. 마찬가지로 약혼은 두 사람을 사랑이라는 끈으로 서로를 단단히 묶어 놓는다. 우리가 예수를 영접한 뒤 교회에 출석하고 예배를 드리며 성경을 읽고 열심히 기도하며 전도하는 것은 우리가 그만큼 주님과 묶여져 있음을 드러내는 것이다. 약혼한 당사자들이 약혼한 다음부터 서로를 위해 바쁘게 사는 것은 두 사람이 그만큼 묶어져 있음을 나타내는 것이다. 성도가 주님과 더 단단히 묶어져 있는 것이 좋은 것처럼 약혼한 당사자들이 서로 더욱 사랑하고 서로 위하는 것은 매우 바람직한 일이다.

넷째, 약혼은 서로를 채우는 것이다. engagement에는 톱니바퀴가 잘 맞물려 잘 돌아가게 한다는 뜻을 가지고 있다. 약혼은 서로 부족한 점을 이해하고 채우는 기간이다. 주님이 우리로 하여금 하나님 나라의 백성이 되기 위해 우리의 부족을 메우고 단련시켜 정결한 신부로 만드시는 것처럼 약혼은 서로가 서로의 부족을 이해하고 메우고 가꾸는 성결의 기간이다. 신부나 신랑의 아름다움은 바로 자신들을 다스려 몸과 마음 모두를 아름답게 가꾸려는 마음가짐과 그 태도에 있다. 서로를 다스리고 채움에 있어서 가장 필요한 것은 사랑이라는 연료이다. 하나님의 사랑이 결국 우리 모두를 구원하시는 것처럼 서로를 위하는 사랑이 마침내 두 사람을 결혼이라는 아름다운 역에 도달할 수 있도록 만들어 주기 때문이다.

2. 약혼에 대한 잘못된 생각

약혼과 결혼은 서로 연관된 것이어서 그 경중에 있어서 덜하고 더한 차이가 없음에도 불구하고 약혼의 비중을 결혼보다 낮게 두려 하는 잘못을 범하고 있다. 그래서 약혼을 했다가 파혼을 했다 해도 있을 수 있는 것쯤으로 생각하려 한다. 그러나 그리스도인에게 있어서 약혼은 매우 중요한 의미를 가지므로 약혼에 들어가기 전에 충분한 검토와 결심이 이루어져야지 그 후에 마음을 바꾸어 파약을 하는 것은 바르지 못하다. 물론 그 이유가 충분하기 때문이라면 가능하겠지만 함부로 파약을 하거나 파약 자체에 대해 아무런 죄책을 느끼지 못하는 것은 있을 수 없다. 파약은 보기를 들어 예수님을 구주로 고백하고 평생 그리스도와 함께 살겠다고 약속한 사람이 주님과 결별한 뒤 다시금 세상 속으로 가버리는 것이나 다름이 없다. 그러므로 그리스도인은 약혼이 결혼 못지않은 중요한 과정임을 인식하지 않으면 안 된다. 약혼은 매우 신중한 선택이어야 하며 중요한 성결과정이 되어야 한다.

약혼에 대한 또 다른 잘못된 생각은 이제 약혼했으므로 너는 내 것이라는 의식을 가지고 상대를 함부로 대해도 잘못이 없다는 생각이다. 약혼이나 결혼은 단순히 내 것을 만들기 위한 작업이 아니다. 그것은 더 차원 높은 성숙을 위한 것이다. 따라서 더욱 서로 존경하고 존경받는 중요한 인격체로 성숙해야 한다는 것을 잊어서는 안 된다. 약혼이나 결혼은 단지 육체적 성숙만 요구하는 것이 아니라 높은 정신적 성숙을 요구하고 있다. 성숙했기 때문에 약혼할 수 있는 것이다. 인간은 완전할 수 없으므로 완전한 성숙이란 있을 수 없다. 하지만 두 사람이 서로 부족을 메워 가며 더욱 성숙하도록 만들어줄 수 있는 것이 바로 약혼이다. 그러므로 약혼을 세속적으로만 생각하려 하는 것은 그리스도인다운 생각이 결코 아니다. 두 사람이 약혼을 통해 신앙을 더 돈독히 하고 날로 하나님의 형상으로 성숙되어야 한다. 결혼은 약혼 기간에 더욱 성숙된 결실의 표현이 되어야 하며 결혼생활을 통해 더욱 완숙된 모습을 가지고 주님 앞에 갈 수 있어야 한다.

3. 족제비와 우물

탈무드에 다음과 같은 약혼 이야기가 있다. 어느 날 한 아가씨가 여행을 하던 중 목이 말라 우물가에 닿게 되었다. 갈증이 심했으므로 샘 밑까지 내려가 물을 마셨다. 그러나 혼자서는 도저히 올라올 수가 없었다. 소리를 높여 구원을 요청했다. 마침 그곳을 지나던 젊은이가 아가씨를 구해 주었다. 두 사람은 사랑을 하게 되었다. 그러나 젊은이는 다시 떠나지 않으면 안 되었다. 결국 두 사람은 결혼을 약속하며 다시 만나기로 하였다. 두 사람이 서로 약혼을 하고 누군가가 자기들의 증인이 되었으면 하고 바랐을 때 마침 족제비 한 마리가 지나갔다. 아가씨는 "저 족제비와 이 우물이 증인이예요." 하고 말했다. 그리고 두 사람은 헤어졌다. 그 후 오랜 세월이 흘렀지만 아가씨는 젊은이를 기다리고 있었다. 그러나 남자는 그런 줄도 모르고 다른 여자와 결혼하여 아이를 낳고 살았다.

그러던 어느 날 그 남자의 아이가 풀밭에서 놀다 잠든 사이에 족제비에게 목이 물려 죽고 말았다. 그 뒤 슬픔을 이기고 다른 아이를 낳아 기르던 중 그 아이가 혼자 걸을 수 있을 만큼 되었을 때 우물을 들여다보다 그만 빠져 죽게 되었다. 그때서야 그 남자는 그 옛날 만남의 약속과 증인이 족제비와 우물이었음을 생각해 내었다. 그는 아내에게 이 사실을 고백하고 아내와 헤어진 뒤 그 아가씨가 사는 마을로 돌아왔다. 그때까지도 처녀는 그를 기다리고 있었다. 두 사람은 늦게나마 결혼하여 행복하게 살았다.

탈무드의 족제비와 우물은 우화에 불과하지만 이것은 약혼의 신성함을 보여주고 있다. 약혼을 경시하는 이 세대에 그 중요성을 알리는 예화가 아닐 수 없다.

약혼은 신성한 약속이자 생을 건 계약이다. 그것은 결코 작은 것이 아니라 아주 큰일이다. 결혼은 약혼이 있기 때문에 존재할 수 있다. 우리는 약혼을 경시해서는 안 된다. 그것은 인간의 약속이기에 앞서 하나님을 향한 약속이요 삶의 위대한 시작이기 때문이다. 성경은 말하고 있다. "두 사람이 한 사람보다 나음은 저희가 수고함으로 좋은 상을 얻을 것임이라"(전 4:9). "아내를 얻는 자는 복을 얻고 여호와께 은총을 받는 자니라."(잠 18:22). "네가 하나님께 서원하였거든 갚기를 더디 하지 말라 하나님은 우매자를 기뻐하지 아니 하시나니 서원한 것을 갚으라."(전 5:4). 그리스도인의 약혼이 신랑 되시는 예수님과의 약혼인 것처럼 그리스도인들 사이의 약혼은 종국적으로 하나님께 소망을 둔 것이어야 한다.

제5장 범죄도 발전한다는데

1. 개가 주인을 물었다면

범(犯)은 '개가 주인을 문다'는 뜻이다. 해서는 안 될 일을 하는 것을 가리켜 범했다고 한다. 죄는 그물망에 덮어씌운 것을 말한다. 그물에 걸려서 이쪽으로 가려해도 안 되고, 저쪽으로 가려해도 안 되는 상태이다. 법망에 걸려들어 감옥에 가는 것, 곧 꼼짝 못하는 부자유 상태를 상징한다. 죄는 서로 어긋나는 것을 말한다. 이렇게도 안 되고 저렇게도 안 되는 상태, 뭔가 자기의 정신통일이 안 되는 세계이다.

2. 범죄도 발전한다?

살인사례를 수집 연구한 콜린 윌슨은 살인범죄의 단계를 머즐로의 인간 욕구단계의 발전에 비유했다. 먹고 입고 사는 생존욕구가 충족되면 갖고 싶은 소유욕구로 발전하고, 갖고 보면 즐기고 싶은 존재욕구가 생기며, 다시 알려지고 싶은 명예욕구로 발전한다는 것이 머즐로의 학설이다.

범죄도 먹고살지 못해 범하는 단순범죄에서 힘 안 들이고 갖고자 하는 강도성 범죄로, 다시 재물과는 아랑곳없이 재미를 보고자 하는 성범죄로, 다시 뛰어넘어 명예범죄를 저지르게 된다. 끔찍한 범죄로 세상에 알려지고 싶은 충동범죄를 저지르거나, 자신을 소외시킨 불특정 다수에게 원인 모를 연쇄살인을 하여 증오를 불태우고 세상의 주의를 집중시키는 이중효과를 노리는 등이 명예범죄이다. 명예의 반대

개념이 소외이기 때문이다.

3. 요일에 따라 범죄위험도가 다르다

경찰청이 발간한 99경찰백서에 따르면 98년 한국에서 발생한 총 범죄 171만 건 가운데 22.5%가 수요일에 발생하여 요일 중 수요일이 가장 범죄위험도가 높은 것으로 나타났다. 반면 일요일에는 9%로 가장 안전한 요일로 밝혀졌다. 요일별로는 수-월-화-금-목-토-일 순으로 많았다. 수요일에 스트레스가 가장 많이 쌓이고, 일요일에는 모두 쉬므로 스트레스가 크게 줄기 때문이라는 것이다. 월별로는 9월의 범죄 발생 건수가 9.7%로 가장 많았고, 1월은 6.4%로 가장 적었다. 이것은 추위와 연관된 것으로 보고 있다.

4. 셰퍼드 콤플렉스에서 벗어나라

셰퍼드 콤플렉스(Shepherd complex)는 역경을 어렵게 돌파해 내면 그 성취에서 얻은 희열에 중독되어 다시 역경에 회귀하려는 심리를 말한다. 이것은 잭 셰퍼드에서 나온 말로 그는 18세기 초 런던에서 겨우 30실링 6펜스를 소매치기하고 갇힌 좀도둑이었다. 그런 그가 천장의 철책을 자르고 옥상으로 탈옥했으나 잡혔고, 두 번째는 체중을 줄인 다음 공기 창 철책을 자르고 모포와 수의를 이어 줄을 타고 탈옥에 성공했으나 붙잡혔다. 세 번째는 돌 벽 감방에 수갑과 족쇄를 채우고 몸을 철쇄로 고정시켜 놓았으나 이것을 모두 풀고 굴뚝구멍을 타고 올랐다. 그 구멍을 막고 있는 철책이 박힌 벽돌을 손톱으로 헐어낸 다음 담요로 만든 끈으로 탈출했다. 그러나 감옥인근 카페에서 여자친구와 너무 시끄럽게 탈옥축하파티를 벌이다 잡히고 말았다.

이 탈옥이야기가 베스트셀러가 되고 그를 주제로 한 연극이 공연되었으며 그가 탈옥한 감옥은 관광명소가 되었다. 그가 처형될 때 20만 명이 운집했을 정도로 숭배자가 많았다. 그는 교수대에서 30실링 소매치기를 사형시킨다는 것은 영국의 수치이며 조국 영국을 수치스럽게 하지 않기 위해 지옥에 가서도 탈옥할 것이라고 말했다.

우리 생활에서 셰퍼드 콤플렉스는 어떻게 나타날까? 책 도둑질하다 들킨 한 노인은 그의 서재를 메운 수천 권의 책이 거의가 훔친 것이라 했다. 책을 못 살 정도의 생활수준이 아닌데도 셰퍼드 콤플렉스에서 벗어날 수 없었다. 두 자매가 백화점에서 물건 훔치기에 몇 번 성공하자 그다음에는 다른 세 자매를 불러들여 훔치기를 계속하다 붙잡혔다. 계속 이 콤플렉스에 붙잡혀 다시 또다시 범죄의 자리에 들어간다면 우리에게 남은 것은 무엇일까? 심각하게 자문할 필요가 있다.

5. 대리만족도 위험하다

2년 반 동안이나 신출귀몰하던 신창원이 체포되었다. 로이터통신은 그를 한국의 로빈후드라 지칭했고, 국내 PC방에서는 그를 석방하라는 격문이 연일 올랐다. 한 여대생은 TV에 비친 그의 모습을 보고 자기의 이상적인 남성상을 찾았다고 했다. 살인, 강도, 강간, 탈옥 등 각종 범죄를 지은 그를 왜 동정하는 것일까? 그것은 대리만족을 주기 때문이다. 그는 일기를 통해 사회를 고발하였다. 그 논조가 많은 사람들에게 공감을 주었다. 그 신창원에게 우리 심정을 잘못 투사하기 때문이다. 우리 사회의 온갖 비리, 모순, 추태에 대한 불만을 그에게 투사하는 것은 병적인 것이다. 사회의 병은 그런 식으로 고치는 것이 아니라 우리의 올바른 생각과 실행으로 고치는 것이다.

6. 궁극적으로는 하나님과의 바른 관계로 돌아가야

기독교에서 범죄는 무엇보다 하나님과 올바른 관계를 맺지 못하여 일어난 사건을 말한다. 따라서 그 문제를 해결하기 위해서는 하나님과의 바른 관계로 들어가야 한다.

한 크리스천 아버지가 아들에게 물었다. "애야, 너는 누가 만들었느냐?" "그야 부모님이 만들었지요." "아니다. 너는 하나님께서 만드신 거야." "그래요?" "그럼, 너하고 노는 강아지는 누가 만들었다고 생각하느냐?" "그야 하나님이시지요." "그래 기특하기도 하지. 모두 다 하나님이 만드신 거란다."

그 후 식탁에서 아들이 우유 잔을 엎질렀다. 아버지가 물었다. "누가 엎질렀느냐?" 아들은 큰 소리로 말했다. "예, 하나님이 엎질렀습니다." 우리는 우리 스스로 저지른 죄를 보고서도 저 아이처럼 "다 하나님 때문이야"라고 말하고 있지 않는가? 핑계하지 말자.

제6장 죽음 앞에서

1. 인간은 결국 죽는데

어느 날 공동묘지를 지나가다 한 묘비의 글을 보게 되었다. 그는 묘비의 글 앞에 섰다. 글은 "나는 전에는 당신처럼 그 자리에 그렇게 서 있었소."라고 써있었다. 이 글을 읽고 웃고 있는데 그다음 줄이 그를 기다렸다. "나도 전에는 당신처럼 그곳에 서서 그렇게 웃고 있었소." 그는 계속 관심을 가지고 끝줄을 읽었다. "이제 당신도 나처럼 죽을 준비를 하시오." 사람은 누구나 죽는다. 죽지 않을 것처럼 생각하는 우리도.

하루에 얼마나 사람이 죽어갈까? 통계에 따르면 한국의 경우 680명이 죽고, 미국은 6000명, 세계는 37만 명에 이른다. 죽음에 관한 한 인생은 허무하다. 아무리 아름다워도, 권력이 있어도, 재산이 많아도 죽음을 피할 수 없다.

자연건강식품주창자 아이로 데일이 신문뿐 아니라 방송에 출연해 자신은 100살까지는 넉넉히 살 것이라며 장담을 했다. 그런데 그만 며칠 뒤 세상을 떠남으로써 비웃음만 사게 되었다. 당시 그의 나이 78세였다. 한때 미국 교포교회에서 존경을 받아왔던 황재경 목사도 한국의 방송에 출연해 자신의 장수비결을 이야기하는 도중 그만 세상을 떠나고 말았다. 우리는 죽게 되어 있다. 어느 누구도 언제 당할지 모를 죽음을 놓고 장수를 논할 수 없다. 우리 가운데 어느 누구도 내일 일을 알지 못한다. 언제 죽을지 모른다. 그 일은 오직 하나님만 아신다.

그럼에도 불구하고 우리는 모두 오래 살고 싶어 한다. 한 부자가 죽음을 앞두고 하나님께 간구했다. "하나님, 제 재산의 반을 드리겠습니다. 생명을 연장해 주십시오." 그러자 하나님께서 "그래. 놀라운 일이구먼. 그러면 생명을 천년 연장해주겠노라"고 말씀하셨다. 확약을 받은 부자는 너무 감사해서 잔치를 벌였다. "하나님께서 천년을 더 살게 해주신데요!"

그런데 하루가 지나자 부자는 심장마비로 죽고 말았다. 그의 아들이 하나님을 찾아가 항의를 했다. "하나님, 약속 위반입니다. 천년을 약속하셨는데 하루밖에 살지 못하셨습니다." 그러자 하나님이 말씀하셨다. "자넨 성경도 읽지 못했나. 하나님에게는 천년이 하루 같고, 하루가 천년 같다는 것을."

이 우화는 인간은 얼마나 죽기보다 살기를 원하는가를 보여준다. 짧게 살든지 오래 살든지 인간은 이 땅을 떠나게 되어 있다. 누구든 죽음을 피할 수 없다.

라엘은 정부가 복제를 허용하지 않으면 공해상에서라도 인간을 복제하겠다고 공언했다. 그가 인간복제에 집착하는 것은 영원히 살기 위한 것이다. 한 사람을 연이어 복제하고 또 복제하면 결국 영원히 살게 되는 것 아니냐는 것이다. 이것은 "너는 흙이니 흙으로 돌아가라"는 하나님의 명령을 어기는 오만불손한 행동이다.

2. 죽음은 무엇과 같을까?

신라 불교의 꽃으로 표현되는 원효대사가 땅꾼인 사복의 어머니 장례에 참석하여 "태어나지 말라. 죽는 것이 괴롭다. 죽지 말라. 태어나는 것도 괴롭다"고 말했다. 원효는 삶과 죽음을 괴로움으로 표현했다. 성철 스님은 "물은 물이고, 산은 산이라"는 말을 남겼다. 그의 말대로라면 "사람은 사람이고 죽음은 죽음이다." 인간은 죽을 수밖에 없다.

라마불교의 나라 티베트에는 죽음을 탐구하는 문헌들이 많다. 「사자의 서」는 그 가운데 가장 유명한 책이다. 1200년 전쯤 티베트에 간 인도출신 승려 파드마삼바바가 쓴 이 책은 불교 윤회설에 입각해 사람이 죽은 뒤 새로운 생명으로 태어나기까지 겪는 현상들을 기술했다. 이 책의 중심개념은 죽음과 재탄생 사이의 기간과 과정을 가리키는 중간계(中間界)이다. 죽음 직후에 영혼이 거치게 되는 중간계에는 의식이 존재한다고 본다. 「사자의 서」는 그 중간계를 무사히 헤쳐 나가도록 돕는 안내서이다. 그 바탕에는 죽음을 깊고 명확하게 이해할수록 절대 자유 경지에 도달할 수 있다는 가르침을 깔고 있다.

원불교를 창건한 소태산(少太山) 대종사는 나이가 사십이 넘으면 죽음의 보따리를 챙겨할 것을 강조하고 생사에 대한 바른 견해를 가질 것을 당부했다. 생사에 대한 견해가 잘못되어 있으면 삶도 죽음도 모두 그르칠 수 있기 때문이다. 생사는 본래 하나(一如)이고, 변화(變化)하는 것이고, 오고 가는(去來) 것이고 돌고 도는(循環) 것이다. 따라서 그는 "잘 죽는 사람이라야 잘 나서 잘살 수 있고, 잘 나서 잘사는 사람이라야 잘 죽을 수 있다"고 주장했다. 모리 슈워츠에 따르면 죽음은 끝이 아니라 자기보다 먼저 다른 세상으로 간 사람과 앞으로 그 세상에 가게 될 사람 사이의 연결이며 통로이다.

기독교에서 죽음은 무엇과 같을까? 요단강을 건너가는 것과 같다. "요단강가에 섰는데 내 친구 건너가네." 찬송가를 보면 더 잘 알 수 있다. 건너가는 것으로 끝나는 것인가? 성경은 다시 사는 것이라고 말한다. "썩을 것으로 심고 썩지 아니할 것으로 다시 살며 욕된 것으로 심고 영광스러운 것으로 다시 살며 약한 것으로 심고 강한 것으로 다시 살며 육의 몸으로 심고 신령한 몸으로 다시 사나니"(고전 15:42-44). 영의 새로운 시작인 것이다.

3. 그리스도의 죽음과 그리스도인의 죽음

그리스도의 죽음은 우리에게 생명을 주는 구원의 죽음이자 영광의 죽음이다. 그 죽음은 썩지 아니할 것(immortality)을 드러낸다(딤후 1:10). 그리스도인의 죽음은 무엇인가? 그리스도와 함께 죽었다 영원한 생명으로 다시 태어나는 의미 있는 과정이다.

그리스도인도 육체적 죽음을 맛보아야 한다. "정녕 죽으리라" 하신 말처럼 우리가 치러야 할 죽음이다. 죽음은 그리스도인이 부닥뜨려야 할 마지막 원수이다. 그러나 죽음도 그리스도 재림과 함께 사라진다. 우리가 썩지 않을 몸으로 부활하기 때문이다(고전 15:52, 빌 3:20,21). 또한 아들의 영광에 동참하여 더 좋은 삶을 누릴 수 있는 희망의 관문이다. 그러므로 죽음이라 할지라도 우리를 그리스도로부터 분리시킬 수 없다(롬 8:38). 우리는 그리스도 안에서 잠을 잔다(살전 4:14). 잠을 잔다는 것은 '깬다'는 의미를 가지고 있다. 부활소망을 가지게 한다. 그때 수고를 그치고 쉰다(계 14:13). 유익하다(빌 1:21). 평안에 들어간다(사 57:1,2). 천국의 상급인 의의 면류관이 예비 되어 있다(딤후 4:8).

그러므로 그리스도인의 죽음은 축복의 대상이다. 탈무드에 따르면 출항할 때보다 입항 때 축하해 주어야 하며 출생 때보다 영원히 잠들 때 축하해 주어야 한다. 출항이나 출생은 미래를 알 수 없다. 언제 파선할지 침몰될지 어떻게 될지 알 수가 없다. 그러나 입항은 무사귀항을 했기 때문에 축하해 주어야 할 충분한 이유가 있다. 마찬가지로 참된 그리스도인이 영원히 잠든 경우 그의 좋은 업적, 곧 믿음의 본, 사랑의 본, 봉사의 본이 모두 드러나고 그가 그만큼 귀하다는 것이 나타나므로 축하해 주어야 할 이유가 충분하다.

요한계시록은 우리의 육체적 죽음 외에 둘째 사망에 대해 언급하고 있다. 둘째 사망은 배교자(악인)에 대해 선언된 죽음이다. 유다서에 따르면 배교자들은 두 번 죽는다. 요한계시록 21장 8절은 최종심판 때 하나님으로부터 분리되는 것 자체가 둘째 사망이라고 말한다. 육체적 죽음이 첫 번째 죽음이라면 둘째 사망은 하나님으로부터의 분리이다.

4. 안락사, 무엇이 무엇인가?

죽음이 매우 신성한 것이지만 죽음에 이르는 과정에는 육체적 고통은 물론 정신적 고통이 따른다. 그래서 때론 자살과 안락사를 택한다. 자살은 하나님이 주신 생명을 스스로 취한다는 점에서 문제가 있다. 안락사도 대부분 자신이 동의를 했다는 점에서 문제가 있다.

네덜란드가 세계최초로 안락사를 인정하는 법안을 마련했다. 네덜란드는 94년 5월 안락사 규정을 마련해 매년 사망자의 3%, 약 3600여 명이 안락사를 택했다. 이 규정이 법률차원으로 공식화한 것이다. 이 법안은 안락사 또는 의사의 도움을 받는 자살을 인정하는 조건으로 다음과 같은 기준을 마련했다.

- 환자의 자발적이고 공개적인 안락사 요구: 건강한 정신을 잃지 않은 상태에서 안락사에 동의해야 한다.
- 환자의 치유가 불가능하고 고통이 극심할 것: 환자가 치유될 수 없는 상태이어야 하고 고통이 견딜 수 없이 커야 한다.
- 치료수단을 모두 동원했을 것
- 차선책을 시도했을 것
- 안락사가 신중하게 시행될 것: 안락사 시행에 앞서 위 조건들이

충족되었는지 동료의사들과 협의해야 한다.

　이러한 기준을 충족시킬 경우 12세 아동의 안락사 요구도 인정하고 있을 뿐 아니라 그 이하의 나이에도 부모의 동의만 있으면 가능하다. 모든 안락사는 법률가·의사·윤리학자 등으로 구성된 특별위원회에 보고되어 사후 검토과정을 거쳐야 하며 여기서 기준미달 판정을 받을 경우 기소대상이 된다. 이런 조치에도 불구하고 유엔 등의 비난이 제기되고 있다.

　안락사에는 약물주입 등으로 생명을 단축하는 적극적 안락사와 회복이 불가능한 환자에 대해 환자나 가족이 요청할 경우 치료를 중단하는 소극적 안락사가 있다. 우리나라는 적극적 안락사는 법으로 금지되어 있으며 소극적 안락사도 허용되지 않고 있다. 그러나 그동안 의료현장에서는 병원에서의 죽음을 객사로 간주하는 문화, 소생불가능 환자에 대한 치료비 부담, 중증 기형아 등을 포기하는 현상 등의 이유에서 말기환자에 대해 환자 측이 치료중단을 요구하면 암암리에 허용하는 것이 관행이었다. 이에 대한 법 적용도 그동안 사회적 관행을 인정하여 회복 불가능성 여부 판단에 대해서만 엄격한 태도를 보였다. 98년 서울지법 남부지원은 의식이 없는 환자를 부인의 요구에 따라 퇴원시켜 사망케 한 사건과 관련하여 회복가능성이 있다고 보고 의사에게 살인죄를 적용해 실형을 선고한 적이 있다. 그동안 의학적으로 회복이 불가능하다고 판단된 경우 환자나 가족의 자의퇴원이나 치료중단 요구 때문에 의료적으로나 윤리적으로 숱한 갈등을 빚어왔다. 앞으로 소극적 안락사를 사회가 인정할 것이냐에 대한 충분한 논란이 필요하다.

　선진국에서는 소극적 안락사에 대한 환자의 자기 결정권을 인정하는 추세이다. 환자 측이 치료중단을 요청하는 소송을 내면 법원이 판단하여 허용하고 있고, '사망 전 유언장'을 통해 장기이식 여부, 심폐소생술 거부 등도 허용하고 있다. 소극적 안락사를 찬성하는 주된 의견은 다음과 같다.

- 생명에 대한 결정권은 환자 본인에게 있다.
- 사회적으로 무의미한 삶은 가치가 없다.
- 이미 관행적으로 많이 이뤄지고 있다.
- 엄격한 절차를 거치게 하면 오히려 남용을 막을 수 있다.
- 무의미한 의료행위에 쏟아 붓는 의료비 지출이 막대하다.

그러나 우리의 경우 종교계의 거센 반발은 물론 소극적 안락사 허용에 대한 시각은 부정적이다. 어떠한 경우에도 환자의 건강과 생명은 인위적으로 훼손되어서는 안 된다는 주장이 강하다. 소극적 안락사를 반대하는 주된 이유는 다음과 같다.

- 인간생명에 대한 결정은 신의 영역이다.
- 생명경시 풍조를 조장할 우려가 있다.
- 회복불가능에 대한 판단을 명확히 할 수 없다.
- 경제적 취약 층에게 남용될 우려가 있다.
- 장기매매 등 상업적 목적에 악용될 소지가 있다.

콘플레이크 발명자 켈로그 박사가 창설한 요양원 벽에는 "삶은 연기된 죽음이다"(life is death postponed)라는 금언이 붙어있다. 그 비관적 인생관에서 보면 산다는 것은 그저 조금씩 죽어 가는 과정일 뿐이다. 삶은 욕망을 누르고 근근이 이어가야 하는 것에 불과하고, 최상의 삶이란 가늘게라도 최대한 연장하는 것이다. "삶의 질에 관계없이 그저 물리적 시간의 양만 늘리는 것으로 삶을 평가할 수 있을까?" 생각하게 하는 말이 아닐 수 없다. 그러나 인간의 눈에 물리적 연장이 의미 없이 보인다 할지라도 그것은 하나님이 인간에게 허락한 귀중한 시간들이요, 그것을 하나님을 위해 사용해야 한다는 점에서 인간의 삶은 존중받아야 할 가치가 있다. 그 아픔의 과정을 통해서 하나님을 생각한다면 그 이상 아름다울 수 없다.

5. 죽음과 함께 가는 것

고형렬이 쓴 어른을 위한 동시집 「빵 들고 자는 언니」가 있다. 이 동시집에 이런 글이 있다.

> "얼마나 좋았을까?
> 그 좋아하던 빵을 왼 손에 움켜쥐고 잔다.
> 한 입 베어 물지도 못하고 이불 위에 쓰러져 잔다.
> 아이고 불쌍해라 빵 빼 가는지도 모르네.
> 얼마나 곤했을까?"

이 글을 읽으면서 나는 빵을 손에 움켜쥔 채 세상을 떠나가고 있는 우리의 모습을 본다. 결국 다 쓰지도 못하면서 자버릴 우리들. 그런데도 우리는 그것을 위해 너무나 아웅다웅하며 산다.

우리의 소중한 생명은 그냥 얻어진 것이 아니다. 수단과 방법을 가리지 않고 나쁜 짓을 해서라도 한 세상 잘 살고 가면 된다는 생각을 가져서도 안 된다. 진정 바빠야 할 것은 욕심을 채우고 명예를 구하는 일이 아니다. 나의 생사문제를 해결하는 일이다. 우리 모두 한 번만이라도 죽음을 얼마만큼 진지하게 생각해 보았는지 반성해야 한다. 반성한 사람이라면 삶의 모습이 달라질 것이다.

중세 도덕극 중 '만인'(Every Man)이 있다. 주인공 만인은 어느 날 갑자기 죽음의 사자를 맞는다. 사자는 "하나님이 당신을 부르십니다. 지금 가십시다."며 정중히 함께 갈 것을 요구했다. 만인은 "죽는다니요. 저는 아무 준비도 안 했습니다. 잠시 기다려 주십시오." 하며 시간을 벌었다.

만인은 자신의 죽음 문제를 상의하고자 자신을 그토록 사랑한 러브(Love)를 찾아갔다. 평소 러브는 "당신 없이는 못살아. 나는 어디든 당신과 함께 갈꺼야."라고 말했기 때문에 함께 무덤에 가자고 해도 기꺼이 응할 것으로 생각했다. 그러나 러브는 다른 곳은 몰라도 그 자리만큼은 함께 갈 수 없다며 돌아섰다. 만인은 지혜(Wisdom)를 찾아가 함께 갈 것을 요구했으나 거절을 당했다. "모든 것은 자연에서 오고 자연으로 돌아간다."고 말하곤 했던 자연(Nature)을 찾아가 함께 가자고 했지만 자연도 거절했다. 오직 한 사람 선행(Good Deed)만이 그의 요청에 응했다.

이 도덕극은 선행의 삶이 얼마나 중요한가를 강조한 것이다. 선행도 중요하다. 하지만 죽음을 맞이하면서 정년 자신과 함께 갈 수 있는 것은 무엇일까? 그것은 하나님을 향한 우리의 믿음이다.

샤를마뉴 대제는 1200년 전 유럽을 통합하고 그곳을 기독교화한 역사적인 인물이다. 그 대제의 무덤을 개봉하는 날 유럽 사람들은 그의 무덤 안에서 무엇이 나올까 몹시 궁금했다. 무덤을 열자 사람들은 소스라치게 놀라고 말았다. 대제의 시신이 누워있는 것이 아니라 앉아 있는 것이었다. 대제의 무릎에는 성경이 놓여 있었다. 그리고 시신의 손가락은 마가복음 8장 36절을 가리키고 있었다.

"사람이 만일 온 천하를 얻고도 제 목숨을 잃으면 무엇이 유익하리요."

목숨은 하나밖에 없는 소중한 것이다. 재물을 잃으면 3분의 1을 잃는 것이요 명예를 잃으면 절반을 잃은 것이며 건강을 잃으면 전부를 잃은 것이라 말한다. 여기서 목숨은 단지 육신의 생명을 의미하지 않는다. 영원한 생명, 곧 영생을 의미한다. 마가복음 8장 35절을 보자.

"누구든지 제 목숨을 구원코자 하면 잃을 것이요 누구든지 나와 복음을 위하여 제 목숨을 잃으면 구원하리라." 생즉필사 사즉필생(生卽必死 死卽必生). 구원은 목숨만 살고자 할 때 얻을 수 있는 것이 아니다. 그리스도를 위해 자기 목숨을 버릴 수 있을 때 얻을 수 있다. 육신의 목숨을 위해 목숨을 거는 것이 아니라 영원한 생명을 위해 목숨을 걸어야 한다. 대제는 이것을 가르쳐주고자 했다. 얼마나 오래 사느냐고 중요한 것이 아니다. 우리 안에 주님의 생명을 가지고 사느냐가 중요하다.

영원히 사는 길은 육의 삶을 사는 것이 아니라 영생의 삶을 사는 것이다. 영생은 하나님의 형상을 회복하는 것이며 하나님과의 관계를 회복하는 것이다. 영생을 얻는 길은 열려 있지만 그 길이 언제나 열려 있는 것은 아니다. 하나님은 언젠가 구원으로 가는 길을 닫게 될 것이다. 뉴욕의 세계무역센터가 무너지는 순간 높은 빌딩에서 보자기를 흔드는 사람도 있었다. 구원을 호소해보지만 때는 이미 늦었다. 문이 닫힌 뒤에 보자기를 흔들어보았자 아무 소용이 없다.

6. 죽음 준비

바울은 죽음을 영원한 본향의 새로운 시작으로 보았다. 그 준비는 본향을 향한 준비이다. 새로운 항해의 준비이다. 그리스도인은 믿음을 따라 본향을 향해 항해한다. 이 세상은 우리가 잠시 머무는 곳일 뿐 본향이 아니다. 본향을 향해 희망을 갖는 자는 죽음의 공포에서 자유로울 수 있다. 바울은 담대히 원하는 바는 차라리 이곳을 떠나 주와 함께 거하는 것이라 했다.

그리스도인은 죽음 준비를 해야 한다. 준비를 하지 못한 사람은 가장 어리석은 사람이다. 이 세상에서 무슨 일을 하려면 그토록 많은 준비를 하면서 다시 돌아올 수 없는 죽음을 앞두고 아무(믿음) 준비도 하지 않는 것은 정말 어리석은 짓이다. 우리는 밤에 잠을 잔다. 잠자는 동안은 죽음을 경험하는 기간이다. 잠을 통해 죽음을 연습하는 것이다. 다음 날 눈을 뜬다는 것은 하나님의 놀라운 선물이다. 그러므로 하나님이 주신 나날들을 진정 의미 있게 살아야 한다.

병은 우리로 하여금 아픔과 함께 "아프면 죽을 수 있다"는 생각을 하게 만든다. 그동안 우리는 죽음과는 거리를 두고 살아왔음을 느끼고, 삶을 보다 겸손하게 그리고 진지하게 대하게 된다. 큰 병에 걸렸을 경우 우리의 변화는 심도를 더해 간다. 암이라는 선고를 받았다고 치자. 그러면 선고를 받고 죽기까지 다음과 같이 5단계를 거친다고 한다.

• 부정의 단계: "어떻게 나에게 이런 일이 일어날 수 있을까? 아니야. 의사가 잘못 진단한 것이겠지." 이렇게 생각하며 이 병원 저 병원을 찾아다니며 진단, 또 진단해 본다. 그래서 이 단계를 병원 쇼핑 단계라 부르기도 한다.

- 분노의 단계: "왜 하필 나입니까? 악한 사람도 많은 데."
- 협상의 단계: 절대자와 협상을 한다. "한번만 살려주신다면 신학
  교에 들어가 전도사가 되어 주님을 위해 헌신하겠습니다."
- 우울의 단계: 소망이 없어지고 스스로 포기한다.
- 수용의 단계: 마음의 준비를 한다. 죽음을 현실로 받아들인다. 절
  망과 두려움에 빠지는 사람도 있고, 주님을 향해 본향을 향하는
  소망을 가지며 사는 사람도 있다.

암에 걸려 투병하면서 주님을 영접한 한 성도는 이렇게 말한다. "이
제 하나님과 연합되었으니 감격하여 잠을 이룰 수 없습니다." 시인 조
병화는 다음과 같이 말한다.

"헤어지는 연습을 하며 사세.
떠나는 연습을 하며 사세.
세상에 와서 알아야 할 일은 떠나는 일일세.
아름다운 자연 아름다운 인생 아름다운 정
아름다운 말 두고 가는 걸 배우며 사세.
아! 우리 설 마지막 말을 배우며 사세."

죽음을 준비하는 자는 현재를 어떻게 살아야 할까? 메리 리드(Mary
D. Leed)의 "만일 내가 1년만 더 산다면"이라는 시를 통해 바람직한
우리의 삶의 모습을 그려본다.

"만일 내가 1년만 더 산다면
도우면서 1년, 베풀면서 1년
사랑하며 1년, 축복하며 1년
세상을 좀더 밝게 하기 위해 노래하며 1년, 웃으면서 1년

창조주 하나님을 찬양하며 1년
그리고 장차 주님 앞에 설 때 상 받을 수 있도록
하루하루를 보내렵니다.
저 멀리서 날 부르는 소리가 들려오기 때문이니까요.
그러므로 내가 1년을 더 살 수 있다면
아니, 단 하루만이라도 더 살 수 있다면
바로 이것이 나의 할 일입니다.
정성을 다해 은혜로우신 하나님을 섬기는 것 말입니다."

참고문헌

강영계. (1995). 니체, 해체의 모험. 고려원.

강철환. (2001). "기독교인 86명 비밀예배보다 수난", 조선일보. 6월 18일.

계지영. (1993). "전후세대를 위해 어떤 설교를 할 것인가", 월간목회. 202(6월).

고형렬. (2001). 빵 들고 자는 언니. 창작과 비평사

김경재. (2002). 이름 없는 하나님. 삼인.

김동호. (1999). 생사를 건 교회개혁. 규장.

------- (2001). 깨끗한 부자. 규장.

김두석. (1988). 너희는 이렇게 기도하라 그리고 그렇게 살아라. 대영사.

------- (1992). 안식의 성경적 원리와 올바른 주일성수 방법. 주일신학 연구회.

김선자. (2004). "세상 모든 신들에게", 조선일보. 9월 30일.

김성기. (1993). "포스트모더니즘, 혼란이냐 가능성이냐". 교육월보. 10월 호, 98-100쪽.

김성환. (2002). 니체, 프로이트, 맑스 이후. 창작과 비평사.

김순애. (1997). 나는 요즘 교회를 옮기고 싶다. 두란노.

김승연. (1999). 올바살운동. 가남사.

김재성. (1999). 인간의 좌표. 하나.

김진홍. (2001). 성경의 경제와 경영 두레시대

도정일. (2007). "과학논리와 종교적 믿음", 현상과 인식 창간 30주년 기 념학술대회 발표논문집.

로리 베스 존스. (2004). 인생 코치 예수. 배응준 옮김. 규장

론펠트, D. (1997). 정보지배사회가 오고 있다. 자작나무.

롬바흐, H. (2001). 아폴론적 세계와 헤르메스적 세계. 전동진 옮김. 서광사.

류태영. (1986). 이스라엘 국민정신과 교육. 이스라엘문화원.

민즈, H.(2002). 머니 & 파워. 황진우 옮김. 경영정신.

배국원. (1999). "폴 틸리히의 문화신학", 조선일보. 10월 28일.

벡, U. (1997). 위험사회. 새물결.

벨쉬, V. (2001). 우리의 포스트모던적 모던. 박민수 옮김. 책세상.

설리번, G.과 하퍼, M. (1998). 장군의 경영학. 창작시대사.

소로우, H. D. (1999). 시민의 불복종. 이레.

소벨, D. (2001). Galileo's Daughter, 갈릴레오의 딸. 홍현숙 옮김. 생각의
　　나무.

소칼, A.과 브리크몽, J. (2000). 지적 사기. 이희재 옮김. 민음사.

아피냐네시, R.(1996). 프스트모더니즘: 무엇이 세계를 움직이는가? 이두.

양승훈. (2001). 기독교 세계관으로 들여다본 세상. 낮은 울타리.

양정지건. (2003). "성경의 권위를 회복해야 청년이 돌아온다". 뉴스앤조
　　이. 2월 5일.

원용일. (2001). "영화 AI 제대로 보기", 기독신문. 9월 5일.

이광회. (2001). "탈북돕기 선교조직 단속 북안전원과 치열한 신경전", 조
　　선일보. 6월 18일.

이규태. (1987). 한국인의 의식구조 I. 신원.

이석봉. (2004). "종교다원주의 유혹에서 벗어나자"
　　www.kidok.co.kr/kdbbs

이우진. (1997). 도덕의 담론. 문예출판사.

이의용. (1999). 교회문화혁명. 기독신문사.

이재수. (1998). "신학생 윤리의식 적신호", 연합공보. 3월 11일.

이종윤. (2003). "유일신 신앙과 종교다원주의 양립할 수 있나", 조선일보.
　　1월 4일.

이찬수. (2002). "우리는 최선을 다해야 합니다", 목마르거든. 9월호.

추부길과 김정희. (1997). 삶에의 적용을 위한 가정사역 워크북. 크리스천 치유목회연구원.

콜본 T. 외. (1997). 도둑맞은 미래. 사이언스.

크리스천 뉴스위크 사설. (1999). "공자가 죽어야 교회가 산다". 크리스천 뉴스위크. 7월 10일.

파드마삼바바. (1998). 티벳 사자의 서. 로버트 서먼과 정창영 옮김. 시공사.

플라톤. (1999). 티마이오스. 박종현 옮김. 서광사.

피에르 쌍소. (2000). 느리게 산다는 것의 의미. 김주경 옮김. 동문선

핑켈크로트, A. (1999). 사유의 패배. 주태환 옮김. 동문선

한용상. (2001). 교회가 죽어야 예수가 산다. 해누리.

헨리 나우웬. (2002). 춤추시는 하나님. 윤종석 옮김. 두란노

홉스봄, E. (2000). 새로운 세기와의 대화. 강주헌 옮김. 끌리오.

홉스봄, E. (2002). 역사론. 강성호 옮김. 민음사.

황성철. (2001). 결혼준비학교. 아름다운 세상

Adams, J. E. (1998). *Sherpherding God's Flock*. 목회연구. 기독교문서선 교회.

Arn, W. and Arn, C. (1982). *The Master Plan for Making Disciples*. CA: Church Growth Press.

Baker's Dictionary of Theology, 1969

Derrida, J. (1977). *Of Grammatology*. Johns Hopkins Univ. Press.

Kustenmacher, T. et al. (2004). *How To Simplify Your Life*. Campus Verlag.

Moore, T. (1999). *The Soul of Sex*. 섹스의 영혼. 정명진 옮김. 생각의 나무.

Wagner, C. P. (1996). *Confronting the Powers*. Regal Books.

Whitehead, A. N. (1936). *Science and the Modern World*. London: Cambridge Univ. Press.

http://www.seomgim.org/homep/083-5.htm

· 저자 ·

양창삼   · 약 력 ·

서울대학교 정치학과(학사 및 석사)
서울대학교 대학원(경영학 석사)
웨스턴일리노이주립대학원(MBA)
펜실베이니아주립대학원
연세대학교 대학원(경영학 박사)
총신대학교 대학원(M. Div., Th.M.)
한국인문사회과학회 회장
한국사회이론학회 회장
연변과기대 상경대학 학장
한양대학교 경상대학 학장
한양대학교 산업경영대학원 원장
현, 한양대학교 경상대학 경영학부 교수 / 목사

· 기독교관계저서 ·

『신약의 이해』
『구약의 이해』
『하나님과의 동행』
『헨리 나우웬의 실천하는 영성』
『하나님의 섭리』
『하나님의 사람으로 사는 법』
『깨뜨림과 버림, 그리고 영원바라보기』
『단순한 믿음이 주는 기쁨』
『예수 리더십』
『뒤틀린 삶의 문제와 기독교적 답변』
『난제를 만나면 예수가 더 보인다』
『자본주의 문화와 기독교의 사회적 책임』
『21세기가 원하는 크리스천리더』
『평신도를 위한 신학이야기』
『하나님의 비전에 이끌리는 삶』
『당신 안에 있는 영성을 깨워라』
『목회자, 당신은 일류인간』
『영성회복의 신앙』
그 외 다수

기독교 **세계관**과
삶의 **리포지셔닝**

• 초판 인쇄	2007년 10월 30일
• 초판 발행	2007년 10월 30일
• 지 은 이	양창삼
• 펴 낸 이	채종준
• 펴 낸 곳	한국학술정보㈜
	경기도 파주시 교하읍 문발리 526-2
	파주출판문화정보산업단지
	전화 031) 908-3181(대표) · 팩스 031) 908-3189
	홈페이지 http://www.kstudy.com
	e-mail(출판사업부) publish@kstudy.com
• 등 록	제일산-115호(2000. 6. 19)
• 가 격	40,000원

ISBN 978-89-534-7625-7 93230 (Paper Book)
      978-89-534-7626-4 98230 (e-Book)